FRANK SCHULZ

Zur Dogmengeschichte der funktionalen Finanzwirtschaftslehre

Schriften zum Genossenschaftswesen
und zur Öffentlichen Wirtschaft

Herausgegeben von
Prof. Dr. W. W. Engelhardt, Köln und Prof. Dr. Th. Thiemeyer, Bochum

Band 16

Zur Dogmengeschichte der funktionalen Finanzwirtschaftslehre

Eine literaturgeschichtliche Untersuchung zur Entwicklung der „functional finance" vom Merkantilismus bis zur „neuen Wirtschaftslehre"

Von

Dr. Frank Schulz

DUNCKER & HUMBLOT / BERLIN

CIP-Kurztitelaufnahme der Deutschen Bibliothek

Schulz, Frank:
Zur Dogmengeschichte der funktionalen Finanzwirtschaftslehre: e. literaturgeschichtl. Unters. zur Entwicklung d. „functional finance“ vom Merkantilismus bis zur „neuen Wirtschaftslehre“ / von Frank Schulz. — Berlin: Duncker und Humblot, 1987.
(Schriften zum Genossenschaftswesen und zur öffentlichen Wirtschaft; Bd. 16)
ISBN 3-428-06166-7

NE: GT

Satz: Hermann Hagedorn GmbH & Co, Berlin 46
Druck: Berliner Buchdruckerei Union GmbH, Berlin 61
Printed in Germany

ISBN 3-428-06166-7

Vorwort

Die vorliegende Untersuchung von Frank Schulz greift das politisch und zumal ordnungspolitisch höchst aktuelle Problem des Sinns und der Grenzen der Staatstätigkeit in einem grundsätzlich privatwirtschaftlichen System unter dogmengeschichtlichem Aspekt auf: Ansätze einer Idee der wirtschaftspolitischen Instrumentalisierung der öffentlichen Finanzwirtschaft — letztlich in Hinsicht auf beschäftigungspolitische Effekte im weitesten Sinne — vom Ausgang des Merkantilismus durch das 19. Jahrh. hindurch bis zum 2. Weltkrieg werden dokumentiert und in Hinsicht auf ihre Fruchtbarkeit zur Beurteilung und Lösung aktueller Probleme untersucht. Dabei liegt das Schwergewicht der Analyse auf der Entwicklung im deutschen Sprachraum, wo die starke Nachwirkung des kameralistischen Denkens nach neuester Einsicht — entgegen bis vor kurzem noch vorherrschender Meinung — als theoretisch segensreich beurteilt werden kann. Die Erkenntnis, daß der Gedanke der antizyklischen und — umfassender und gründlicher — der kompensatorischen Finanzpolitik lange vor der Weltwirtschaftskrise 1929ff. und der von Keynes geprägten Diskussion entwickelt, in einigen Fällen über den bloß skizzenhaften Beitrag hinaus systematisch analysiert worden war, ist sicherlich nicht gänzlich neu: Die erneute sorgfältige Dokumentation der bloßen Behauptung hat aber zweifelsohne in Hinsicht auf konkret-aktuelle Fragen ihren besonderen Wert.

Ein besonders erwähnenswerter Aspekt der vorliegenden Arbeit ist sicherlich der Versuch, die bekannte These vom allgemeinen Niedergang der deutschen finanzwirtschaftlichen Literatur seit 1900 — von dem sie sich aus der Perspektive dieser These erst in den 20er Jahren erholte — zumindest teilweise zu revidieren. Diese vor allem in Anschluß an Meisels dogmengeschichtliche Übersicht (1926) weit verbreitete und akzeptierte Bewertung — Schulz bezieht sich vor allem auf Günter Schmölders — ist von mir auch auf die Theorie der Gemeinwirtschaft übertragen worden, deren „klassische Periode" mit der Veröffentlichung der systemgründenden Arbeiten von Schäffle, Adolph Wagner und Sax' „Eisenbahnwesen" ihren Abschluß gefunden hat. Schulz' interessante These ist nun, daß zwar die Periode der Entwicklung der großen finanzwirtschaftlichen Systeme mit der Jahrhundertwende als abgeschlossen gelten mag, daß aber zahlreiche Beiträge, die man — aus heutiger Sicht — als fruchtbare Beiträge zu einer Theorie kompensatorischer Finanzpolitik betrachten kann, auch der Zeit nach der Jahrhundertwende ein dogmengeschichtlich respektables Gewicht geben. Ob diese Perspektive zu einer durchgreifenden „Umwertung" der bisherigen Betrachtung führt, muß der Leser selbst und zumal die zukünftige Diskussion, die durch die vorliegende Untersuchung Schulz' sicherlich angeregt werden wird, entscheiden.

Den Herausgebern scheint Schulz' Untersuchung als Beitrag zur gegenwärtigen Diskussion über Notwendigkeit und Grenzen der Steuerung staatlicher Wirtschaftspolitik nicht zuletzt auch darum als besonders fruchtbar, weil er die integralen Aspekte der gesellschaftswissenschaftlichen Analyse deutlich macht: Fiskalpolitik meint ohnehin die einheitliche Betrachtung von Finanz- und Wirtschaftpolitik (auch über das bloß Verteilungs- und Sozialpolitische hinaus) und bezieht — womit aktuell-modische Grundsatzquerelen berührt werden — z. B. das geldpolitische Instrumentarium ein. Auf die Zusammenhänge zwischen finanztheoretischen Konzeptionen i. S. einer „ökonomischen Theorie der Staatswirtschaft" und philosophischen und gesellschaftstheoretischen Staatstheorien weist Schulz nachdrücklich hin; ein Aspekt, der allerdings in der vorliegenden Untersuchung in den Hintergrund treten mußte.

Der außerordentliche Reichtum der von Schulz zitierten und — zum großen Teil in den Anmerkungen — aufgearbeiteten und interpretierten Literatur wird überdies eine Arbeitshilfe für alle diejenigen sein, die sich vertiefend mit den Problemen einer funktionalen Finanz- und Wirtschaftslehre oder Nachbargebieten befassen.

Theo Thiemeyer

Inhaltsverzeichnis

Kapitel 1

Einführung in das Problem: Die wissenschaftsdisziplinären Folgen einer konsequent funktionalen Finanzwirtschaftslehre

Die wirtschaftliche Entwicklung in den 70er und 80er Jahren hat zu einer Renaissance des Interesses an langfristigen Wachstumsverläufen geführt. Theorien über „lange Konjunkturwellen" — die sog. „Kondratieffs" — sowie über „Stadien der wirtschaftlichen Entwicklung" haben ein erneutes Interesse in den Sozialwissenschaften gefunden. Die Lehre vom kompensatorischen Staatsbudget knüpft sich an eine solche — noch näher zu spezifizierende — Idee der längerfristigen Stagnation. Auch aus diesem Grunde ist die kompensatorische Finanzpolitik zugleich Teil jenes Kampfes um die Staatsauffassung[1], der sich in Gestalt staatlicher Formwandlungen in Zeiten „zyklusübergreifender Trendperioden" und in längerfristigen „Wachstumsschwankungen" konstituiert.[2] Gegenüber Entstaatlichungsvorstellungen vertritt die Lehre vom kompensatorischen Budget[3] als funktionale Staatswirtschaftslehre eine andere Rollenverteilungsvorstellung von Markt und Staat. Ein völlig anderer Strukturtyp der Volkswirtschaft wird im Rahmen dieser Lehre anvisiert.

Hier muß allerdings zunächst ein Sachverhalt betont werden, der im weiteren Verlauf dieser Arbeit vorausgesetzt wird, aber keineswegs von vornherein selbstverständlich ist: Wir verstehen die Geschichte der funktionalen Finanz-

---

[1] Vgl. *Schulz,* Frank, „Neokonservatismus" — begriffliche und dogmengeschichtliche Anmerkungen zum gegenwärtigen Kampf um die Staatsauffassung, in: Prokla, H. 56, 1984, S. 127ff.; ders., „Neokonservatismus" in den USA — ein manchesterliberaler Angriff auf den Interventionsstaat, in: Gewerkschaftliche Monatshefte, H. 8, 1984, S. 485ff.; ders., „Neokonservative Pädagogik". Eine Analyse ihrer ordnungspolitischen Implikationen, in: Neue Praxis, H. 5, 1985, S. 435ff.; ders., Besprechung zu: Fend, Helmut: Die Pädagogik des Neokonservatismus, Frankfurt/M. 1984; Wanner, Kurt: Pädagogischer Konservatismus, Köln 1984, in: Das Argument, H. 152, 1985, S. 615ff.; ders., Zur ordnungspolitischen Charakterisierung aktueller Selbsthilfekonzeptionen, in: Zeitschrift für Sozialreform, H. 11, 1985, S. 656ff.; ders., La Politique Financiere Et Sociale De L'Actuel Gouvernement (bilan des années 1983 à 1985), in: Allemagnes d'aujourd'hui, No. 94-95, Oct. 1985-Mars 1986, S. 101ff.

[2] *Naschold,* Frider, Sozialstaat und Politische Formationen bei ökonomischer Stagnation, in: *Matthes,* Joachim (Hrsg.), Krise der Arbeitsgesellschaft, Frankfurt/M.—New York 1983, S. 491ff.

[3] Vgl. *Böttger,* Geert u.a., Kompensatorische Finanzpolitik als Vollbeschäftigungsstrategie, in: Wirtschaftsdienst, H. 3, 1981, S. 151ff.; *Böttger,* Geert u.a., Finanzierungspotentiale kompensatorischer Staatsbudgets, in: Konjunkturpolitik, H. 4, 1981, S. 207ff.

wirtschaftslehre als Teil der Geschichte eines Demokratisierungsprozesses[4], auch wenn *Lerner* explizit darauf hinwies, daß die „functional finance“ mit recht unterschiedlichen Staatsformen verbunden sein kann: „Functional Finance can be applied just as well in a dictatorial society as in a democratic society and is completely neutral as between the two.“[5] Unsere Darstellung der Dogmengeschichte der „functional finance“ bezieht sich hauptsächlich auf jene Finanzpolitiklehre, die konjunkturelle Stabilität, Verstetigung des Wachstumspfades, stärkere Verteilungsegalität und Erhöhung des Lebensstandards[6] insbesondere der unteren Sozialschichten als Zielsysteme simultan verfolgt. Auf die genauere Abgrenzung zur Bedarfsdeckungsfinanz sowie auf die verschiedenen Formen der „functional finance“ gehen wir noch weiter unten vertiefend ein. Hier sei nur betont, daß der von uns verfolgte Entwicklungsstrom der funktionalen Finanzwirtschaftslehre soziale und stabilitätspolitische Zwecksetzungen verknüpft. Der Ursprung der — postmerkantilistischen — Funktionalisierung des öffentlichen Budgets ist im 19. Jahrhundert sozialpolitischer Art gewesen. Die spätere Schwerpunktbildung der „fiscal policy“ im Rahmen der wachstums- und konjunkturpolitischen Stabilitätspolitik darf nicht darüber hinwegtäuschen, daß Vollbeschäftigung als Fundament individueller Handlungsfreiheit begriffen wird. In diesem Sinne ist die Geschichte der „functional finance“ integrierter Teil der Entwicklung des „welfare state“.[7]

Bei dieser Fragestellung ist ein weiteres Problem zu klären. „Functional Finance“ kann auch eine Politik der Steuererleichterungen für hohe Einkommensklassen und für Kapitalgesellschaften, Abschreibungserleichterungen und Investitionszuschüsse bedeuten. Dabei handelt es sich um eine Funktionalisierung des öffentlichen Budgets im Rahmen einer (neoklassisch-angebotsseitig orientierten) Strategie der Förderung der Sparkapital- und Reinvestitionsfondsbildung. Dann aber wird es möglich, die ricardianische Tradition des Minimalbudgets — wonach nur eine minimale staatliche Ressourcenreallokation die optimalen Allokationsprozesse über den Marktprozeß ermöglicht — als Variante der „functional finance“ zu verstehen. Zwar schreibt *Dorn:* „Ziel des

---

[4] Vgl. *Ratner,* Sidney, American Taxation: Its History as a Social Force in Democracy, New York 1942, S. 13ff.

[5] *Lerner,* Abba P., Economics of Employment, New York—Toronto—London 1951, S. 291.

[6] Vgl. *Grieshaber,* Werner G., Fiscal Policy in kreislauftheoretischer Sicht, Diss., Freiburg (Schweiz) 1962, S. 1ff. Vgl. auch *Rosenkränzer,* Dieter, Fiscal Policy. Darstellung und Problematik, Diss., Bonn 1954, S. 9ff.

[7] Ebenso schreibt *Sleeman:* „The concept of Welfare State thus involves much more than social services. It is concerned with the Budget and tax policy ... and the control of money and credit“ (*Sleeman,* J. F., The Welfare State, London 1973, S. 5). Vgl. *Schottland,* Charles I. (Hrsg.), The Welfare State, New York—Evanston—London 1967, S. 16ff.; *Jacomet,* Robert, The Adaption of Public Finance to the Economic Function of the State, in: Public Finance, Nr. 3, 1, 1948, S. 50ff.

klassischen Budgets ist es weder, alle an den Staat herangetragenen Wünsche zu erfüllen, noch ... möglichst wenig auszugeben."[8] Dennoch stellt die Klassik hauptsächlich auf die These von der Reduktion der privaten Kapitalbildung (und der damit verbundenen Wachstumschancen der Wirtschaft) als Effekt staatlicher Ressourcenumverteilung ab.[9] Wir lehnen diese Variantenbildung jedoch ab.

Die Begriffe „funktionale Finanzwirtschaftslehre", „fiscal policy" (bzw. als Lehre: „fiscal theory"), „neue (Wirtschafts-)Lehre" und „Keynesianismus" (nicht jedoch: *Keynes*sche Lehre selbst) gebrauchen wir weitgehend synonym. Während die Etiketten der „neuen Lehre" und des „Keynesianismus" weitgehend auf die ungleichgewichtsökonomischen Begründungsrahmen, seien sie nun unterkonsumtionstheoretischer Art oder in Form von Überspar- bzw. ähnlicher Disproportionalitätstheorien formuliert, abstellen, ist die funktionale Finanzwirtschaftslehre auf der Ebene der staatswirtschaftlichen Schlußfolgerungen angesiedelt. Beide Ebenen sind dogmengeschichtlich eng verbunden. Die innere Kohärenz zwischen Analyse und wirtschaftspolitischer Schlußfolgerung, wie sie uns in der *Keynes*schen Theorie begegnet, findet strukturähnliche Vorläufer schon im 19., teilweise schon im 18. Jahrhundert, so daß u. E. auch von einer Dogmengeschichte des „Keynesianismus" gesprochen werden kann.

Dennoch haben wir uns hauptsächlich auf den Begriff der funktionalen Finanzwirtschaftslehre festgelegt, obwohl hier Anklänge der Bedarfsdeckungsfinanz[10], von der wir uns ja gerade abgrenzen wollen, nicht zu vermeiden sind. Manchmal benutzen wir auch die Kategorie der „Staatswirtschaft", halten diese aber u. U. für zu weit für eine Geschichte der Lehren von der Finanzpolitik.[11]

Zudem ist der Begriff der „Staatswirtschaft" vor allem der älteren Staatswirtschaft — speziell der kameralistischen Lehre — eigen[12], so daß eine Verwendung

---

[8] Vgl. *Dorn*, Dietmar, Die Theorie der Staatswirtschaft in der englischen Klassik. Versuch einer neuen Würdigung, Diss., Erlangen—Nürnberg 1967, S. 161.

[9] Vgl. *Dorn*, Dietmar, Die Theorie der Staatswirtschaft in der englischen Klassik. Versuch einer neuen Würdigung, S. 203.

[10] Die Bedarfsdeckungsfinanz insistiert zu sehr auf die haushaltsordnungsorientierte Formulierung von Finanzdeckungsregeln, und damit ist sie stark auf die Einnahmeseite fixiert. Vgl. derart: *Schmölders*, Günter, Art. Finanzwirtschaft. Öffentliche Finanzwirtschaft, in: *Kernig*, C. D. (Hrsg.), Sowjetsystem und Demokratische Gesellschaft, Bd. 2, Freiburg—Basel—Wien 1968, S. 518 ff., hier S. 518.

[11] Die Finanzpolitiklehre schließt die Behandlung geld- und kreditpolitischer Dimensionen nicht aus, im Gegenteil: Die Probleme des Notenbankkredites oder der Papiergeldschöpfung sind dogmengeschichtlich unbedingt mitzubehandeln. Die „Functional Finance" ist oftmals integrierte Finanz- und Geldpolitik. Daher ist es zugleich naheliegend, daß der Begriff der „fiscal policy" nicht mit Steuerpolitik zu identifizieren ist. Gemäß einer derartigen Integration von Finanzpolitik und Geldpolitik könnte man auch — wie *Kamp* herausstellt — von einer „Monetary Fiscal Policy" sprechen (vgl. auch *Kamp*, Matthias Ernst, Erfahrungen mit der Fiscal Policy, Bonn 1969, S. 9).

— auch dann, wenn man der Meinung ist, der moderne Interventionsstaat trüge „neo-merkantilistische" Züge[13] — die geschichtlichen Wandlungen des Strukturverhältnisses zwischen Staat und Wirtschaft nicht angemessen zum Ausdruck bringt. Nichtsdestoweniger hat die funktionale Finanzwirtschaftslehre in der älteren Staatswirtschaft(-slehre) eine ihrer wesentlichsten Wurzeln. Davon abgesehen spricht allerdings *Recktenwald* neuerdings von der Notwendigkeit, den Begriff der Finanzwirtschaft durch den der Staatswirtschaft zu ersetzen: „Der auf reiner Konvention beruhende Ausdruck öffentliche Finanzwirtschaft ... ist insofern anachronistisch, als es sich primär um ökonomische und reale und nicht nur um finanzielle oder monetäre Phänomene in diesem Lebens- und Wissensbereich handelt."[14]

In diesem Sinne ist die „alte" (liberale) Finanzwirtschaftslehre[15] in eine neue — funktionale — Lehre vom öffentlichen Budget überführt worden.

Und auch *Mann* spricht in diesem Sinne von „staatswirtschaftliche(n) Ideen der Besteuerung"[16]. Die Reformulierung der öffentlichen Finanzwirtschaft als Staatswirtschaft identifiziert diese mit der funktionalen Ausrichtung des Budgets, sowohl hinsichtlich der „sozialen Funktion" der Steuer als auch hinsichtlich der „Ökonomisierung der Steuerpolitik" (wie *Mann* die volkswirtschaftliche Regulationsfunktion der Steuer genannt hat[17]). Wir gelangen hier zu einem methodologischen Problem, das wir in diesem Kapitel behandeln wollen, bevor im 2. Kapitel ein Überblick über den weiteren Verlauf der Darstellungen in dieser Arbeit gegeben wird. Die eben gewonnene Definition der funktionalen Finanzwirtschaftslehre stellt die Frage nach dem „Wesen der Finanzwirtschaft"[18] i. S. einer historisch angemessenen[19] Definition, die wiederum eine

---

[12] Vgl. *Jecht*, Horst, Art. Finanzwirtschaft, öffentliche (I). Allgemeines, in: Handwörterbuch der Sozialwissenschaften, hrsg. von Erwin von *Beckerath* u. a., Bd. 3, Stuttgart—Tübingen—Göttingen 1961, S. 674 ff., hier S. 675. Ebenso *Haller*, Heinz, Art. Finanzpolitik, in: Handwörterbuch der Sozialwissenschaften, Bd. 3, S. 624 ff., hier S. 625.

[13] Vgl. auch *Blank*, Hans-Joachim, Verwaltung und Verwaltungswissenschaft, in: *Kress*, Giesela / *Senghaas*, Dieter (Hrsg.), Politikwissenschaft, Frankfurt / M. 1969, S. 368 ff., hier S. 371 f.

[14] *Recktenwald*, Horst Klaus, Art. Finanzwirtschaft, öffentliche (I). Allgemeines, in: Handwörterbuch der Wirtschaftswissenschaften, hrsg. v. *Albers*, Willi u. a., Bd. 3, Stuttgart / New York—Tübingen—Göttingen / Zürich 1981, S. 144 ff., hier S. 144.

[15] Vgl. *Angelopoulos*, Angelos, Wohlfahrtsstaat und Finanzpolitik, in: Finanzarchiv, N. F., Bd. 12, 1950/51, S. 208 ff., hier S. 208.

[16] *Mann*, Fritz Karl, Art. Ideengeschichte der Besteuerung, in: Handwörterbuch der Sozialwissenschaften, hrsg. von Erwin von *Beckerath* u. a., Bd. 10, Stuttgart—Tübingen—Göttingen 1959, S. 107 ff., hier S. 111 ff.

[17] *Mann*, Fritz Karl, Von den Wandlungen und Widersprüchen der Steuerideologie, in: *Greiss*, Franz / *Meyer*, Fritz W. (Hrsg.), Wirtschaft, Gesellschaft und Kultur. Festgabe für Alfred Müller-Armack, Berlin 1961, S. 121 ff., hier S. 125.

[18] Vgl. *Mann*, Fritz Karl, Vom Wesen der Finanzwirtschaft, in: Jahrbücher für Nationalökonomie und Statistik, 131. Bd., 1929, S. 33 ff.; auch ders., Die Finanzwirtschaft

Gegenstandsbestimmung voraussetzt. Wie eben angedeutet, begründet die klassische finanzwirtschaftliche Forderung nach Minimalität und Neutralität des öffentlichen Budgets eine „autonome" Finanzwissenschaft, die sich allein um die Einnahmeseite zentriert, und wie sie geradezu klassisch von *Moll, Eheberg, Földes, Hawtrey*[20] u. a. gefordert wurde. In diesem Kapitel werden wir durch Anknüpfungen an die Finanzwissenschaft der älteren staatswissenschaftlichen Richtung diese Wesensbestimmung als problemunangemessen herausstellen und damit die definitorische (und wissenschaftsdisziplinäre) Bestimmung der funktionalen Finanzwirtschaftslehre vertiefen. Erst auf dieser Basis wollen wir die wichtigsten dogmengeschichtlichen Stationen derselben skizzieren.[21]

Tautscher nimmt dieses Ergebnis in seiner Definition der „neuen" — die „alte", liberale Finanzwissenschaft ablösenden — Finanzwirtschaftslehre bereits vorweg.[22] Die Finanzwissenschaft „wird wieder die Lehre von der Staatswirtschaft mit allen ihren Institutionen und Erscheinungen und mit den Wirkungen dieser auf die Volkswirtschaft"[23]. Und: „Die Staatswirtschaftslehre ist die Lehre von der Organisationswirtschaft des Staates in der Volkswirtschaft."[24]

Mit der so formulierten Finanzwissenschaft „als Teil der politischen Ökonomik" knüpft *Tautscher* dort an, wo wir unsere Dogmengeschichtsschreibung beginnen: mit der kameralistischen Lehre und der von dieser stark geprägten historisch-ethischen Richtung der Nationalökonomie.

Die kompensatorische oder funktionale[25] Finanzpolitik unterscheidet sich[26] von der „pump-priming-policy"[27] bzw. von der „built-in-flexibility"[28] durch

als Privatwirtschaft. Historische Glossen, in: *Haller,* Heinz/*Recktenwald,* Horst Claus (Hrsg.), Finanz- und Geldpolitik im Umbruch, Mainz 1969, S. 113ff.

[19] Vgl. *Tautscher,* Anton, Wesenswandlung der Staatswirtschaft, in: Zeitschrift für die gesamte Staatswissenschaft, Bd. 106, 1950, S. 1ff.

[20] Vgl. *Moll,* Bruno, Lehrbuch der Finanzwissenschaft, Berlin 1930; *Eheberg,* Karl Theodor, Finanzwissenschaft, 15. Aufl., Leipzig 1920; *Földes,* Béla, Finanzwissenschaft, 2. Aufl., Jena 1927, S. 92; *Hawtrey,* Ralph George, What is Finance, in: Trade and Credit, London 1928.

[21] Zu diesem ganzen Komplex vgl. auch *Mann,* Fritz Karl, Der Sinn der Finanzwirtschaft, Tübingen 1978.

[22] *Tautscher,* Anton, Alte und neue Finanzwissenschaft, in: Finanzarchiv, N.F., Bd. 13, 1951/52, S. 37ff.

[23] Ebenda, S. 37.

[24] Ebenda, S. 40.

[25] *Nowotny,* Ewald, Funktionale Finanzpolitik und öffentliche Verschuldung, in: WSI-Mitteilungen, H. 1, 1981, S. 15ff.

[26] Zu den folgenden Begriffsbildungen und -abgrenzungen vgl. auch *Grieshaber,* Werner G., Fiscal Policy in kreislauftheoretischer Sicht, Diss., Freiburg (Schweiz) 1962, S. 3ff.

[27] *Anderson,* Clay J., The Development of the Pump-Priming-Theory, in: Journal of Political Economy, Vol. 52, 1944, S. 144ff.

ihre längerfristige Orientierung.[29] Indem der Ausfall an privaten Konsum- und Investitionsausgaben dauerhaft kompensiert werden soll — der aktuelle ökonomische Begründungsrahmen vermag Fritz Karl *Manns* Warnung vor allzu simplen Nachfragekompensationsideen[30], die ja auch keineswegs zwingend sein müssen[31], zurückzuweisen — durch öffentliche Ausgaben (durch Sozialinvestitionen, soziale Dienste und Personaleinstellungen[32], dient diese Finanzpolitik konjunktur-, wachstums- und verteilungspolitischen Zwecken (Finanzpolitik zu nicht-fiskalischen Zielen). In diesem Sinne prägte Abba P. *Lerner* den Begriff der „functional finance"[33].

Im Rahmen dieser Anlehnung an die Lehre von der „mature economy" sieht die Idee des kompensatorischen Budgets der „pump-priming-policy", die eine Politik der staatlichen Initialzündung eines sich dann aber selbst tragenden konjunkturellen Aufschwungs meint, enge Grenzen gesetzt. Kompensatorische Finanzpolitik (als besondere Richtung der funktionalen Staatswirtschaftslehre) läuft dagegen — in Abhängigkeit von der Höhe des Staatsausgabenmultiplikators[34] — auf eine Erhöhung der Staatsquote[35] hinaus, also auf eine Ausweitung des öffentlichen Sektors; ein Prozeß, der einen Wandel des Strukturtyps der Volkswirtschaft impliziert: Der private und soziale Konsum sowie die öffentlichen Sachinvestitionen werden zuungunsten einer nur mäßig expandierenden

---

[28] *Neumark*, Fritz, Grundsätze gerechter und ökonomisch rationaler Steuerpolitik, Tübingen 1970, S. 295f.; ders., Ausgleichsprobleme der öffentlichen Finanzwirtschaft, in: Zeitschrift für schweizerische Statistik und Volkswirtschaft, 73. Jg., 1937, S. 582ff.; ders., Wirtschafts- und Finanzprobleme des Interventionsstaates, Tübingen 1961, S. 158ff.

[29] Vgl. *Hansen*, Alvin H., Fiscal Policy and Business Cycle, (1941), Westport/Connecticut 1977, S. 261ff.; ders., Monetary Theory and Fiscal Policy, New York u.a. 1949, S. 175ff.; *Neumark*, Fritz, Grundsätze und Arten der Haushaltsführung und Finanzbedarfsdeckung, in: *Gerloff*, Wilhelm, *Neumark*, Fritz (Hrsg.), Handbuch der Finanzwissenschaft, Bd. 1, 2. Aufl., Tübingen 1952, S. 606ff.; *Jones*, M. V., Secular Trends and Idle Ressources, in: The Journal of Business of the University of Chicago, Part 2, 1944, S. IV, Anm. 2.

[30] *Mann*, Fritz Karl, Finanztheorie und Finanzsoziologie, Göttingen 1959, S. 21, 43f., 112.

[31] Vgl. *Bleaney*, Michael, Underconsumption Theory, London 1976.

[32] Vgl. *Schäfer*, Claus/*Tofaute*, Hartmut (Hrsg.), Beschäftigungssichernde Finanzpolitik, Frankfurt/M.—New York 1980; *Thoss*, Rainer, Notwendigkeit und Möglichkeit öffentlicher Investitionen, in: Krise der ökonomischen Theorie — Krise der Wirtschaftspolitik, WSI-Studie 38, Köln 1978, S. 224ff.; *Rürup*, Bernd, Soziale Dienste. Notwendiger Ausbau der Sozialpolitik und beschäftigungspolitische Chancen, in: *Simmert*, Diethard B. (Hrsg.), Wirtschaftspolitik kontrovers, Köln 1979, S. 259ff.

[33] *Lerner*, Abba P., Funktionale Finanzpolitik und Staatsschuld (1943), in: *Nowotny*, Ewald (Hrsg.), Öffentliche Verschuldung, Stuttgart—New York 1979, S. 87ff.

[34] *Matzner*, Egon u.a., Die Entwicklung des Staatsanteils — eine funktionsanalytische Betrachtung, in: *Weizsäcker*, Carl Friedrich (Hrsg.), Staat und Wirtschaft, SdVfS, N.F., Bd. 102, Berlin 1979, S. 505ff.

[35] *Böttger*, Geert/*Gretschmann*, Klaus, Ökonomische und politische Aspekte einer mittelfristigen Erhöhung der Staatsquote, in: WSI-Mitteilungen, H. 4, 1980, S. 216ff.

Kapitalgüterproduktion[36] ausgedehnt. *Joelsohn* schreibt: „Je ausgeprägter die Reife einer Volkswirtschaft ist, desto wesentlicher wird die Erhöhung des Verbrauchs, um so unwichtiger die Produktivitätsfunktion der Investition und das Ausmaß der realen Kapitalbildung."[37]

Im Verbund mit Arbeitszeitverkürzungen[38] ist die Politik des kompensatorischen Staatsbudgets ein Eckpfeiler eines alternativen volkswirtschaftlichen Entwicklungspfades.[39] Es wird später noch zu skizzieren sein (vgl. Kapitel 3), inwieweit die Bundesrepublik wichtigen Kriterien einer „mature economy" entspricht und ob sie damit der kompensatorischen Finanzpolitik durch das Vorliegen entsprechender längerfristiger Wachstumsbedingungen entgegenkommt.

Hier soll nun — die Hypothese vorausgesetzt, die „functional finance" setzt den säkularen Trend der zunehmenden „Durchstaatlichung der Wirtschaft" fort — die Frage behandelt werden, inwieweit eine konsequent durchgeführte (bzw. wissenschaftlich konzeptualisierte) funktionale Finanzwirtschaft eine Rekonstruktion staatswissenschaftlicher Problemdarstellung nötig macht.

Der „Funktionswandel der Finanzwirtschaft"[40] scheint ein Grundzug aller westlichen Industrienationen zu sein.[41] „Die Entwicklung vom Anteil- zum Kontrollsystem ist ein Teil dieses Modifikationsprozesses, in dem sich die Art und der Grad des Miteinanderverwachsenseins von ‚Finanzen, Wirtschaft, Staats- und Gesellschaftsstruktur' ausdrückt."[42]

---

[36] *Joelsohn,* Walter, Die Theorie der säkularen Stagnation, Wien 1952, S. 60; *Colm,* Gerhard, „Comments" on W. J. King's „Are we suffering from Economic Maturity?", in: Journal of Political Economy, Bd. 40, Feb. 1940, S. 114ff., hier S. 117; *Haller,* Heinz, Alvin Hansen und die Fiscal Policy, in: Finanzarchiv, N. F., Bd. 13, 1951/52, S. 422ff., hier S. 440; *Hansen,* Alvin H., Fiscal Policy and Business Cycle, S. 310, 406; *Hickel,* Rudolf, Es gibt eine Alternative. Plädoyer für eine andere Wirtschaftspolitik, in: Blätter für deutsche und internationale Politik, H. 4, 1983, S. 327ff.

[37] *Joelsohn,* Die Theorie, S. 60.

[38] Vgl. *Meissner,* Werner/*Zinn,* Karl Georg, Der neue Wohlstand. Qualitatives Wachstum und Vollbeschäftigung, München 1984; vgl. auch *Matzner,* Egon, Vollbeschäftigung bei langsamen Wirtschaftswachstum, in: *Markmann,* Heinz/*Simmert,* Diethard B. (Hrsg.), Krise der Wirtschaftspolitik, Köln 1978, S. 293ff.

[39] Vgl. *Elsner,* Wolfram, Zur Diskussion „Neuer Lebensstil — Neue Ökonomie", in: *Katterle,* Siegfried/*Rich,* Arthur (Hrsg.), Religiöser Sozialismus und Wirtschaftsordnung, Gütersloh 1980, S. 91ff. So gesehen mag der — als wachstumspolitisch orientierte Globalsteuerung implementierte — „Keynesianismus" selbst schon Bestandteil des „herkömmlichen Konzepts" und in einer „affluent society" überholt sein. Vgl. dazu schon 1958 John Kenneth *Galbraith,* Gesellschaft im Überfluß, München—Zürich 1963.

[40] Vgl. *Mann,* Fritz Karl, Die Staatswirtschaft unserer Zeit, Jena 1930.

[41] Vgl. *Neumark,* Fritz, Grundsätze und Arten der Haushaltsführung, S. 656ff.

[42] *Sultan,* Herbert, Finanzwissenschaft und Soziologie, in: *Neumark,* Fritz/*Gerloff,* Wilhelm (Hrsg.), Handbuch der Finanzwissenschaft, Bd. 1, 2. Aufl., Tübingen 1952, S. 66ff., hier S. 77.

Ebenso spricht Fritz *Neumark*[43] von der „Ersetzung des ‚Nachtwächterstaats'-Ideal durch das des modernen (sozialen) Interventionsstaats."

Die Ergebnisse der zahlreichen sozialgeschichtlichen Studien zur Entwicklung der verschiedenen „patterns of welfare state development"[44] können hier nicht nachgezeichnet werden.[45] Für uns von Interesse ist es, Antwort auf die Frage zu finden, ob und inwieweit eine Strategie umfassender funktionaler Staatswirtschaft eine erneute „staatswirtschaftliche" Problemsicht nahelegt.

Nach Carl *Brinkmann*[46] bezieht sich das Konzept der „functional finance" auf Ad. *Wagners* Gesetz von der wachsenden Staatstätigkeit"[47], wie umgekehrt

---

[43] *Neumark*, Fritz, Grundsätze gerechter und ökonomisch rationaler Steuerpolitik, Tübingen 1970, S. 12.

[44] *Stephens*, John D., The Transition from Capitalism to Socialism, London—Basingstoke 1979, S. 117ff.

[45] Vgl. auch *Wilensky*, Harald L., The welfare state and equality. Structural and ideological roots of public expenditures, Berkeley—Los Angeles—London 1975; *Barker*, Ernest, The Development of Public Services in Western Europe 1660-1930, Hamden/Conn. 1966.

[46] *Brinkmann, Carl, Staatsfinanzierung, in: Finanzarchiv, N.F., Bd. 11, 1949, S. 1ff., hier S. 28.*

[47] *Wagner*, Adolph, Grundlegung der Politischen Ökonomie, 3. Aufl., 1. Theil, 2. Halbband, Leipzig 1893, S. 892ff., 885; *Wagner*, Staat in nationalökonomischer Sicht, in: Handwörterbuch der Staatswissenschaften, hrsg. von Ludwig *Elster* u.a., Bd. 7, Jena 1911, S. 733f. Empirisch ist das „Gesetz" von *Wagner* (vgl. *Timm*, Herbert, Das Gesetz der wachsenden Staatsausgaben, in: Finanzarchiv, N.F., Bd. 21, 1961, S. 201ff.; *Schmidt*, Kurt, Zu einigen Theorien über die relative Ausdehnung der öffentlichen Ausgaben, in: Finanzarchiv, N.F., Bd. 24, 1965, S. 193ff.; *Pütz*, Theodor, Wirtschaftliche Entwicklung und zunehmende Staatstätigkeit, in: Zeitschrift für Nationalökonomie, Bd. 20, 1960, S. 47ff.) recht umstritten (*Littmann*, Konrad, Ausgaben, öffentliche, II; Die ‚Gesetze' ihrer langfristigen Entwicklung, in: Handwörterbuch der Wirtschaftswissenschaften, Bd. 1, hrsg. von Albers, Willi, Stuttgart u.a. 1956, S. 439ff.; *Feldeper*, Bernd, Inflation, Wagnersches Gesetz und Stagnation, in: Finanzarchiv, N.F., Bd. 37, 1979, S. 223ff.). Insbesondere *Recktenwald* [*Recktenwald*, Horst Claus, Staatstätigkeit in säkularer Entwicklung. Versuch einer Beschreibung, in: *Haller*, Heinz (Hrsg.), Theorie und Praxis des finanzpolitischen Interventionismus, Fritz Neumark zum 70. Geburtstag, Tübingen 1970, S. 407ff.; ders., Umfang und Struktur der öffentlichen Ausgaben in säkularer Sicht, in: *Neumark*, Fritz (Hrsg.), Handbuch der Finanzwissenschaft, 3. Aufl., Tübingen 1976, Bd. 1, S. 713ff.] hat auf den „wechselnden Verlauf" der Staatstätigkeit in säkularer Sicht bestanden. *Recktenwald* spricht dem *Wagner*schen Gesetz „so gut wie jede Gültigkeit" (*Kühne*, Karl, Der öffentliche Sektor in säkularer Sicht, in: Die öffentliche Wirtschaft, 20. Jg., H. 4, 1971, S. 141ff., hier S. 142) ab. Solche Schwankungen und Stockungen in der langfristigen Tendenz (vgl. auch *Schmidt*, Manfred G., Wohlfahrtsstaatliche Politik unter bürgerlichen und sozialdemokratischen Regierungen. Ein internationaler Vergleich, Frankfurt/M.—New York 1982, S. 89ff., 114ff., 132ff.) widersprechen jedoch *Wagners* Gesetz nicht: Stagnationstendenzen im Rahmen des Trends wachsender Staatstätigkeit bzw. -ausgaben hat *Wagner* selbst schon für wahrscheinlich gehalten: „Auch in den modernen Staaten kamen Zeiten grösster Stabilität der Staatstätigkeiten, besonders auf dem Cultur- und Wohlfahrtsgebiete, vor. Daran pflegen praktische, sodann namentlich finanzielle Verhältnisse Schuld zu sein." (*Wagner*, Grundlegung, 2. Halbband, S. 906).

Wagner (1835-1917) mit dieser Formel die Idee des Polizei- und Wohlfahrtsstaates wieder aufgenommen haben soll.[48]

Damit scheint die durch die kompensatorische Finanzpolitik induzierte Strukturwandlung[49] der Wirtschaftsgesellschaft eine Anknüpfung an die „staatswissenschaftliche" Forschung[50] nahezulegen.

Wir wollen im folgenden die „fiscal policy" und die „functional finance" (als ihre radikalisierte Form) von der „fiskalischen Finanz" (Bedarfsdeckungsfinanz) absondern und sie als Teil der Finanzwissenschaft verstehen.[51] *Sultan*[52] hat zwar jede Finanzpolitik als „Ordnungsfinanz" betrachtet, da jede Finanzpolitik auf irgendwelche „Staatszwecke"[53] (und seien sie auch fiskalischer Art) ausgerichtet sei.[54] Wir stellen jedoch die „fiscal policy" in ihrer funktionalen Ausrichtung heraus und betrachten die „fiskalische Finanz" als von ihr

---

Das entspricht — methodologisch gesehen — dem „Gesetz"(es)-Charakter von *Wagners* Analyse (vgl. Grundlegung, 1. Halbband, Leipzig 1892, S. 291): „Gesetze" auf wirtschaftlichen Gebiet sind viel „unberechenbarer" als auf dem Naturgebiete.

48 *Mann*, Fritz Karl, Steuerpolitische Ideale, Jena 1935, S. 332f., 336. Tatsächlich hat *Wagner* — wie Johann Gottfried *Hoffmann* (Die Lehre von den Steuern, Berlin 1840, S. 1ff.) — eine produktive Staatsauffassung im Rahmen einer organischen Staatslehre (vgl. auch *Cohnen*, Peter, Untersuchungen zu Adolph Wagners „Gesetz des wachsenden Staatsbedarfs", maschinenschriftliche Diss., Tübingen 1954, S. 6) vertreten. Bei der Formulierung seines Gesetzes bezieht sich *Wagner* auf Karl *Umpfenbach* (Lehrbuch der Finanzwissenschaft, 1. Teil, Erlangen 1859, S. 24f., bzw. 2. Aufl., Stuttgart 1887, S. 38f.). Auch Ludwig *Stein* (Die sociale Frage im Lichte der Philosophie, Stuttgart 1897) spricht von einer „universelle(n) Tendenz nach steigender Sozialisierung unseres gesamten öffentlichen Lebens" und von einer „ausgesprochene(n) Tendenz der Gegenwart", den Staat als Hüter des Gesamtinteresses der widersprechenden Interessen der Individuen zu betrachten (S. 646, 651).

49 *Sultan*, Herbert, Staatswirtschaft und Konjunktur, in: Zeitschrift für Schweizerische Statistik und Volkswirtschaft, 72. Jg., 1936, S. 573ff.; vgl. auch *Saitzew*, Manuel, Der Interventionismus, in: Festgabe für Fritz Fleiner zum siebzigsten Geburtstag, Zürich 1937, S. 321ff.

50 Über die — komplexen — begrifflichen und substantiellen Wandlungen der „Staatswissenschaft" sind wir uns völlig im klaren (vgl. auch *Mohl*, Robert, Die Geschichte und Literatur der Staatswissenschaften, 3 Bde., Erlangen 1855, 56, 58, Neudruck, Graz 1960, hier Bd. 1, S. 69ff.).

51 Vgl. auch *Grieshaber*, Werner G., Fiscal Policy in kreislauftheoretischer Sicht, Diss., Freiburg (Schweiz) 1962, S. 3ff.

52 *Sultan*, Herbert, Functional Finance und Finanzsoziologie, in: Jahrbücher für Nationalökonomie und Statistik, Bd. 164, 1952, S. 321ff.

53 *Mann*, Fritz Karl, Finanztheorie und Finanzsoziologie, Göttingen 1959, S. 44f.

54 *Vogel*, Emanuel H., Grundsätzliches zur theoretischen Frage „nichtfiskalischer Zwecksetzung in der Besteuerung", in: Finanzarchiv, Jg. 46, 1929, S. 5ff. Paul *Heidrich* (Die Lehre von den obersten Steuerprinzipien, Jena 1929, S. 9f.) spricht von „orthotypischen" Zwecken (Kollektivbedarfsdeckung) und „paratypischen" Zwecken (Steuer als Mittel der Volkswirtschaftspolitik). *Heidrich* bemüht sich auch um eine Nachzeichnung der wichtigsten dogmengeschichtlichen Stadien der Bestimmung des Verhältnisses bzw. Gewichtung des orthotypischen und paratypischen Zwecks in der Besteuerungslehre.

abgesondert. Dann bietet es sich an, die Disziplin der Finanzwissenschaft wieder in eine allgemeine Staatswissenschaft einzugliedern. Man mag diese dann „Politische Ökonomie" nennen, oder man mag von einer der Staatswissenschaft erneut eingegliederten Volkswirtschaftslehre sprechen. Eine „autonome" Finanzwissenschaft, wie sie angesetzt hat mit der von *Rau*[55] (1792-1870) stammenden Trennung von theoretischer und praktischer Volkswirtschaftslehre, wobei letztere wiederum unterteilt wird in Volkswirtschaftspolitik und Finanzwissenschaft[56], muß demnach revidiert werden.[57] Diese Ausdifferenzierung wurde in der nachfolgenden Entwicklung in der „Public Finance" zu einer weiteren Einengung der Finanzwissenschaft fortgeführt, indem die „ordnungspolitische Finanz" abgesondert und nur noch die staatsspezifische Art der Mittelaufbringung thematisiert werden sollte.[58] *Gerloff*[59] bezieht die Finanzwissenschaft daher nur auf den Gegenstand der staatlichen Einkommenssicherung (Mittelaufbringung).[60] *Gerloff* schreibt aber selbst: „Wir sind in das Zeitalter der Wirtschaftslenkung eingetreten."[61] Dennoch will *Gerloff* die Behandlung der Staatsausgaben aus dem Gegenstandsbereich der Finanzwissenschaft ausgegliedert wissen.[62] Sie sollen der „Verwaltungslehre" zugerechnet werden. *Gerloffs* Entwurf der Finanzwissenschaft ist damit „fiskalisch" orientiert.[63] Beschäftigt sich die „fiscal policy" mit der „Durchsetzung sozialer Reformen" und der „welfare economics"[64] — „‚Fiscal policy' ist die Lehre von den produktions- und verteilungspolitischen Motiven, Methoden und Wirkungen finanzwirtschaftlicher Maßnahmen aller Art, soweit diese der Sicherung eines möglichst stetigen und — im Rahmen der durch die herrschenden Gerechtigkeitsideale

---

[55] Ähnliche Problemstellungen auch bei *Kraus* und v. *Schlözer* (vgl. *Winkel*, Harald, Die deutsche Nationalökonomie im 19. Jahrhundert, Darmstadt 1977, S. 14).

[56] *Müllensiefen*, Karl Peter, Die deutsche Finanzwissenschaft von 1760-1830. Eine Untersuchung über die Begrifflichkeit von Justi bis Rau, Berlin 1928, S. 97; *Neumann*, Karl, Die Lehre K. H. Rau's, Diss., Gießen 1927; *Bieri*, Stephan, Zur Stellung der frühen deutschen Finanzwissenschaft unter besonderer Berücksichtigung von Jakob, Soden, Lotz und Malchus, Diss., Zürich 1968.

[57] *Zweifel*, Fridolin Th., Förderung und Lenkung industrieller Produktion durch steuerpolitische Maßnahmen, Bern 1948, S. 25. Vgl. auch *Schulze*, Wilfried, Die Idee des zyklischen Budgets als Grundlage der schwedischen Haushaltspolitik von 1930 bis zum Ende des zweiten Weltkrieges (Diss., Frankfurt/M.), Enger/Westfalen 1953, S. 2f.

[58] *Gerloff*, Wilhelm, Wesen und Aufgabe der Finanzwissenschaft, ihre Stellung und Beziehungen zu anderen Wissenschaften, in: ders. / *Neumark*, Fritz (Hrsg.), Handbuch der Finanzwissenschaft, Bd. 1, 2. Aufl., Tübingen 1952, S. 1ff.

[59] *Gerloff*, Wilhelm, Die öffentliche Finanzwirtschaft, 2. Aufl., Bd. 1, Frankfurt/M. 1948, S. 77ff.

[60] Ebenda, S. 82f.

[61] Ebenda, S. 87.

[62] Ebenda, S. 87f.

[63] *Seel*, Barbara, Finanzwissenschaft als Geisteswissenschaft, Meisenheim/Glan 1972, S. 93, Anm. 237.

[64] *Mann*, Fritz Karl, Finanztheorie und Finanzsoziologie, S. 43.

bestimmten Grenzen — möglichst starken Wirtschaftswachstums bei hohem Beschäftigungsgrad sowie annähernd stabilem Geldwert zu dienen bestimmt sind“[65] — und zählt man dieses Politikfeld zum Gegenstandsbereich der Finanzwissenschaft hinzu, so ist eine „autonome“ Finanzwissenschaft nicht möglich, „denn das Objekt der Finanzwissenschaft, die Finanzwirtschaft, ist eine konkrete Wirtschaftsgestalt eigener Prägung, deren entscheidende Wesenszüge ... u.a. in der politischen und wirtschaftlichen Bestimmtheit liegen...“. Die staatliche Finanzwirtschaft „ist gleichfalls mit all ihrem Handeln stets und ständig volkswirtschaftliche Gestalterin und mit der Volkswirtschaft durch ein gegenseitiges Wirkungsverhältnis untrennbar verwoben und auch nicht gedanklich aus ihr zu lösen“[66]. Die „autonome“ Finanzwissenschaft, die sich ausschließlich um die Einnahmeseite des Staatshaushaltes gruppiert, verliert die besondere Rolle der Ausgaben aus den Augen.[67]

Adolph *Wagner*[68] wollte dagegen die Ausgabenseite als Teilfrage der Finanzwissenschaft behandelt wissen: „Die Finanzwissenschaft muss dieses Zusammenhangs der ausgabewirthschaftlichen Abtheilung der Finanzwirtschaft mit der ganzen Organisation der Volkswirtschaft stets eingedenk sein und hat in dieser Beziehung als ein materieller Theil der Politischen Ökonomie zu gelten.“[69] Den Begriff der Staatswissenschaft gebrauchte *Wagner* hier allerdings nur noch im engeren Sinne (als „Lehre von der Finanzwirthschaft des Staats“[70]). Aber die Nähe zur „Volkswirthschaftspolitik“ („spezielle“ oder „practische Volkswirtschaftslehre“[71]), die *Wagner* betont, deutet an, daß *Wagner* keiner „autonomen“ Finanzwissenschaft das Wort redet: Die umfassende Disziplin nennt er „Politische Ökonomie“[72].

---

[65] *Neumark*, Fritz, Wo steht die „Fiscal Policy“ heute?, in: ders., Wirtschafts- und Finanzprobleme, S. 218/219, Anm. 3.

[66] *Menard*, Sigmar, Die Lehren von der richtigen Verwendung des Staatskredits. Eine dogmengeschichtliche Untersuchung, Jena 1939, S. 41.

[67] *Albrecht*, Gerhard, Das Problem der öffentlichen Ausgaben in der älteren Finanzwissenschaft, in: Jahrbücher für Nationalökonomie und Statistik, Bd. 148, 1938, S. 171 ff.; *Mombert*, Paul, Besteuerung und Volkswirtschaft, Karlsruhe i. B. 1922, S. 2ff.; *Comstock*, Alzada, Public Expenditures, in: Encyclopaedia of the Social Sciences, Vol. 6, hrsg. von Edwin R. A. *Seligman*, New York (1950), 14. Aufl., 1962, S. 5ff.

[68] Vgl. *Peters*, Ingrid, Die Beiträge A. Wagners zur theoretischen Volkswirtschaftslehre, Diss. (maschinenschriftlich), Hamburg 1950, S. 179; *Neumann*, Walter, Die formale Struktur des Staatssozialismus bei Rodbertus und Wagner und das Problem der Gemeinwirtschaft, Diss. (maschinenschriftlich), Freiburg 1929, S. 105.

[69] *Wagner*, Adolph, Finanzwissenschaft, 1. Theil, 3. Aufl., Leipzig 1883, S. 17.

[70] *Wagner*, Adolph, Finanzwissenschaft, 1. Theil, S. 20.

[71] Ebenda, S. 20f.

[72] Vgl. auch *Vogel*, Emanuel H., Die finanzpolitischen Besteuerungsprinzipien in Literatur und Theorie, in: Zeitschrift für die gesamte Staatswissenschaft, Bd. 66, 1910, S. 296ff., 494ff., hier S. 332.

Mit Albert *Schäffle* (1831-1905) halten wir damit fest: „Der Fiskalismus ist für die wahrhaft volkswirtschaftliche Grundlegung der Finanzlehre grundsätzlich unmöglich."[73]

Im Rahmen einer „staatswissenschaftlichen" Behandlung der „fiscal policy" kann eine zweite historische Überwindung der manchesterlichen Einengung der Finanzwissenschaft — die erste Überwindung geht auf die organisch-historische Staatsauffassung zurück, die, an die ältere kameralistische Wohlfahrtsstaatstheorie anknüpfend, dem Staat einen großen Funktionskreis zuschrieb[74] — versucht werden. *Small*[75] hat die zentrale Bedeutung des Staates (als Bezugspunkt aller sozialen Problemstellungen) in der kameralistischen Lehre herausgearbeitet. In der „Staatswissenschaft" des 19. Jahrhunderts lebt diese Orientierung — vor allem im deutschen Sprachraum — (wenn auch in abgeschwächter Form) weiter. Jede soziale Lebensäußerung hat demnach einen Bezug zum Staat, geht ein Verhältnis zu diesem ein.

Diese Auffassung trifft insbesondere bei Lorenz von *Stein*[76] (1815-1890) und Gustav von *Schmoller*[77] (1838-1917) zu. So kann die Staatswissenschaft definiert werden als die „Zusammenfassung aller juristischen, ökonomischen, historischen und soziologischen Disziplinen, die auf den modernen Staat bezogen sind"[78]. „Und da Stein der Überzeugung ist, daß jede wissenschaftliche Einteilung die Struktur des dargestellten Objektes in der Einteilung selbst zum Ausdruck bringen müsse..., so ergibt sich ihm für die Kategorisierung der Wissenschaften als Konsequenz die Annahme, daß alle Wissenschaften zur Staatswissenschaft in einem Verhältnis stehen müßten."[79] „Die Zeit ist vorbei, in der die einzelnen Abtheilungen der Staatswissenschaft als geschiedene Gebiete nebeneinander standen, jede mit dem Anspruche, durch sich selbst ganz selbstverständlich zu sein."[80] Nach Gustav *Schmoller*[81] wird Staatswissenschaft

---

[73] *Schäffle*, Albert, Die Steuern, Allgemeiner Teil, Leipzig 1895, S. 175.

[74] *Gerloff*, Wilhelm, Die öffentliche Finanzwirtschaft, 2. Aufl., Bd. 1, Frankfurt/M. 1948, S. 67.

[75] *Small*, Albion W., The Cameralists. The Pioneers of German Social Policy (Chicago 1909), Neuauflage, New York 1962.

[76] *Stein*, Lorenz von, System der Staatswissenschaft, Stuttgart 1856, Neudruck, Osnabrück 1964, Bd. 2, S. 1ff., 73; ders., Die Volkswirtschaftslehre, Wien 1878, S. 554ff.

[77] Vgl. auch *Herkner*, Heinrich, Gustav Schmoller als Soziologe, in: Jahrbücher für Nationalökonomie und Statistik, Bd. 118, 1922, S. 1ff.

[78] *Maier*, Hans, Art. Staatswissenschaft, in: Evangelisches Staatslexikon, hrsg. von Hermann *Kunst*/Siegfried *Grundmann*, 2. Aufl., Berlin 1975, S. 2534f.; *Taeuber*, Walter, Staatswissenschaften, in: Handwörterbuch der Sozialwissenschaften, hrsg. von Erwin von *Beckerath* u.a., Bd. 9, Stuttgart—Tübingen—Göttingen 1956, S. 763ff.; *Brückner*, Jutta, Staatswissenschaften, Kameralismus und Naturrecht, München 1977, S. Vf.

[79] *Sommer*, Louise, Die österreichischen Kameralisten, 2 Teile, (Wien 1920 und 1925), Neudruck, Aalen 1967, hier Teil 2, S. 463.

[80] *Stein*, Lorenz von, Lehrbuch der Finanzwissenschaft, 4. Aufl., 1. Bd., Leipzig 1878, S. 1.

definiert als die „Gesamtheit aller im Staate vorhandenen Wirtschaften ... einschließlich der größten, im Mittelpunkt stehenden Wirtschaft, des Staatshaushaltes.“

Sicherlich ist diese Auffassung von der Staatswirtschaft nicht die Basis des Selbstverständnisses der „New Economics“ und der modernen „fiscal policy“, auch wenn John M. *Keynes*[82] (1883-1946) explizit auf die lenkungsökonomischen Komponenten der merkantilistischen Lehre Bezug nahm (wie an späterer Stelle noch ausführlicher diskutiert werden soll).

Die oben präzisierten Vorstellungen von Staatswissenschaft mögen allerdings schon bei Adolph *Wagner*[83] als überwunden gelten, da *Wagner* eine „Sozialökonomie“ (die nicht mehr identisch ist mit oder Teil einer Staatswissenschaft ist, die aber die kultur- und wohlfahrtsstaatlichen Zwecke berücksichtigt und damit über eine „reine Theorie“ hinausführen soll) eingefordert hat.

Die Kontinuität der staatswissenschaftlichen Sicht ist aber auch in dieser abgeschwächten Form noch spürbar. Einerseits ist die bürgerliche Markt- oder Volkswirtschaft in ihrer Ausdifferenzierung so weit fortgeschritten, daß einer völligen Einbindung des Marktes in die ältere (kameralistische) Staatswirtschaft (als eine die ganze Volkswirtschaft umfassende Lenkungsökonomik und -politik) unmodifiziert nicht entsprochen werden konnte. So spricht *Wagner* hinsichtlich seiner „Grundlegung der Politischen Ökonomie“ von einem Kompromiß zwischen „Sozial- und Individualprinzip“[84]. Andererseits: Politische Ökonomie — oder: „Sozialökonomie“ — ist zwar nicht mehr identisch oder Teil einer „Staatswissenschaft“[85], obwohl (wie bei den praktischen oder finanzwissenschaftlichen Teilbereichen der Politischen Ökonomie deutlich wird) der Bezug zum Staat sehr eng ist. Die Ausdifferenzierung von Markt und Staat ist dazu zu weit fortgeschritten, als daß *Wagner* an der analogen Ausdifferenzierung der Wissenschaftsdisziplinen vorbeigehen könnte. Gesellschafts-, Staats-, Rechts- und Wirtschaftswissenschaften (als Teile der „Wissenschaft vom Volksleben“[86]) sind getrennt, wenn auch eng aufeinander bezogen: „Diese Seiten hängen aber in Wirklichkeit auf das Engste zusammen und lassen sich nur durch die Abstraction trennen.“[87] Politische Ökonomie ist demnach nicht mehr identisch mit Staatswissenschaft, da der Staat nicht mehr allgemeiner und

[81] *Schmoller*, Gustav, Grundriß der allgemeinen Volkswirtschaftslehre, 1. Teil, Leipzig 1908, S. 323.

[82] *Keynes*, John Maynard, Allgemeine Theorie der Beschäftigung, des Zinses und des Geldes, Berlin 1955, S. 294.

[83] *Wagner*, Adolph, Grundlegung der politischen Ökonomie, 3. Aufl., 1. Theil, 1. Halbband, Leipzig 1892, S. 281 ff.

[84] Ebenda, S. 23.

[85] Ebenda, S. 282 f.

[86] *Wagner*, Grundlegung, 1. Theil, 1. Halbband, S. 281.

[87] Ebenda, S. 281.

zentraler Bezugspunkt der Einzeldisziplinen ist.[88] Andererseits stellt *Wagner* in bezug auf die „Krise der liberalen Ökonomie“ fest: „Seine enge, einseitige und selbst kleinliche Lehre vom Staate und vom wesentlichen alleinigen Rechtszweck desselben macht wieder einer anderen Platz, welche sich mehr der früheren eudämonistischen oder Wohlfahrtsstaatstheorie nähert, ohne in deren Fehler, deren nüchternen platten Utilitarismus, der schrankenlosen Willkür gegenüber der berechtigten Freiheitssphäre des Individuums zu verfallen.“[89]

„Ziel und Aufgabe“ von *Wagners* „Grundlegung“ ist es daher, den „sozialökonomischen und sozialrechtlichen Standpunkt in bezug auf die wirthschaftsorganisatorischen und wirthschaftsrechtlichen Verhältnisse zur Geltung zu bringen.“[90] So schreibt *Wagner:* „... der wirthschaftliche Verkehr darf sich nicht selbst überlassen werden, die Volkswirthschaft muss mehr Staatswirthschaft werden.“[91]

Wagner selbst weist auf die fortwirkende Bedeutung der kameralistischen Staatswirtschaftslehre im deutschen Sprachraum hin.[92] Hinsichtlich der dritten (sozialen) Phase in der Geschichte der Nationalökonomie (als Überwindung der liberal-individualistischen Phase) schreibt *Wagner:* „Daran brauchte nur wieder offener und energischer angeknüpft zu werden.“[93] „In ihr finden sich Berührungspunkte mit der merkantilistischen und auch mit der sozialistischen Theorie vom Staate, aber die Einseitigkeiten und Uebertreibungen dieser beiden in sich verwandten Theorien werden sorgsam zu vermeiden versucht.“[94]

Die Nähe der „functional finance“ zu (staatsorientierten) sozialistischen oder reformkonservativen Strömungen — die logisch nicht zwingend ist — ist in der Tat historisch gegeben. Für Wilhelm *Röpke*[95] ist die „fiscal policy“ jedenfalls „Fiskalsozialismus“.

---

[88] Ebenda, S. 65. Diese Disziplineneinteilung dürfte *Wagner* von *Roscher* übernommen haben. Vgl. dazu *Roscher*, Wilhelm, System der Volkswirthschaft (1854), 9. Aufl., Bd. 1, Stuttgart 1871, S. 30. Zu *Roscher* vgl. auch *Jaffé*, Chaim, Roscher, Hildebrand und Knies als Begründer der älteren historischen Schule deutscher Volkswirte, Diss., Bern, Wetzekon 1916, S. 40, 43. *Roscher* dürfte wiederum von einer entsprechenden Systematik bei *List* (vgl. *Sommer*, Artur, Friedrich Lists System der politischen Ökonomie, Jena 1927, S. 18f.) beeinflußt worden sein.

[89] *Wagner*, Grundlegung, 1. Theil, 1. Halbband, S. 9.

[90] *Wagner*, Grundlegung, 1. Theil, 1. Halbband, S. 25.

[91] *Wagner*, Grundlegung, 1. Theil, 2. Halbband, Leipzig 1893, S. 748.

[92] *Wagner*, Adolph/*Oppenheimer*, Franz, Staat in nationalökonomischer Sicht, in: Handwörterbuch der Staatswissenschaften, hrsg. von Ludwig *Elster* u. a., 4. Aufl., Bd. 7, Jena 1926, S. 757ff., hier S. 766.

[93] Ebenda, S. 766.

[94] Ebenda, S. 766.

[95] *Röpke*, Wilhelm, Jenseits von Angebot und Nachfrage, Erlenbach—Zürich 1958, S. 46. Vgl. auch *Becker*, Helmut Paul, Die soziale Frage im Neoliberalismus. Analyse und Kritik, Heidelberg—Löwen 1965, S. 276. Nicht selten wurde die Einführung der

Eine gewisse Affinität der „functional finance“ zu etatistischen Reformstrategien kommt auch bei Alvin H. *Hansen*[96] in dessen Lehre von der „dual economy“[97], bei Abba P. *Lerner* in dessen Topos vom „dritten Weg“[98] zum Ausdruck. Denn dort, wo die „ordre naturel“[99] der Marktwirtschaft und ihrer Selbststeuerung (Adam *Smiths* „invisible hand“[100]) versagt[101], muß die Staatswirtschaft eintreten und expandieren. Hier könnte die „New Economics“ — staatsphilosophisch gesehen — anknüpfen und auf ältere Traditionsbestände

progressiven Einkommenssteuer als Übergang zu „socialism, communism, devilism“ (vgl. *Eisenstein*, Louis, The Ideologies of Taxation, New York 1961, S. 18) dargestellt. Gegner derartiger Kritiken waren im Prinzip wohlfahrtsstaatliche Positionen, denn viele Vertreter der progressiven Besteuerung „believe that the dominant purpose of progression is to reduce economic differences. They are dedicated to their ideology precisely because they desire to control the accumulation of wealth through the power to tax“ (Ebenda, S. 30). *Proudhons* Vorschläge einer (nicht-fiskalischen) Einkommensteuer (vgl. *Scheer*, Sozialstaat und öffentliche Finanzen, a.a.O., S. 419; *Rompe*, Franz, Die ideengeschichtliche Entwicklung des Einkommensteuerproblems im Frankreich der Vorkriegszeit, Diss., Leipzig 1930, S. 24) wurde als „sozialistisch und konfiskatorisch“ disqualifiziert (vgl. *Rompe*, Die Entwicklung, S. 1 f.). In Hinsicht auf die Auffassungen von *Marx* und *Engels* zur progressiven Einkommensteuer (vgl. *Mann*, Fritz Karl, Steuerpolitische Ideale, Jena 1935, S. 298f.) wäre diese Kritik des konfiskatorischen Sozialismus durchaus berechtigt gewesen. Im „Manifest der Kommunistischen Partei“ von 1848 (Berlin, DDR, 1975) wird von *Marx* und *Engels* eine starke progressive Einkommensteuer gefordert (ebenda, S. 67). Eine solche sei zwar „ökonomisch unzureichend und unhaltbar“; sie wirke „aber im Lauf der Bewegung über sich selbst hinaus“ und ist als „Mittel der Umwälzung der ganzen Produktionsweise unvermeidlich“ (ebenda, S. 67). Die sozialreformerischen Positionen sahen in einem progressiven Steuertarif im Rahmen einer oftmals distributions- und zirkulationstheoretischen Orientierung (im Gegensatz zu *Marx*) auch eine ökonomische Rationalität gegeben.

96 *Hansen*, Alvin H., Fiscal Policy and Business Cycle, (1941), Westport / Connecticut 1977.

97 *Joelsohn*, Walter, Die Theorie der säkularen Stagnation, Wien 1952, S. 38, 63, 66.

98 *Lerner*, Abba P., An Integrated Full Employment Policy, in: ders. / *Graham*, Frank D. (Hrsg.), Planning and paying for full employment, Princeton 1946, S. 163ff., hier S. 217.

99 *Stark*, Werner, Die Geschichte der Volkswirtschaftslehre in ihrer Beziehung zur sozialen Entwicklung, Dordrecht / Holland 1960, S. 23; *Mayer*, Georg, Die Freihandelslehre in Deutschland, Jena 1927, S. 5.

100 Die Passage findet sich im 4. Buch, 2. Kapitel von *Smiths* „Wealth of Nations“, vgl. *Smith*, Adam, Der Wohlstand der Nationen. Eine Untersuchung seiner Natur und seiner Ursachen, aus dem Englischen übertragen und mit einer Würdigung von Horst Claus Recktenwald, München 1974, S. 371. Vgl. auch *Pribram*, Karl, Die Entstehung der individualistischen Sozialphilosophie, Leipzig 1912, S. 96; *Hasbach*, Wilhelm, Die allgemeinen philosophischen Grundlagen der von Francois Quesney und Adam Smith begründeten politischen Ökonomie, Leipzig 1890, S. 87. Zur „Vorgeschichte“ des Topos von der „unsichtbaren Hand“ vgl. auch *Hirschmann*, Albert O., Leidenschaften und Interessen, Frankfurt / M. 1980.

101 *Zeyss*, Richard, Adam Smith und der Eigennutz, Tübingen 1889, S. 103, 119.

zurückgreifen — wie die Entwicklungsgeschichte des Begriffs des „welfare state"[102] andeutet.

Die Vertreter der „New Economics" selbst haben ihre sozialphilosophische Fundierung aber kaum explizit gemacht. Schon für *Keynes* gilt, daß — wenn eine solche Bestimmung versucht wurde — „es nicht leicht ist", seine „Stellung im Konflikt der Weltanschauungen zu bestimmen"[103]. Bei *Kühne*[104], teilweise auch bei *Lowe*[105], wird *Keynes*[106] aber eher in Richtung auf eine Konzeption des „demokratischen Sozialismus" hin betrachtet.

Insgesamt fehlt der amerikanischen „New Deal"-Strömung die (staats-) philosophische Tiefe europäischer, zumal deutscher wirtschaftspolitischer Richtungen. Die „neue Lehre" der USA ordnet sich in die liberale Tradition ein, wenn auch in eine Richtung des Liberalismus, die skeptisch ist gegenüber der reinen Marktlehre und staatliche Korrekturen als Voraussetzung der „Chancengleichheit" — der gleichen Chance zur „Freiheit" — ansieht.[107]

---

[102] Vgl. *Briggs,* Asa, The Welfare State in Historical Perspective, in: Archives Européennes de Sociologie, Vol. 2, 1961, S. 221 ff.; *Bruce,* Maurice, The Coming of the Welfare State, (1961), London 1965, Preface S. IX.

[103] *Pollard,* Sidney, Keynesianismus und Wirtschaftspolitik seit der Großen Depression, in: Geschichte und Gesellschaft, H. 2, 1984, S. 185 ff., hier S. 200. Birger *Priddat* und Harald *Scherf* (Ethik bei Locke und Keynes, in: Ökonomie und Gesellschaft. Jahrbuch 2: Wohlfahrt und Gerechtigkeit, Frankfurt/M.—New York 1984, S. 106 ff., hier S. 112 ff.) sind der Meinung, *Keynes* hätte überhaupt keine ethische Fundierung der Wirtschaftstheorie und -politik vorgenommen; *Keynes* sei allein vom Standpunkt der technischen Rationalität zur Kritik der herrschenden Lehre gelangt.

[104] *Kühne,* Karl, Das vierfache Begräbnis des John Maynard *Keynes,* in: *Zinn,* Karl Georg (Hrsg.), Strategien gegen die Arbeitslosigkeit, Frankfurt/M.—Köln 1977, S. 63 ff.

[105] *Lowe,* Adolph, Politische Ökonomik, Frankfurt/M. 1965, S. 270.

[106] *Keynes,* John Maynard, The End of Laissez-Faire (1926), in: ders., Essays in Persuasion, 2. Aufl., London 1933, S. 312 ff., hier S. 314 ff., 316 ff., 319; ders., Am I a liberal (1925), in: ders., Essays, S. 323 ff., hier S. 324.

Es dürfte sicherlich nicht falsch sein, *Keynes* — gerade auch in Hinsicht auf dessen Schrift „The End of Laissez-Faire" — als „neoliberal" einzustufen, sofern (in Anlehnung an *Boelcke,* Willi Alfred, Art. Liberalismus, in: Handwörterbuch der Wirtschaftswissenschaften, hrsg. von Willi *Albers* u. a., Bd. 5, Stuttgart—New York—Tübingen—Zürich 1980, S. 32 ff.) darunter — i. S. von Heinrich *Herkner* — „sozialliberale" Interventionsformen zu verstehen sind. Diese Meinung vertritt wohl auch *Dillard* (*Dillard,* Dudley, The Pragmatic Basis of Keynes' Political Economy, in: Journal of Economic History, Vol. VI, No. 2, 1946, S. 115 ff., hier S. 123-124, 145-152) als auch *Klein* (*Klein,* Lawrence, The Keynesian Revolution, New York 1961, Kap. VII: „Keynes and Social Reform"). Schließlich schreiben auch *Bullock* und *Shock: Keynes* „brilliantly vindicated the vitality of the Liberal tradition in the changed conditions of a mass society and a controlled economy." (*Bullock,* Alan / *Shock,* Maurice, The Liberal Tradition. Introduction, in: dies. (Hrsg.), The Liberal Tradition: From Fox to Keynes, London 1956, S. IX ff., hier S. L.

[107] Vgl. auch *Humphrey,* Herbert H., The Political Philosophy of the New Deal, Louisiana State University Press 1970.

Überhaupt muß eine Hochschätzung liberaler Werte — im Kern der Idee der freien Persönlichkeitsentwicklung — nicht einhergehen mit der Negation staatlicher Lenkungsinstrumente.[108] Entscheidend ist vielmehr, daß die „Neue Lehre" mit der Idee der „ordre naturel" bricht.

Die Denkfigur der „natürlichen Ordnung" wirkte in der Neoklassik fort, auch wenn die „philosophischen, erkenntnistheoretischen, sozialtheoretischen, anthropologischen, ja auch die politischen, sozialen und wirtschaftlichen Grundlagen für diese Denkfigur ... weggefallen" sind.[109]

Die mathematisierte Theorie hat die theologischen Konturen (und Wurzeln) transformiert.[110] Die Harmonievorstellung von *Smith*, die durch den Deismus konzeptionell ermöglicht wurde (auch wenn in der „Klassik" — gerade im Rahmen des Deismus — Erziehung, Bildung und Aufklärung[111] das Gleichgewicht realisieren helfen sollten), verliert trotz seiner mathematischen Transformation nicht ihren ontologischen (und d.h. metaphysischen) Charakter.[112]

Vor dem Hintergrund solcher Marktmodelle als Optimierungsideen fällt die Staatsauffassung negativ aus; die Theorie der „öffentlichen" — oder gar „meritorischen" — Güter ist dann eine (unbefriedigende) Konzession der Neoklassik, oder gar ein ‚Rettungsversuch'.[113]

---

[108] Vgl. *Beckerath*, Erwin von, Adolf Lampe, in: Zeitschrift für die gesamte Staatswissenschaft, 105. Bd., 1949, S. 602ff. Dementsprechend kann es auch zur Ausbildung (sozial-)liberaler Interventionslehren kommen (vgl. auch *Gall*, Lothar, Zu Ausbildung und Charakter des Interventionsstaats, in: *Pöls*, Werner (Hrsg.), Staat und Gesellschaft im politischen Wandel, Stuttgart 1979, S. 1ff., hier S. 12/13). Gelöst werden kann die Problematik der ordnungspolitischen Einschätzung beispielsweise der *Keynes*schen Theorie durch eine Typologie liberaler Strömungen; die Politik der „New Deal"-Ära müsse demnach als ein liberaler Typus begriffen werden (vgl. auch *Ekirch*, Arthur A. Jr., The Decline of American Liberalism, 5. Aufl., New York 1976, Preface sowie S. 274). In Anlehnung an Egon *Nawroth* (Die Sozial- und Wirtschaftsphilosophie des Neoliberalismus, Heidelberg—Löwen 1961, S. 4) bestimmt auch Helmut Paul *Becker* (Die soziale Frage im Neoliberalismus. Analyse und Kritik, Heidelberg—Löwen 1965, S. 39) die „Keynes- und Oxford-Liberalen" als Teilströmung des Neo-Liberalismus. Die Diskrepanzen innerhalb des Neo-Liberalismus insgesamt zeigen sich aber nicht nur in der Polarisierung zwischen der *Keynes*-Richtung einerseits und der Neo-Laissez-faire-Richtung von L. *von Mises* oder F. A. *von Hayek* andererseits, sondern auch in der Differenz zur Ordo-Schule.

[109] *Hesse*, Günter, Staatsaufgaben. Zur Theorie der Legitimation und Identifikation staatlicher Aufgaben, Baden-Baden 1979, S. 304; vgl. auch *Jonas*, Friedrich, Das Selbstverständnis der ökonomischen Theorie, Berlin 1964, S. 188f., 218f.

[110] *Levy*, Hermann, Der Wirtschaftsliberalismus in England, 2., erweiterte Aufl., Jena 1928, S. 114f.

[111] Vgl. *Jonas*, Friedrich, Das allgemeine Stabilitätspostulat in der nationalökonomischen Klassik, insbesondere bei Ricardo, in: Schmollers Jahrbuch, Bd. 74, 1954, S. 527ff., hier S. 529.

[112] Vgl. insgesamt *Hesse*, Staatsaufgaben, S. 261ff. (Kap. III).

Die „Übereinstimmung" zwischen klassischer und neoklassischer Markttheorie[114] liegt demnach in dem Beitrag zur „Theorie der Politik"[115], nämlich „Programm der Negation" (Fritz Karl *Mann*) zu sein, begründet. *Keynes*[116] bricht nun — so *Lowe* — im Rahmen seiner Spar- und Investitionstheorie für „reiche Gesellschaften" mit der „reinen Theorie" und wandelt die Theorie zur „Politischen Ökonomik", „nämlich zu einem Instrument aktiver Eingriffe in den Lauf der Prozesse". Der Zusammenhang der (von der „invisible hand" gelenkten) „wirtschaftlichen Maschine" und dem Typ des „Regierens" in der Klassik wie der Neoklassik ist demnach nicht beliebig und zufällig, sondern innerlich determiniert: Dort, wo die Wirtschaft „wie der Newtonsche Kosmos allein einer prästabilisierten Ordnung"[117] folgt, kann die Politik nur die „Rolle einer Wächterin über Gesetz und Ordnung" spielen.[118]

Die mit der Durchsetzung der kompensatorischen Richtung der „functional finance" einhergehende Neuordnung der Rollenverteilung zwischen Markt und Staat legt eine Anknüpfung an die oben skizzierten „staatswissenschaftlichen" Richtungen nahe. Die Begründung muß vorwiegend ökonomischer Art sein und erfordert eine Darlegung der Strukturspezifika einer „mature economy" und des daraus ableitbaren staatlichen und gemeinwirtschaftlichen Handlungsbedarfs. Auf diese Probleme kommen wir im Verlauf der Arbeit nochmals zu sprechen.

Eine Rückbesinnung der Staatswirtschaftslehre auf die umfassende Problemsicht der staatswissenschaftlichen Richtung — legitimiert durch den Druck, der durch neuere Wertwandlungstendenzen[119] (und entsprechende Bedarfsfelder) sowie durch die nach wie vor bestehenden sozial bedingten Ungleichheiten[120] entsteht — ist, auch wenn die Möglichkeiten staatlicher Betätigung volkswirtschaftstheoretisch durchaus abgesteckt werden können[121] und der Wirkungsgehalt staatlicher Interventionen empirisch evident ist[122], insofern schwierig, als

---

[113] Vgl. *Thiemeyer*, Theo, Theorie der öffentlichen Güter als ökonom(ist)ische Staatslehre, in: *Oettle*, Karl (Hrsg.), Öffentliche Güter und öffentliche Unternehmen, Baden-Baden 1984, S. 73ff.

[114] *Lowe*, Politische Ökonomik, S. 53/54, vgl. auch S. 61, 92.

[115] Ebenda, S. 50.

[116] Ebenda, S. 100f., 112.

[117] *Lowe*, Politische Ökonomik, S. 203.

[118] *Polanyi*, Karl, The Great Transformation, (1944), Frankfurt/M. 1978, S. 156ff., 187ff.

[119] Vgl. auch *Löffler-Lohmar*, Cornelia, Stabilisierung der gesellschaftlichen Entwicklung durch eine an human-ökologische Werte angepaßte Technologie?, Frankfurt/M. 1983, S. 17ff. (sowie die dort zitierte Literatur).

[120] Vgl. *Wiehn*, Eberhard R./*Mayer*, Karl Ulrich, Soziale Schichtung und Mobilität, München 1975, S. 89ff.

[121] Vgl. *Krupp*, Hans-Jürgen, Möglichkeiten und Grenzen der Staatstätigkeit, in: *Bombach*, Gottfried (Hrsg.), Möglichkeiten und Grenzen der Staatstätigkeit, Tübingen 1982, S. 1ff.

die dogmengeschichtlichen Entwicklungslinien von der historisch-ethischen Richtung der Nationalökonomie und Finanzwissenschaft zur modernen Staatsinterventionslehre erst wieder nachgezeichnet werden müssen.[123]

Solche Zusammenhänge bestehen tatsächlich, sogar dort, wo man sie — aufgrund der auch neuerdings wieder stark auflebenden (hegemonialen) liberalistischen Theorie — kaum vermutet: in der Ideengeschichte der USA. Wir kommen auf die Entwicklungslinien der „Social Fiscal Policy" in den USA später noch ausführlicher zu sprechen; dennoch sei hier folgendes angemerkt: Die Konjunkturlehre A. *Spiethoffs* wie die vom Institutionalismus ausgehende Business-Cycle-Forschung bei W. C. *Mitchell* und A. W. *Burns* entwickelten sich unter starkem Einfluß von *Schmoller*. Auch *Zinn*[124] stellt die Verwurzelung der „radical economics" im „Institutionalismus" heraus. Der Institutionalismus wurzelt wiederum zum großen Teil in der deutschen historischen Schule, die sich vor allem auch durch den Glauben an eine „‚gerechte' staatliche Wirtschaftslenkung"[125] kennzeichnete. Von *Schmoller* ausgehend[126], bildeten sich in den USA unter starker Mitwirkung von Th. *Veblen* und Ch. *Beard* sozialistisch orientierte Kritiken heraus, deren Paradigma des „Institutionalismus"[127] sich um klassisch wie neoklassisch vernachlässigte gesellschaftliche Zusammenhänge des Wirtschaftens gruppierte.[128]

Der Beitrag des „Institutionalismus" zur Entwicklung der „neuen Lehre" ist jedoch nur sehr mittelbarer Art. Die Konjunkturforschung, wie sie sich in den

---

[122] Vgl. auch *Schmidt*, Manfred G., Arbeitslosigkeit und Vollbeschäftigung. Ein internationaler Vergleich, in: Leviathan, H. 4, 1983, S. 492ff.

[123] *Briggs*, Asa, The Welfare State in Historical Perspective, S. 246ff.

[124] *Zinn*, Karl Georg, Die Kategorien „produktiv" und „unproduktiv" in der Ökonomie, in: Aus Politik und Zeitgeschichte, B17, 1980, S. 21ff., hier S. 34.

[125] *Brinkmann*, Carl, Historische Schule, in: Handwörterbuch der Sozialwissenschaften, hrsg. von Erwin von *Beckerath* u.a., Bd. 5, Stuttgart u.a. 1956, S. 121ff.

[126] Vgl. *Schumpeter*, Joseph A., Gustav Schmoller und die Probleme von heute, in: Schmollers Jahrbuch, Bd. 50, 1926, S. 337ff., hier S. 353, 355. Vgl. auch *Delius*, Klaus, Der Institutionalismus als Richtung der amerikanischen Nationalökonomie, Diss., Köln 1957; *Seligmann*, Edwin R. A., Der Sozialökonomie in den Vereinigten Staaten, in: Festgabe für Luko Brentano zum 80. Geburtstag. Die Wissenschaft nach dem Kriege, 2. Bd., München—Leipzig 1925, S. 59ff., hier S. 66ff.

[127] *Boulding*, Kenneth E., Der Institutionalismus in neuerer Sicht, in: *Montaner*, Anton (Hrsg.), Geschichte der Volkswirtschaftslehre, Köln 1967, S. 62ff., hier S. 64f.; *Riese*, Hajo, Wohlfahrt und Wirtschaftspolitik, Reinbek bei Hamburg 1974, S. 42ff.; *Scheer*, Christian, Sozialstaat und öffentliche Finanzen, Köln 1975, S. 474ff.; *Dorfmann*, Josef, The Role of the German Historical School in American Economic Thought, in: American Economic Review, Vol. 45, 1955, S. 17ff.

[128] Vgl. *Heimann*, Eduard, Geschichte der volkswirtschaftlichen Lehrmeinungen, Frankfurt/M. 1949, S. 207f.; *Schmölders*, Günter, Geschichte der Volkswirtschaftslehre, Wiesbaden 1961, S. 107ff.; *Montaner*, Antonio, Institutionalismus, in: Handwörterbuch der Sozialwissenschaften, hrsg. von Erwin von *Beckerath* u.a., Bd. 5, Stuttgart u.a. 1956, S. 294ff., hier S. 295.

1920er Jahren z. B. bei *Mitchell* in den USA entwickelt hat, war „a new kind of uncritical or equilibrium — oriented institutionalism“[129]. Trotzdem wurde die Kritik der kapitalistischen Institutionen durch „the institutionally — oriented approach to economics“ dadurch bzw. derart absorbiert, daß „a kind of economic management“[130] (auch in Form staatlicher Maßnahmen) als erforderlich angesehen wurde. Während sich *Mitchell* — „He had proposed piecemal government controls for stabilizing the cycle in his work of 1913, but evinced little interest in overall economic reconstruction from that time until 1932. At the latter date, Mitchell partly reverted to radical critisism and socialist proposals.“[131] — aber nur bedingt in die Entwicklungsgeschichte der „New Economics“ einordnen läßt, ist der unter dem Einfluß der deutschen Historischen Schule und des Institutionalismus stehende Simon N. *Patten*, auf den wir im Kapitel 11 nochmals ausführlicher zurückkommen, wesentlich stärker ein in die Frühgeschichte der „neuen Lehre“ einzuordnender Autor. *Stoneman* faßt den Kern von *Pattens* Beitrag zusammen: „Patten had imported into economics, during the Progressive period, the seminal American perspective by which economic questions might be viewed in the context of material abundance or ‚surplus‘ rather than the classical assumption of scarcity. With this emphasis went an orientation to consumption, and to the problems of planning for its enhancement.“[132] Mit der Idee des Kapitalüberflusses sind Affinitäten zur *Keynes*schen Instabilitätstheorie gegeben. Wir haben hier ein Beispiel für eine — auch internationale — Interdependenz verschiedener geistesgeschichtlicher Strömungen vorliegen, das deutlich macht, wie weit man dogmengeschichtlich zurückgreifen muß. Vor allem wird aber auch verständlich, daß man im Rahmen einer dogmengeschichtlichen Rekonstruktion der Entwicklungsgeschichte der „neuen Lehre“ auch die metaökonomischen, und d. h.: vor allem staatsphilosophischen, Dimensionen der Theoriegeschichte berücksichtigen muß, da diese philosophischen Zusammenhänge die Folie abgeben für die Formulierung staatsorientierter Reformstrategien, auch wenn oftmals nicht finanzwirtschaftliche, sondern strukturelle (wirtschaftsverfassungs- bzw. ordnungspolitische) Reformideen[133] induziert werden.

Wirtschaftswissenschaft wird im Rahmen des Institutionalismus dann auch verstanden als Instrument der sozialen Wohlfahrt bzw. der Reformpolitik.

Solche Zusammenhänge zwischen Historischer Schule und reformorientierten Interventionslehren sind vorhanden — beispielsweise sei auch an den

---

[129] *Stoneman*, William E., A History of the Economic Analysis of the Great Depression in America, New York—London, (Diss. 1969), 1979, S. 5.

[130] Ebenda, S. 11.

[131] *Stoneman*, William E., A History of the Economic Analysis of the Great Depression in America, S. 20.

[132] Ebenda, S. 9; vgl. auch *Fox*, Daniel M., The Discovery of Abundance. Simon N. Patten and the Transformation of Social Theory, Ithaca 1967.

[133] Vgl. *Soule*, George, A Planned Society, New York 1932.

Einfluß von Ad. *Wagners* „Kathedersozialismus" auf die Steuerungspolitik (-theorie) der deutschen Sozialdemokratie nach 1900[134], worauf ebenfalls noch zurückzukommen ist, erinnert — auch wenn hier ein komplizierter Entwicklungsgang zwischengeschaltet ist.[135] Verflechtungszusammenhänge — zwischen S. *De Sismondi*, R. *Owen*, J. St. *Mill*, G. *Schmoller*, K. *Marx*, den Solidaristen, den Fabianern u. a. — sind gegeben.

Rückgriffe auf die ältere deutsche Finanzwissenschaft[136] und ihre umfassende Problemsicht[137] sind selten geworden. Die Notwendigkeit einer Ökonomie als Sozialwissenschaft — ganz im Sinne von Carl *Brinkmann*[138] — scheint heute aber wieder zwingend notwendig zu sein, um anstehende Probleme konzeptionell in den Griff zu bekommen.

Sieht man gerade in den Strukturwandlungen des Verhältnisses von Staat und Wirtschaft ein zentrales Feld des sozialen Wandels, so stellt sich auch die Frage, inwieweit eine „reine Theorie" (des Marktes) überhaupt (noch) sinnvoll ist.[139] Auch Korrekturen mögen hier nicht hinreichen. Eine völlige Umstellung — vielleicht (und das war unsere einleitende Fragestellung) im Rückgriff auf die (vor allem) deutschsprachige Tradition[140] der „Einheit der Volkswirtschaft" — scheint geboten zu sein. Der Theoriebegriff — und damit (in Anlehnung an *Oppenheimer*[141], *Mombert*[142], *Salin*[143] und *Stephinger*[144]) die Abgrenzung zur

---

[134] Vgl. auch *Dobretsberger*, Josef, Freie oder gebundene Wirtschaft?, München—Leipzig 1932, S. 83.

[135] *Jahn*, Georg, Die Historische Schule der Nationalökonomie und ihr Ausklang — von der Wirtschaftsgeschichte zur geschichtlichen Theorie, in: *Montaner* (Hrsg.), Geschichte, S. 41 ff.

[136] *Jecht*, Horst, Finanzwissenschaft, in: Handwörterbuch der Sozialwissenschaften, hrsg. von Erwin von *Beckerath* u. a., Bd. 3, Stuttgart u. a. 1961, S. 707 ff., hier S. 710 f.; *Neumark*, Fritz, Nationale Typen der Finanzwissenschaft, in: ders., Wirtschafts- und Finanzprobleme des Interventionsstaates, Tübingen 1961, S. 81 ff., insbesondere S. 87 ff.

[137] *Brinkmann*, Carl, Gustav Schmoller und die Volkswirtschaft, Stuttgart 1937; *Kemski*, Jürgen von, Stein, Schmoller, Weber und die Einheit der Sozialwissenschaften, in: Systeme und Methoden in den Wirtschafts- und Sozialwissenschaften. Erwin von Beckerath zum 75. Geburtstag, hrsg. von Norbert *Kloten* u. a., Tübingen 1964, S. 191 ff.

[138] *Brinkmann*, Carl, Nationalökonomie als Sozialwissenschaft, Tübingen 1948; ders., Wirtschaftsformen und Lebensformen, 2. Aufl., Tübingen 1950; ders., Soziologie und Staatswissenschaft, in: *Polyi*, Melchior (Hrsg.), Hauptprobleme der Soziologie. Erinnerungsausgabe für Max Weber, Bd. 2, München—Leipzig 1923, S. 65 ff. Vgl. auch *Weippert*, Georg, Zur Frage der Verknüpfung ökonomischer und soziologischer Betrachtung, in: *Montaner* (Hrsg.), Geschichte, S. 307 ff.

[139] Vgl. *Kretschmar*, Hans, Die Einheit der Volkswirtschaft in der älteren deutschen Wirtschaftslehre, Jena 1930, S. 5, 15.

[140] Ebenda, S. 302 ff., 313.

[141] *Oppenheimer*, Franz, System der Soziologie, 3. Bd., Theorie der reinen und politischen Ökonomie, 1. Halbband, Grundlegung, 5. Aufl., Jena 1923, S. 7.

[142] *Mombert*, Paul, Geschichte der Nationalökonomie, Jena 1927, S. 447.

[143] *Salin*, Edgar, Geschichte der Volkswirtschaftslehre, Berlin 1923, S. 32.

Soziologie — wird zur Disposition zu stellen sein. Konstitutiv bleibt die aus der älteren deutschen Tradition zu entnehmende Prämisse, daß „Wirtschaft nicht ohne die Voraussetzung ‚Staat' gedacht werden kann"[145]. Geschlußfolgert werden kann, daß mit der Entwicklung der „functional finance" „die Finanzwissenschaft seit Lorenz von Stein zum ersten Mal wieder den Status einer staatsbezogenen sozialwissenschaftlichen Theorie"[146] erlangt hat. Dabei mag der Staatsbegriff der älteren Staatswissenschaft[147] nicht wieder aufgegriffen worden sein, aber die überkommene Disziplinentrennung ist dennoch grundlegend in Frage gestellt. Daher nennt *Tautscher* die Lehre von der öffentlichen Wirtschaft, die den Zusammenhang von Volkswirtschaft und Staatswirtschaft klarlegt, die „integrale Finanzwissenschaft"[148]. Entsprechend stellt auch *Neumark* — unter Bezugnahme auf *Colm*[149] — „eine progressive Amalgamation von Finanz- und Wirtschaftstheorie"[150] heraus.[151]

---

[144] *Stephinger*, Ludwig, Die Geldlehre Adam Müllers, Stuttgart 1909, S. 168ff.

[145] *Kretschmar*, Die Einheit, S. 144. Das Verhältnis von Soziologie und Sozialpolitik ist dagegen immer schon enger gewesen (vgl. auch *Ehling*, Manfred, Theoretische Ansätze in der Sozialpolitik. Untersuchung zum geschichtlichen und aktuellen Einfluß der Soziologie auf die Sozialpolitik, Frankfurt/M. 1982).

[146] *Groth*, Klaus-Martin, Die Krise der Staatsfinanzen. Systematische Kritik des Steuerstaates, Frankfurt/M. 1978, S. 38.

[147] Vgl. auch *Riedel*, Manfred, Art. Gesellschaft, bürgerliche, in: *Ritter*, Joachim (Hrsg.), Historisches Wörterbuch der Philosophie, Bd. 3, Basel-Stuttgart 1974, Sp. 466ff.; vgl. schließlich auch *Pankoke*, Eckhart, Art. Soziologie, Gesellschaftswissenschaften, in: *Brunner*, Otto u. a. (Hrsg.), Geschichtliche Grundbegriffe, Bd. 2, Stuttgart 1975, S. 997ff., hier S. 1007ff., 1014ff.

[148] *Tautscher*, Anton, Vollbeschäftigung und öffentliche Finanzpolitik, in: Zeitschrift für die gesamte Staatswissenschaft, Bd. 108, 1952, S. 80ff., hier S. 81f. Vgl. auch *Tautscher*, Anton, Grundlegung der integralen Finanzwissenschaft, in: Schmollers Jahrbuch, Jg. 71, 1951, S. 641ff.

[149] *Colm*, Gerhard, Why Public Finance? (1948), in: ders., Essays in Public Finance and Fiscal Policy, New York 1955, S. 3ff.

[150] *Neumark*, Fritz, Alte und neue Probleme der Finanzwissenschaft, in: Finanzarchiv, N.F., Bd. 16, 1955/56, S. 1ff., hier S. 2.

[151] Vgl. auch *Weidel*, Rudolf, Die Steuer als Instrument der Konjunkturpolitik, Diss., München 1958, S. 10f., 12f.

Kapitel 2

Problemübersicht

Die vorliegende Arbeit bemüht sich um die Nachzeichnung wichtiger Stationen in der Dogmengeschichte der funktionalen Finanzwirtschaftslehre. Dabei liegt ein gewisser Schwerpunkt auf der Entwicklung in Deutschland, jedoch nicht ohne wichtige Positionen in England und den USA zu skizzieren, zumal hier weitgehende Wechselwirkungen — wie z.B. zwischen der Historischen Schule in Deutschland und sozialreformerischen Ansätzen in den USA oder wie zwischen der Fabianischen Theorie[1] und den Arbeitsbeschaffungsdebatten in Deutschland und den USA — bestehen. Dennoch scheint der deutsche Typ der Finanzwissenschaft[2] — den auch *Jecht*[3] im Gegensatz zu *Michels*[4] herausstellt — für die Dogmengeschichte des Interventionsstaates von besonderem Interesse zu sein.[5] Es wird wohl dem Kameralismus und seinen Nachwirkungen geschuldet sein müssen, daß die deutsche Ideengeschichte in erstaunli-

---

[1] Vgl. *McBriar,* A. M., Fabian Socialism and English Politics 1884- 1918, Cambridge University Press 1962. Vgl. auch *Reichel,* Edgar, Der Sozialismus der Fabier, Heidelberg 1947.

[2] Vgl. *Neumark,* Fritz, Nationale Typen der Finanzwissenschaft, in: ders., Wirtschafts- und Finanzprobleme des Interventionsstaates, Tübingen 1961, S. 81ff.; ders., Wilhelm Gerloff und die Entwicklung der deutschen Finanzwissenschaft, in: ders. (Hrsg.), Beiträge zur Geld- und Finanztheorie. Wilhelm Gerloff zum 70. Geburtstag, Tübingen 1951, S. XIIff.

[3] *Jecht,* Horst, Zur Historiographie der Finanzwissenschaft, insbesondere zu E. v. Beckeraths „Geschichte der deutschen Finanzwissenschaft", in: *Kloten,* Norbert u.a. (Hrsg.), Systeme und Methoden der Wirtschafts- und Sozialwissenschaften. Erwin von Beckerath zum 75. Geburtstag, Tübingen 1964, S. 61ff., hier S. 67.

[4] *Michels,* Robert, Über einige Grundsätze zu einer Geschichte der nationalökonomischen Lehrmeinungen, in: Schmollers Jahrbuch, 55. Jg., 1. Halbband, 1931, S. 385ff.

[5] Die zunehmende Möglichkeit, nach 1900 in allen westlichen Ländern die Idee des aufsteigenden Wohlfahrtsstaates dogmengeschichtlich nachzeichnen zu können, während noch im 19. Jahrhundert der deutsche Sprachraum — im Verhältnis zu den USA und Frankreich, aber auch zu England — besonders herausragt, kann darin begründet sein (vgl. *Puhle,* Hans-Jürgen, Vom Wohlfahrtsausschuß zum Wohlfahrtsstaat. Entwicklungstendenzen staatlicher Aufgabenstellung und Verwaltungsprobleme im Zeichen von Industrialisierung und Demokratisierung, in: *Ritter,* Gerhard A. (Hrsg.), Vom Wohlfahrtsausschuß zum Wohlfahrtsstaat, Köln 1973, S. 29ff.), daß sich eine Konvergenz erst im 20. Jahrhundert zunehmend abzeichnete. In den vorangegangenen 150 Jahren scheint sich dagegen eine Ausdifferenzierung verschiedener Entwicklungstypen konstatieren zu lassen, die dann auch die Struktur der dogmengeschichtlichen Rekonstruktion mitbestimmt.

cher Kontinuität etatistische Strömungen in der Nationalökonomie und Finanzwissenschaft hervorbrachte. Doch sind derartige Wandlungen der Nationalökonomie und Finanzwissenschaft auch im englischen und — wenn auch in abgeschwächter Form — im US-amerikanischen Raum festzustellen.[6]

Vollständig kann eine dogmengeschichtliche Darstellung niemals sein. Ohne Akzentuierungen geht es nicht.[7] Mindestens drei Vorbemerkungen müssen daher an dieser Stelle gemacht werden.

Erstens können — allein aus Raumgründen — die Wechselwirkungen der Dogmengeschichte zum sozial- und wirtschaftsgeschichtlichen Prozeß, also vor allem zum säkularen Aufstieg des „Wohlfahrtsstaates"[8] bzw. des „Steuerstaates" (als strukturgeschichtliche Voraussetzung moderner finanzwirtschaftlicher Fragestellungen)[9], nicht dargestellt werden, obwohl dies bei einigen älteren wie neueren dogmengeschichtlichen Darstellungen — wie bei *Beer*[10] oder *Scheer*[11] — einen zweifellos fruchtbaren, das Verständnis ideengeschichtlicher Verläufe vertiefenden Effekt hat.

---

[6] Diese Entwicklung zum Interventionsstaat gilt „sogar in dem Land, das am stärksten dem laissez-faire und dem krassen Individualismus anhing." (*Miliband*, Ralph, Der Staat in der kapitalistischen Gesellschaft, (1969), Frankfurt/M. 1975, S. 19). Auch Benjamin *Ward* (Die Idealwelten der Ökonomen. Liberale, Radikale, Konservative, (1979), Frankfurt/M.—New York 1981, S. 398) schreibt: „Planung ist ein Wort, dem die Amerikaner weit mehr Mißtrauen entgegenbrachten als die meisten Europäer. Aber die amerikanische Regierung führte, ohne das Wort selbst zu benutzen, weitgehend dieselbe Planung ein wie die Westeuropäer." Vgl. auch *O'Connor*, James, Die Finanzkrise des Staates, (1973), Frankfurt/M. 1974, S. 89ff.; vgl. schließlich auch *Krieger*, Leonard, The Idea of the Welfare State in Europe and the United States, in: Journal of the History of Ideas, Bd. 24, 1963, S. 553ff. Zur Politik der „fiscal assistance to capitalists and workers in times of economic crisis" vgl. auch Paul K. *Crosser*, State Capitalism in the Economy of the Unites States, New York 1960, hier S. 10. Erstaunlich ist es, daß *Crosser* in einem dogmengeschichtlichen Vorspann durchweg nur die Debatten im westeuropäischen Kontext skizziert. Wenn *Crosser* es ohnehin als „unorthodox" definiert, daß die Sphäre der Zirkulation als Eingriffsfeld zur Lenkung von Produktion und Beschäftigung genutzt wird (ebenda, S. 14), so scheint es darüber hinaus keine US-amerikanische Tradition der „fiscal policy" zu geben, jedenfalls nicht vor dem Zeitraum der Rezeption der *Keynes*schen Schriften. Wir werden (vgl. Kap. 11) dazu einige Relativierungen vornehmen müssen.

[7] Vgl. *Jecht*, Zur Historiographie, S. 70.

[8] Vgl. *Flora*, Peter u. a., Zur Entwicklung der westeuropäischen Wohlfahrtsstaaten, in: Politische Vierteljahresschrift, Bd. 18, 1977, S. 707ff. Vgl. auch *Grimm*, Dieter, Die sozialgeschichtliche und verfassungsrechtliche Entwicklung zum Sozialstaat, in: *Koslowski*, Peter u.a. (Hrsg.), Chancen und Grenzen des Sozialstaats, Tübingen 1983, S. 41ff.

[9] Vgl. auch *Hickel*, Rudolf, Krise des Steuerstaates. Schumpeters Beitrag zur politischen Ökonomie der Staatsfinanzen — Ein Nachtrag zum hundertsten Geburtstag von J. A. Schumpeter 1983, in: Wirtschaft und Gesellschaft, H. 3, 1984, S. 400ff.; vgl. auch *Marchal, Jean, The State and the Budget. From the budget of patrimonial state to the budget of the faustian state, in: Public Finance, Nr. 3, 1, 1948, S. 23ff.*

[10] *Beer*, Max, Allgemeine Geschichte des Sozialismus und der sozialen Kämpfe, 7. Aufl. mit Ergänzungen von H. Duncker, Berlin 1931, Reprint, Erlangen 1971.

Zum zweiten kann die Darlegung der auf die finanzwissenschaftlichen Vorstellungen durchschlagenden allgemeinen philosophischen Anschauungen, insbesondere hinsichtlich der Staatsauffassung — ein Zusammenhang, der der älteren Dogmengeschichtsschreibung noch vollends bewußt war — nicht immer in hinreichender Detaillierung vorgenommen werden.[12] Es geht nicht um eine Darstellung der Staatsauffassung in der Finanzwissenschaft insgesamt, auch wenn gerade die Staatsideen auf die finanzpolitischen Theoriebildungen prägend einwirkten, wie beispielsweise bei einem Vergleich der Lehren von Adam *Smith* und Adolph *Wagner* deutlich werden kann.[13] Drittens durchzieht — gleichsam nebenbei — auch ein wissenschaftstheoretischer Gesichtspunkt die vorliegende Arbeit. Indem dogmengeschichtlich immer wieder eine Verknüpfung der „functional finance" mit bestimmten stagnationstheoretischen (oder zumindest: konjunkturtheoretischen) Annahmen (deren dogmengeschichtliche Entwicklung im Kapitel 4 behandelt werden soll) herausgestellt wird, kann die Lehre von der funktionalen Finanzwirtschaft im Rahmen des „evolutional approach"[14] betrachtet werden.[15] „This involves, first of all, studying an institution within its context."[16] Dies stand „in marked contrast to the classical tendency to deduce from a very special set of circumstances principles of avowedly universal validity, regardless of time and place"[17].

Ähnlich wie bei der Problemlage der Besteuerung (auf die wir im Kapitel 16 nochmals etwas intensiver zurückkommen wollen), hängen die „Grenzen" der Staatsverschuldung von der Bestimmung der ökonomischen Ungleichgewichtssituationen ab.[18] Die vorherrschende Theorie der Besteuerung und der Staats-

---

[11] *Scheer,* Christian, Sozialstaat und öffentliche Finanzen. Theorie und Praxis der sozialen Komponente der öffentlichen Finanzen im Wandel vom liberalen Rechtsstaat zum Sozialstaat, Köln 1975.

[12] Vgl. auch *Gottschalch,* Wilfried u. a., Geschichte der sozialen Ideen in Deutschland, München—Wien 1969.

[13] Vgl. *Fellmeth,* Rainer, Staatsaufgaben im Spiegel politischer Ökonomie. Zum Verhältnis von Wirtschaft und Staatstätigkeiten in Werken von Adam Smith und Adolph Wagner, Diss., München 1981.

[14] Vgl. auch *Föhl,* Carl, Geldschöpfung und Wirtschaftskreislauf (1935 abgeschlossen) (1937), 2. Aufl. Berlin 1955, S. 109.

[15] *Grossman,* Henryk, The Evolutional Revolt against classical Economy, in: Journal of Political Economy, October, 1943, Vol. 21, No. 5, S. 381 ff.; Teil II, in: Journal of Political Economy, December, Vol. 21, 1943, No. 6, S. 506 ff.; vgl. auch *Stettner,* Walter F., Sir James Steuart on the Public Dept, in: Quarterly Journal of Economics, Vol. 59, 1945, S. 451 ff., hier S. 472-475.

[16] *Stettner,* Sir James Steuart, S. 473; vgl. auch *Gayer,* Arthur D., Public Works in Prosperity and Depressions, New York 1935, S. 401.

[17] *Stettner,* Sir James Steuart, S. 473; vgl. auch *Wagner,* Adolph, Finanzwissenschaft, 2. Theil, 2. Aufl., Leipzig 1890, S. 229; *Neumark,* Fritz, Grundsätze gerechter und ökonomisch rationaler Steuerpolitik, Tübingen 1970, S. 18.

[18] *Ziffzer,* Stefan, Ökonomische Grenzen der staatlichen Kreditaufnahme, Berlin 1980, S. 19, 41, 56, 58, 85, 91; *Duwendag,* Dieter, Staatsverschuldung — Notwendigkeit und

schuld abstrahiert von der Bedingung einer „maturing economy", in der das Sparkapital der privaten Haushalte, Teile der nicht-entnommenen Gewinne und der Amortisationsfonds der Unternehmen nicht mehr hinreichend von den Investoren einer beschäftigungssichernden Realkapitalbildung zugeführt werden[19] (Kapitel 3 geht der Frage nach, ob und inwieweit ein solcher Stagnationstyp in der BRD vorliegt und damit der Debatte um die Adäquanz funktionaler Finanzpolitik besondere Bedeutung zukommen läßt). Im Rahmen der *Keynes*schen Lehre fallen die Wachstumseffekte steuer- und/oder kreditfinanzierter Staatsausgaben anders aus als unter den Modellannahmen neoklassischer „Theorien".[20] In einer „reifen" Wirtschaft muß die Finanzpolitik vielmehr über ihr Ausgabeverhalten die Produktion in Gang halten, wobei die Sparquote reduziert werden muß. Die hohe und steigende Sparquote wird damit zur Voraussetzung wie zum Zielobjekt einer stagnationstheoretischen Begründung steigender Staatsquoten (und der damit einhergehenden Reallokationsprozesse).[21] Neoklassisch orientierte Analysen — für diese gilt: es wird nicht jene „Gruppe von Fällen zusammengestellt, in denen ein Kreditverbrauch ... eine dauernde Ordnung nicht gefährdet"[22] — wie bei *Littmann* sehen z.B. Sozialtransfers (finanziert durch steuerliche Redistributionen) als Ursache für die Reduktion der Sparquote an, die dann das wirtschaftliche Entwicklungstempo drückt — „falls langfristig kein ‚over-saving' herrscht"[23]. Anders *Meissner* und *Zinn*[24], die in dem Wachstum der Transfereinkommen in „reifen" Wirtschaften eine Wachstumsvoraussetzung sehen.[25] „Es ist abwegig, in einer Situation mit extrem hoher Arbeitslosigkeit und nachfragebedingter Unterauslastung der Kapazitäten ... von Steuerentlastungen bei mittleren und vor allem oberen

---

Gefahren, Baden-Baden 1983, S. 42; zu den verteilungspolitischen Konsequenzen vgl. *Troost,* Axel, Staatsverschuldung und Kreditinstitute, Frankfurt/M.—Bern—New York—Nancy 1984.

[19] Vgl. auch *Gross,* Herbert, Der Sinnwandel des Defizits, in: Wirtschaftsdienst, H. 7, 1933, S. 218ff., hier S. 220f. Anlehnungen an die neuere postkeynesianische Theorie [vgl. auch *Davidson,* Paul, Die Postkeynesianische Wirtschaftswissenschaft: Die Lösung aus der Krise der Wirtschaftstheorie, in: *Bell,* Daniel/*Kristol,* Irving (Hrsg.), Die Krise in der Wirtschaftstheorie, (1981), Berlin—Heidelberg—New York—Tokyo 1984, S. 190ff.] sind damit evident.

[20] Vgl. auch *Oberhauser,* Alois, Gewinnorientierte Einkommenspolitik und Staatsverschuldung, in: *Haller,* Heinz (Hrsg.), Theorie und Praxis des finanzpolitischen Interventionismus. Fritz Neumark zum 70. Geburtstag, Tübingen 1970, S. 529ff., hier S. 548f.

[21] Vgl. *Rahmeyer,* Fritz, Ökonomische und politische Hemmnisse einer Erhöhung der Staatsquote, Köln 1975, S. 166.

[22] *Menard,* Sigmar, Die Lehren von der richtigen Verwendung des Staatskredits. Eine dogmengeschichtliche Untersuchung, Jena 1939, S. 8.

[23] Vgl. *Littmann,* Konrad, Zunehmende Staatstätigkeit und wirtschaftliche Entwicklung, Köln—Opladen 1957, S. 138; vgl. auch *Neumark,* Fritz, Grundsätze gerechter und ökonomisch rationaler Steuerpolitik, S. 329.

[24] *Meissner,* Werner/*Zinn,* Karl Georg, Der neue Wohlstand, München 1984, S. 177f.

[25] Vgl. *Joelsohn,* Walter, Die Theorie der säkularen Stagnation, Wien 1952, S. 41.

Einkommen und gleichzeitiger Senkung der ‚konsumtiven‘ (Transfer-)Ausgaben des Staates positive Investitions- und Wachstumseffekte zu erwarten."[26], was im einkommensabhängigen Sparverhalten[27] begründet ist. Die Investitionen sind nicht — wie eventuell in „unterentwickelten" Wirtschaften — durch mangelndes Sparkapital begrenzt. Daher ist eine Umschichtung zum Massenkonsum[28] ökonomisch durchaus nicht dysfunktional[29], ebenso eine Nachfrageverschiebung zu den staatlichen Ausgabenfeldern.[30]

Soweit einige Vorbemerkungen, deren Kenntnisnahme für das Verständnis der dogmengeschichtlichen Darstellungen wichtig ist.

Doch wo beginnt man sinnvollerweise die dogmengeschichtliche Darstellung?

Vor dem Hintergrund der Geschichte der Kredit- und Geldlehren[31] *ist eine Integration der Entwicklungsgeschichte der funktionalen Finanzwirtschaft mit der der „dynamischen" Geld- und Kreditlehre naheliegend.* So wird mit der „dynamischen" Lehre vom Gelde und vom Kredit die Kaufkrafttheorie — also die Idee der effektiven Nachfrage — angesprochen. Dies ist schon für den Merkantilismus spezifisch. Von diesem ausgehend, wurde — bis hin zu den Arbeitsbeschaffungsdebatten der „deutschen Keynesianer" in den 1930er Jahren — ein Zusammenhang von Kaufkraft- und Geld- bzw. Kreditschöpfung[32] formuliert. *Mit dem Merkantilismus setzen wir unsere Darstellung also keineswegs zu früh an.*[33]Paul *Meyer*[34] hebt hervor, daß die „functional finance" — auch wenn sie

---

[26] *Meissner/Zinn*, Der neue Wohlstand, S. 166f.

[27] Vgl. auch *Leijonhufvud*, Axel, Über Keynes und den Keynesianismus, Köln 1973, S. 103.

[28] Vgl. *Leontief*, Wassily W., Die Folgen für Arbeitsplätze und Einkommensverteilung, in: Spektrum der Wissenschaft, November 1982, S. 146ff., hier S. 150f.

[29] *Meissner/Zinn*,Der neue Wohlstand, S. 170f.

[30] Ebenda, S. 34, 78ff.

[31] Vgl. *Joseph*, Ernst, Die Lehre vom Kredit in ihrer dogmengeschichtlichen Entwicklung, Diss., Halle 1933.

[32] Vgl. *Gegner*, Fritz, Die Kaufkraftschöpfung der Banken in dogmengeschichtlicher Darstellung (von Law bis Hahn), Diss., Erlangen, Kulmbach 1932, S. 1ff.

[33] Zum Merkantilismus als „Vorgeschichte" des Interventionismus vgl. auch *Mazur*, Israel Szyja, Das Problem des Interventionismus im System des ökonomischen Individualismus (mit einem Rückblick auf die Vorgeschichte des Problems), Diss., Zürich 1925, S. 7. *Mann* (*Mann*, Fritz Karl, Der Marshall Vauban und die Volkswirtschaftslehre des Merkantilismus, München—Leipzig 1914, S. 377) weist darauf hin, daß der Begriff „Interventionismus" erst als Reaktion auf den Liberalismus zu verstehen sei und damit in die nach-merkantilistische Epoche fällt. „The term ‚Welfare State‘ reflects an attitude towards the state, which sees it as a positive agent for the promotion of social welfare. In this it can be contrasted with the laissez-faire-ideal of the state" (*Sleeman*, J.F., The Welfare State, London 1973, S. 4). Der „Wohlfahrtsstaat" ist also (chronologisch) eine Reaktion auf die Laissez-Faire-Ideologie und kann daher, wenn überhaupt, nur als Neo-Merkantilismus begriffen werden. Allerdings ist nur die Entstehung des Begriffs des ‚Welfare State‘ eine Erscheinung der Jahre 1940ff. (*Sleeman*, S. 1; *Gregg*, Pauline, The Welfare State, London—Toronto—Wellington—Sydney 1967, S. 3f.).

begrifflich erst von *Lerner* geprägt wurde — „nicht ganz neu" ist. So behauptet ähnlich *Mombert:* „Schon recht früh jedoch, schon vom siebzehnten Jahrhundert ab, im Zeitalter des Merkantilismus, kamen ... wenn auch nur langsam und nach und nach, volkswirtschaftliche Erwägungen bei der Besteuerung auf."[35]

1937 sprach *Neumark*[36] davon, daß eine vorwiegend konjunkturwissenschaftlich ausgerichtete Finanzwirtschaftslehre erst in den letzten 15 Jahren entstanden sei. Es heißt weiter: „Zwar ist der Tatbestand an sich nicht neu, und bescheidene Ansätze zu einer wissenschaftlichen und finanzpolitischen Auseinandersetzung mit ihm sind auch in der Vorkriegsperiode bereits hier und da anzutreffen."[37] Doch erst mit den 1920er Jahren sei von einer „neuen Lehre" legitim zu sprechen. Auch *Bellstedt*[38] ist der Meinung, daß zwar der sozialpolitische Funktionalismus in der Finanzwirtschaftslehre älter sei, jedoch der wirtschaftspolitische Zweck erst seit der großen Weltwirtschaftskrise von 1929 um sich gegriffen habe.[39] Ähnlich argumentiert *Hansmeyer.*[40] Nach dessen Meinung verlagerte sich die Problemstellung von der finanzethischen Richtung („Wie viel Staat?") auf die „moderne Finanzwissenschaft" („Warum soviel Staat?").

Im Merkantilismus suchte auch Joseph A. *Schumpeter*[41] die Wurzeln der funktionalen Finanzwirtschaftslehre. Er stellte fest, „daß die Sorge um die Arbeitsplätze eines der Hauptmotive der ‚merkantilistischen' Politik war"[42]. Ähnlich wie *Schumpeter* werden daher auch wir derartige Positionen herausstellen. Flankiert werden diese Ansätze durch geld- und kredittheoretische Auffas-

---

[34] *Meyer*, Paul, Die öffentlichen Ausgaben und ihre volkswirtschaftlichen Auswirkungen, Zürich 1954, S. 26.

[35] *Mombert*, Paul, Besteuerung und Volkswirtschaft, Karlsruhe i. Br. 1922, S. 1.

[36] *Neumark*, Fritz, Ausgleichsprobleme der öffentlichen Finanzwirtschaft, in: Zeitschrift für schweizerische Statistik und Volkswirtschaft, 73. Jg., 1937, S. 582ff., hier S. 583.

[37] *Neumark*, Fritz, Ausgleichsprobleme der öffentlichen Finanzwirtschaft, S. 583. An anderer Stelle behauptet *Neumark*, *Justi* und andere Autoren der merkantilistischen Epoche erinnerten stark an *Lerners* „functional finance", aber erst im 20. Jahrhundert sei „eine ins Gewicht fallende fiskalpolitische Beeinflussung volkswirtschaftlicher Globalgrößen ... möglich gewesen" (*Neumark*, Fritz, Interventionistische und dirigistische Steuerpolitik, in: *Beckerath*, Erwin von u. a. (Hrsg.), Wirtschaftsfragen der freien Welt. Festgabe für Ludwig Erhard, Frankfurt/M. 1957, S. 450ff., hier S. 451.

[38] *Bellstedt*, Christoph, Die Steuer als Instrument der Politik, Berlin 1966, S. 136.

[39] *Mombert*, Besteuerung und Volkswirtschaft, S. 8.

[40] *Hansmeyer*, Karl-Heinrich, Der Weg zum Wohlfahrtsstaat, Frankfurt/M. 1957, S. 9, 19.

[41] *Schumpeter*, Joseph A., Geschichte der ökonomischen Analyse, 2 Bde., Göttingen 1965.

[42] Ebenda, Bd. 1, S. 347.

sungen[43], die die Neutralität des Geldes in Frage stellen.[44] Allein, diese Zusammenhänge und ihre dogmengeschichtliche Bewertung sind umstritten, wie die Rezeption der Anschauungen von John *Law* (1671-1729) zeigt: Gegenüber *Rist*[45] haben *Schumpeter*[46] und vor allem auch *Rohrbach*[47] die Bedeutung von *Law* für die Dogmengeschichte positiv bewertet.

Für die moderne Theorie der notenbankfinanzierten Staatsausgabenerweiterung ist diese funktionale Einschätzung des monetären Faktors[48] von großem dogmengeschichtlichem Interesse. Denn im Rahmen dieser monetären Theorie ist die Bedeutung des (auch staatlichen) Konsums für den volkswirtschaftlichen Reproduktionsprozeß erfaßt worden.[49]

Wie bei Friedrich *List* (1789-1846)[50] (vgl. auch Kapitel 9 zum Eisenbahnwesen) werden also auch im Merkantilismus — gemäß *Schumpeter* — die Wurzeln der *Keynes*schen Theorie zu suchen sein.[51]

Zweifelsohne ist diese ausgeprägte wirtschaftspolitische Orientierung der kameralistischen Finanzwirtschaftslehre — die wir in Kapitel 5 behandeln werden — im weiteren Verlauf der Dogmengeschichte etwas verlorengegangen. Die *Renaissance nichtfiskalischer Zwecksetzungen in der Finanzwirtschaftslehre fand statt mit der „deutschen Finanzklassik"* (die wir vor dem Hintergrund der englischen Klassik — vgl. Kapitel 7 — darstellen wollen), insbesondere mit dem von Max von *Heckel*[52] sogenannten „Dreigestirn" Lorenz von *Stein,* Albert

---

[43] *Schumpeter,* Joseph A., Geschichte der ökonomischen Analyse, Bd. 1, S. 374ff., 281 ff.; *Landau,*Johann, Die Arbeiterfrage in Deutschland im 17. und 18. Jahrhundert und ihre Behandlung in der Deutschen Kameralwissenschaft, Diss., Zürich 1915, S. 14, 26, 270f. (Anm. 41).

[44] Die Auffassung von der Neutralität des Geldes hatte in der Klassik die Funktion, die These begründen zu helfen, daß es zu keinem Ausfall der Nachfrage kommen kann [vgl. *Schück,* Guido, Die Problematik des Deficit Spending, Diss., Zürich 1955, S. 5; vgl. auch *Müller,* Christian, Entstehung und Entwicklung der „Neuen Wirtschaftslehre" in Deutschland, in: *Bombach,* Gottfried u. a. (Hrsg.), Der Keynesianismus, III. Die geld- und beschäftigungstheoretische Diskussion in Deutschland zur Zeit von Keynes, Berlin—Heidelberg—New York 1981, S. 3ff., hier S. 4].

[45] *Rist,* Charles, Geschichte der Geld- und Kredittheorie. Von John Law bis heute, (1937), Bern 1947, S. 24ff.

[46] *Schumpeter,* Geschichte, Bd. 1, S. 408.

[47] *Rohrbach,* Reinhard, Die geld- und kredittheoretischen Anschauungen John Laws, Berlin 1927, S. 101, 109.

[48] *Wagner,* Valentin Fritz, Geschichte der Kredittheorien. Eine dogmengeschichtliche Darstellung, (1937), Neudruck, Aalen 1966, S. 228.

[49] *Schumpeter,* Geschichte, Bd. 1, S. 238, 364, Anm. 14; 413f., 900.

[50] *Schumpeter,* Geschichte, Bd. 1, S. 619. Vgl. auch *Schulz,* Frank, Eisenbahnen und Konjunktur. Eine dogmengeschichtliche Literaturuntersuchung zur konjunkturpolitischen Instrumentalfunktion, in: Zeitschrift für öffentliche und gemeinwirtschaftliche Unternehmen, H. 4, 1985, S. 423ff.

[51] *Schumpeter,* Geschichte, Bd. 1, S. 442, Anm. 23.

Schäffle und Adolph *Wagner* (vgl. Kapitel 8). *Tatsächlich dominierte der sozialpolitische Zweck*[53] *gegenüber wirtschaftspolitischen Zielsetzungen.* Im Rahmen der Auffassung vom „produktiven Charakter" der Staatstätigkeit, die hier als Erbe kameralistischer Traditionen fortwirkt und sogar die frühe deutsche liberale Nationalökonomie (die im Kontext der Idee des „Gemeinsinns" sogar teilweise öffentliche Arbeitsbeschaffungsprogramme einforderte — vgl. Kapitel 6) prägte, gingen aber auch wirtschaftspolitische Orientierungen der Finanzwirtschaftslehre — wie bei Carl *Dietzel* (1829-1884) — nie ganz verloren.

Insbesondere die in den 1880er und 1890er Jahren sich verdichtende Debatte um öffentliche Arbeitsbeschaffung (vgl. Kapitel 10) transformierte die primär sozialpolitische Zielsetzung in volkswirtschaftspolitische Orientierungen der Finanzwirtschaftslehre[54], wobei insbesondere die Arbeiten von Franz *Stöpel* (1833-1890)[55] herausragen. Oftmals ausgehend von den Arbeiten der Fabianer Beatrice und Sidney *Webb* (1858-1943), 1859-1947) bekamen diese Debatten — sowohl in Deutschland wie in den USA — *eine antizyklische Note.*[56] Allein diese Diskussionszusammenhänge — abgesehen von den explizit antizyklischen Vorschlägen von Georg von *Schanz* (1853-1931)[57] — relativieren die These, der Durchbruch der wirtschaftspolitisch orientierten Finanzwirtschaftslehre sei erst im Kontext der Weltwirtschaftskrise des 20. Jahrhunderts gelungen, eine Auffassung, die nicht nur *Ritschl, Sultan, Neumark* und *Saitzew*[58], sondern auch

---

[52] *Heckel,* Max von, Die finanzwissenschaftlichen Schriften Adolph Wagners, in: Jahrbücher für Nationalökonomie und Statistik, 3. Folge, Bd. 19, 1900, S. 862ff.

[53] Vgl. auch *Zimmermann,* Waldemar, Das „Soziale" im geschichtlichen Sinn- und Begriffswandel, in: *Geck,* L. H. Adolph u.a. (Hrsg.), Studien zur Soziologie. Festgabe für Leopold von Wiese zum 70. Geburtstag, Bd. 1, Mainz 1948, S. 173ff.

[54] *Schulz,* Gerhard H., Die Idee der produktiven Erwerbslosenfürsorge in Theorie, Praxis und Politik, Diss., Hamburg 1930, S. 29.

[55] Vgl. *Schulz,* Frank, Die Arbeiten von Franz Stöpel zur Beschäftigungspolitik durch produktive Geldschöpfung. Ein dogmengeschichtlicher Beitrag zur „functional finance", erscheint 1986 in der Zeitschrift ‚Jahrbücher für Nationalökonomie und Statistik'.

[56] Vgl. zu den öffentlichen Arbeiten als „counter-cyclical"-Politik (*Margolis,* Julius, Public Works and Economic Stability, in: The Journal of Political Economy, Bd. 57, 1949, S. 293ff., hier S. 294) auch *Rybinski,* Helga, Der Grundsatz des Haushaltsgleichgewichts in historischer und dogmengeschichtlicher Sicht, Diss., Berlin 1964, S. 141.

[57] Vgl. *Schulz,* Frank, Die Vorschläge von Georg von Schanz zur antizyklischen Finanzpolitik in der Tradition der öffentlichen Arbeitsbeschaffung, in: Finanzarchiv, N.F., Bd. 42, H. 3, 1984, S. 542ff.

[58] *Ritschl,* Hans, Der Staatshaushalt in der Depression, in: Archiv für Sozialwissenschaften und Sozialpolitik, Bd. 69, 1933, S. 293ff.; *Sultan,* Herbert, Staatswirtschaft und Konjunktur, in: Zeitschrift für schweizerische Statistik und Volkswirtschaft, Jg. 1936, S. 573ff.; *Neumark,* Fritz, Konjunktur und Steuern, Bern 1930; ders., Neue Ideologien der Wirtschaftspolitik, Wien—Leipzig 1936; *Saitzew,* Manuel, Der Interventionismus, in: Festgabe für Fritz Fleiner, Zürich 1927, S. 321ff.

Zweifel[59] teilt, der mit *Nathan*[60] die Entwicklung zur nicht-fiskalischen Finanzwirtschaftslehre ebenso für ein Spezifikum des fortgeschrittenen 20. Jahrhunderts hält.[61]

---

[59] *Zweifel*, Fridolin Th., Förderung und Lenkung industrieller Produktion durch steuerpolitische Maßnahmen, Bern 1948, S. 36.

[60] *Nathan*, Otto, Grundsätzliches über die Zusammenhänge zwischen Volkswirtschaft und Besteuerung, in: Jahrbücher für Nationalökonomie und Statistik, Bd. 117, 1921, S. 97ff., hier S. 124.

[61] Auch Michael *Held* (Sozialdemokratie und Keynesianismus. Von der Weltwirtschaftskrise bis zum Godesberger Programm. Frankfurt/M.—New York 1982, S. 91) schreibt: „In den 20er und 30er Jahren existierte noch keine in sich geschlossene Theorie zur systematischen Beeinflussung des Wirtschaftsablaufs über die Gesamtnachfrage durch den Staat. Die theoretischen Grundlagen einer solchen Politik wurden erst mit der 1936 erschienenen Schrift General Theory gelegt." Legt man die Betonung auf die Frage der Geschlossenheit der Theorie und der Systematik der wirtschaftspolitischen Vorschläge, so mag man *Held* tendenziell zustimmen; ob allerdings die erst 1936 erschienene Schrift von *Keynes* hier herangezogen werden muß, sollte fraglich bleiben. Ansätze einer derartigen „systematischen Beeinflussung des Wirtschaftsablaufes ... durch den Staat" sind jedoch eher zu veranschlagen. Interessanterweise verweist *Held* (ebenda, S. 97f.) wenige Seiten weiter auf die „konjunkturpolitischen Erwägungen" in den Jahren 1918/19 im Rahmen des unter der Sozialdemokratie stehenden Reichswirtschaftsamtes (bzw. -ministeriums), speziell in den damaligen Denkschriften und Programmen zur „Wiederbelebung der kriegsgeschädigten deutschen Wirtschaft" (vgl. auch *Biechele*, Eckhard, Der Kampf um die Gemeinwirtschaftskonzeption des Reichswirtschaftsministeriums im Jahre 1919, Diss., Berlin 1972, S. 113f.). *Biechele* schreibt zu dem damals geforderten 5 Mrd. Mark-Reichsfonds, dieser sei — obwohl die *Keynes*sche Lehre noch nicht formuliert war — „den Erkenntnissen der Wirtschaftswissenschaft (seiner) Zeit weit voraus." (ebenda, S. 113). Damit handelte es sich um einen „nach modernen Erkenntnissen exzellente(n) Gedanke(n)" (ebenda, S. 114). *Held* (Sozialdemokratie, S. 98) hebt hier den expliziten antizyklischen Charakter dieser Reichsfondsidee hervor. Mit Hinweis auf Wichard von *Moellendorff* (Konservativer Sozialismus, Hamburg 1932) erinnert *Held* sogar an die — der *Keynes*schen Lehre verwandten — „außer-sozialdemokratischen, reformkapitalistischen Ideenwelt(en)" solcher Vorschläge. Wenn — der von *Held* herausgestellte — Wladimir *Woytinsky* [als einer der führenden Wirtschaftstheoretiker der damaligen Sozialdemokratie — vgl. auch *Langer*, Kurt, Sozialdemokratische Wirtschaftstheorien der Nachkriegszeit, Basel 1937, S. 86; *Schneider*, Michael, Arbeitsbeschaffung. Die Vorstellungen der freien Gewerkschaften und SPD zur Bekämpfung der Wirtschaftskrise, in: *Luthardt*, Wolfgang (Hrsg.), Sozialdemokratische Arbeiterbewegung und Weimarer Republik. Materialien zur gesellschaftlichen Entwicklung 1927-1933, Frankfurt/M. 1978, Bd. 1, S. 220ff.; *Gates*, Robert A., Von der Sozialpolitik zur Wirtschaftspolitik? Das Dilemma der deutschen Sozialdemokratie in der Krise 1929-1933, in: *Mommsen*, Hans u.a. (Hrsg.), Industrielles System und politische Entwicklung in der Weimarer Republik, Düsseldorf 1977, Bd. 2, S. 206ff., hier S. 217] in seiner 1931 erschienenen Schrift „Internationale Hebung der Preise als Ausweg aus der Krise" (Leipzig 1931, S. 132) schreibt: „Die Arbeitsbeschaffungspolitik, die dem Ausgleich der Konjunkturschwankungen dient, besteht darin, daß die öffentliche Hand ihre außerordentlichen Aufträge und Bauarbeiten während der Hochkonjunktur zurückstellt und die erforderlichen Geldmittel bereit hält, um sie in den Krisenzeiten in die Waagschale zu werfen.", so sind derartige Formulierungen — wie bei Georg von *Schanz* beispielsweise — schon seit der Jahrhundertwende nachweisbar. Sie finden sich dann in den ersten beiden Dekaden des 20. Jahrhunderts vermehrt im Diskussionskontext um die Planung öffentlicher Arbeiten.

Wir beschreiben diese Entwicklung in Deutschland, England und den USA im 11. Kapitel, das damit einen zentralen Abschnitt unserer Arbeit darstellt. Die Arbeitsbeschaffungsdebatten sind insofern für uns von dogmenhistorischem Interesse, da es sich hierbei um eine „Förderung" aus öffentlichen Mitteln[62] handelt.

Schmölders Behauptung[63], es gäbe — speziell auch in Deutschland — nach 1900 einen „Niedergang" der Finanzwissenschaft, muß demnach unter dem Gesichtspunkt der uns interessierenden dogmengeschichtlichen Fragestellung relativiert werden. Auch die Entwicklung der Konjunkturtheorie stützt diese These von *Schmölders* nicht hinreichend. Nicht nur kannte das 19. Jahrhundert den Konjunkturzyklus; parallel dazu gab es, wie Eugen von *Bergmann* in seiner immer noch lesenswerten Schrift[64] nachgezeichnet hat, schon früh eine Fülle an Krisen- und Konjukturtheorien, die jeweils ein anderes Licht auf die Rolle staatlicher Politik werfen ließen.[65] Anders waren die Theorien von Carl *Dietzel,* Franz *Stöpel,* Heinrich *Herkner,* Georg von *Schanz,* Beatrice und Sidney *Webb* u.a. gar nicht möglich gewesen. Richtig ist, daß die klassische (liberale) Nationalökonomie zwar das Konjunkturproblem kannte, aber sich eine Lösung

---

[62] Vgl. *Kamrath,* Friedrich, Die produktive Erwerbslosenfürsorge durch Förderung arbeitsbeschaffender Maßnahmen aus öffentlichen Mitteln, maschinenschriftliche Diss., Berlin 1924, S. 81ff., 129ff.; weniger substanziell ist die Arbeit von *Syrup* einzuschätzen: *Syrup,* Friedel, Die Aufbringung der Mittel für die Erwerbslosenfürsorge, Berlin 1926. Die Problematik der öffentlichen Arbeiten wird damit auch als finanzwirtschaftliche begriffen, auch wenn ein großer Teil der Literatur — wie bei *Syrup* — hinter dem Niveau der Diskussion um finanzwirtschaftliche Deckungsregeln der „deutschen Finanzklassik" (vgl. auch *Leihener,* Walter, Finanzwirtschaftliche Deckungsgrundsätze, Diss., Köln 1934) zurückfällt. Es ist aber bezeichnend, daß *Kamrath* seine Dissertation bei *Herkner* und *Jastrow* geschrieben hat; beiden gebührt ein entsprechender Platz in der Dogmengeschichte der antizyklischen Einsetzung öffentlicher Arbeiten. So bildete die Frage der „Förderung" (Finanzierung nicht nur aus Mitteln der Reichsanstalt für Arbeitsvermittlung und Arbeitslosenversicherung, sondern auch aus Mitteln des Reiches und der Länder) ein Kernthema des „Handbuch(s) der wertschaffenden Arbeitslosenfürsorge" (Berlin 1929) von Werner *Scholtz* und Ernst *Herrnstadt* (vgl. auch *Albrecht,* F. / *Wilhelmi,* K., Die produktive Erwerbslosenfürsorge, Berlin 1926). Ausführlichere Hinweise zur Finanzierungsproblematik finden sich dann allerdings bei Karl *Strölin,* Die Bekämpfung der Arbeitslosigkeit durch die Gemeinden. Generalbericht auf dem VI. Internationalen Gemeindekongreß, Berlin—München 1936, S. 75ff.

[63] *Schmölders,* Günter, Wandlungen der Finanzwissenschaft. Von der „Staatswirtschaftslehre" zur wissenschaftlichen Finanzpolitik, in: *Schwebler,* Robert / *Föhrenbach,* Walter (Hrsg.), Jahre der Wende. Festgabe für Alex Möller zum 65. Geburtstag, Karlsruhe 1968, S. 96ff.

[64] *Bergmann,* Eugen von, Geschichte der nationalökonomischen Krisentheorie (1895), Neudruck, Glashütten / Ts.-Tokyo / Japan 1970.

[65] Allerdings ist der Kritik von *Nasse,* „fast alle Schriftsteller ... (hätten) sich mehr um die Pathologie, als mit der ... Therapie der Krankheit beschäftigt" (*Nasse,* Erwin, Über die Verhinderung der Produktionskrisen durch staatliche Fürsorge, in: Schmollers Jahrbuch, Jg. 1879, S. 145ff., hier S. 147) nicht ganz ohne Berechtigung.

desselben durch methodologische Annahmen versperrte.[66] Dies hatte (für die weitere Forschung unfruchtbare) Folgen für die Auffassung vom Beschäftigungsproblem.[67]

Mit der Nachzeichnung wichtiger Positionen der Debatte um öffentliche Arbeitsbeschaffung in den USA, England und Deutschland im ersten Drittel des 20. Jahrhunderts kann die Relativierung der These von der späten Entstehung der wirtschaftspolitisch orientierten Finanzwirtschaftslehre fortgeführt werden. Um die Jahrhundertwende wie in der Zeit nach 1918 war ein „program of public works to provide employment and maintain purchasing-power" „one of the most popular remedies".[68] Selbst für die USA darf damit die Idee der „social security" bzw. der „economic security" dogmengeschichtlich nicht erst „mit den Jahren 1934/35"[69] angesetzt werden.

Ohl stellt in seiner Dissertation zur Geschichte des „Keynesianismus" in Deutschland fest: „So stellt sich auch die scheinbare Revolution der dreissiger Jahre als das Ergebnis einer Evolution heraus, die gekennzeichnet ist durch ein Erlahmen der dynamischen Antriebskräfte des Kapitalismus einerseits und ein langsames Hineinwachsen des Staates in seine gestaltende Rolle im Zentrum der Wirtschaft andererseits."[70] Im Rahmen seiner Analyse der „Inkubination" der modernen Beschäftigungstheorie begreift *Ohl* auch die Notstandsarbeiten als eine frühe Form der staatlichen Konjunkturpolitik[71], insbesondere dann, wenn die Auftragsvergabe durch die öffentlichen Hände antizyklisch gestaltet werden sollte.[72] Allerdings fallen die Verweise von *Ohl* auf die sehr frühe Vorgeschichte der „neuen Lehre" knapp aus. Die Schwerpunkte legt *Ohl* auf die 1920er Jahre. Er verdeutlicht damit dennoch die vor-keynesianische Entwicklungsgeschichte der „neuen Lehre" in Deutschland.

Daß das Kapitel 11 zu einem zentralen Abschnitt unserer dogmengeschichtlichen Darstellung wird, hat einen besonderen Grund. Es werden hier insbesonde-

---

[66] Vgl. *Lutz*, Friedrich, Das Konjunkturproblem in der Nationalökonomie, Jena 1932.

[67] *Bez*, Eleonore, Ist Arbeitslosigkeit unvermeidbar?, Stuttgart—Kiel 1949; *Ziese*, Elfriede, Das Beschäftigungsproblem in der ökonomischen Theorie von Say bis Keynes, Freiburger Diss., 1962; *Pomian*, Krzystof, The Secular Evolution of the Concept of Cycles, in: Review, II, 4, Spring 1979, S. 563ff., hier S. 599f.; *Alterthum*, Paul, Das Problem der Arbeitslosigkeit und die kapitalistische Wirtschaftsentwicklung, Berlin 1911, S. 85.

[68] *Howenstine*, E. Jay jr., Public Works Programm after World War I, in: Journal of Political Economy, Vol. 51, December 1943, No. 6, S. 523ff., hier S. 523.

[69] *Kaufmann*, Franz-Xaver, Sicherheit als soziologisches und sozialpolitisches Problem, 2. Aufl., Stuttgart 1973, S. 92. Vgl. auch *Castel*, Robert, Der „Krieg gegen die Armut" in den Vereinigten Staaten: Der Status des Elends in einer Überflußgesellschaft, in: Wambach, Manfred M. (Hrsg.), Die Museen des Wahnsinns und die Zukunft der Psychiatrie, Frankfurt/M. 1980, S. 97ff.

[70] *Ohl*, Jörg, Keynesianismus ohne Keynes, Diss. (maschinenschriftlich), Tübingen 1952, S. 5.

[71] Ebenda, S. 13.

re zwei „Achsen" der Entwicklungsgeschichte der „neuen Lehre" beschrieben, in denen jeweils die *Webbs* oder Simon N. *Patten* eine zentrale Rolle spielen. *Einmal ist zu nennen die Achse zwischen der (vom Kameralismus beeinflußten) historischen Richtung der Nationalökonomie und Finanzwissenschaft, den Reformbestrebungen der Fabianer B. und S. Webb, Hobsons Theorie und der Lehre von Keynes (wie auch der „Stockholmer Schule"), zum anderen ist herauszustellen die Verbindungslinie zwischen der eben genannten Historischen Schule, der Theorie von Patten, Hobsons Anschauungen und der „neuen Lehre" von Keynes.* Die Idee der „öffentlichen Arbeiten" findet sich gerade über diese beiden Achsen kontinuierlich fortgetragen und erhält — auch — deshalb besondere Beachtung in unserer Darstellung.[73]

Tatsächlich stellt — wie beim Eisenbahnwesen — die Verknüpfung von öffentlichen Arbeiten, antizyklischer Sichtweise und Multiplikatoreffekt eine evolutionäre Hauptlinie in der (Vor-)Geschichte der funktionalen Finanzwirtschaftslehre dar.[74] Schaltstelle um die Jahrhundertwende mag in Deutschland

---

[72] *Ohl,* Jörg, Keynesianismus ohne Keynes, S. 22ff.

[73] Gekoppelt an die Idee der öffentlichen Arbeiten entwickelt sich auch die Idee des Multiplikators. Einige Vorläufer datieren — wie wir im Kapitel zum Eisenbahnwesen noch ausführen werden — sogar aus dem 19. Jahrhundert. Eine beschleunigte Entwicklung fand dann aber seit Ende der 20er Jahre statt. *Kahns* Formulierung des Muliplikators aus dem Jahre 1931 (vgl. *Kahn,* R. F., The Relation of House Investment to Unemployment, in: Economic Journal, Juni 1931, S. 173ff.) scheint — so *Hegeland* [*Hegeland,* Hugo, On the Genesis of the Multiplier Theory, in: ders. (Hrsg.), Money, Growth, and Methodology. Essays in Honor of J. Aokermann, Lund 1961, S. 211 ff., hier S. 227] — aber völlig autonom zu sein, obwohl schon 1930 Vernon A. *Mund* (Prosperity Reserves of Public Works, in: Annals of the American Academy of Political and Social Science, Vol. 149, May 1930, Part II, S. 1 ff.) einen Beitrag formuliert hat. *Keynes* selbst griff ab 1933 auf *Kahn* zurück. Auf *Mund* hat aber J. M. *Clark* (Cumulative Effects of Changes in Aggregate Spending as Illustrated by Public Works, in: American Economic Review, 1935, S. 14ff., hier S. 16) zurückgegriffen, wie *Wright* herausstellte (*Wright,* A. LL., The Genesis of the Multiplier Theory, in: Oxford Economic Papers, N.S., Vol. 8, No. 2, 1956, S. 181 ff., hier S. 190, Anm. 3). Eine andere Veröffentlichung von *Walker* (*Walker,* E. Ronald, Public Works and Recovery, in: Economic Record, 1935, S. 187ff., hier S. 195, Anm. 6) griff dagegen auf *Giblin* zurück (vgl. *Giblin,* Lyndhorst Falkiner, Australia 1930, Melbourne 1930, S. 10f.). Eine andere frühe Formulierung findet sich bei *Dickinson,* auf den *Hegeland* in Anlehnung an *Villard* verweist (vgl. *Villard,* Henry H., Deficit Spending and the National Income, New York 1941, S. 20; *Dickinson,* F. G., Public Expenditures and Cyclical Unemployment, in: Annals of the American Academy of Political and Social Science, Sept. 1928, No. 228, Supplement, S. 175ff.).

Mund hat neben *Clark* aber auch M. *Mitnitzky* (The Effects of a Public Work Policy on Business Activity and Employment, in: International Labour Review, Bd. 30, Okt. 1934, S. 435ff.) beeinflußt.

[74] Zur Interpretation der öffentlichen Arbeiten im Rahmen einer „entwicklungsgeschichtlichen Stufenfolge" der Arbeitslosenfürsorge vgl. auch *Zimmermann,* Waldemar, Soziale Kolonisation und Arbeitslosenfürsorge, in: Soziale Praxis, 19. Jg., 1909/1910, Sp. 1201 ff. Die Redeweise von der „sozialwissenschaftliche(n) Epoche" erinnert dabei an Adolph Wagners Theorie der sozialpolitischen Epoche in der Finanzwirtschaft und -wissenschaft.

Georg von *Schanz* sein, einen Höhepunkt in den 1920er Jahren kann die klare Formulierung von *Manes* darstellen: „Verwendet man nun in Depressionszeiten (die in Form von Reservefonds angehäuften und durch Anleihen ergänzten — F. S.) Gelder für die geplante Arbeit, so wird damit neue Kaufkraft geschaffen und durch den kumulativen Faktor die Wirtschaft neu angeregt."[75] Die antizyklische Vergabepraxis ist hier offensichtlich; interessant ist aber darüber hinaus die Verknüpfung mit dem Multiplikator, d.h. hier: mit dem „kumulativen Faktor".

Manes überträgt diesen Gedanken schließlich auf die Politik der Eisenbahnverwaltung und schreibt: „Die Geschichte der Depression zeigt, daß die Erholung immer mit großen Käufen der Eisenbahnen Hand in Hand geht und nie ohne sie auskommt, mit Ausnahme des Krieges. Das so in Schwung gebrachte Geschäft durchpulst alle Kanäle der Industrie und des Handels und wirkt günstig auf den letzten Einwohner und die letzte Gemeinde."[76]

In den darauffolgenden Kapiteln wenden wir uns zum einen noch *stark „verschütteten" Traditionen wie die der „deutschen Keynesianer"*[77] oder der „Stockholmer Schule" (als von *Keynes* relativ unabhängige Entwicklungen) zu (vgl. Kapitel 12); zum anderen werden einzelne Positionen gesondert behandelt, und dies aus unterschiedlichen Gründen. *A. H. Hansen (vgl. Kapitel 14) ragt als Vertreter des kompensatorischen Typs der „functional finance" heraus; Lerner wird als Vertreter der funktionalen Finanzwirtschaftslehre viel zitiert, scheint mir jedoch — ebenso wie Dahlberg — dogmengeschichtlich stark überbewertet zu sein (vgl. Kapitel 13). Die Positionen von Baran, Sweezy und Gillman (Kapitel 15) werden überhaupt nicht im Rahmen der diesbezüglichen Dogmengeschichtsschreibung erwähnt, eine Rezeptionsweise, die wir einer Revision unterziehen wollen.*[78]

Insgesamt wird mit dieser Arbeit versucht, auf wichtige — von neueren Darstellungen[79] *nicht ausführlich genug oder gar nicht behandelte — Stationen der Ideengeschichte einzugehen.*[80]

---

[75] *Manes*, Julius, Der Kampf gegen die Arbeitslosigkeit durch Stabilisierung der Wirtschaft, Diss., Giessen 1925, S. 30.

[76] *Manes*, Julius, Der Kampf gegen die Arbeitslosigkeit durch Stabilisierung der Wirtschaft, S. 35.

[77] Insbesondere die deutschen Reformer werden aber neuerdings verstärkt zum Gegenstand der Forschung; vgl. auch *Novy*, Klaus, Weltwirtschaftskrise 1929, Krisenpolitik und Lehren, die man nicht zog, in: *Zinn*, Karl Georg (Hrsg.), Strategien gegen die Arbeitslosigkeit, Köln—Frankfurt/M. 1977, S. 47ff.

[78] Diese Kapitel fallen relativ kurz aus, da wir den Schwerpunkt dieser Arbeit auf die frühe (Vor-)Geschichte der „functional finance" legen wollten, zumal die Positionen beispielsweise von *Hansen* oder *Lerner* bekannter sein dürften. Dennoch wurden sie skizziert, um vor diesem Hintergrund das Entwicklungsniveau der frühen Stadien einschätzen zu können.

[79] *Ernst-Pörksen*, Michael, Staatsschuldentheorien, (Diss.) Berlin 1983.

[80] Der Schwerpunkt dieser Arbeit liegt eindeutig auf dem Zeitraum der Entwicklung vor 1945, obwohl gerade die Phase nach 1945 als Epoche der „geplanten Wirtschaft" gilt

Eine — ebenfalls dogmengeschichtlich angereicherte — Skizzierung der verschiedenen Finanzierungsstrategien (Kapitel 16) soll abschließend einen Bezug zur aktuellen Kontroverse um die Möglichkeiten und die Bedeutung der Finanzpolitik als Stabilitäts- und Beschäftigungspolitik herstellen.[81]

Unsere Darstellung geht damit weiter als die von *Keller*.[82] *Keller* will nur die „welfare economics" als eine wissenschaftlich begründete Lehre von der Staatsintervention gelten lassen. Damit fallen bei ihm viele Ansätze heraus. Darüber hinaus werden ihm die Liberalen sämtlich zu Exponenten des wohlfahrtspolitischen Interventionismus. Mit *Deane*[83] können wir *Keller* hinsichtlich dessen — sozialstaatlicher — Einschätzung des angelsächsischen Utilitarismus einige Zugeständnisse machen[84]: Der Utilitarismus wollte nicht die „Freiheit vom Staat schlechthin", sondern die „Befreiung von der Unfähigkeit des Staates". „Leistungsfähigkeit hieß nichts anderes als wirksame und zielgerichtete Steuerung des Wirtschaftssystems anstelle unwirksamer und zielloser Intervention."[85] Aber *Keller* unterschätzt erheblich das Ausmaß an Marktversagen, und damit unterschätzt er auch das Maß an notwendiger Staatsintervention. Ganz anders *Biermann*[86]: „Frei sein"[87] bedeutet für den

---

[vgl. *Shonfield*, Andrew, Geplanter Kapitalismus. Wirtschaftspolitik in Westeuropa und USA (1965), Köln—Berlin 1968; *Kidron*, Michael, Rüstung und wirtschaftliches Wachstum. Ein Essay über den westlichen Kapitalismus nach 1945 (1968), Frankfurt/M. 1971]. Doch die von *Galbraith* konstatierte „Regulierung der Gesamtnachfrage" [*Galbraith*, John Kenneth, Die moderne Industriegesellschaft (1967), München—Zürich 1968, S. 274ff.] reicht dogmengeschichtlich weit zurück. Diese zurückliegenden Traditionen scheinen immer noch derart „verschüttet" zu sein, daß man sich ihnen vermehrt widmen sollte. Aufgrund der Tatsache, daß viele Autoren dieser Tradition — wie *Kroll*, H.-J. *Rüstow*, *Föhl* — noch nach 1945 Beiträge zur „neuen Wirtschaftslehre" leisteten oder (wie *Nöll von der Nahmer*) noch bis in unsere Tage hinein wirken (vgl. *Novy*, Klaus/*Nöll von der Nahmer*, Robert, Arbeitsbeschaffung im Bausektor. Warum nicht produktive Kreditschöpfung?, in: Arch plus, H. 61, 1982, S. 43ff.)— ist implizit auch schon ein Beitrag zur neueren Entwicklungsgeschichte der „New Economics" geleistet. Dies gilt ebenso für die neuere Konnexion zwischen Sozialdemokratie und Keynesianismus oder für die „Great Society" in den USA.

81 Den Beitrag der Memorandum-Gruppe „Alternative Wirtschaftspolitik" habe ich schon in meiner unveröffentlichten Diplomarbeit „Zum historisch-ökonomischen Kontext, zur Krisentheorie und zu den wirtschaftspolitischen Strategien der Memorandum-Gruppe ‚Alternative Wirtschaftspolitik', Bochum 1982, dargestellt.

82 *Keller*, Paul, Dogmengeschichte des wohlstandspolitischen Interventionismus, Diss., Zürich, Winterthur 1955.

83 *Deane*, Phyllis, Die Rolle des Staates, in: *Braun*, Rudolf (Hrsg.), Industrielle Revolution. Wirtschaftliche Aspekte, Köln—Berlin 1972, S. 272ff.

84 *Polanyi*, Karl, The Great Transformation (1944), Frankfurt/M. 1978, S. 193, 195.

85 *Deane*, Die Rolle des Staates, S. 282.

86 *Biermann*, W. Ed., Staat und Wirtschaft, Bd. 1. Die Anschauungen des ‚ökonomischen Liberalismus', Berlin 1905, S. 173.

87 Vgl. auch *Oncken*, August, Die Maxime „Laissez-faire et laissez passer", ihr Ursprung, ihr Werden, Glashütten/Ts. 1974 (= unveränderter Nachdruck der Ausgabe von Bern 1886).

ökonomischen Liberalismus frei sein vom Staat, geschützt werden gegen autoritäre Willkür der Staatsgewalt. Dies entspricht — abgesehen von einigen Ausnahmen — der Ablehnung des Eingreifens des Staates in das Wirtschaftsleben. Oder: „Liberalismus und Manchestertum heben einseitig den Rechts- und Schutzzweck des Staates hervor und stehen dem Kultur- und Wohlfahrtszweck zum großen Teil ablehnend gegenüber, aber den Staat als solchen, als Zwangsorganisation, wollen sie auf jeden Fall behalten.“[88]

Die Dogmengeschichte der funktionalen Finanzwirtschaftslehre muß über die „welfare economics“ hinausgehen und auch all die Ansätze aufnehmen, die eine kreislauftheoretisch begründete Staatsinterventionslehre[89] *darstellen.*

[88] *Biermann,* Staat und Wirtschaft, S. 175.

[89] *Zinn,* Karl Georg, Krisen und Perspektiven des Staatsinterventionismus, in: Wirtschaft und Gesellschaft, H. 3, 1983, S. 325ff., hier S. 326.

Kapitel 3

Vorbemerkungen zur begrifflichen und empirischen Problematik einer an Spiethoffs Konzept der „Wechselspanne" angelehnten Stagnationstheorie

In der dogmengeschichtlichen Analyse können wir analytische Probleme nicht in den Vordergrund der Betrachtung stellen. Hinsichtlich des Problemzusammenhangs konjunktur- und stagnationstheoretischer Begründung funktionaler (bzw. speziell: kompensatorischer) Finanzpolitik wollen wir in dieser Arbeit zwar nicht auf einen Abriß der Dogmengeschichte der Stagnationstheorien verzichten (vgl. Kapitel 4), doch soll — auch wenn wir den kompensatorischen Typ der „functional finance" für die ökonomische Entwicklung der Bundesrepublik seit Mitte der 70er Jahre für besonders situationsadäquat halten[1] — der ökonomische Begründungszusammenhang hier nur kurz angerissen werden. Die hierbei zum Ausdruck kommende Insistenz auf den kompensatorischen Typ schließt keineswegs aus, daß die antizyklische Variante der „functional finance" in der dogmengeschichtlichen Entwicklung nicht hinreichend berücksichtigt wird, im Gegenteil.

Es ist möglich, daß Wachstum in der Bundesrepublik in einem säkularen Rahmen zu sehen ist. Dies haben *Borchardt*[2] und im Anschluß an diesen auch *Abelshauser*[3] getan. Dann könnte — gemessen am Wachstum des Nettosozialprodukts zu konstanten Preisen je Einwohner — die Abflachung des Wachstums in den letzten Jahren als Anpassung an den säkularen Trend begriffen werden. Von größerem Interesse scheinen mir jedoch — gemäß dem Bild der „Wechselspanne" bei Arthur *Spiethoff*[4] — die zyklusübergreifenden Entwicklungen durchschnittlicher Wachstumsraten. Solche „Trends" abnehmender bzw. zu-

---

[1] Vgl. *Schulz,* Frank, Finanzierungspotentiale öffentlicher Wohnungspolitik im Kontext ökonomischer Stagnation — Kompensatorische Finanzpolitik: Ihre Notwendigkeit und ihre Möglichkeiten, in: *Novy,* Klaus (Hrsg.), Wohnungswirtschaft jenseits reiner ökonomischer Theorie, Bochum 1985, S. 97ff.

[2] *Borchardt,* Knut, Die Bundesrepublik Deutschland in den säkularen Trends der wirtschaftlichen Entwicklung, in: ders., Wachstum, Krisen, Handlungsspielräume der Wirtschaftspolitik, Göttingen 1982, S. 125ff.

[3] *Abelshauser,* Werner, Wirtschaftsgeschichte der Bundesrepublik Deutschland 1945-1980, Frankfurt/M. 1983, S. 91.

[4] *Spiethoff,* Arthur, Die wirtschaftlichen Wechsellagen, Zürich 1955; *Kleinknecht,* Alfred, Lange Wellen oder Wechsellagen?, in: *Petzina,* Dietmar/*van Roon,* Geer (Hrsg.), Konjunktur, Krise, Gesellschaft, Stuttgart 1981, S. 107ff.

nehmender Wachstumsraten sind historisch tatsächlich gegeben und statistisch signifikant.[5] Die jährlichen Wachstumsraten des realen BSP in der Bundesrepublik folgen im Zeitraum 1950-1983 der Regressionsgeraden $Y = 6.98 - 0.10X$ ($r = -0.6284$).[6] Der Trend der zyklusdurchschnittlichen realen Wachstumsraten des BSP ist ebenso eindeutig: $Y = 9.646 - 1.25X$ ($r = -0.972$).[7]

Methodologische Aspekte[8] sollen uns hier jedoch nicht beschäftigen; jedoch: Mit der Hinwendung zur Konzeption der „Wechselspanne" haben wir die statistischen Probleme des Konzepts der „langen Wellen" (Artefaktbildungen bei der statistischen Aufbereitung des Materials[9]) umgangen.

Ohne die methodischen Probleme der Theorie langer Konjunkturwellen zu übernehmen, bewahrt doch das Konzept der „Wechselspanne" die Vorzüge einer längerfristigen — zyklusübergreifenden — Betrachtung.

In diesem Sinne schreibt auch *Eklund:* „Far, even if no cyclical pattern is descernible, the existence of such turning points and successive trend periods is an undispensable fact."[10] Diesem Standpunkt folgt auch *Pruden,* wenn er schreibt: „During the rise of the long waves, years of prosperity are more numerous, whereas years of depressions predominate during the downswing."[11]

Andererseits darf diese Auffassung der Stagnation, die das (methodisch fragwürdige) Konzept der langen Konjunkturwellen ersetzen soll, auch nicht so weit gehen, daß man mit *Maddison*[12] „Phasen" definiert, die durch rein

---

[5] Vgl. *Bieshaar,* Hans/*Kleinknecht,* Alfred, Kondratieffs Long Waves in Aggregate Output?, in: Konjunkturpolitik, H. 5, 1984, S. 279ff.; *Kleinknecht,* Alfred, Innovationsschübe und Lange Wellen: Was bringen ‚neo-schumpeterianische' Kriseninterpretationen?, in: Prokla, H. 57, 1984, S. 55ff, hier S. 57ff.

[6] Quelle: eigene Berechnungen auf Basis der Daten der ‚Monatsberichte der Deutschen Bundesbank'.

[7] Eigene Berechnungen; 1950-54, 1955-58, 1959-63, 1964-67, 1968-1975, 1976-83.

[8] *Rohde,* Klaus Erich, Gleichgewicht und Konjunkturtheorie, Stuttgart 1957; *Roon,* Geer van, Historians and Long Waves, in: Futures, No. 4, Vol. 13, 1981, S. 383ff.

[9] Vgl. *Stier,* Winfried, Die „langen Wellen" in der Konjunktur, in: Wirtschaftsdienst, H. 12, 1976, S. 637ff.; *Nullau,* Bruno, Die Kondratieff-Wellen. Ein Slutzky-Effekt?, in: Wirtschaftsdienst, H. 4, 1976, S. 177ff.; *Duijn,* Jacob J. van, The long waves in economic life, London 1983, S. 165ff.; *Finck von Finckenstein,* Hans Wolfram von, Das Problem des Trends, Bern 1946; *Kleinknecht,* Alfred, Überlegungen zur Renaissance der „langen Wellen" der Konjunktur („Kondratieff-Zyklen"), IIMV, Disc., pap., Berlin 1979, S. 2; vgl. schließlich auch *Borchardt,* Knut, Trend, Zyklus, Strukturbrüche, Zufälle: Was bestimmt die deutsche Wirtschaftsgeschichte des 20. Jahrhunderts, in: ders., Wachstum, Krisen, Handlungsspielräume, S. 100ff.

[10] *Eklund,* Klas, Long Waves in the development of capitalism?, in: Kyklos, Bd. 33, 1980, S. 383ff., hier S. 412.

[11] *Pruden,* Henry O., Has the United States economy entered a long-term downtrend?, in: Journal of marketing, April 1978, S. 63ff., hier S. 65.

[12] *Maddison,* Angus, Phases of Capitalist Development, Oxford—New York 1982, S. 2, 64.

historische Randbedingungen — exogene Schocks (z. B. der Politik) — bedingt sind.[13] Faßt man das Trendproblem rigide im Rahmen symmetrisch-periodischer Wellen, so fällt die Kritik relativ leicht.[14] Gegenüber (historischen) Epochenbestimmungen — wie bei *Perroux, Fellner, Predöhl* oder gar *Trotzky*[15] — verkörpert das Konzept der „Wechselspanne" eher eine mittlere Ebene. Dabei werden Trend und Zyklus verknüpft.[16] Entscheidend für die Charakterisierung eines „absteigenden Astes" eines „Kondratieffs" ist es, daß unter den Bedingungen abnehmender Wachstumsraten die Tiefe und die Dauer der zyklischen Abschwünge zunehmen, wie umgekehrt die Verlaufsmuster des „Juglars" den Wachstumspfad determinieren. Den Einfluß von Trendverläufen auf die Entwicklungsmuster des Zyklus hat insbesondere *Mandel* herausgestellt, ganz in der Tradition von *Hansen*.[17]

„Historisch ‚lange Wellen mit stagnativem Grundton'" bedeuten demnach keine langfristige, absolute Stagnation oder gar einen Rückgang der Produktion und der Beschäftigung.[18] Empirisch halten wir für die BRD folgenden Stagnationstyp für hoch relevant: Analysen investitionsfinanzierungsrelevanter Renditen[19] weisen keinen rapiden Fall der Ertragslage nach; durchgesetzt hat sich mithin eher ein Stagnationstyp, der sich nicht über Kapitalmangel definiert.[20] Bei stabiler Kapitalrentabilität[21] koppeln sich günstige Finanzie-

---

[13] *Maddison* spricht von „specific disturbances of an adhoc character" (ebenda, S. 83).

[14] Kondratieff's Long Economic Cycles, (o. V.) in: International Currency Review Vol. 14, No. 5, 1982, S. 26ff.; vgl. auch *Sost*, Krise und Stagnation, Hamburg 1982, S. 84, 88.

[15] *Perroux*, Francois, Das Streben nach Stabilität: Die realen Faktoren, in: Zeitschrift für Nationalökonomie, Bd. 18, 1958, S. 102ff., hier S. 107; *Fellner*, William J., Trends and Cycles in Economic Activity, London 1956, S. 51; *Predöhl*, Andreas, Die Epochenbildung der Weltwirtschaftskrise von 1929-1931, in: Vierteljahreshefte für Zeitgeschichte, Bd. 1, 1953, S. 105ff.; *Trotzky*, Leo, Die Kurve der kapitalistischen Entwicklung (1923), in: Die langen Wellen der Konjunktur. Beiträge zur Marxistischen Konjunktur- und Krisentheorie von Parvus, Karl Kautsky u. a., Berlin 1972, S. 123ff.

[16] Vgl. *Spiethoff*, Die wirtschaftlichen Wechsellagen, S. 17, 80, 84.

[17] *Hansen*, Alvin H., Economic Progress and Declining Population Growth, in: American Economic Review, Vol. 29, 1939, S. 1ff., hier S. 4.

[18] *Mandel*, Ernest, Krise und Aufschwung der kapitalistischen Weltwirtschaft 1974-77, in: ders. / *Wolf*, Winfried, Ende der Krise oder Krise ohne Ende?, Berlin 1977, S. 11ff., hier S. 106; ders., Der Spätkapitalismus, 3. Aufl., Frankfurt/M. 1974, S. 114f.

[19] Vgl. *Dumler*, Georg, Rentabilität und Ertragslage in der Krise, in: Memo-Forum. Zirkular der ‚Arbeitsgruppe Alternative Wirtschaftspolitik', Nr. 3, Bremen, Juni 1984, S. 33ff.

[20] Vgl. *Priewe*, Jan, Zur Kritik konkurrierender Arbeitsmarkt- und Beschäftigungstheorien, Frankfurt/M.—Bern—New York 1984, S. 285ff., 302.

[21] Vgl. *Zinn*, Karl Georg, Entkopplung von Arbeit und Einkommen? — Verteilungsrealität und Utopie!, Vortrag im Rahmen der 9. Ringvorlesung (WS 1984/85) der Ruhr-Universität Bochum „Arbeitsgesellschaft im Umbruch" (29. 11. 1984), S. 16f.; dabei handelt es sich um eine These, die natürlich nicht unbestritten ist: Neulich hat wiederum

rungs- bzw. Liquiditätssituationen der Unternehmen und beschäftigungssichernde Realkapitalbildung ab.[22] Unter den Bedingungen langfristiger Konsumabschwächung[23] wird die investive Absorption der Ersparnisbildung zum Problem. Das ‚Switching' in der Investitionsstruktur (die Dominanz der Rationalisierungs- und Ersatzinvestitionen) wie das Portfolioverhalten (starker Anstieg der unternehmerischen Geldvermögensbildung[24]) scheint eine Reaktion auf die — mit Auslaufen der Nachkriegsrekonstruktionsphase[25] — nachlassenden Absatzchancen (die — gemäß empirischer Forschung — wohl als die wichtigste Determinante der Investitionen anzusehen sind[26]) zu sein. Das Aufblähen monetärer Akkumulation[27] kann als ein solches Spezifikum der

---

Küchle (*Küchle*, Hartmut, Warum Lohn- und Sozialabbau? Zur theoretischen Erklärung der gegenwärtigen Politik des Kapitals im Memorandum '84, in: WSI-Mitteilungen, H. 2, 1985, S. 102ff. u.a. in Anlehnung an *Armstrong* u.a. (*Armstrong*, Philip / *Glyn*, Andrew / *Harrison*, John, Capitalism since World War II. The making and breakup of the great boom, London, 1984, S. 314) diese These bezweifelt.

[22] Vgl. *Zinn*, Karl Georg, Nachfragemangel und Inflation. Zum Geld- und Sachvermögenswachstum in der Krise, in: Wirtschaftsdienst, H. 2, 1985, S. 99ff.; vgl. auch *Kreimer*, Joachim, Vollbeschäftigung durch Mitbestimmung?, in: Die Mitbestimmung, H. 3, 1982, S. 93ff.

[23] *Zinn*, Karl Georg, Die Konsumentwicklung im Zusammenhang mit Wachstumskrise und Beschäftigungstendenzen. Theoretische Aspekte und empirische Fakten, Referat auf der Tagung: Die gegenwärtige Wachstumskrise — Erklärungsansätze und Folgewirkungen. Evangelische Akademie Loccum, 2.-4. 11. 1984; *Janssen*, Jürgen, Struktur und Ersparnisbildung im privatwirtschaftlichen Sektor der Bundesrepublik 1962-1980, in: Konjunkturpolitik, H. 5, 1984, S. 304ff.; *Pankert*, Rüdiger, Wachstumsimpulse durch den privaten Verbrauch?, in: WSI-Mitteilungen, H. 11, 1984, S. 656ff.; vgl. schließlich auch *Perlo*, Victor, The unstable economy. Booms and recessions in the United States since 1945, London 1973.

[24] Vgl. auch *Fassing*, Werner, Investitionsverhalten in der Stagnation: Finanzierungsbedingungen und Portfolioverhalten, in: *Hödl*, Erich / *Schiller*, Günter (Hrsg.), Stagnation und Beschäftigung, Frankfurt / M. 1983, S. 57ff.

[25] Vgl. *Rothschild*, Kurt W., Vollbeschäftigung — eine Ausnahmesituation, in: Aus Politik und Zeitgeschichte, B 31, 1983, S. 25ff., hier S. 26.

[26] Vgl. u.a. *Kromphardt*, Jürgen, Investitionen und Erwartungen, in: *Helmstädter*, Ernst (Hrsg.), Die Bedingungen des Wirtschaftswachstums in Vergangenheit und Zukunft. Gedenkschrift für Walther G. Hoffmann, Tübingen 1984, S. 251ff.

[27] Vgl. zu dieser Diskussion *Minsky*, Hyman P., John Maynard Keynes, London—Basingstoke 1975; *Davidson*, Paul, Money and the Real World, London—Basingstoke 1978; *Traber*, Uwe, Monetäre und reproduktive Akkumulation — Anmerkungen zu Hyman P. Minsky, in: Prokla, H. 57, 1984, S. 99ff. Empirisch ist diese Aufblähung der monetären Kapitalbildung des bundesdeutschen Unternehmenssektors umstritten. Wolf-Dieter *Schmidberger* (Ursachen der Investitionsschwäche, in: Wirtschaftsdienst, H. 12, 1984, S. 593ff.) betont nicht nur die differenzierte Entwicklung im Unternehmenssektor (S. 596: die Geldanlagen hätten zugenommen, da einige Unternehmen mit Einnahmeüberschüssen eine unzureichende Rentabilität aufwiesen, während gleichzeitig andere Unternehmen in guter Rentabilitätslage nicht über genügende Eigenfinanzmittel verfügten), sondern er kritisiert überhaupt die empirische Richtigkeit dieser These (S. 596f.): Gegenüber der gesamtwirtschaftlichen Finanzierungsrechnung, die ja auch die ‚freien

vorliegenden Stagnation begriffen werden, so daß der staatlichen Reallokation eine besondere Bedeutung zukommt (diesen Zusammenhang werden wir insbesondere im nächsten Kapitel dogmengeschichtlich herausstellen).

Sieht man von der Wirkung der zunehmenden Kapitalkonzentration[28] einmal ab, kann auf *Sweezys* Stagnationstheorie[29] erneut zurückgegriffen werden: Bei mangelnden Absatzchancen führt — die technologische Entwicklung als gegeben vorausgesetzt — ungleiche Einkommensentwicklung zu einem Sparpotential, das nicht beschäftigungssichernd reinvestiert wird. Sowohl das ‚Switching' in der Investitionsstruktur als auch das Portfolioverhalten der Unternehmen werden also in Abhängigkeit von den langfristigen Konsum- und Absatzentwicklungen gesehen. Die technologische Entwicklung — sofern sie sich im Trend des Kapitalkoeffizienten ausdrückt — klammern wir hier ein (da wir an anderer Stelle die Bedeutung des Kapitalkoeffizienten als langfristig schwankende Größe herausgestellt haben[30]).

Damit haben wir nicht die ganze komplexe Wirklichkeit, d.h. die vielfältigen Determinanten jeweiliger Krisenerscheinungen[31], konzeptionell eingefangen; dazu müßte gezeigt werden, wie die Verlaufsmuster des Konjunkturzyklus bei gegebenem Grad an Kapitalkonzentration durch die Folgeeffekte des durchgesetzten technischen Fortschritts vor dem Hintergrund der zyklusübergreifenden

Berufe' erfaßt, zeigen die Jahresabschlüsse der Unternehmen, daß der Anteil der Geldanlagen an der Bruttovermögensbildung einen sinkenden Trend aufweist. In Mrd. DM seien die Geldanlagen nicht viel stärker angestiegen als die Sachkapitalbildung. Vgl. zur neuesten Entwicklung der anstehenden Geldvermögensbildung auch *Welzmüller*, Rudi, Ungleichheit der Einkommensverteilung gewachsen. Aktuelle Daten zur Verteilungsentwicklung, in: WSI-Mitteilungen, H. 6, 1985, S. 321 ff., hier S. 331 ff.

[28] Vgl. *Stahlecker*, Peter, Konzentration und gesamtwirtschaftliche Stabilität, Frankfurt/M.—Bern—New York—Nancy 1984; *Schulz*, Finanzierungspotentiale, S. 115, 142f.

[29] *Sweezy*, Paul M., Why Stagnation?, in: Monthly Review, Vol. 34, No. 2, June 1982, S. 1 ff.

[30] Vgl. auch *Helmstädter*, Ernst, Der Kapitalkoeffizient, Stuttgart 1969; *Schulz*, Finanzierungspotentiale, S. 107 ff.; d.h. auch, daß wir das Problem der „technologischen Arbeitslosigkeit" für nicht allzu relevant halten (ebenda, S. 131) und daher hier nicht weiter behandeln wollen (vgl. auch *Blattner*, Niklaus, Technischer Fortschritt und Beschäftigung, in: Wirtschaftsdienst, H. 12, 1981, S. 601 ff.; *Heertje*, Arnold, Economics and Technical Change, London 1977; *Neisser*, Hans P., „Permanent" technological Unemployment, in: American Economic Review, Vol. 32, 1942, S. 50 ff.; *Krüger*, Detlef, Technischer Wandel im Arbeitsprozeß, Frankfurt/M.—Bern—New York—Nancy 1983).

[31] Vgl. *Flamant*, Maurice/*Singer-Kérel*, Jeanne, Modern Economic Crisis and Depressions (1968), London 1970.

Wachstumsbedingungen bestimmt werden. Dies würde hier den Rahmen zweifellos sprengen.[32]

[32] M. E. findet man vielfältige Anhaltspunkte zu einer derartigen Krisentheorie in den Schriften von Emil *Lederer* (1882-1939), der in seiner Studie „Technischer Fortschritt und Arbeitslosigkeit.“ Eine Untersuchung der Hindernisse des ökonomischen Wachstums, (1931), Neuauflage, Frankfurt/M. 1981, mit einem Nachwort von Robert A. Dickler, seine anderen Schriften zum Monopolisierungsprozeß und zur Konjunkturkrise integriert hat.

An anderer Stelle (*Schulz*, Finanzierungspotentiale) haben wir skizziert, wie ein solcher Versuch bei Mitgliedern der Memorandum-Gruppe, insbesondere bei H. *Schui* und K. G. *Zinn*, aber auch bei anderen Autoren wie W. *Fassing*, versucht wird. Die Auseinandersetzungen um die Frage einer „technologischen Arbeitslosigkeit“ in der BRD innerhalb der Memorandum-Gruppe hat nochmals geholfen, einen Typ der Wachstumskrise zu kristallisieren, der unserer Stagnationshypothese recht nahe kommt. Zwar sei — bedingt durch den material- und fondssparenden Charakter der neuen Technologien — ein Effekt technologieendogener Wachstumsverlangsamung nicht ganz ausgeschlossen, jedoch ist erst vor dem Hintergrund der längerfristigen Wachstumsverlangsamung selbst und bei gegebener, durch Oligopolpreisbildung zugunsten der Gewinne verschärfter Verteilung der technologischen Entwicklung eine stagnationsfördernde Wirkung zuzuschreiben (vgl. *Priewe*, Jan, Technischer Fortschritt als Wachstumsbremse?, in: Memo-Forum. Zirkular der „Arbeitsgruppe Alternative Wirtschaftspolitik“, Bremen, Februar 1985, S. 58ff.). D. H.: Unter der Randbedingung hoher Kapitalkonzentration wirken die fondssparenden Technologien vor dem Hintergrund einer (dem technischen Fortschritt wiederum nicht geschuldeten) Nachfragerückentwicklung verstärkend wachstumshemmend mit der Folge chronischer Probleme disproportionaler Sparkapitalbildung. „Die Paradoxie dieser Entwicklung wird gerade beim kapitalsparenden technischen Fortschritt deutlich; grundsätzlich ist er geeignet, den krisenbedingten Fall der Profitrate aufzuhalten und die Kapitalrentabilität zu restabilisieren. In dem Maße, in dem die neuen Technologien angewendet werden, scheint dies auch glänzend zu gelingen — nur eben um den Preis der gesamtwirtschaftlichen Wachstumseinbuße. Damit gelingt es dem Kapital, einen ‚neuen Akkumulationstyp‘ durchzusetzen: eben eine ‚befriedigende‘ Kapitalrentabilität trotz niedrigen Wirtschaftswachstums oder gar bei Stagnation.“ (*Priewe*, S. 69f.) Zum Problem eines im Verhältnis zum Volkseinkommen überproportionalen Wachstums des Geldvermögens infolge eines auf verschlechterte Absatzerwartungen stagnativ reagierenden (Erweiterungs-)Investitionsverhaltens vgl. auch *Zinn*, Karl Georg, Wachstum, Zeitallokation und die Grenzen der Geldvermögenspräferenz, in: Konjunkturpolitik, H. 1/2, 1985, S. 34ff.

Kapitel 4

Die Lehre von der „Mature Economy" als Begründungsrahmen „Funktionaler Finanzpolitik". Dogmengeschichtliche Anmerkungen

Wir haben schon oben angeführt, daß die Lehre vom kompensatorischen Budget von der „pump-priming-policy" bzw. der Strategie der „built-in-flexibility"[1] durch ihre längere Fristigkeit unterscheidbar ist. Die kompensatorische Finanzpolitik — als eine (radikalisierende) Variante der funktionalen Staatswirtschaftslehre — knüpft damit an bestimmte ökonomische Bedingungskonstellationen an, die für die „functional finance" insgesamt nicht verallgemeinerungsfähig sind. Auch wenn Schnittflächen mit unterkonsumtionstheoretischen Annahmen, an die sich die funktionale Finanzpolitik (schon in ihrer Frühgeschichte) oftmals knüpft, gegeben sind, so ist es doch eine längerfristige ökonomische Stagnation, wie wir sie im dritten Kapitel schon skizziert haben, auf die sich die Lehre vom kompensatorischen Budget bezieht.

Obwohl wir in dieser dogmengeschichtlichen Arbeit nicht nur den kompensatorischen Typ funktionaler Finanzpolitik skizzieren wollen, so ist es — in Hinblick auf die aktuelle stagnative Entwicklung in der BRD — von Bedeutung, einige wichtige Stationen in der Entwicklungsgeschichte der Stagnationstheorien darzulegen.

Die funktionale Sichtweise — „The success or failure of public policy can be determined only by noting the effect of expenditures, taxes, and loans on the total national income and on how that national income is distributed. The fiscal policies of the state cannot be conceived in terms of the calculations of private enterprise but in terms of regulation and control, in terms of the impact of public policies upon the functioning of the economy as a whole."[2] — ist in der Tat weitgehend unterkonsumtionstheoretisch fundiert. Somit hat *Ehrlicher*[3] z.T. Recht, wenn er sagt, daß „die Mehrzahl (nicht alle) der Argumente der Kompensationstheoretiker an der Nachfrageseite anknüpfen." Simple Unter-

---

[1] Vgl. *Neumark,* Fritz, Grundsätze gerechter und ökonomisch rationaler Steuerpolitik, S. 295f.; ders., Ausgleichsprobleme der öffentlichen Finanzwirtschaft, in: Zeitschrift für Schweizerische Statistik und Volkswirtschaft, Bd. 73, 1937, S. 582ff.; ders., Wirtschafts- und Finanzprobleme, S. 122ff., 158ff.

[2] *Hansen,* Fiscal Policy and Business Cycle, S. 141.

[3] *Ehrlicher,* Werner, Grenzen öffentlicher Verschuldung, in: Wirtschaftsdienst, H. 8, 1979, S. 393ff., hier S. 396.

konsumtionstheorien stehen aber nicht zur Debatte.[4] Es geht vor allem um unterkonsumtionstheoretische Disproportionalitätstheorien längerer Fristigkeit.[5]

Zentral für die an der Idee der „secular stagnation“ orientierten Vertreter der „Functional Finance“ ist der „ex-ante-gap“ S>I[6], also die Tendenz zum „Übersparen“. Von daher wird das Vorliegen von „idle capital“, das staatlicher Absorption und Reallokation unterzogen werden soll[7], in den Mittelpunkt der Analyse gestellt. Damit ist — im Gegensatz zu der Mehrzahl der Theorien „langer Konjunkturwellen“ — die Lehre von der „mature economy“ oftmals „keynesianisch“ orientiert[8] (aktualisiert heißt dies, daß die Lehre vom kompensatorischen Staatsbudget bestens durch eine Krisenanalyse gemäß einer *Hansen-Steindl-Lederer-Sweezy*-Mixtur begründet werden kann).

Nur selten finden sich im Rahmen der Theorie „langer Konjunkturwellen“ positive Einschätzungen der „fiscal policy“. Eine solche Ausnahme stellen J. B. *Shuman* und D. *Roseman*[9] dar. Allerdings wird bei *Shuman* und *Roseman*[10] die Induzierung des Aufschwungs zu einem Problem der dabei notwendig werdenden „exorbitanten“ Ausgabenprogramme.

Eine kurze Skizze der Theorien langer Konjunkturwellen und der „mature economy“ in diesem Kapitel soll den Stagnationsgedanken, der der kompensatorischen Finanzpolitik zugrundeliegt, näher erläutern.

Die Lehre von der „mature economy“ faßt den (zyklusvermittelten) Trend ins Auge. Trend definieren wir hier nicht gemäß der Figur sinuskurvenförmiger Wellen. Andererseits meinen wir auch nicht die als Schätzfunktion gebildeten Regressionsgrade, bezogen auf die tatsächlichen Werte des absoluten Wachstums des BSP. Wir orientieren uns vielmehr — wie wir an anderer Stelle schon ausgeführt haben[11] (vgl. auch oben Kapitel 3) — an der Figur der „Wechsel-

---

[4] Vgl. auch *Joelsohn*, Die Theorie der säkularen Stagnation, S. 61; *Haller*, Heinz, Alvin Hansen, S. 427, Anm. 3; *Pasinetti*, Luiji L., Structural Change and Economic Growth, Cambridge u. a. 1981, S. 240ff.; *Bleaney*, Michael, Underconsumption theories, London 1976, S. 225ff., 243ff., 245ff.; *Kühne*, Karl, Ökonomie und Marxismus, Bd. 1, Neuwied—Berlin 1972, S. 360ff., 415ff., 417 ff.

[5] Vgl. auch *Sweezy*, Paul M., John Maynard Keynes, in: ders., Die Zukunft des Kapitalismus und andere Aufsätze zur politischen Ökonomie, Frankfurt/M. 1970, S. 93ff.

[6] *Neumark*, Fritz, Grundsätze und Arten der Haushaltsführung, S. 664.

[7] *Schmölders*, Günter, Allgemeine Steuerlehre, Wien—Stuttgart 1959, S. 42f.; *Neumark*, Grundsätze und Arten der Haushaltsführung, S. 627, 629, 638f., 647, 651, 669, 665f.; *Joelsohn*, Die Theorie, S. 78.

[8] Vgl. *Bronfenbrenner*, Martin, Macroeconomic Alternatives, Arlington Heights, Ill. 1979, S. 190.

[9] The Kondratieff Wave, New York 1972, S. 100, 106f., 21.

[10] Ebenda, S. 22.

[11] *Schulz*, Frank, Finanzierungspotentiale, S. 113ff.

spanne". Stagnation wird dabei als (vollbeschäftigungsinkonforme) Kluft zwischen tatsächlichem und potentiellem Wachstumspfad begriffen.[12]

Die Lehre von der „mature economy" kommt dieser Idee recht nahe. In der nachfolgenden Skizze soll daher auch in erster Linie herausgearbeitet werden, wie die neueren Ansätze zum „Kondratieffzyklus" die strenge Auffassung langzyklischer Wellen zugunsten einer „Wechselspanne" aufgeben. Zugleich soll das Problem anlagesuchenden Kapitals als ein zentrales Spezifikum einer „Wechselspanne mit stagnativem Grundton" herausgestellt werden. Eine Differenz zum *Marx*schen Stagnationstyp infolge der sinkenden Tendenz der Profitrate wird dabei ersichtlich.

Die „Functional Finance", insbesondere ihre Variante des kompensatorischen Budgets, läßt sich eher durch die Stagnationstheorie des *Keynes-Hansen-Kalecki*-Typs in Verbindung mit Arbeiten von *Lederer, Steindl* und *Sweezy* ökonomisch begründen.

Große Teile der Dogmengeschichte langfristiger Akkumulationstheorien sind am Typus langwelliger Zyklen orientiert. Daher müssen auch einige Anmerkungen zur diesbezüglichen Ideengeschichte[13] gemacht werden.

Mit der etwas älteren Studie von *Weinstock*[14] liegt — zumindest für die „Klassiker" — eine reichhaltige Untersuchung vor. Dabei ist es interessant, daß *Weinstock* nicht nur die bekannten Ansätze, nämlich die von N. D. *Kondratieff* und J. A. *Schumpeter,* vorträgt, sondern auch andere Positionen: *Parvus,* S. *de Wolff,* A. *Aftalion,* M. *Tugan-Baranowsky,* V. *Pareto,* M. *Lenoir,* A. *Spiethoff,* W. *Sombart,* J. *von Gelderen, Trotzky.*

Kondratieffs (1892-ca. 1930) Arbeiten[15] sind heute — wohl nach einhelliger Meinung — kaum noch von aktualisierbarer Relevanz. Eine gewisse Gültigkeit scheint allenfalls der Nachweis älterer Preisreihen zu besitzen.[16]

In der Dogmengeschichte der „langen Wellen" ist dagegen *Schumpeters* Theorie der wirtschaftlichen Entwicklung kaum fortzudenken. In seinen

---

[12] Vgl. auch *Brandt,* Karl, Struktur der Wirtschaftsdynamik, Frankfurt/M. 1952, S. 144ff.; *Higgins,* Benjamin, Public Investment and Full Employment, Montreal 1946.

[13] Vgl. *Barr,* Kenneth, Long Waves: A Selective Annotated Bibliography, in: Review, Vol. 2, No. 4, Spring, 1979, S. 675ff.; vgl. auch *Kern,* Romain, Die Lehre von der wirtschaftlichen Stagnation, Freiburger Diss., Schwarzenbach (St. Gallen) 1952.

[14] *Weinstock,* Ulrich, Das Problem der Kondratieff-Wellen, Berlin—München 1964.

[15] *Kondratieff,* Nikolai, D., Die langen Wellen der Konjunktur, in: Archiv für Sozialwissenschaft und Sozialpolitik, Bd. 56, 1926, S. 573ff.; ders., Die Preisdynamik der industriellen und landwirtschaftlichen Waren, in: Archiv für Sozialwissenschaft und Sozialpolitik, Bd. 60, 1928, S. 1ff.; vgl. auch *Dupriez,* Leon Hugo, Konjunkturphilosophie, Berlin 1963, S. 187, 196, 198, 221.

[16] *Spree,* Reinhard, Was kommt nach den „langen Wellen" der Konjunktur?, in: *Schröder,* Wilhelm / *Spree,* Reinhard (Hrsg.), Historische Konjunkturforschung, Stuttgart 1980, S. 304ff.

Hauptwerken[17] stellt *Schumpeter* (1883-1950) nicht nur die (für neuere neoschumpeterianische Innovationszyklentheorien wichtige) Rolle des „Unternehmers“ (der vom „Wirte schlechthin“ zu unterscheiden sei[18]) heraus; *Schumpeter* hat im Rahmen seines Versuchs, die „Kitchins“, „Juglars“ und „Kondratieffs“ als sich überlagernde Strukturen zu begreifen, die Finanzierungsvoraussetzungen des wirtschaftlichen Aufschwungs in einer Weise zu klären versucht, die Inbeziehungsetzungen zu den Arbeiten von Emil *Lederer* und Gerhard *Kroll* (neuerdings auch wieder zu Karl Georg *Zinn*) möglich macht. Demnach ist Geld- und Kreditschöpfung eine unabdingbare Voraussetzung des ökonomischen Aufschwungs.[19] Geld ist daher keineswegs (quantitätstheoretisch) „neutral“.

In seiner Schrift „Kapitalismus, Sozialismus und Demokratie“[20] hat *Schumpeter* ebenfalls seinen Stagnationsgedanken ausgeführt, wobei er sich u.a. auch mit Alvin H. *Hansens* Theorie kritisch auseinandersetzt. *Schumpeter* zieht aber soziologische Gründe in seiner Analyse der säkularen Stagnationstendenz heran: das Zerbröckeln der innovativen Unternehmermentalität, die Zerstörung „schützender“ Mittelschichten, die Zerstörung der kapitalistischen Gesinnung.

Uns interessiert bei *Schumpeter* primär nicht seine innovationstheoretisch fundierte Theorie „langer Wellen“, sondern vielmehr seine Geld- und Kreditlehre, die — wie in späteren Kapiteln noch deutlich wird — Ursprünge in der merkantilistischen Lehre aufweist und in der Geschichte monetärer Krisentheorien (bzw. geld- und kreditpolitischer Gegensteuerung) fortwirkte. Beziehungen zur *Keynes*schen Theorie sind damit gegeben, wenn auch die Differenz nicht zu übersehen ist. *Gretschmann*[21] schreibt dazu: „Während in K.'s (portfoliotheoretisch fundierter) Konzeption der entrepreneur gleichzeitig Unternehmer und

---

[17] *Clemence*, Richard von/*Doody*, Francis S., The Schumpeterian System, (1950), 2. Aufl., New York 1966; vgl. auch *März*, Eduard, Zur Genesis der Schumpeterschen Theorie der wirtschaftlichen Entwicklung, in: ders., Joseph Alois Schumpeter — Forscher, Lehrer und Politiker, Wien 1983, S. 67ff.

[18] *Schumpeter*, Joseph A., Theorie der wirtschaftlichen Entwicklung, (1912), 6. Aufl., Berlin 1964 (= Nachdruck der 4. Aufl. von 1934); ders., Konjunkturzyklen, 2 Bde., Göttingen 1961 (= Nachdruck der „Business Cycle“, New York—London 1939); ders., Die Wellenbewegung des Wirtschaftslebens, in: Archiv für Sozialwissenschaft und Sozialpolitik, Bd. 39, 1914/15, S. 1ff.; ders., The Instability of Capitalism, in: Economic Journal, Bd. 38, 1928, S. 361ff.; ders., Über das Wesen der Wirtschaftskrisen, in: Zeitschrift für Volkswirtschaft, Bd. 19, 1910, S. 271ff.

Zinn, Karl Georg, die Aktualität der politischen Ökonomie J. A. Schumpeters, in: Wirtschaftsdienst, H. 5, 1983, S. 221ff., hier S. 221, insbesondere Anm. 4.

[19] *Zinn*, Karl Georg, Zyklus, Stabilität und Geldneutralität, in: Konjunkturpolitik, H. 6, 1983, S. 329ff.; vgl. auch *Föhl*, Carl, Geldschöpfung und Wirtschaftskreislauf, (1937), 2. Aufl., Berlin 1955, S. 106.

[20] (1942), 5. Aufl., München 1975, S. 182ff., 213ff., 231ff.

[21] *Gretschmann*, Klaus, Schumpeter und Keynes. Wege aus der Wirtschaftskrise?, in: *Zinn*, Karl Georg (Hrsg.), Beiträge zu Schumpeters Theorie der Dynamischen Wirtschaft. Kolloquium am 28. 10. 1983, Aachen, S. 55ff., hier S. 62.

Geldkapitalbesitzer ist..., woraus im übrigen wesentliche krisenhafte Prozesse beim Aufbau von idle money entstehen können ... wird bei S. Finanzierung und Investition getrennt. An die Stelle der keynesschen *monetären* Produktionswirtschaft tritt bei S. die monetäre *Unternehmerwirtschaft*." In *Keynes'* Analyse der Rolle des Vermögensmarktes spielt das Problem der Reinvestition von Ersparnissen eine zentrale Rolle; bei Schumpeter geht es um eine (entwicklungstheoretische) Analyse der Bedeutung des zusätzlichen Kredites.

Schumpeter wandte sich damit erneut einer traditionsreichen Problemstellung der klassischen Nationalökonomie zu, nämlich der Stagnationsidee, zu dessen Traditionszusammenhang *Joelsohn*[22] auch die Arbeiten von *Malthus, Sismondi, Ricardo,* J. St. *Mill* und *Marx* rechnet.

„From Adam Smith to the present day, every systematic theory of economic development has implied ‚stagnation' at some advanced stage of capitalist development."[23]

Auch wenn im folgenden die Stagnation des *Keynes-Hansen(-Lederer-Sweezy)*-Typs besonders interessiert, so muß doch auch darauf verwiesen werden, daß schon in der Klassik der Stagnationsgedanke eine zentrale Rolle spielt, so daß hier geradezu von einer „dismal science"[24] gesprochen werden kann.

Obwohl neben der schon erwähnten Arbeit von *Joelsohn* (und *Kern*[25]) einige beachtenswerte dogmengeschichtliche Darstellungen — wie die von Rudolf *Schilcher*[26] und Erich *Verspohl*[27] — vorliegen, sollen hier dennoch einige Grundlinien der Entwicklung skizziert werden.

Wie schon in der älteren Theorie bei *Malthus* (1766-1834) — auf den wir noch mehrmals zu sprechen kommen (insbesondere unter dem Gesichtspunkt seines Beitrages zur Vorgeschichte des Keynesianismus[28]) — ist auch im Rahmen der

---

[22] *Joelsohn,* Die Theorie, S. 111 ff.

[23] *Higgins,* Benjamin, The theory of increasing — underemployment, in: Economic Journal, Vol. 60, 1950, S. 255 ff., hier S. 255.

[24] Vgl. *Penrose,* Edith, Stagnation, in: International Encyclopaedia of the Social Science, Vol. 25, ed. by D. L. *Sills,* 1968, S. 137 ff., hier S. 138.

[25] *Kern,* Die Lehre von der wirtschaftlichen Stagnation.

[26] *Schilcher,* Rudolf, Das Konzept der Dauerarbeitslosigkeit in der neuen Wirtschaftstheorie, insbesondere bei Alvin H. Hansen und J. M. Keynes, Diss., Berlin 1952.

[27] *Verspohl,* Erich, Der Stagnationsgedanke in der Nationalökonomie — eine dogmengeschichtliche und analytische Studie, Diss., Köln 1971.

[28] Vgl. *Lambert,* Paul, Lauderale, Malthus and Keynes, in: Annals of public and cooperative Economy, Bd. 37, 1966, S. 3 ff.; ders., Keynes und Malthus, in: Weltwirtschaftliches Archiv, 75, II, 1955, S. 231 ff.; *Verspohl,* Der Stagnationsgedanke, S. 95 ff., 43 ff., 59 ff.; Eleonore *Bez* (Ist Arbeitslosigkeit unvermeidbar? Überlegungen zum Problem der Vollbeschäftigung in alten und neuen Theorien, Stuttgart—Köln 1949, S. 21) spricht von den „Erkenntnisse(n) von Malthus, die uns zum Teil ganz modern anmuten."

klassischen Theorie das Sparproblem[29] (und damit — unter dem Gesichtspunkt der Umlenkung von Ressourcen — die Staatstätigkeit) von Relevanz.

Analytische Aspekte müssen im folgenden etwas zurücktreten. Jene dogmengeschichtlichen Linien, die in einem engen Verhältnis zur Finanzpolitik stehen, sollen im Rahmen dieses Kapitels im Vordergrund stehen.

Die These vom „übermäßigen Sparen“ — wie sie den „New Economics“ eigen ist: „Consideration of the possibility of the economic maturing and not needing so much investment is falsely interpreted as condemning thrift. But thus is only in the upside-down depression economy.“[30] — findet schon zur Zeit der Klassik einige Vorläufer.[31] Laut *Keynes*[32] und *Stettner*[33] ist hier besonders *Malthus* hervorzuheben, der Staatsausgaben und Besteuerung zur Absorption von brachliegendem Kapital befürwortete.[34] Wir werden daher auf *Malthus* im Rahmen unserer Darstellung der Frühgeschichte funktionaler Steuer- und Staatskredittheorien nochmals zurückkommen. Paul *Mattick*[35] nennt die *Keynes*sche Theorie eine „moderne Version, Ausarbeitung und höchstmögliche Verfeinerung der malthusianischen Akkumulationstheorie.“

Gegenüber *Ricardo* (1772-1823) und dem von diesem stark beeinflußten *Say* (1767-1832), die beide im Konsum, der ja nicht unmittelbar kapitalschaffend ist, „unproduktive“ Ausgaben sahen, ist die Position von J. St. *Mill* (1806-1873) wiederum abweichend einzuschätzen. *Mill* sah im Konsum durchaus ein Mittel gegen überproportionale Kapitalakkumulation, da die Profitrate infolge eines Kapitalüberschusses sinkt. Besteuerung und darauf aufbauende Staatsausgaben könnten dementsprechend durchaus ein Gegenmittel darstellen.[36]

Mit J. A. *Hobson* (1858-1940), der Überkapazitäten als Folge übermäßiger Gewinne ansah[37], ist schon das Feld der eigentlichen Unterkonsumtionstheorien betreten.[38] *Keynes* schreibt in bezug auf *Hobson's* „The Physiology of

---

29 Vgl. *Higgins*, Benjamin, To save or not to save?, in: Canadian Journal of Economics and Policital Science, Feb. 1948, S. 98ff.

30 *Lerner*, Abba P., Economics of Employment, New York u.a. 1951, S. 263.

31 *Joelsohn*, Die Theorie, S. 122.

32 *Keynes*, John Maynard, Allgemeine Theorie der Beschäftigung, des Zinses und des Geldes, Berlin 1955, S. 306.

33 *Stettner*, Walter F., Carl Dietzel, Public Expenditures, and the Public Debt, in: Income, Employment, and Public Policy. Essays in Honor of Alvin Hansen, New York 1948, S. 276ff., hier S. 279.

34 *Bergmann*, Eugen v., Geschichte der nationalökonomischen Krisentheorien, Stuttgart 1895, Neudruck, Glashütten/Ts.—Tokyo/Japan 1970, S. 143f., 146ff., 154.

35 *Mattick*, Paul, Marx und Keynes, Frankfurt/M.—Wien 1969, S. 19.

36 *Gillman*, Joseph M., Prosperität in der Krise, (1965), Frankfurt/M. 1968, S. 30ff. Anders *Lipowski*, J., Die Frage der Arbeitslosigkeit in der klassischen Nationalökonomie, in: Zeitschrift für die gesamte Staatswissenschaft, Jg. 68, 1912, S. 583ff., hier S. 629.

37 *Gillman*, Prosperität, S. 36f.

Industry"[39]: „Obschon er heute so vollständig vergessen ist, so bezeichnete die Veröffentlichung dieses Buches in einem gewissen Sinne doch eine Epoche im wirtschaftlichen Denken."[40] *Hobson* wies nämlich auf die Problematik hin, daß eine ungleiche Einkommensverteilung Gleichgewichtsbedingungen verletzen kann: „Full regular employment of the factors of production demands the maintenance of a proper proportion between the production of consumable commodities and that of capital goods, that proportion varying, of course, with changes in methods of production. In other words, there exists at any given time an economically sound ratio between spending and saving."[41]

Gerade vor dem Hintergrund zyklusübergreifender Konsumabschwächung formuliert sich hier ein für die „Functional Finance" bedeutsamer Problemzusammenhang, der sich über P. H. *Douglas*[42], *Nöll von der Nahmer*[43] bis hin zu P. A. *Baran*[44] durchhält (auf die diesbezügliche Kontroverse zwischen P. M. *Sweezy*, *Domar* und *Fellner* haben wir an anderer Stelle hingewiesen[45]). Überhaupt zeichnet sich hier der Problemkomplex gleichgewichtiger erweiterter Kapitalreproduktion unter der Berücksichtigung der abteilungsspezifischen Akkumulationsraten als klassische marxistische Fragestellung[46] (und als Gegenposition zur ebenso traditionsreichen — wie bei *Mc Wright* formulierten[47] — neoklassischen Argumentation) ab.

Für die ökonomische Begründung kompensatorischer Finanzpolitik ist *Hobsons* Theorie an dem Punkt ihrer Entwicklung von Bedeutung, an dem *Hobson* eine staatliche Absorption von Surplus, das entsprechender Verwendung zugeführt werden soll, fordert.[48] Daher rechnet *Groves*[49] — der sich nicht

---

[38] Vgl. auch *Nemmers*, Erwin Esser, Hobson and Underconsumption, Amsterdam—New York 1956.

[39] In Zusammenarbeit mit A. F. *Mummarry*, (1889), New York 1956.

[40] *Keynes*, Allgemeine Theorie, S. 308.

[41] *Hobson*, John A., The Economics of Unemployment, 2. Aufl., London 1924, S. 7f.

[42] *Douglas*, Paul H., Purchasing Power of the Masses and Business Depressions, in: Economic Essays in Honor of Wesley Clair *Mitchell*, New York 1955, S. 105ff.

[43] *Nöll von der Nahmer*, Robert, Die Deckung des öffentlichen Bedarfs durch nichtinflationäre Papiergeldausgabe, in: Finanzarchiv, N.F., Bd. 2, 1934, S. 549ff., hier S. 557.

[44] *Baran*, Paul A., Economic Progress and Economic Surplus, in: ders., The longer view, New York—London 1969, S. 271 ff., hier S. 288.

[45] *Schulz*, Frank, Finanzierungspotentiale, S. 118.

[46] Vgl. *Turban*, Manfred, Marxsche Reproduktionsschemata und Wirtschaftstheorie, Berlin 1980.

[47] *McWright*, David, The Prospects of Capitalism, in: Survey of Contemporary Economics, Vol. 1, 10. Aufl., Homewood 1964, S. 449ff., hier S. 456.

[48] Vgl. *Hobson*, The Economics of Unemployment, S. 8f., 148.

[49] *Groves*, Harold M., Tax Philosophers, London 1974, S. 131ff.

zuletzt auf *Hobsons* Schrift „Taxation in the New State“[50] bezieht — zu den Vertretern der „Functional Finance“ auch J. A. *Hobson.*

Hobson beginnt die Arbeit „Taxation in the New State“ mit einer an Ad. *Wagner* erinnernden These von dem wachsenden Staatsbedarf: „Every modern state needs a rapidly increasing revenue in order to undertake new expansive public services or to improve old ones.“[51]

U.a. werden „public works or other contributions toward unemployment insurance“ — ein Einfluß der *Webbs* ist unverkennbar — genannt.[52] Dazu sei aber steigendes Steueraufkommen notwendig. Die Besteuerung darf aber weder die Akkumulation noch den Konsum stören.[53] *Hobson* will daher nur „echtes“ Surplus abgeschöpft sehen: „We have here the central problem of the new state finance, how to derive a taxing-system ... without disturbing the energy and initiative of the business men who operate them, or diminishing unduly the flow of the new capital required for their enlargement and improvement.“[54] Bodenrente, Zinsen, exzessive Gewinne lassen sich für *Hobson* daher — ökonomisch gesehen — problemlos absorbieren. Dieser Surplus soll dem Staat — als aktivem Förderer des Wohlstandes — zufließen.[55]

Die enge Verknüpfung von Unterkonsumtionstheorie und Surplustheorem einerseits und funktionaler Finanzpolitik andererseits läßt es sinnvoll erscheinen, *Hobson* — beispielsweise im Gegensatz zu *Sismondi* oder den *Saint-Simon*isten[56] — einen bedeutsamen Stellenwert in unserer Analyse zukommen

---

[50] New York 1919.

[51] Ebenda, S. 1.

[52] *Hobson,* Taxation in the New State, S. 2.

[53] Ebenda, S. 10, 19.

[54] Ebenda, S. 36.

[55] Ebenda, S. 70-76.

[56] Die Stellung von J. C. L. *Sismonde de Sismondi* (1773-1842) zur staatlichen Finanzpolitik ist scheinbar uneindeutig. Zwar hat *Sismondi* den Staat als Absatzgarant für die Industrie gesehen; auch Infrastrukturinvestitionen des Staates werden für notwendig gehalten (vgl. *Amonn,* Alfred, Sismonde de Sismondi als Nationalökonom, 2 Bde., Bern 1945, 1949, hier Bd. 2, S. 245). Allein *Sismondis* Einstellung zur Staatsverschuldung und Besteuerung (*Amonn,* Bd. 2, S. 74, 248, 278f., 287ff., 317ff.) ist eher an *Smith* (vgl. auch *Eckstein,* Günter, Adam Smiths Finanzwissenschaft, Diss., Erlangen—Nürnberg 1967, S. 110ff., 156ff., 171ff.) als an staatsorientierten Reformpositionen finanzwissenschaftlicher Art orientiert. Max Rudolf *Hartmann* (Sismondi und Dupont-White als Begründer des sozialen Interventionismus in Frankreich, Diss., Gießen, Uster 1943, S. 138ff.) sieht dagegen bei *Sismondi* den sozialpolitischen Zweck der Besteuerung angelegt. Konrad *Gumbel* (Sismonde de Sismondi als Wirtschaftskritiker, Theoretiker und Sozialpolitiker, Diss., Gießen 1928, S. 59) schreibt dagegen wiederum: „Erwähnt sei noch, daß Sismondi für eine progressive Besteuerung eintrat. Allerdings folgte er hierbei nicht sozialpolitischen Erwägungen, sondern ließ sich von Gründen der Billigkeit leiten.“

Allerdings hebt *Gumbel* (ebenda, S. 59) hervor, daß auch *Sismondi* für „produktive Erwerbslosenfürsorge“ eintrat: „Er regt an, die Arbeiter in Krisenzeiten mit öffentlichen zu lassen. Auch wenn *Hobson* nicht gerade expliziten Bezug nimmt auf eine längerfristig ausgelegte Stagnationsthese, so ist er gerade in seiner Wirkung auf *Keynes* für die diesbezügliche Analyse unübergehbar.

Keynes[57] gehört nur bedingt in den Rahmen längerfristiger Stagnationsideen gestellt. Alan *Sweezy* konnte darstellen, wie sich ein solcher Ansatz bei *Keynes* nur allmählich und dann kaum mehr als in einer rudimentären Figur entwickelt hat.[58] Bekanntlich heißt es bei *Keynes:* „In the long run we are all dead."[59] So kritisiert *Priewe*[60] diese kurzfristige Orientierung bei *Keynes* ausdrücklich, während die Rezeption der *Keynes*schen Position bei *Lautenbach*[61] eine gewisse Nähe von *Keynes* zu *Hansens* Position nahelegt.[62]

Berücksichtigt ist bei *Keynes* allerdings die Problematik der abteilungsspezifischen und verteilungsspezifischen Proportionierung. Nach *Keynes'* Ausführungen droht die Stagnation besonders in Volkswirtschaften mit reichlicher

Nutzarbeiten zu beschäftigen, Meliorations-, Kanalisations- und Flußregulierungsarbeiten ausführen zu lassen." (ebenda, S. 59, vgl. auch S. 62). Im *Saint-Sismon*ismus wird durchaus die Idee der staatlichen Infrastrukturinvestitionen und der öffentlichen Arbeiten formuliert (vgl. *Fehlbaum*, Rolf Peter, Saint-Simon und die Saint-Simonisten. Vom laissez-faire zur Wirtschaftsplanung, Basel—Tübingen 1970, S. 75f.). Aber eine finanzwirtschaftliche Konkretisierung dieser Idee der staatlichen Korrektur der volkswirtschaftlichen Fehlallokationen (*Fehlbaum*, S. 99) ist nicht auszumachen. Allerdings verweist Klaus Peter *Kisker* (Die Erbschaftssteuer als Mittel der Vermögensredistribution, Berlin 1964, S. 16) darauf, daß *Enfantin* (Enfantin, Prosper, Die Nationalökonomie des Saint-Sismonismus, Leipzig 1905, S. 87ff) die Aufkommen aus der Erbschaftssteuer dazu verwenden will, Arme zu unterstützen. *Enfantin* schreibt tatsächlich: „Durch die Abschaffung der Erbfolge in der Seitenlinie und die progressive Erhöhung der Steuer auf Erbschaft in direkter Linie wäre eine beträchtliche Quelle von Abgaben erschlossen." „Wie wir bereits oben gesagt haben, müßte diese Vermehrung der Staatseinkünfte in erster Linie zur Abschaffung der für das Volk drückendsten, verhaßtesten, gefährlichsten Steuern Verwendung finden..." (*Enfantin*, S. 89). Darauf aufbauend fordert *Enfantin*, mit diesen Steueraufkommen sollten öffentliche Schulen, Straßen-, Kanal- und Brückenbau finanziert werden (ebenda, S. 89f.).

[57] Vgl. auch *Napoleoni*, Claudio, Grundzüge der modernen ökonomischen Theorie, 4. Aufl., Frankfurt/M. 1972, S. 55ff., 77ff.

[58] *Sweezy*, Alan, Declining investment opportunities, in: *Harris*, Seymour E. (Hrsg.), The New Economics, New York—London 1947, S. 425ff.

[59] *Keynes*, John Maynard, A Tract on Monetary Reform, London 1923, S. 80 (dt.: Ein Traktat über Währungsreform, München—Leipzig 1924, S. 83).

[60] *Priewe*, Jan, Neoklassische und keynesianische Theorien der Beschäftigung, in: *Markmann*, Heinz/*Simmert*, Diethard B. (Hrsg.), Krise der Wirtschaftspolitik, Köln 1978, S. 455ff., hier S. 471.

[61] *Lautenbach*, Wilhelm, Über Kredit und Produktion, Frankfurt/M. 1937, S. 64ff.

[62] In einer neueren Darstellung der „Allgemeinen Theorie" schreiben Stephan *Krüger* u.a.: „Obwohl Keynes' Theorie sich ausdrücklich auf die kurze Frist beschränkt, wollen wir im folgenden betrachten, welche Implikationen sie für die längere Frist einhält" (*Krüger*, Stephan u.a., Keynes contra Marx?, Hamburg 1984, S. 257). *Krüger* u.a. glauben also, Implikationen ableiten zu können, eine Methode, die eventuell *Lautenbachs Keynes*-Interpretation erklärbar macht.

Kapitalausrüstung. Der kleiner werdende „Hang zum Verbrauch“[63] drückt über die gehemmte Konsumgüternachfrage auch auf die Kapitalgüterproduktion. Gerade damit wird die Proportionierung der Kapital- und Konsumgüterproduktion einerseits und die Konsum- und Sparquote andererseits zum Problem.[64] Durch diesen Mechanismus würden die Kapitalertragsaussichten gedrückt. Insofern ist die sinkende „Grenzleistungsfähigkeit des Kapitals“[65], die oftmals mit der Profitrate (im *Marx*schen Sinne) gleichgesetzt bzw. zumindest analogisiert wird, stark randbedingungsabhängig von den „erwarteten Erträgen“, mithin von den langfristigen Nachfrageentwicklungen, die voll auf die Ertragslage durchschlagen. Sofern der Niedergang des Konsums zum strukturellen Problem „reifer“ (kapitalreicher) Ökonomien wird, kann mit der Ausdehnung des Staatskonsums und der Wirkung strukturpolitischer Investitionsausgaben durch die öffentlichen Hände der Stagnation entgegengewirkt werden.[66]

Mit der Problematisierung der Sparkapitalbildung — in der neuen Diskussion der letzten Jahre als „monetäre Disproportionalität“ bezeichnet — ist der Funktionszusammenhang der *Keynes*schen Stagnationstheorie mit der Staatswirtschaftslehre also unmittelbar gegeben.

Zur Erläuterung der *Keynes*schen Ansichten erweisen sich die obigen Ausführungen zu *Hobson* als fruchtbar. *Keynes* schreibt nämlich in bezug auf *Hobson:* „Soweit jedoch die Theorien behaupten, daß die gegenwärtige Vermögensentstehung zu einem größeren Sparvolumen führt, das seinerseits zur Überinvestition führt, die wiederum eine zu große Produktion von Konsumgütern zur Folge hat, bewegen sie sich auf einem ganz anderen Terrain als meine Theorie: insofern nämlich, als nach meiner Theorie ein großes Sparvolumen, das nicht zu einem entsprechend großen Investitionsvolumen führt (nicht ein solches, das dazu führt), die Wurzel der Schwierigkeiten darstellt.“[67] Deshalb gilt: „Money matters!“[68]

Gerade in der Auseinandersetzung mit *Hobson*[69] hat *Keynes* die besondere Rolle des Geldes (in Ablehnung der Neutralitätsthese) hervorgehoben. Ausge-

---

[63] *Keynes,* Allgemeine Theorie, S. 77ff.

[64] *Preiswerk,* Susanne, Geschichtlicher Überblick über die Theorien der Staatsverschuldung. Mit besonderer Berücksichtigung der volkswirtschaftlichen Zusammenhänge, Diss., Basel 1942, S. 81ff.

[65] *Keynes,* Allgemeine Theorie, S. 114ff.

[66] Ebenda, S. 314ff.

[67] *Keynes,* John Maynard, Vom Gelde, Berlin 1955, S. 146. Entsprechend schreibt *Klein* (*Klein,* Lawrence R., The Keynesian Revolution, London 1961, S. 135): „The main difference between“ der Theorie der Unterkonsumtion (wie die von *Hobson,* F. S.) „and the teachings of Keynesian Economics is that they looked upon savings as deflationary whether they are offset by investments or not, while Keynes considered as deflationary only savings which do not get invested.“

[68] *Davidson,* Paul, Why Money matters: lessons from a half-century of monetary theory, in: Journal of Post-Keynesian Economics, 1978, S. 46ff.

[69] *Keynes,* Allgemeine Theorie, S. 308ff., 313.

hend von der Kritik an *Hobsons* Ansicht, die Anhäufung von Sparkapital führe dazu, daß überinvestiert wird, hebt *Keynes* hervor, daß es zu dieser (Über-) Investition oftmals erst gar nicht kommt angesichts einer mangelnden Endnachfrage. Die Investitionstätigkeit, von der *Hobson* ausgeht, „wird ... doch durch das Fallen des voraussichtlichen Gewinnes unter den vom Zinsfuß gesetzten Standard daran gehindert, sich überhaupt zu ereignen“[70]. Dem Geld kommt damit eine eigenständige Bedeutung zu.[71] Im Rahmen einer „mature economy“, die nun als „monetary production economy“ betrachtet wird, ist Geld nicht neutral. *Keynes* „Allgemeine Theorie“ sollte daher hinreichend im Zusammenhang mit seiner „Treatise on Money“ gelesen werden. I und S sind finanztechnisch getrennt. Der Fehler der Neoklassik „besteht in der Überbewertung des Sparens. Sie verkleinert seine negativen Wirkungen, sie vernachlässigt die Tatsache, daß I und S von verschiedenen Personen ausgehen und daß auch die Zinsbildung keine zwangsläufige Verbindung herstellt.“[72] Daher ist *Preiser* zuzustimmen, wenn dieser schreibt: „Daß Ersparnisse immer die gewünschte Anlage finden, ist für die traditionelle Lehre selbstverständlich, für Keynes ist gerade das problematisch.“[73]

Damit sind die (auch in Bezugnahme auf die von uns in Kapitel 3 skizzierte Stagnationsidee) für die „Functional Finance“ relevanten Kerndimensionen der (keynesianisch orientierten) Stagnationstheorien deutlich: Gemäß dieser Problemsicht kann ein Stagnationstyp vorliegen, der durch Freisetzung von Finanzfonds, die nicht zu einer beschäftigungssichernden Realkapitalbildung genutzt werden, definiert ist.[74] Zwar gilt: „Der Kreislaufmechanismus läßt ein nicht nachgefragtes Kapitalangebot/Geldvermögen/Sparen gar nicht erst entstehen: De facto sind Sparen und Investitionen als expost-Größen immer ausgeglichen.“[75] Ex ante gesehen, kann ein Finanzierungsdefizit der öffentlichen Hand geradezu notwendig sein, damit die privaten Sparpläne überhaupt erst realisiert werden können. Dieser Reallokationsspielraum besteht jedoch nur insoweit, wie er auch genutzt wird!

Stagnationstheoretisch müßte aber hinsichtlich einer begründeten Strategie des kompensatorischen Budgets das von *Mooslechner* und *Nowotny*[76] für

---

[70] Ebenda, S. 313.

[71] Vgl. auch *Minsky*, Hyman P., An Exposition of a Keynesian Theory of Investment, in: *Szejö*, G. P./*Shell*, K. (Hrsg.), Mathematical Methods of Investment and Finance, Amsterdam u. a. 1972, S. 207 ff.

[72] *Preiser*, Erich, Sparen und Investieren, in: ders., Bildung und Verteilung des Volkseinkommens, 3. Aufl., Göttingen 1963, S. 9 ff., hier S. 51 f.

[73] Ebenda, S. 14.

[74] *Baran*, Paul A., Politische Ökonomie des wirtschaftlichen Wachstums, Neuwied—Berlin 1972, S. 78 f.

[75] *Ernst-Pörksen*, Michael, Staatsschuldentheorien, Berlin 1983, S. 143.

[76] *Mooslechner*, Peter/*Nowotny*, Ewald, Gesamtwirtschaftliche Finanzierung und öffentliche Verschuldung, Linz/Donau 1981, S. 359 ff. 133, 192, 196, 202 ff.

konjunkturelle Rezessionen festgestellte „Konsolidierungsverhalten“ der Unternehmen auch auf längere Phasen, vor allem auf solche von abgeschwächten Aufschwüngen, übertragen werden.[77] Den Kontext der Determinationskonstellation, die zu einer derartigen Stagnation führt, haben wir in Anlehnung an die bereits zitierte Veröffentlichung des Verfassers[78] bereits in Kapitel 3 skizziert. Wir wenden uns daher wieder der dogmengeschichtlichen Darstellung zu.

Ein derart formulierter Problemzusammenhang von sinkenden Investitionschancen und „idle capital“, wie er für die Entwicklung der Spielräume kompensatorischer Budgetpolitik[79] bedeutsam ist, findet sich insbesondere bei Alvin H. *Hansen* (1887-1975) (mit Ähnlichkeiten auch bei *Lederer*).[80]

Sinkende Investitionschancen in längerer Fristigkeit hat *Hansen* als Schüler von *Keynes* hervorgehoben. *Hansen* gehört zu den klassischen Begründern (keynesianischer) Stagnationstheorien, auch wenn sein Verhältnis zur Theorie „langer Wellen“, zum säkularen Trend (i. S. einer regressionsanalytisch gewonnenen Schätzfunktion) und zur „Wechselspanne“ (i. S. ab- oder zunehmender zyklusdurchschnittlicher Wachstumsraten) konzeptionell nicht ganz eindeutig ist.[81]

Hansen sieht mangelnde Investitionschancen, bedingt durch schrumpfendes Bevölkerungswachstum, steigende Kapitalproduktivität (sinkender Investitionsbedarf) und abnehmende territoriale Expansionschancen, als Kernstück der wirtschaftlichen Stagnation an.[82] Er hat ferner positiv auf Josef *Steindls* Theorie[83] Bezug genommen, so daß neben den genannten Determinanten auch eine wachstumspolitische Skepsis gegenüber der zunehmenden Kapitalkonzentration zu verzeichnen ist.[84]

An *Hansens* Theorie ist viel Kritik geäußert worden. So bezweifelt *Fellner* die empirische Evidenz des technologischen Arguments.[85] Aber auch wenig über-

---

[77] Vgl. *Colm,* Gerhard, Die Krisensituation in der kapitalistischen Wirtschaft, in: Archiv für Sozialwissenschaft und Sozialpolitik, Bd. 69, 1933, S. 385ff., hier S. 402; vgl. auch *Gross,* Herbert, Finanzpolitische Lehren der deutschen Krise, in: Finanzarchiv, N.F., Bd. 2, 1934, S. 90ff., hier S. 119.

[78] *Schulz,* Frank, Finanzierungspotentiale, a. a. O.

[79] Vgl. *Gourvitch,* Alexander, Survey of Economic Theory on Technological Change and Employment, Philadelphia 1940, S. 229.

[80] Ebenda, S. 226-231.

[81] Vgl. *Higgins,* Benjamin, Concept and criteria of secular stagnation, in: Income, employment and public policy, S. 82ff., hier S. 90f.

[82] *Joelsohn,* Die Theorie, S. 20ff.; *Jones,* M. V., Secular Trends and Idle Ressources.

[83] *Steindl,* Joseph, Maturity and Stagnation in American Capitalism, (1952), Oxford 1976.

[84] *Hansen,* Alvin H., The Stagnation Thesis, in: Readings in Fiscal Policy, London 1955, S. 540ff.; ders, Full Recovery or Stagnation?, New York 1938, S. 298ff.; *Joelsohn,* Die Theorie, S. 62.

zeugende Kritik — wie die von *Terborgh*[86] — ist formuliert worden. Nun geht es ohnehin nicht darum, ältere Stagnationstheorien einfach in die Aktualität zu übersetzen. Jedoch weisen *Hansens* Analysen durchaus relevante Züge auf, so daß neuere Arbeiten von Paul M. *Sweezy*[87], auch in Zusammenarbeit mit Harry *Magdoff*[88] — beide haben ihre Gedanken in zahlreichen Aufsätzen in der „Monthly Review" entfaltet —, ältere stagnationstheoretische Ansätze wieder aufgreifen konnten.

In den letzten Jahren haben wir ohnehin eine Renaissance[89] der Theorien „langer Zyklen" zu verzeichnen, wobei der Eindruck einer ökonomischen Stagnation seit Mitte der 1970er Jahre wohl ausschlaggebend gewesen sein dürfte. Jedoch hat *Mandel* schon früher einen solchen erneuten langfristigen wirtschaftlichen Abschwung vorausgesagt.[90]

Neuere Ansätze[91] können insofern als fruchtbare Weiterentwicklungen verstanden werden, wie sie den Denkmodus der periodisch-symmetrischen Wellenbewegung langer Dauer weitgehend auflockern. Dies gilt insbesondere für *Mandel*[92], hinsichtlich dessen Analyse *Altvater* sogar der Meinung ist, daß diese weitgehend hinreichend ist.[93]

Ähnlich „offen" wie *Mandels* Wellenbegriff[94] hat auch *Zinn*[95]das Verhältnis von Trend und Zyklus thematisiert. Diese Ansätze nähern sich alle dem Konzept

---

85 *Fellner*, William, The technological argument of the stagnation theory, in: Quarterly Journal of Economics, Vol. 55, 1941, S. 650ff.

86 *Terborgh*, George, The bogey of economic maturity, Chicago 1945; *Higgins*, Benjamin, The Doctrine of Economic Maturity, in: American Economic Review, Vol. 36, March, 1946, S. 133ff.; *Joelsohn*, Die Theorie, S. 66-111; *Hansen*, Alvin H., Some Notes on „The Bogey of Economic Maturity; in: Review of Economic Statistics, Vol. 28, Feb. 1946, S. 13ff.; *Terborgh*, George, Dr. Hansen on „The Bogey of Economic Maturity", in: The Review of Economic Statistics, Bd. 28, 1946, S. 170ff.

87 *Sweezy*, Paul M., Why stagnation?, in: Monthly Review, Vol. 34, 2, 1982, S. 1ff.

88 Magdoff, Harry / *Sweezy*, Paul M., The Deepening Crisis of the U.S. Capitalism, New York 1981.

89 *Kleinknecht*, Alfred, Überlegungen zur Renaissance der „langen Wellen" der Konjunktur („Kondratieff-Zyklen"), IIMV, Berlin, Nov. 1979.

90 *Mandel*, Ernest, Die Wirtschaftstheorie des Neokapitalismus, (1964), in: Die langen Wellen der Konjunktur, Berlin 1972, S. 257ff., hier S. 264f.

91 Vgl. *Duijn*, J. J. van, The long waves in economic life, London 1983, S. 59-111; *Delbeke*, Jos, Recent long-wave theories: a critical survey, in: Futures, 13, April, 1981, S. 246ff.

92 *Mandel*, Ernest, Long waves of capitalist development, Cambridge University Press 1980 (dt.: Die langen Wellen im Kapitalismus, Hamburg 1983).

93 *Altvater*, Elmar, Der Kapitalismus in der Formkrise, in: Aktualisierung Marx', Berlin 1983, S. 80ff., hier S. 88; ders., Der Kapitalismus vor einem Aufschwung? Über Theorien der „langen Wellen" und der „Stadien", in: Wirtschaft und Gesellschaft, H. 2, 1982, S. 195ff.

94 *Mandel*, Ernest, Der Spätkapitalismus, 3. Aufl., Frankfurt/M. 1974, S. 96ff.

der „Wechselspanne“ an, das *Kleinknecht* — u. E. zu Recht — als einzig valides Konzept einer Stagnationsidee ansieht.

Gerade *Spiethoffs* Ansatz, der durchaus Elemente einer Theorie der „anhaltenden Stagnation“ impliziert[96], insbesondere die These anlagesuchenden Kapitals[97], läßt jene Traditionslinien[98], die nicht das Wellenmodell, sondern die Situationsspezifika der „mature economy“ favorisieren, für die Begründung einer kompensatorischen Budgetpolitik bedeutsam erscheinen. Von der Dauer einer „Wechselspanne“ her gesehen, ist eine Verwandschaft der Lehre von der „secular stagnation“ zur Idee der „langen Wellen“ durchaus gegeben. Auch gerade bei *Hansen* ist die Spezifizierung der Stagnation als „säkular“ nicht — worauf auch *Joelsohn* hinwies[99] — allzu wörtlich zu nehmen: *Hansen* insistierte auf etwa 50jährigen Phasen.

Diese Lehren von der „reifen“ Wirtschaft unterscheiden sich — auch gerade in bezug auf den theoretischen Status des anlagesuchenden Kapitals — jedoch signifikant von der *Marx*schen Lehre.

Das Phänomen des anlagesuchenden Kapitals existiert auch — worauf *Kühne* hinwies[100] — in der Lehre von Karl *Marx*. Zum einen ist hierbei das Problem der Realisierungschancen von Mehrwert, zum anderen das Selbstfinanzierungsproblem tangiert.[101] Die Analyse der Akkumulation wird um die besondere Rolle des Kreditsystems erweitert.[102] Mit dem Geldsystem ist bei *Marx* die Möglichkeit einer Konjunkturunterbrechung gegeben.[103] *Kühne* geht sogar so weit zu

---

[95] *Zinn,* Karl Georg, Variationsmuster ökonomischer Krisen. Hypothetische Überlegungen zur Überlagerung von Wachstums- und Konjunkturbewegung, in: Leviathan, H. 2, 1982, S. 275ff.

[96] *Spiethoff,* Arthur, Die wirtschaftlichen Wechsellagen, Tübingen—Zürich 1955, S. 19, 190ff., 189f.

[97] *Timm,* Herbert, Möglichkeiten und Probleme konjunkturorientierter Steuerpolitik, Rostock, 1936, S. 196f.; vgl. auch die Ausführungen von *Spiethoff,* in: Verhandlungen des Vereins für Socialpolitik. *Sombart,* Werner u. a., Sie Störungen im deutschen Wirtschaftsleben der Jahre 1900ff., Schriften des Vereins für Socialpolitik, Bd. 113, Leipzig 1904, S. 213ff.

[98] *Brandt,* Karl, Die Problematik der Stagnation im wirtschaftlichen Wachstumsprozeß, in: Jahrbücher für Nationalökonomie und Statistik, Bd. 165, 1953, S. 361ff., hier S. 361-368; *Zinn,* Karl Georg, Die pessimistischen Ökonomen. Lehrgeschichtliche Anmerkungen zum Problem von Vollbeschäftigung und Stagnation, in: *Winkel,* Harald / *Zinn,* Karl Georg (Hrsg.), Probleme der wirtschaftspolitischen Praxis in historischer und theoretischer Sicht. Festschrift zum 60. Geburtstag von Antonio Montaner, Herne—Berlin 1979, S. 157ff.

[99] *Joelsohn,* Die Theorie, S. 78.

[100] *Kühne,* Karl, Ökonomie und Marxismus, Bd. 2, Neuwied—Berlin 1972, S. 44ff.

[101] *Kühne,* Karl, Ökonomie und Marxismus, S. 116ff.

[102] Ebenda, S. 51ff.

behaupten, daß bei *Marx* eine „Liquiditätsfalle" (als finanzielle Instabilität) theoretisch thematisiert wird. Zirkulationstheoretisch bedeutet dies einen Ausfall an effektiver Nachfrage (und stellt damit eine Kritik des *Say*schen Theorems dar). Geldhortung ist aber nur das eine — und nach *Hayes'* Auffassung[104] — unbedeutendere Phänomen. „Überangebot an Leihkapital" — mithin steigende Geldvermögensbildung — existiert bei *Marx* in enger Konnexion mit der Überproduktion[105] — eine Sicht, die später auch *Varga*[106] teilt.

Bei *Marx* treten solche Formen von „idle money" dementsprechend erst auf infolge des Profitratenfalls und der dadurch bedingten Überproduktion. Der Profitratenfall bleibt der bestimmende Eckpfeiler der *Marx*schen Krisentheorie[107], wobei es dahingestellt sein soll, ob dies — wie J. D. *Wilson*[108] behauptet — auch für den (kurzen) „trade cycle" zutrifft.

Finanzfonds — als brachliegende Ressourcen — sind also in der Theorie von *Marx* durchaus existent. Damit teilen wir nicht die These von Bruno *Fritsch*[109], wonach die Existenz von brachliegendem Geldkapital nicht Bestandteil von *Marx*ens Krisentheorie gewesen sei. Anders *Bloch*[110]. Gerade weil bei *Marx* das Geld eine Form des Kapitals ist — Geldkapital, Warenkapital und produktives Kapital sind verschiedene Funktionsformen des industriellen Kapitals —, kann Kapital in der Form der Geldvermögensbildung „steckenbleiben".[111] Sie sind aber, bezieht man sie auf den Kapitalstock, zu gering zur rentablen Verwertung

---

[103] Ebenda, S. 90ff.; vgl. auch *Hickel*, Rudolf, Konjunktur und Krise — neu betrachtet, Einleitung zu: *Diehl*, Karl/*Mombert*, Paul (Hrsg.), Wirtschaftskrisen, Neuauflage, Frankfurt/M.—Berlin—Wien 1979, S. Iff., hier S. LVff.

[104] *Hayes*, Harry Gordon, Spending, Saving and Employment, New York 1945, S. 20ff.

[105] *Marx*, Karl, Das Kapital, Bd. 3, MEW 25, Berlin, DDR, 1973, S. 521.

[106] *Varga*, Eugen, Die Entwicklung der Depression, in: ders., Die Krise des Kapitalismus und ihre politischen Folgen, Frankfurt/M. 1969 (hrsg. und eingeleitet von Elmar Altvater), S. 219ff., insbesondere S. 220, 227ff.

[107] *Preiser*, Erich, Das Wesen der Marxschen Krisentheorie, in: ders., Politische Ökonomie im 20. Jahrhundert — Probleme und Gestalten, München 1970, S. 47ff.; *Marx*, Karl, Das Kapital, Bd. 2, MEW 24, Berlin, DDR, 1967, S. 409f.; Bd. 3, MEW 25, Berlin, DDR, 1964 S. 254f., 260, 263, 267, 269, 501; ders., Theorien über den Mehrwert, MEW 26.2, Berlin, DDR, 1968, S. 469; Theorien über den Mehrwert, MEW 26.3, Berlin, DDR, 1968, S. 51.

[108] *Wilson*, John D., A Note on Marx and the Trade Cycle, in: The Review of Economic Studies, 1937/38, S. 107ff.

[109] Die Geld- und Kredittheorie von Karl Marx, Zürich 1954, insbesondere S. 142, 148ff.

[110] *Bloch*, Herbert, Die Marxsche Geldtheorie, Jena 1926, S. 26f.

[111] *Bloch*, Die Marxsche Geldtheorie, S. 92, *Blochs* Rezeption der Marxschen Geldtheorie mag allerdings in anderen Punkten problematisch sein, wie Friedrich *Pollock* (Zur Marxschen Geldtheorie, in: Grünbergs Archiv für die Geschichte des Sozialismus und der Arbeiterbewegung, Jg. 13, Leipzig 1928, S. 193ff.) herausgestellt hat.

desselben.[112] In diesem Sinne fragt Karl *Kühne*, ob bei *Marx* die „Liquiditätsfalle“ bei Unterschreiten einer Mindestprofitrate zuschnappt[113] — eine Fragestellung, die auch in der späteren postkeynesianischen Wachstumstheorie von Bedeutung geworden ist.

Man kann — ganz im Sinne des Ansatzes von Elmar *Altvater* — diesen Zusammenhang allerdings auch so sehen: Bei ständig ansteigender organischer Kapitalzusammensetzung sinkt die marginale Profitrate auf die Nettoinvestitionen, so daß der Profit auf das insgesamt fungierende Kapital sinken würde (falls es zur Nettoinvestition käme). Bei *Marx* korrespondiert die Existenz von „idle money“ mit dem (angebotsseitig determinierten) Fall der Profitrate. Dementsprechend wird auch noch in der neueren marxistischen Theoriebildung — so bei *Krüger*[114] — die Disproportionalität von Real- und Geldkapitalbildung auf den (durch die steigende organische Zusammensetzung des Kapitals bedingten) Fall der Profitrate bezogen. Es dürfte evident sein, daß hier ein trendmäßiger Anstieg des Kapitalkoeffizienten vorausgesetzt wird; eine Annahme, die wir als fundamentale Randbedingung der gesamten *Marx*schen Theorie betrachten und deren empirische Gültigkeit problematisiert werden muß.

Selbst bei *Mandel*[115], der „idle capital“ thematisiert, — *Mandel* nennt es „historische Reservefonds“, womit er große Mengen anlagesuchenden Kapitals meint[116] und es ebenfalls in Verbindung setzt zu langfristigen Verläufen der Rendite und der Kapitalzusammensetzung — wird der langfristigen Konsumentwicklung größere Bedeutung zugemessen.[117] In Aufarbeitung der älteren Theorien von Otto *Bauer*, Fred *Oelssner*, Fritz *Steinberg*, M. *Kalecki*, M. W. *Watkins*, D. *Hamberg* stellt *Mandel* heraus, daß hohe und stabile Profitraten mit wachsenden Absatzmärkten zusammenfallen müssen[118], damit eine hinreichende Investitionsrate aufrechterhalten bleiben kann. Somit ist eine „Expansionskonjunktur“ — im Sinne von *Sombart*[119] — abhängig von den langfristigen

---

[112] *Kühne*, Karl, Ökonomie und Marxismus, Bd. 2, S. 410f; *Marx*, Karl, Das Kapital, Bd. 2, MEW 24, Berlin, DDR, 1973, S. 485ff.

[113] *Kühne*, Karl, Ökonomie und Marxismus, Bd. 2, S. 434ff.; vgl. auch *Schwab*, Josef, Eine Interpretation des Beitrages von J. M. Keynes zur Krisentheorie, in: Mehrwert, H. 14, Berlin 1978, S. 29ff., 47ff.

[114] *Krüger*, Stephan, Disproportion zwischen Realkapital und Geldkapitalakkumulation — Bedingungen einer alternativen Geld- und Währungspolitik, in: Staatsgrenzen. Alternative Wirtschaftspolitik, 4, Berlin 1982, S. 54ff.

[115] Vgl. auch *Delbeke*, Recent long-wave theories, S. 251; *Kleinknecht*, Alfred, Innovation, Akkumulation und Krise, in: Prokla, H. 35, 1979, S. 85ff., hier S. 88.

[116] *Mandel*, Der Spätkapitalismus, S. 106ff.

[117] *Mandel*, Ernest, Marxistische Wirtschaftstheorie, Frankfurt/M. 1972, 2 Bde., hier Bd. 1, S. 429ff.

[118] Ebenda, S.441 f.

[119] *Sombart*, Werner, Der moderne Kapitalismus, Bd. 3, 2. Halbband, Berlin 1955, S. 563ff.

Konsumentwicklungen. *Mandel*[120] verweist dabei auf durchaus aktualisierbare Determinanten der „Tendenz zur säkularen Stagnation“: starke Fluktuation langlebiger Konsumgüter, mangelnde Investitionschancen für die „aufgeblähten Gewinne“ der Monopole und Abneigung der herrschenden Sozialschichten gegen staatliche Umlenkung (die neue Zukunftsfelder als Gegenwirkung zur säkularen Stagnation bedeuten könnten).

Insoweit thematisiert also *Mandel* den nachfrageseitigen Wachstumskorridor, der gegeben sein muß, wenn trotz hoher und stabiler Rendite wachsende Investitionsraten induziert werden sollen; ein Wachstumskorridor, auf den neuerdings insbesondere *Meissner* und *Zinn*[121] hingewiesen haben.

Mit einem solchen „Nachfragekorridor“ meinen wir die Durchführung komplementärer Investitionen[122], die einen — völlig neuen — Umsatzkreislauf schaffen, indem nun die zusätzlichen Einkommen den Absatz dieser neuen Kapazitäten sichern; eine Problemsicht, die in der Tat bisher vorwiegend für sich entwickelnde Länder[123], nicht jedoch für „reife“ Ökonomien diskutiert worden ist.

---

[120] *Mandel,* Marxistische Wirtschaftstheorie, Bd. 2, S. 670ff., 678ff.

[121] *Meissner,* Werner / *Zinn,* Karl, Der neue Wohlstand, München 1984, S. 33ff., 134f.

[122] Vgl. *Lowe,* Adolph, Politische Ökonomie, Frankfurt / M. 1965, S. 109.

[123] Vgl. *Higgins,* Benjamin, Economic Development, New York 1956, 16. Kapitel.

Kapitel 5

Ansätze funktionaler Finanzwissenschaft in der merkantilistischen Staatswirtschaftslehre

Johann *Landau*[1] behauptet Kontinuitätslinien von der kameralistischen Lenkungsökonomik bis zu den „Wirtschafts- und Sozialpolitikern des XIX. Jahrhunderts" in Deutschland, den Staatssozialisten und der Sozialdemokratie.[2]

In der Tat setzen wir mit dem Kameralismus — wie wir oben (vgl. Kapitel 2) schon angedeutet haben — dogmengeschichtlich nicht zu früh an. Auch Fritz Karl *Mann*[3] verweist diesbezüglich auf merkantilistische Autoren. Doch holen wir etwas weiter aus.

Mit dem ökonomischen Liberalismus setzten sich auch die Mäßigkeits- und Sparsamkeitsvorstellungen in der Lehre von der Staatstätigkeit — beispielsweise der der Besteuerung[4] — durch. Der „Finanzliberalismus" — auf den wir noch zurückkommen (vgl. Kapitel 7), bevor wir weiter unten die „deutsche Finanzklassik" abzuhandeln haben (vgl. Kapitel 8) — verstand sich als Überwindung der merkantilistischen bzw. kameralistischen Lehre.

Den Kameralismus definieren wir hier als die spezifisch deutsche und österreichische Form des Merkantilismus des absolutistischen Zeitalters.[5] Dem Merkantilismus englischer Herkunft fehlt zumindest der Bezug zur fürstlichen Kammer, wie er für den deutsch-österreichischen Sprachraum — aus historisch-soziologischen Gründen der spezifischen Staatsbildung, die hier jedoch nicht diskutiert werden sollen — konstitutiv ist.[6]

---

[1] *Landau,* Johann, Die Arbeiterfrage in Deutschland im XVII. und XVIII. Jahrhundert und ihre Behandlung in der Deutschen Kameralwissenschaft, Diss., Zürich 1915, S. 248.

[2] Vgl. auch *Zinn,* Karl Georg, Die Selbstzerstörung der Wachstumsgesellschaft, Reinbek bei Hamburg 1980, S. 101 ff.

[3] *Mann,* Fritz Karl, Finanztheorie und Finanzsoziologie, Göttingen, 1959, S. 40 f.

[4] Vgl. *Murhard,* Karl, Theorie und Praxis der Besteuerung, Göttingen 1834, S. 103 ff.

[5] So *Small,* Albion W., The Cameralists. The Pioneers of German Social Policy, (Chicago 1909), Neuauflage, New York 1962, S. 11; kritisch dagegen *Sommer,* Louise, Die österreichischen Kameralisten in dogmengeschichtlicher Darstellung, 2 Teile in einem Band, Wien 1920-25, Neudruck, Aalen 1967, hier: Teil 2, S. 471 ff.

[6] Vgl. auch *Bürgin,* Alfred, Art. Merkantilismus, in: Handwörterbuch der Sozialwissenschaften, hrsg. von Erwin v. *Beckerath* u. a., Bd. 7, Stuttgart—Tübingen—Göttingen 1961, S. 308 ff.

Auch Anton *Tautscher*[7] betrachtet den Kameralismus als deutsche Sonderform des Merkantilismus. Er sei hervorgegangen aus der Staats- und Verwaltungslehre des deutschen Absolutismus in den Landesfürstentümern.

Die Harmonielehre des klassischen ökonomischen Liberalismus ist die Antwort auf die merkantilistische Wirtschaftspolitik, indem die Idee der „ordre naturel“[8] — die des ausdifferenzierten (vom „Staat“ getrennten) Marktes — aufgenommen wurde. *Oestreich*[9] kann dementsprechend auf die „liberalen Wurzeln“ des Absolutismusbegriffs verweisen.[10] Im Gegensatz zum Liberalismus galt, daß selbst dort, wo der absolutistische Staat den Markt und seine Ausbildung aktiv befürwortete und förderte, dieser Markt Mittel zu einem höheren Zweck[11] — dem der wohlfahrtsstaatlichen Einbettung des Individuums — sein sollte.[12]

Der Charakter der kameralistischen Politik, gegen die sich die liberale Ökonomie wandte, kann als äußerst umstritten gelten; die Rezeptionsgeschichte ist entsprechend differenziert.[13]

Von großem Interesse für unsere Darstellung ist die Behauptung von *Salin*: „Lord Keynes hat mit Recht dort Stammväter seiner Theorie gesucht.“[14] Damit wird eine Kontinuitätslinie zum wohlfahrtsstaatlichen Interventionismus gezogen.

Dabei steht es gar nicht zur Debatte, daß das merkantilistische Wirtschaftssystem — überhaupt der Prozeß der „Staats- und Volkswirtschaftsbildung“[15] —

---

[7] *Tautscher*, Anton, Geschichte der deutschen Finanzwissenschaft bis zum Ausgang des 18. Jahrhunderts, in: *Gerloff*, Wilhelm/*Neumark*, Fritz (Hrsg.), Handbuch der Finanzwissenschaft, Bd. 1, 2. Aufl., Tübingen 1952, S. 382ff., hier s. 388.

[8] Vgl. *Kamp*, Matthias Ernst, Die Theorien der Epoche der öffentlichen Wirtschaft bei Lorenz von Stein, Bonn 1950, S. 118 (dort auch Anm. 457).

[9] *Oestreich*, Gerhard, Strukturprobleme des europäischen Absolutismus, in: Vierteljahresschrift für Sozial- und Wirtschaftsgeschichte, Bd. 55, 1968, S. 329ff., hier S. 329.

[10] Vgl. auch *Dittrich*, Erhard, Die Deutschen und Österreichischen Kameralisten, Darmstadt 1974, S. 1.

[11] Vgl. *Dietzel*, Heinrich, Individualismus, in: Handwörterbuch der Staatswissenschaften, hrsg. von Ludwig *Elster* u.a., Bd. 5, 3. Aufl., Jena 1910, S. 590ff.

[12] Vgl. *Gerlach*, Otto, Geschichte der Finanzwissenschaft unter besonderer Berücksichtigung der Lehre vom Verhältnis zwischen Volkswirtschaft, Staat und Finanzen, in: *Altmann*, S. P. (Hrsg.), Die Entwicklung der deutschen Volkswirtschaftslehre im neunzehnten Jahrhundert. Festgabe Gustav Schmoller zur siebzigsten Wiederkehr seines Geburtstages, 2. Teil, Leipzig 1908, XXXVIII, S. 1ff., hier S. 6.

[13] *Dittrich*, Die Deutschen und Österreichischen Kameralisten, S. 2-24.

[14] *Salin*, Edgar, Politische Ökonomie. Geschichte der wirtschaftspolitischen Ideen von Platon bis zur Gegenwart, 5., erw. Aufl., Tübingen 1967, S. 51.

[15] Gustav von *Schmoller* spricht entsprechend von „Staats- und Volkswirtschaftsbildung“: „Die volkswirtschaftliche Theorie ist noch ganz verknüpft mit der Betrachtung des Staates, der Polizei, der Finanz, weil die Staats- und Volkswirtschaftsbildung im 17. und 18. Jahrhundert zusammenfiel, weil nur in den eben gebildeten größeren Nationalstaaten

auf eine autoritäre Staatsidee[16] (oftmals noch theokratischer Herkunft[17]) bezogen war.

Zumindest für die Ideengeschichte — die Praxis sah „erbärmlicher" aus[18] — ist der Kameralismus aber nicht nur als „Regierungskunst" (i. S. der wirtschafts- und finanzpolitischen Interessen des absolutistischen Fürsten) zu verstehen; der universalistische Grundzug der kameralistischen Staatswirtschaftslehre ist gleichfalls Basis einer wohlfahrtsstaatlichen Konzeption.[19]

So formuliert beispielsweise *Seckendorff* in seiner Schrift „Deutscher Fürsten-Staat"[20] „sozialpolitische Anweisungen"[21]: Erhaltung der Ehe, Sorge für die Waisen, ärztliche Versorgung, Sicherung von reinem Wasser, guter Luft, Sauberkeit in den Städten, Maßnahmen für die Erziehung.

---

mit starker Centralgewalt die neue Volkswirtschaft entstehen kann." (*Schmoller*, Gustav, Grundriß der allgemeinen Volkswirtschaftslehre, 1. Teil, Leipzig 1908, S. 88). Ähnlich auch *Schmoller* in seiner Schrift „Das Merkantilsystem in seiner historischen Bedeutung: Städtische, territoriale und staatliche Wirtschaftspolitik", in: ders., Umrisse und Untersuchungen zur Verfassungs-, Verwaltungs- und Wirtschaftsgeschichte bes. des preußischen Staates im 17. und 18. Jahrhundert, Leipzig 1898, S. 131.

[16] Vgl. *Heckscher*, Eli Filip, Der Merkantilismus, 2 Bde., Jena 1932, hier Bd. 2, S. 5.

[17] *Stavenhagen*, Gerhard, Geschichte der Wirtschaftstheorie, 4. Aufl., Göttingen 1969, S. 24; *Dittrich*, Die Deutschen und Österreichischen Kameralisten, S. 57. Allerdings ist schon *Seckendorff* (vgl. *Roscher*, Wilhelm, Geschichte der Nationalökonomie in Deutschland, München 1874, S. 240, 252) „Ausläufer" der theokratischen Staatsidee. Naturrechtlich-rationalistische Elemente fügen sich zunehmend in die kameralistische Lehre und in die Staatswissenschaft ein (vgl. auch *Marchet*, Gustav, Studien über die Entwicklung der Verwaltungslehre in Deutschland, München 1885, S. 15, 18f.).

[18] Vgl. *Tennstedt*, Florian, Sozialgeschichte der Sozialpolitik in Deutschland, Göttingen 1981, S. 13ff.; *Barker*, Ernest, The Development of Public Services in Western Europe 1660-1930, Hamden/Conn. 1966, S. 68, 70f.; *Alber*, Jens, Vom Armenhaus zum Wohlfahrtsstaat, Frankfurt/M.—New York 1982, S. 24ff.; *Sachsse*, Christoph/*Tennstedt*, Florian, Geschichte der Armenfürsorge in Deutschland, Stuttgart 1980, S. 85ff.; *Dies.* (Hrsg.), Bettler, Gauner und Proleten. Armut und Armenfürsorge in der deutschen Geschichte, Reinbek bei Hamburg 1983, S. 90ff.

[19] *Mombert*, Paul, Geschichte der Nationalökonomie, Jena 1927, S. 163; *Hoppe*, Ulrich, Sozialpolitische Konzeptionen der deutschen und österreichischen Kameralisten, in: Der Kompaß. Zeitschrift für Sozialversicherung im Bergbau, 94. Jg., H. 2, 1984, S. 98ff.; *Dittrich*, Die Deutschen und Österreichischen Kameralisten, S. 100f. Anders *Heckscher* (Der Merkantilismus, Bd. 2, S. 10): „In nachmerkantilistischer Zeit würde man das Bedürfnis nach einer starken Staatsgewalt meistens damit legitimiert haben, daß sie eine notwendige Voraussetzung für die geistige und materielle Wohlfahrt der Bevölkerung ist. Für den Merkantilismus war der Zusammenhang gewöhnlich umgekehrt. Der Wohlstand der Untertanen hatte die Aufgabe, die notwendige sichere Unterlage für die Macht des Staates abzugeben."

[20] 1656, Nachdruck der Ausgabe von Jena 1737, Aalen 1972, S. 203ff. (Anderer Theil, Cap. 8).

[21] *Zielenziger*, Kurt, Die alten deutschen Kameralisten, Jena 1914, Nachdruck, Frankfurt/M. 1966, S. 345.

Christian *Wolffs*[22] eudämonistische Staatslehre wirkte hier in einer Weise fort, daß die Formeln „welfare for the prince" und „welfare for the people" in Übereinstimmung gebracht werden sollten[23]: „The general tendency of thought ... and in which presently all the cameralists more or less consciously joined, assumed that ready means for the prince either caused or was caused by ready means for the people."[24] Denn die moderne Naturrechtslehre *(Grotius, Spinoza, Pufendorf, Thomasius, Leibniz)* hatte nicht nur einen starken Einfluß auf die liberale Strömung (bei *Locke, Hume, Ferguson, Bentham*[25]), sondern auch auf die „wohlfahrtsstaatliche" Ideenentwicklung der deutsch-österreichischen Staatswirtschaftslehre und Staatswissenschaft geübt.[26] Damit gelangen sogar bürgerliche Rechte — in erster Linie bei dem (Spät-)Kameralisten *Justi* — in die Lehre hinein, so daß es auch zu Einschränkungen staatlicher Tätigkeit kommt.[27]

Dennoch bleibt die kameralistische Rezeption des modernen Naturrechts spezifisch geprägt: Es geht um die „wohlfahrtsstaatliche" Legitimation umfassender staatlicher Reglementierung[28], nicht um die Freisetzung des Individuums. Um diese Freisetzung ging es aber bei der liberalen Rezeptionsgeschichte des Naturrechts. Auf den Einfluß der modernen Naturrechtslehre (aber auch auf die Bedeutung der stoischen sowie deistischen Strömungen) auf den Liberalismus wies vor allem *Hasbach*[29] hin. *Hasbach* hebt vor allem die stoischen (statt epikureischen) Wurzeln hervor.[30] Der Deismus war geradezu die (theologische) Basis der klassischen Harmonielehre, worauf *Heimann*[31] und *Zeyss*[32] zu Recht hinwiesen.[33]

---

[22] *Marchet,* Studien über die Entwicklung, S. 222ff., 226ff.; *Mombert,* Geschichte der Nationalökonomie, S. 178.

[23] *Small,* The Cameralists, S. 588f.; *Brückner,* Jutta, Staatswissenschaften, Kameralismus und Naturrecht, München 1977, S. 211ff., 234f.

[24] *Small,* The Cameralists, S. 156; *Neumark,* Fritz, Wandlungen in den Auffassungen vom Volkswohlstand, Frankfurt/M. 1964, S. 10.

[25] *Marchet,* Studien über die Entwicklung, S. 194ff.

[26] Ebenda, S. 139ff.; *Brückner,* Staatswissenschaften, S. 277; *Dittrich,* Die Deutschen und Österreichischen Kameralisten, S. 54. Eine Parallelentwicklung zum deutschen Kameralismus stellt Bodenius dar (vgl. *Marchet,* Studien, S. 188f.; *Dittrich,* Die Deutschen und Österreichischen Kameralisten, S. 38f.; *Kamp,* Matthias Ernst, Die Staatswirtschaftslehre Jean Bodins, Bonn 1949).

[27] *Marchet,* Studien, S. 429f.

[28] *Breuer,* Stephan, Sozialgeschichte des Naturrechts, Opladen 1983, S. 187ff.

[29] *Hasbach,* Wilhelm, Die allgemeinen philosophischen Grundlagen der von Francois Quesney und Adam Smith begründeten politischen Ökonomie, Leipzig 1890.

[30] *Mayer,* Georg, Die Freihandelslehre in Deutschland, Jena 1927, S. 4.

[31] *Heimann,* Eduard, Geschichte der volkswirtschaftlichen Lehrmeinungen, Frankfurt/M., 1949, S. 65.

[32] *Zeyss,* Richard, Adam Smith und der Eigennutz, Tübingen 1889, S. 107ff.

[33] Vgl. auch *Sombart,* Werner, Der Moderne Kapitalismus, 2. Bd., 2. Halbband, 6. Aufl., München—Leipzig 1928, S. 921, 925; *Brinkmann,* Carl, Die Entstehung der

„Für die deutschen Territorialstaaten“ dagegen „gilt: alle Probleme sind staatliche Probleme.“[34]

So können zumindest ideengeschichtliche Ansätze wohlfahrtsstaatlicher Politik im Kameralismus erkennbar gemacht werden[35], auch wenn *Scheer* unter Merkantilismus ein reines Machtsystem, dessen Steigerung durch eine gewisse Wohlfahrtsorientierung gesichert werden sollte, versteht.[36] Demnach sei die „Vollbeschäftigungspolitik“ des Merkantilismus weniger sozial- als vielmehr machtpolitisch motiviert gewesen[37]: „...es erscheint“ — so *Scheer* — „von daher als nicht ganz gerechtfertigt, den sog. Wohlfahrtsstaat des landesfürstlichen Absolutismus im Sinne der modernen Terminologie zu interpretieren oder ihn als einen Vorläufer des modernen Sozialstaates anzusehen — jedenfalls nicht von der letzten Zielsetzung her.“[38] Anders wiederum *Rassem*[39], Brückner[40] und vor allem Wilhelmine *Dreissig:* „Der Zweck des Staates wird vielmehr darin gesehen, den Untertanen eine möglichst ausgedehnte Genußbefriedigung zu ermöglichen.“[41]

Für dogmengeschichtliche Zusammenhänge ist es jedenfalls bedeutsam, daß selbst Adolph *Wagner* die Frage, ob von dem Kameralismus auf den modernen Interventionsstaat geschlossen werden darf[42], positiv beantwortet: „Besonders beachtenswerth ist Chr. Wolff's Theorie, die sich in ihren praktischen Konsequenzen so merkwürdig mit den modernen Forderungen unserer extremen Arbeiterparteien in characteristischen Details berührt.“[43] W. Freiherr von *Schröder*[44] gibt dieser Rezeptionsweise zweifelsohne Recht. Auch die Schrift „Zwo Schriften zu Geschichte und Notwendigkeit der Cameralwissenschaften“[45] von Daniel G. *Schreber* bietet entsprechende Anhaltspunkte.

Staatswirtschaftslehre, in: Jahrbücher für Nationalökonomie und Statistik, Bd. 105, 1915, S. 25ff.

[34] *Brückner,* Staatswissenschaften, S. 8; vgl. auch dort S. 56ff., 275.

[35] *Treue,* Wilhelm, Wirtschaftsgeschichte der Neuzeit, 3. Aufl, Bd. 1, Stuttgart 1973, S. 163.

[36] *Scheer,* Sozialstaat und öffentliche Finanzen, S. 481.

[37] Ebenda, S. 49f., 52.

[38] Ebenda, S. 53. So auch Louise *Sommer,* Die österreichischenKameralisten, Teil 2, S. 481ff. sowie *Kamp,* Theorie der Epochen, S. 107f.

[39] *Rassem,* Mohamed, Bemerkungen zur „Sozialdisziplinierung“ im frühmodernen Staat, in: Zeitschrift für Politik, N.F., H. 3, 1983, S. 227ff., hier S. 233.

[40] *Brückner,* Staatswissenschaften, S. 5.

[41] *Dreissig,* Wilhelmine, Die Geld- und Kreditlehre des deutschen Kameralismus, Diss., Berlin 1939, S. 14.

[42] Vgl. *Mann,* Fritz Karl, Steuerpolitische Ideale, Jena 1935, S. 28, 36f.

[43] *Wagner,* Adolph, Grundlegung der politischen Ökonomie, 3. Aufl., 2. Halbband, Leipzig 1893, S. 881.

[44] Fürstliche Schatz- und Rentkammer, Neuauflage, Leipzig 1721, Vorrede, § 10.

[45] Leipzig 1764.

Damit kommen wir nun zu einem zweiten Problem, das eng mit der Debatte um den wohlfahrtsstaatlichen Charakter des Merkantilismus verbunden ist und der Analyse der merkantilistischen Anschauungen über den Staatskredit und der Besteuerung vorausgeschickt werden muß. Emanuel H. *Vogel*[46] sieht im Kameralismus einen ausgesprochenen „Fiskalismus" verwurzelt.

Natürlich muß auch der starke Finanzbedarf des merkantilistischen Staates gedeckt werden. Insofern ist die fiskalische Sichtweise immer (mit-)konstitutiv für die finanzwissenschaftliche Fragestellung. Wenn der Streit um den Fiskalismus damit jedoch nicht trivial werden soll, muß folgendes herausgestellt werden: Die Kameralisten haben — im Gegensatz zur späteren Sicht des „Finanzliberalismus", der die Schonung der Steuerquellen als wachstumsoptimale Gleichgewichtsannahme im Rahmen einer von der reallokativen Wirkung staatlicher Ausgaben abstrahierenden Problemsicht im Konzept des „Programm(s) der Negation" *(Mann)*, der „neutralen" Staatstätigkeit, postuliert hat — mit dem hohen Finanzbedarf funktionale Aspekte verbunden.

Die liberale Finanzklassik — die wir weiter unten im Zusammenhang mit der Darstellung der „deutschen Finanzklassik" nochmals aufgreifen werden — bezog die Nutzung der Finanzquellen auf möglichst zu minimierende Staatsaufgaben, da sie das Gleichgewicht und die Harmonie in einer möglichst staatlich nicht „gestörten" Marktwirtschaft gesichert sah. Fiskalische Deckungsnotwendigkeiten sind in der kameralistischen Staatswirtschaftslehre dagegen auf ein System (expandierender) sozial- und wirtschaftspolitischer Lenkungsaufgaben bezogen[47] und damit nicht fiskalisch eingebunden.[48]

Adolph *Wagners* Postulat, die Einnahmen müßten sich nach den Ausgaben richten[49], findet hier — unabhängig andersweitiger Einschätzung von *Neumark*[50], die dieser in Anlehnung an entsprechende Textstellen u.a. bei *Justi*[51] gewinnt — eine ihrer Hauptwurzeln, ohne daß damit das „Fiskalprinzip", von

---

[46] *Vogel*, Emanuel H., Die finanzpolitischen Besteuerungsprinzipien in Literatur und Theorie, in: Zeitschrift für die gesamte Staatswissenschaft, Bd. 66, 1910, S. 296ff., 494ff., hier S. 305.

[47] Vgl. *Tautscher*, Anton, Geschichte der deutschen Finanzwissenschaft bis zum Ausgang des 18. Jahrhunderts, S. 414.

[48] Vgl. *Sommer*, Louise, Besteuerung, Kapitalbildung, Staatszweck und Steuerverwendung in der Theoriengeschichte, in: *Lotz*, Walther (Hrsg.), Kapitalbildung und Besteuerung, Berlin—Leipzig 1929, S. 299ff., hier S. 304ff.

[49] Vgl. *Polanz-Dudzus*, Elisabeth, Adolph Wagners Theorie der Deckung des Staatsbedarfs (dargestellt im Rahmen der älteren und der zeitgenössischen Finanzliteratur), Diss., Universität Berlin, Coburg 1935, S. 17ff.

[50] *Neumark*, Fritz, Grundsätze und Arten der Haushaltsführung und Finanzdeckung, in: ders./*Gerloff*, Wilhelm (Hrsg.), Handbuch der Finanzwissenschaft, 2. Aufl., Bd. 1, Tübingen 1952, S. 607, Anm. 1.

[51] *Justi*, J. H. G. von, Staatswirthschaft, II, 2. Aufl., Halle 1758, S. 473f., vgl. dort auch S. 32, 515.

dem *Vogel* spricht, auch in einem weiteren, nunmehr zu explizierenden Sinne zutrifft.

Demnach würde Fiskalismus bedeuten, daß der Merkantilismus die Finanzquellen „auspumpen" würde. Fiskalismus meint hier die finanzwissenschaftliche Sichtweise, die vor dem Hintergrund des Motivs der Staatsbedarfsdeckung die Schonung der (volkswirtschaftlichen) Quellen vernachlässige. In der Tat hat die liberale Finanzlehre den staatlichen Finanzbedarf zu minimieren versucht, um derart — im Rahmen ihrer Theorie vom unproduktiven Staat — die „Quellen zu schonen". Der Merkantilismus sieht aber — im Kontext seiner produktivistischen Staatsauffassung und seiner Kreislauftheorie (auf die noch einzugehen sein wird) — in einer solchen Staatsaufgabenminimierung eben nicht die optimale Wachstumsstrategie und damit auch keine Schonung der Steuerquellen. *Vogels* Begriff des „Fiskalprinzips" vindiziert der Diskussion damit die klassische Theorie des unproduktiven Charakters der Staatstätigkeit und der volkswirtschaftlich schädlichen Wirkung staatlicher Ressourcenumlenkung als Maßstab.

Anders sehen dies wiederum Dora *Schmidt*[52] und Otto *Gerlach*[53]. *Marchet*[54] sieht beispielsweise in *Seckendorff* gerade einen Vertreter der nicht-fiskalischen Finanzpolitik im Rahmen der schon angesprochenen Wohlfahrtsstaatsidee (während W. Freiherr von *Schröder* z. T. einer Unterordnung wohlfahrtsstaatlicher Ziele unter fiskalische Motive nahekommen soll). *Justi*[55] (1741 - 1791) gilt nach Auffassung von *Marchet* jedenfalls als herausragender Vertreter der nicht-fiskalischen Wohlfahrtsstaatsidee.

Auch Louise *Sommer*[56] stellt heraus: Für *Justi* „treten neben dem wirtschaftlichen Hauptzweck die wirtschaftsfördernden ‚Nebenzwecke' der Besteuerung, die Notwendigkeit der Abgaben im Dienste des Wohlfahrtsstaates stärker hervor." Verschiedene Stellen in den Schriften von *Justi*[57] geben *Sommer* hierbei Recht. Die Systematik *Justis*[58] verweist jedenfalls darauf, daß die Staatswirtschaft bei ihm nicht rein-fiskalischen Zielen gewidmet ist, sondern im Rahmen

---

[52] *Schmidt,* Dora, Nicht-fiskalische Zwecke der Besteuerung. Ein Beitrag zur Steuertheorie und Steuerpolitik, Tübingen 1926, S. 9f., 43.

[53] *Gerlach,* Otto, Geschichte der Finanzwissenschaft, XXXVIII, S. 9f.

[54] *Marchet,* Studien, S. 76, 115f., 117, 119.

[55] Ebenda, S. 136, 284, 291f., 298f., 302f.

[56] *Sommer,* Besteuerung, Kapitalbildung, Staatszweck, S. 309.

[57] *Justi,* J. H. G. von, Auf was Art die Regierung den Zusammenhang und das Aufnehmen des Nahrungsstandes durch die Abgaben leiten kann, in: ders., Gesammelte Politische und Finanz-Schriften, Kopenhagen—Leipzig 1761, Bd. 1, Neudruck, Aalen 1970, S. 614ff., hier S. 614f., 627; ders., Betrachtung über die vermeinte Glückseligkeit der Unterthanen, wenn sie sehr wenig Steuern und Abgaben zu entrichten haben, in: ders., Gesammelte, Bd. 1, S. 478ff., hier S. 485f.

[58] *Marchet,* Studien, S. 316ff.

einer an der Wohlfahrtsstaatsidee orientierten Volkswirtschaftspflege und somit auf die Verwendung (Verausgabung) staatlich absorbierter Ressourcen viel Wert legt.[59] Ansatzweise finden wir hierbei kreislauftheoretische Erwägungen.[60] *Justi* nimmt zwar die Staatsausgaben begrifflich aus der Finanzwissenschaft heraus; indem er aber Polizei- und Finanzwissenschaft in die gesamte Staatswissenschaft — ähnlich wie später Lorenz von *Stein* — organisch eingebunden hat, ist einem reinen Fiskalismus vorgebeugt.[61] So differenzieren sich bei *Justi* einerseits die verschiedenen Disziplinen, bleiben aber andererseits im Rahmen einer organischen Staatsauffassung innerlich verbunden.

Dietrich[62] hält dagegen einen Übergang vom Fiskalismus zur volkswirtschaftlichen Orientierung im Zuge des Übergangs der „frühen Kameralisten" (vom Ende des 16. bis zur Mitte des 17. Jahrhunderts) zu den „Vertretern der Kameraltheorie" (Mitte des 17. Jahrhunderts bis zum Ende des 2. Drittels des 18. Jahrhunderts) und dann zu den „systematischen Vollendern des Kameralismus" (etwa letztes Drittel des 18. Jahrhunderts bis ins frühe 19. Jahrhundert) für feststellbar. Vielleicht löst sich dadurch das Phänomen widersprüchlicher Interpretationen „des" Kameralismus plausibel auf.

Wie dem auch sei — bei *Justi* mag man erste funktionale Perspektiven feststellen können: „Der Wohlstand des Regenten und die Glückseligkeit der Unterthanen können niemals voneinander getrennt werden; und eines ohne das andere kann niemals auf eine dauerhafte Art vorhanden seyn."[63] Demgemäß ist die kameralistische Staatswissenschaft eine „Wissenschaft, das in dem gesamten Staatsvermögen wohlbegründete breiteste Vermögen der Republik wirthschaftlich zu erheben, zum gemeinschaftlich Besten des Regenten und der Unterthanen klüglich anzuwenden, und die dazu nöthigen Anstalten und Geschäfte in guter Ordnung und Einrichtung zu erhalten"[64]. In der kameralistischen Vorstellung ist damit der Staat „Schöpfer und Lenker der Wirtschaftsentwicklung".[65]

Soweit einige grundlegende Anmerkungen zur Kontroverse um wohlfahrtsstaatliche und finanzdeckungsprinzipielle Implikationen in der kameralistischen Lehre.

Auf diese grundlegende Diskussion sollte hier nicht verzichtet werden, obwohl die Studie von *Landau*[66] die Darstellung dieser Debatten durch seine

---

[59] Ebenda, S. 322.

[60] Ebenda, S. 322f.

[61] Ebenda, S. 323.

[62] *Dittrich,* Die Deutschen und Österreichischen Kameralisten, S. 123.

[63] *Justi,* Staatswirthschaft, Bd. 1, 2. Aufl., Halle 1758, S. 53.

[64] *Justi,* Staatswirthschaft, Bd. 2, S. 22/23.

[65] *Mann,* Fritz Karl, Abriß der Geschichte der Finanzwissenschaft, in: *Neumark,* Fritz (Hrsg.), Handbuch der Finanzwissenschaft, Bd. 1, 3. Aufl., Tübingen 1975, S. 77ff., hier S. 79.

überzeugende, wenn auch manchmal etwas überspitzte Analyse verkürzt hätte.

Landau macht sehr quellenreich deutlich, daß viele wohlfahrtsstaatliche Aspekte in der deutschen und österreichischen Kameralistik zu finden sind: ein „Recht auf (staatlich gewährleistete) Arbeit"[67], sozialpolitische Zwecke bei der Besteuerung[68], Postulate (sozial) „gerechter Verteilung"[69], Hebung und Förderung der Produktion[70], staatliche Lohnzuschüsse[71], staatliche Vergabe billiger Kredite an die Wirtschaft[72], staatliche Übernahme von Zinskosten privater Investitionen[73], expandierende (staatliche) Förderung des beruflichen Bildungswesens[74], staatliche Arbeitsbeschaffung[75] werden genannt.

Und all diese Interventionsformen sind in der kameralistischen Theorie — wie auch in dem englischen Merkantilismus[76] — in einem, wenn auch rudimentären, spätere Anschauungen aber tendenziell vorwegnehmenden Sinne im Rahmen einer Interdependenzannahme von Produktion, Zirkulation, Distribution und Konsumtion (wie bei *Becher*[77]) begriffen worden.[78]

Das gleiche gilt z. B. auch für eine Politik der exportorientierten (staatlichen) Absatzförderung[79], die nunmehr nur als Teil merkantilistischer Staatsintervention erscheint.

Wir wenden uns nunmehr, ohne daß wir den dahinter stehenden sozialgeschichtlichen Prozeß des sich herausbildenden Nationalstaates und der sich ausdifferenzierenden Marktwirtschaft[80] — ausgedrückt in der „Durchstaatlichung des Wirtschaftslebens"[81] — nachzeichnen wollen, den uns interessieren-

---

[66] *Landau,* Die Arbeiterfrage.

[67] Ebenda, S. 122.

[68] Ebenda, S. 141 ff., vgl. auch S. 162f., 179.

[69] Ebenda, S. 152.

[70] Ebenda, S. 149 ff.

[71] Ebenda, S. 153.

[72] Ebenda, S. 178 ff.

[73] Ebenda, S. 180.

[74] Ebenda, S. 186.

[75] Ebenda, S. 221 ff.

[76] Vgl. *Schacht,* Hjalmar, Der theoretische Gehalt des englischen Merkantilismus, Kieler phil. Diss., Berlin 1900.

[77] Vgl. *Landau,* Die Arbeiterfrage, S. 255f.

[78] Vgl. *Dietzel,* Heinrich, Theoretische Sozialökonomik, Leipzig 1895, S. 128f.

[79] *Landau,* Die Arbeiterfrage, S. 183.

[80] *Schmoller* schreibt: „Die Vorstellung einer besonderen, selbständig neben dem Staate stehenden Volkswirtschaft ist eigentlich noch nicht vorhanden." (*Schmoller,* Gustav, Grundriß, S. 85). Vgl. auch *Brückner,* Staatswissenschaften, S. 276f. Vgl. *Poggi,* Gianfranco, The Development of the Modern State, London 1978.

[81] Vgl. *Schmoller,* Grundriß, S. 84; *Mombert* schreibt dazu: „Das Gemeinsame dieser staatlichen Richtung des ökonomischen Denkens jedoch ist die Anschauung, daß das

den wachstums- und beschäftigungspolitischen Ansätzen[82] in dogmengeschichtlicher Betrachtung zu.

Die Fundierung der funktionalen Finanzwirtschaft erfolgt durch die spezifische Theorie des nicht-neutralen Charakters des Geldes (auch wenn hierbei die einzelnen Kategorien — Geld, Kapital, Einkommen — nicht immer hinreichend geschieden werden[83]).

Bedeutungsvoll ist für uns die Dissertation von Hans-Joachim *Röpke*[84] über „Die Wachstumstheorie der deutschen Merkantilisten". *Röpke* sieht nicht nur starke Parallelen zur Spar-, Investitions- und Zinstheorie von *Keynes* — eine Problemsicht, der ja schon andere Arbeiten von Marianne *Haas*[85], Terence W. *Hutchison*[86] oder L. Albert *Hahn*[87] gefolgt sind — sondern auch zur postkeynesianischen Wachstumstheorie bei *Domar* und *Harrod*. Mag es auch dahingestellt bleiben, inwieweit man *Röpke* im Detail folgen mag. Evident ist es, daß auf der Basis der dynamischen Geld- und Kredittheorie (wie von *Dreissig*[88], *Wagner*[89] und *Greven*[90] herausgestellt wurde) auf die Mobilisierung von brachliegendem Kapital[91] bei unterausgelasteten Kapazitäten[92] abgestellt und der Multiplikatoreffekt erfaßt wurde.[93]

Wirken und Walten der Einzelinteressen einer gewissen Lenkung bedarf, wenn es förderlich für das ganze sein soll." (*Mombert*, Geschichte der Nationalökonomie, S. 195).

[82] Vgl. *Bergmann*, Eugen von, Geschichte der nationalökonomischen Krisentheorien (Stuttgart 1895), Neudruck, Glashütten/Ts.—Tokyo/Japan 1970, S. 3; vgl. auch *Conrad*, Hermann, Die geistigen Grundlagen des Allgemeinen Landrechts für die preussischen Staaten von 1794, Köln—Opladen 1958, S. 21, 24.

[83] Vgl. *Heckscher*, Der Merkantilismus, Bd. 2, S. 181 ff.

[84] Marburg 1971.

[85] *Haas*, Marianne, Die merkantilistische Wirtschaftslehre und J. M. Keynes' Vollbeschäftigungstheorie — Ein Vergleich, Diss., Freiburg i. Br. 1950.

[86] *Hutchison*, Terence W., Keynes und die Geschichte der klassischen Nationalökonomie, in: Zeitschrift für Nationalökonomie, Bd. XVII, H. 4, 1957, S. 393 ff., insbes. S. 398 f., 396 f.

[87] *Hahn*, L. Albert, Merkantilismus und Keynesianismus, in: Wirtschaftsfragen der freien Welt. Festschrift für Ludwig Erhardt, hrsg. von Erwin von Beckerath u. a., Frankfurt/M. 1957, S. 140 ff.

[88] *Dreissig*, Wilhelmine, Die Geld- und Kreditlehre des deutschen Merkantilismus, Diss., Berlin 1939.

[89] *Wagner*, Valentin Fritz, Geschichte der Kredittheorien, Eine dogmengeschichtliche Darstellung (Wien 1937), Neudruck, Aalen 1966, S. 227 ff., 268 ff., 81 ff.

[90] *Greven*, Jakobus, Die dynamische Geld- und Kreditlehre des Merkantilismus. Eine Studie zu John Law, Diss., Köln, Berlin 1936; vgl. auch *Joseph*, Ernst, Die Lehre vom Kredit der dogmengeschichtlichen Entwicklung, Diss., Halle 1933, S. 5 ff.; *Joseph* spricht — in Anlehnung an Charlotte von *Reichenau* (Die Kapitalfunktion des Kredits, Jena 1932, S. 30 ff.) — allerdings auch von einer „Überschätzung des Kredits bei den Merkantilisten".

[91] *Röpke*, Die Wachstumstheorie, S. 56 ff.

[92] Ebenda, S. 51.

[93] Ebenda, S. 55 ff.

Mit dieser kontextabhängigen Analyse wiesen die Merkantilisten die Relativität der Gültigkeit der Quantitätstheorie nach.[94]

Kontinuitätslinien verlaufen von dieser funktionalen (d.h. volkswirtschaftlich-entwicklungstheoretischen) Sicht nicht nur zur Romantik und der deutschen historischen Schule der Nationalökonomie[95]; gerade die Geldtheorie des deutschsprachigen Merkantilismus reicht in ihrer geistesgeschichtlichen Wirkung weiter. Wilhelmine *Dreissig* schreibt: „Die Wirtschaftstheorie jener Zeit schreibt dem Geld und dem Kredit nicht nur eine technisch wichtige Funktion für das Wirtschaftsgeschehen zu, sondern sie hält das Geld für eine notwendige Voraussetzung der Wirtschaftsentwicklung überhaupt".[96] Geldschöpfung kann durchaus „produktiv" sein[97], wenn der Kaufkraftstrom dadurch vergrößert wird, Absatzkrisen gemildert und weitere Produktion — auch über eine Minderung des Zinsfußes — angeregt wird.[98]

Die Relevanz für (geldschöpfungsfinanzierte) Staatsausgaben liegt auf der Hand. Nicht nur *Sombart*[99] hat diese „dynamische" Sicht hervorgehoben; insbesondere auch *Schumpeter* ist von der merkantilistischen Geldtheorie stark geprägt. Die (Fort-)Wirkungen dieser Theorie der Merkantilisten zeigen sich ferner bei der Zurückweisung der Quantitätstheorie des Geldes in verschiedenen monetären Konjunkturtheorien[100] des 20. Jahrhunderts[101], wie überhaupt viele Vertreter der deutschen Arbeitsbeschaffungsdebatte der 1930er Jahre hier ihre dynamische Sicht verankert haben könnten.[102]

---

[94] *Röpke,* Die Wachstumstheorie, S. 67, 82f.

[95] *Wagner,* Geschichte der Kredittheorien, S. 51ff., 55; *Doering,* Valentin, Die Ansichten deutscher Kameralisten des 18. Jahrhunderts über das Kredit- und Bankwesen, Diss., Erlangen 1913. Ernst *Joseph* (Die Lehre vom Kredit, S. 54f.) sieht — ähnlich wie bei Lorenz von *Stein,* vor allem aber bei A. *Schäffle* — die „Idee des schöpferischen Kredits" (ebenda, S. 61) in einer Weise formuliert, wie sie später tatsächlich bei *Schumpeter* vorzufinden sei.

[96] *Dreissig,* Die Geld- und Kreditlehre, S. 6.

[97] *Damianoff,* Michael, Die volkswirtschaftlichen Anschauungen Johannes Friedrich von Pfeiffers, Erlanger Diss., 1908, S. 48.

[98] *Dreissig,* Die Geld- und Kreditlehre, S. 6f.

[99] *Sombart,* Werner, Der moderne Kapitalismus, München—Leipzig 1928, 2. Bd., 2. Halbband, S. 914ff.

[100] *Dreissig,* Die Geld- und Kreditlehre, S. 9.

[101] Vgl. auch *Burchardt,* Fritz, Die Entwicklungsgeschichte der monetären Konjunkturtheorie, in: Weltwirtschaftliches Archiv, Bd. 28, H. 1, 1928, S. 81ff.

[102] So wurde auch die Währungspolitik in England — unter Teilnahme von *Keynes* — äußerst kontrovers diskutiert. Während viele in einer leichten Inflation ein Mittel der Wirtschaftsbelebung sahen, lehnten andere diese Politik als Verhinderung „gesunder Wirtschafts- und Finanzmethoden" ab (vgl. *Ehmer,* Johann, Das Problem der Arbeitslosigkeit in England nach 1920, Diss., Berlin 1926, S. 85). Hier sind keine dogmengeschichtlichen Zusammenhänge mit jener monetären Konjunkturtheorie — wie bei R. G. *Hawtrey* — gemeint, für die der konjunkturelle Zyklus durch Geld- und Kreditpolitik — über

Dies gilt insbesondere für das Theorem, „daß die sich in der Depression befindende Wirtschaft auf eine Geldvermehrung nicht mit Preissteigerungen reagiere“[103]. „Es besteht ja ... die Möglichkeit, daß eine Geldvermehrung zunächst und vielleicht auf lange Zeit hinaus an dem Preisniveau nicht viel ändert, dann nämlich, wenn das Angebot an Produktionsfaktoren noch elastisch ist.“[104] Dies gilt natürlich für eine Situation, in der Arbeitskräfte und sachliche Produktionsmittel brachliegen, was für eine Depression ex definitione zutrifft.[105] „Die Preissteigerung tritt ein mit der Vollauslastung. Auf diesen Zustand trifft die von der Quantitätstheorie behauptete Bewegung von Geldmenge und Warenpreise zu, und er hat bei den meisten Diskussionen um die Quantitätstheorie, wenn auch stillschweigend, den Ausgangspunkt gebildet.“[106]

Dies ist zugleich der Gedanke, den später C. *Föhl* oder R. *Nöll von der Nahmer* entwickelt und ausformuliert haben. „Parallelen entstehen zu Zielsetzungen und erwarteten Erfolgen der heutigen öffentlichen Investitionen.“[107] Für diese alten Lehren gilt daher — schreibt *Dreissig* 1939 — daß sie „heute zum Teil wieder Gültigkeit beanspruchen können“[108]. *Beveridge's* Ansicht — „Die Frage der Vollbeschäftigung ist ebenso wie die Abschaffung der Not eine Geldangelegenheit. Die Lösung hängt von der Verwaltung und Ausgabe des Geldes ab.“[109] — ist fast wörtlich bei *Pfeiffer* (1718-1787) formuliert worden: „Es kann kein Geld“ — so schreibt *Pfeiffer*[110] — „aus dem Umlauf gehen, ohne daß ... eine Lehre entsteht, welche den Umlauf unterbricht, viele Menschen außer Nahrung setzt und ... schädliche Folgen ... verbreitet.“

Rediskontsätze und Offenmarktpolitik, also durch die notenbankgesteuerte umlaufende Geldmenge (die — nach der Theorie von Irving *Fisher* — die Preise bestimmt und somit auch den Zyklus erklärt) — gesteuert werden kann [vgl. *Gillman*, Joseph, M., Prosperität in der Krise (1965), Frankfurt/M. 1968, S. 152ff.]. Dogmengeschichtlich für uns von Interesse ist es aber, daß in solchen monetären Konjunkturtheorien der Kaufkrafteffekt des Geldes impliziert wird: Beim Abgehen vom Goldstandard kann dann zusätzliche Nachfrage gezielt geschaffen werden, wenn die Erweiterung der Geldmenge von vornherein an öffentliche Aufträge und Investitionen gekoppelt ist. Dies ist der Ansatz von *Keynes* in „Vom Gelde“. Vgl. zu diesen Problemen auch *Muhs*, Karl, Quantitäts- oder Einkommenstheorie des Geldes?, in: ders. (Hrsg.), Festgabe für Georg Jahn, Berlin, 1955, S. 441 ff., hier insbesondere S. 447, 452.

[103] *Dreissig*, Die Geld- und Kreditlehre, S. 7.

[104] Ebenda, S. 43.

[105] Ebenda, S. 45.

[106] Ebenda, S. 45.

[107] Ebenda, S. 85.

[108] Ebenda, S. 112.

[109] *Beveridge*, William Henry, Soziale Sicherheit und Vollbeschäftigung, Hamburg 1946, S. 12; vgl. auch *Beveridge*, William Henry, Full Employment in a Free Society, London 1944, S. 24, 93f.

[110] *Pfeiffer*, J. F. von, Allgemeine Polizeiwissenschaft, 2 Bde., Frankfurt/M. 1779/80, Teil 1, S. 377ff.

Die Kameralisten stellen vor allem die Bedeutung des Konsums heraus. So J. J. *Becher* (1625 bzw. 1635-1682) in seiner 1688 erschienenen Schrift „Politischer Diskurs von den eigentlichen Ursachen des Auf- und Abnehmens der Städte und Länder"[111]. Dies gilt insbesondere für den Luxuskonsum. Diese Problematik hier anzureißen scheint in einem doppelten Sinne für uns von Bedeutung zu sein. Zum einen werden die hier — am Privatkonsum entwickelten — Gedanken auf die staatliche Nachfrage übertragen, zum anderen geht es vor allem um die Veränderung des Konsums in Abhängigkeit von der Besteuerung (oder umgekehrt: um Konsumbeeinflussung durch Besteuerung).

Luxuskonsum wird in der merkantilistischen Theorie explizit in Hinsicht auf die Zirkulation von Geld zur Verhinderung von Absatzkrisen thematisiert.[112] Andererseits wird eine Luxussteuer einer allgemeinen Verbrauchssteuer oftmals vorgezogen.[113] Die Verbrauchssteuer (z.B. die General-Accise[114]) wird als konsumtionshemmend begriffen, wobei die Absatzminderung wiederum als die Erträge reduzierend definiert wird.[115]

Allerdings gehen hier die Meinungen der Kameralisten durchaus auseinander. Während[116] *Sonnenfels* (1733-1817) eine allgemeine Verbrauchssteuer, die die Reichen weniger belastet, aus Gründen der Produktionsförderung befürwortet, kritisiert *Becher* die Belastung der Armen. So wird oftmals darauf verwiesen, daß überhaupt Steuern auf Grundnahrungsmittel sozialpolitisch höchst bedenklich sind.[117]

Die Anschauungen des Merkantilismus zu den ökonomischen Wirkungen (und entsprechenden Bewertungen derselben) sind also recht widersprüchlich.[118] Einerseits wird — sofern die Nachfrage nach Luxusgütern im Land verbleibt — die Zirkulation des Geldes gesichert[119], andererseits wird eine bestimmte, die Lebensweise der unteren Sozialschichten beeinträchtigende

---

[111] Frankfurt/M., Nachdruck, Glashütten/Ts. 1972, S. 102ff., 110ff.

[112] Vgl. *Sombart*, Werner, Der moderne Kapitalismus, 6. Aufl., 2. Bd., 2. Halbband, München—Leipzig 1928, S. 938f.; *Zielenziger*, Die alten deutschen Kameralisten, (1914), Nachdruck, 1966, S. 255; *Bergmann*, Geschichte der nationalökonomischen Krisentheorien, S. 5. Auch *Keynes* (Allgemeine Theorie, S. 302ff.) stellt hinsichtlich des Luxus die Gewichtung der effektiven Nachfrage bei den Merkantilisten (auch bei *Mandeville* und *Malthus*) fest.

[113] *Tautscher*, Anton, Staatswirtschaftslehre des Kameralismus, Berlin 1947, S. 105.

[114] Ebenda, S. 103f.

[115] *Tautscher*, Geschichte der Finanzwissenschaft, S. 400.

[116] *Landau*, Die Arbeiterfrage, S. 103, 162, 179.

[117] *Tautscher*, Staatswirtschaftslehre, S. 107.

[118] Vgl. *Landauer*, Carl, Die Theorie der Merkantilisten und Physiokraten über die ökonomische Begründung des Luxus, Heidelberger Diss., München 1915, S. 23ff., 63ff.; vgl. auch *Johnson*, E. A. D., Unemployment and Consumption. The Merkantilist View, in: Quarterly Journal of Economics, Bd. 46, 1932, S. 698ff.

[119] *Damianoff*, Die volkswirtschaftlichen Anschauungen, S. 44f.

Struktur der Nachfrage erwirkt. Nach *Landauer* dominiert im 17. Jahrhundert die Anschauung, Luxuskonsum bewirke Beschäftigung von Kapital und Arbeit[120] — so bei *Mun*[121] (1571-1641) oder William *Petty*[122] (1623-1687). Insbesondere Wilhelm von *Schröder* spitzte hierbei das Beschäftigungsargument zu: Durch staatlichen Luxus würde das Geld, das durch Besteuerung absorbiert wird, wieder in den Wirtschaftkreislauf zurückfließen.[123] Ähnlich argumentierte *Friedrich der Große*[124] (1712-1786).

Es gibt aber auch andere Ansätze im Merkantilismus — wie die von William *Temple* (1628-1699) oder Daniel *Defou*[125] (etwa 1659-1731) — die in der inländischen Konsumtion einen Verzehr von Waren sehen, die dann dem Export nicht mehr zur Verfügung stehen.

Das beschäftigungspolitische Argument greifen dagegen wiederum *Melon*, insbesondere aber auch *Justi*, auf.[126] Ebenso[127] *Büsch*[128] (1728-1800), Joseph von *Sonnenfels*[129] und Karl August von *Struensee*[130] (1735-1804).

Überwiegend wurde der Luxuskonsum also in beschäftigungspolitischer Sicht positiv bewertet, wenn auch andere Nachfragekomponenten, die nicht am Luxus orientiert waren, ebenso für wichtig gehalten wurden. Joseph von *Sonnenfels*[131] stellte daher die zirkulationstheoretische Bedeutung der effektiven Nachfrage überhaupt heraus.

Geld darf — dieser Lehre entsprechend — grundsätzlich nicht „brachliegen", sondern muß zirkulieren und angelegt werden. Diese Anschauung findet sich nicht nur bei *Becher*, sondern auch bei *Justi* wieder.[132] Auch der österreichische

---

120 *Landauer*, Die Theorie der Merkantilisten, S. 25.

121 *Mun*, Thomas, Englands Schatz durch den Außenhandel (1664), Neudruck, übersetzt von R. Blach, Leipzig 1911, S. 115, 187.

122 *Landauer*, Die Theorie der Merkantilisten, S. 31.

123 Fürstliche Schatz- und Rentkammer (1686), Neuauflage, Leipzig 1721, S. 721.

124 *Friedrich der Große*, Der Antimachiavell, Jena 1912, S. 136 (16. Kapitel), aus dem Franz. von Friedrich von Oppeln-Bronikowski. Vgl. auch *Roscher*, Wilhelm, Die volkswirtschaftlichen Ansichten Friedrich des Großen, in: Berichte über die Verhandlungen der Königlich Sächsischen Gesellschaft der Wissenschaften zu Leipzig, Sitzung am 4. April 1866, 18. Bd., Leipzig 1866, S. 1 ff., hier S. 13, S. 21.

125 Vgl. *Landauer*, Die Theorie der Merkantilisten, S. 33 f., 42 ff.

126 Ebenda, S. 46 f.

127 Ebenda, S. 58.

128 *Büsch*, Johann Georg, Über die Handlung, (1784), Hamburg 1827, S. 64.

129 Grundsätze der Polizey, Handlung und Finanz, Bd. II, nach der 8. Aufl. (Wien 1822), Rom 1970, S. 14 f.

130 Abhandlungen über wichtige Gegenstände der Staatswirtschaft, Berlin 1800, darin: Über den Luxus (1792), Bd. III, S. 558 ff., insbes. S. 562.

131 Abhandlung von der Teuerung in Hauptstädten und der Mittel derselben abzuhelfen, Leipzig 1769, S. 32-35; ders., Grundsätze der Polizey, Bd. II, S. 17, 24 ff.

Kameralist Wilhelm von *Schröder* (1640-1689) ging — der Idee des „idle capital“ nicht unähnlich[133] — vom Beschäftigungsargument aus, „d.h. von der Auffassung, daß das zirkulierende Geld im Lande die Beschäftigung für Kapital und Arbeit vermehre und deswegen ein wichtiges Mittel sei, das Wirtschaftsleben eines Landes zu entwickeln“[134].

Damit haben die Merkantilisten nicht, wie Adam *Smith* fälschlicherweise glaubte[135], Geld mit Reichtum verwechselt.[136] Sondern: „Geld im kasten ist dem lande ein schaden“[137]. Damit spricht W. v. *Schröder* die Möglichkeit „deflatorischer Lücken“ an.[138] Solche Ansätze sind auch bei J. H. G. *Justi* (1741-1791) zu finden. Auch bei Ph. W. v. *Hörnigh*[139] (1640-1714) entdecken wir die These, durch staatliche Anleihepolitik könnten „tot liegende Schätze“ in Bewegung gesetzt werden. „Tote capitalien“[140] müssen also absorbiert werden und einer (staatlichen) Umlenkung zugeführt werden. Wie *Becher* so hebt auch *Justi*[141] die Notwendigkeit ständiger Geldzirkulation (und damit Warenumsatz) hervor.[142] Ansätze einer Überproduktionstheorie (als Theorie von den Absatzstockungen) finden wir auch bei J. J. v. *Becher* (1625-1682).[143]

Konsumtion meint hier — bei *Becher* — aber auch mehr als der moderne Begriff des Konsums beinhaltet[144]: Der Begriff der Konsumtion umfaßt die

---

[132] *Justi*, J. H. G. v., Staatswirtschaft oder systematische Abhandlung aller ökonomischen und Kameralwissenschaften, die zur Regierung eines Landes erforderlich sind (Leipzig 1755, 2 Teile), 2. Aufl., Leipzig 1758, Neudruck, Aalen 1963, Teil 1, S. 259ff., 464ff.; vgl. auch *Bergmann*, Geschichte der nationalökonomischen Krisentheorien, S. 24.

[133] Vgl. auch *Hayes*, Harry Gordon, Spending, Saving and Unemployment, New York 1945, S. 18f.

[134] *Mombert*, Geschichte der Nationalökonomie, S. 171; *Heckscher*, Der Merkantilismus, Bd. 2, S. 190; *Marchet*, Studien, S. 370; *Small*, The Cameralists, S. 151, 154f.; *Sommer*, Die österreichischen Kameralisten, Teil 1, S. 87f.

[135] Vgl. auch *Schmölders*, Günter, Geschichte der Volkswirtschaftslehre, Wiesbaden 1961, S. 19f.

[136] *Marchet*, Studien, S. 370; *Heimann*, Eduard, Geschichte, S. 45ff.

[137] *Schröder*, Wilhelm von, Fürstliche Schatz- und Rentkammer, S. 163; *Marchet*, Studien, S. 125.

[138] Vgl. *Zielenziger*, Die alten deutschen Kameralisten, S. 302f.; *Mombert*, Geschichte, S. 184.

[139] *Marchet*, Studien, S. 80.

[140] *Zielenziger*, Die alten deutschen Kameralisten, S. 312.

[141] Vgl. *Sommer*, Die österreichischen Kameralisten, Teil 2, S. 258f.

[142] *Justi*, J. H. G. v., Grundsätze der Polizeywissenschaft, 3. Aufl. (Göttingen 1782), Nachdruck, Frankfurt/M. 1969, S. 189ff.; ders., Die Grundfeste zur Macht und Glückseligkeit der Staaten, 2 Bde., Königsberg 1760-61, Neudruck, Aalen 1965, Bd. 1, S. 595f.; ders., Staatswirtschaft, Bd. 1, S. 259f.

[143] Vgl. *Mombert*, Geschichte, S. 196; *Small*, The Cameralists, S. 127; *Zielenziger*, Die alten deutschen Kameralisten, S. 240, 242, 255.

[144] *Sommer*, Die österreichischen Kameralisten, Teil 2, S. 45.

wirtschaftliche Verflechtung aller Zweige, schließt Konsum im engeren Sinne jedoch auch ein. *Becher* formuliert damit „Elemente einer Krisentheorie": „Denn als Krise erscheint ihm eine Störung in der Güterversorgung und im Ablauf des Produktionsprozesses."[145]

In dieser „dynamischen" Sicht — so *Mombert*[146] — liegt die dogmengeschichtliche Relevanz des Merkantilismus für die „fiscal policy" des 20. Jahrhunderts.[147]

Die rudimentären, kreislauftheoretisch begriffenen Krisentheoreme führen durch ihre Einbettung in eine universalistische Staatsauffassung zu einer ansatzweise funktionalen Staatsschuld- und Besteuerungstheorie.[148] Dies soll im folgenden näher skizziert werden.

„Es ist jedenfalls lächerlich, unnötig vor Staatsschulden Angst zu haben. Ein Volk, das bereit ist, sich mit Arbeitslosigkeit, Slums und Elend abzufinden, das seine Kinder lieber hungern läßt und nicht richtig für seine Kranken und alten Leute sorgt, ein solches Volk hat alles Maß verloren, und es weiß nicht mehr, was wichtig ist und was unwichtig ist."[149] Eine solche Ansicht, wie sie hier von *Beveridge* formuliert worden ist, war historisch — angesichts langandauernder Hegemonie des orthodoxen „Finanzliberalismus" — nie selbstverständlich. Die Ansätze im Kameralismus sind oftmals — bis hin zur „großen Weltwirtschaftskrise" des 20. Jahrhunderts — „verschüttet" geblieben.

Bei dem Spätmerkantilisten J. *Steuart*[150] — der insbesondere Johann Georg *Büsch* beeinflußt hat[151] — finden wir die These formuliert, daß in der Krise „Geldkapital" ungenutzt ist und es durch öffentliche Verschuldung einer Erweiterung von Produktion und Konsumtion zugeführt werden kann (muß).[152] *Sen*[153] schreibt: „Keynes' ideas on economic policy, especially on the

---

[145] Ebenda, S. 50, vgl. auch S. 84; *Bergmann*, Geschichte der nationalökonomischen Krisentheorien, S. 4; *Brückner*, Staatswissenschaften, S. 46.

[146] Anders wiederum *Heckscher*, Der Merkantilismus, Bd. 2, S. 34.

[147] Vgl. auch *Stark*, Werner, Die Geschichte der Volkswirtschaftslehre in ihrer Beziehung zur sozialen Entwicklung, Dordrecht/Holland 1960, S. 10f.

[148] Vgl. *Nowotny*, Ewald, Zur politischen Ökonomie der öffentlichen Verschuldung, in: ders. (Hrsg.), Öffentliche Verschuldung, Stuttgart—New York 1979, S. 1ff., hier S. 1.

[149] *Beveridge*, William Henry, Vollbeschäftigung in einer freien Gesellschaft. Eine Zusammenfassung, Hamburg 1946, S. 34.

[150] Inquiry into the Principles of Political Economy, 2 Bde., London 1767, Bd. 1, S. 366; vgl. auch *Stettner*, Walter F., Sir James Steuart and the public debt, in: Quarterly Journal of Economics, Vol. 59, 1945, S. 451ff.

[151] Abhandlung von dem Geldumlauf in anhaltender Rücksicht auf die Staatswirtschaft und Handlung, 2. Aufl. (1786), Hamburg—Kiel 1800.

[152] Vgl. auch *Schmölders*, Günter, Finanzpolitik, 3. Aufl., Berlin u.a. 1970, S. 466f.; *Steuart*, Principles, Vol. 1, Part IV, Book IV, insbes. S. 366. Unter Einwirkung von *Steuart* hat *Büsch* in der Tat den Prozeß des Staatsausgabenmultiplikators ansatzweise

role of taxation, public debt, public works and money as instruments for correcting economic maladjustments, have a family resemblance to those of Steuart." Die „modern views" von *Steuart* veranlassen *Sen*, starke Parallelitäten von *Steuart* zu *Lerner* zu ziehen[154], eine Inbeziehungsetzung, die *Meek*[155] kritisiert. Zwar seien formale Parallelen zweifelsohne auszumachen, doch seien die historischen Rahmen jeweils andere, so daß die Behauptung eines Entwicklungspfades, der vom Merkantilismus zur Theorie der „geplanten Wirtschaft" verläuft, abgelehnt werden müßte. Dennoch bleibt die Einschätzung des Staatskredites bei *Steuart*, wie *Stettner* und *Sen* herausstellen konnten, überraschend „keynesianisch". *Sen* konnte auch eine ähnliche Einschätzung der Besteuerung bei *Steuart* herausstellen.[156] Die Besteuerungsvorschläge, die sich einer progressiven Einkommensteuer annähern, beziehen sich auf einen „Surplus"-Begriff („taxable fund")[157], der gewisse Ähnlichkeiten mit *Hobsons* Vorschlägen zur Besteuerung aufweist. Damit bleibt *Steuart* „remarkably modern".

Schließlich hat *Keynes* selbst[158] darauf verwiesen, daß bei den Merkantilisten eine Theorie der „deflatorischen Lücke" in rudimentärer Form vorgelegen hätte.

Auch bei Karl August *Struensee*[159] — unter Einfluß von *Pinto* stehend — hat sich eine positive Einschätzung der Staatsschuld kristallisiert. „Struensees Abhandlung steht damit als eindeutiger Beleg für den deutschen Cameralismus, der in der öffentlichen Verschuldung deshalb keine finanztechnische ‚Anomalie' sieht, weil der staatlichen Aufgabenerfüllung ein hohes Maß gesamtwirtschaftlicher Produktivität zugerechnet wird."[160]

Auch *Seckendorff* (1626-1692) betrachtet den Staatskredit nicht als absolutes Übel.[161] Er betonte den „richtigen Gebrauch". Jedoch befürwortete *Seckendorff*

---

formuliert; zu *Büsch* vgl. auch *Biensfeldt*, Johannes, Johann Georg Büsch. Ein Beitrag zur Geschichte der Nationalökonomie, Erlanger Diss., 1910.

153 *Sen*, Samar Rajan, The Economics of Sir James Steuart, London 1957, S. 154.

154 *Sen*, The Economics, S. 121f., 128.

155 *Meek*, Ronald L., Ökonomie und Ideologie (1967), Frankfurt/M. 1973, S. 10ff.

156 *Sen*, The Economics, S. 113ff.

157 Ebenda, S. 117.

158 Vgl. *Keynes*, Allgemeine Theorie, S. 294; vgl. auch *Meissner*, Werner, Investitionslenkung, Frankfurt/M. 1974, S. 138.

159 Abhandlungen über wichtige Gegenstände der Staatswirtschaft, 1. Bd., Von den Staatsanleihen, Berlin 1800, S. 258-434; vgl. auch *Roscher*, Wilhelm, Geschichte der Nationalökonomik in Deutschland, S. 580f.

160 *Hickel*, Rudolf, Notwendigkeit und Grenzen der Staatsverschuldung, Einleitung zu: ders. (Hrsg.), *Diehl*, Karl/*Mombert*, Paul (Hrsg.), Das Staatsschuldenproblem, Neuauflage, Frankfurt/M.—Berlin—Wien 1980, S. Iff., hier S. XXVIII; vgl. auch *Dittrich*, Die deutschen und österreichischen Kameralisten, S. 100.

auch nicht eine „chronische Defizitwirtschaft", so daß „er für die Ordnung in den Staatsfinanzen eintritt"[162].

Sonnenfels befürwortete den Staatskredit nur bei gegebenem außerordentlichem Staatsbedarf.[163] Bei einem inländischen Staatskredit handele es sich ohnehin nur um eine Übertragung von einer Hand in die andere.

Justi sieht in der Deckung außerordentlicher Staatsausgaben durch den Kredit den leichtesten und besten Weg.[164] Auch er zieht die inländische Verschuldung der ausländischen vor. Voraussetzung für eine solche Kreditaufnahme sei „überflüssiges Geld im Inland" („Volksvermögen"). *Justi* stellt also die monetären Ressourcen in Rechnung bei der Bewertung des Staatskredites.

Wir können daher das Fazit ziehen, daß die Kameralisten für eine „sachliche" Stellung zum Staatsschuldenproblem eintraten. Für außerordentliche Aufgaben — wir kommen auf die Problematik des außerordentlichen Bedarfs im Rahmen der Diskussion der Staatsschuldauffassung bei Adolph *Wagner* noch ausführlicher zurück — ziehen sie eine Staatskreditierung als legitim durchaus in Betracht. Insgesamt sehen sie aber — auch *Justi*[165] — ein ständiges Staatsdefizit als „Übel", als Verminderung der Kräfte des Staates an. Der Kameralismus „übersieht aber durchaus nicht... daß der Endzweck maßgebend ist, zu dem die Staatsschulden kontrahiert werden; denn oberstes Prinzip ist ja ... die ‚Glückseligkeit' des Staates"[166]. Dies gilt dann insbesondere wiederum für *Justi*, vor allem auch für *Büsch*.[167]

Insofern finden wir in der kameralistischen Lehre und Literatur eine Fülle nicht-fiskalischer Argumentationssätze hinsichtlich des Problems des Staatskredits. Als typisch für diese Denkweise muß die Trennung von sog. ordentlichen (periodischen) und außerordentlichen (außerperiodischen) Ausgaben[168] herausgestellt werden. „Die eigentliche Voraussetzung für das Staatsschuldenproblem ist der außerordentliche Finanzbedarf. Bei der Deckung der außerordentlichen Staatsausgaben kommt es vor allem auf den Zweck an. Daß die Staatsausgaben nur zu direkt oder indirekt produktiven Zwecken Verwendung finden dürfen, ist eine selbstverständliche nationalpolitische Forderung."[169]

Im Rahmen dieser — durchaus positiv ausfallenden — Auffassung muß dennoch festgehalten werden, daß der Staatskredit in der (vor allem wohl auch

---

161 Vgl. *Bicker*, Friedrich, Das Staatsschuldenproblem in der Lehre der Cameralistik, Gießener Diss., 1928, S. 32.

162 Ebenda, S. 32.

163 Ebenda, S. 68.

164 Ebenda, S. 48.

165 Vgl. *Bicker*, Friedrich, Das Staatsschuldenproblem, S. 59.

166 Ebenda, S. 59.

167 *Büsch*, Abhandlung, Teil 1, S. 331, 334.

168 *Bicker*, Das Staatsschuldenproblem, S. 81.

169 Ebenda, S. 81.

frühen) Kameralistik oftmals als „Lückenbüßer“[170] fungierte. Dennoch kann die Staatsschuldentheorie der Kameralisten mit *Tautscher*[171] als „dynamisch“ bezeichnet werden.

Kommen wir nun zum Problem der Besteuerung.

Im Rahmen der kameralistischen Lehrtradition werden Steuern — bedingt — funktional betrachtet.[172]

Wilhelm *Bickel*[173] betont, daß die Kameralisten die Einkommensnivellierung als sozialpolitisches Ziel der Besteuerung nicht stark herausgestellt hätten. Wohl wäre beabsichtigt gewesen, die Kluft in der Einkommensverteilung nicht noch größer werden zu lassen[174] — wie z.B. bei Joseph von *Sonnenfels*.[175]

Die Steuer war im Merkantilismus zunächst doch weitgehend nur eine außerordentliche Einnahmequelle[176]; Staatswirtschaft blieb — hinsichtlich der Einnahmequellen — oftmals patrimoniale Finanzwirtschaft (Domänen, Regalien, Unternehmen).[177] Die Steuer war nicht selten eine „Notsteuer“[178]. Das „Ideal der Akzise“[179] wurde vorwiegend fiskalistisch begründet (auch die „Unmerklichkeit“ spielte — wie heute noch bei den modernen Verbrauchssteuern — eine Rolle).

Andererseits findet man auch im Rahmen der merkantilistischen Theorie der Besteuerung den Kreislaufgedanken[180] — was Folgen hat. Darauf aufbauend wird der Prozeß von Abfluß und Rücklauf öffentlicher Gelder nicht mehr als „Fremdkörper“ im volkswirtschaftlichen Allokationsprozeß begriffen, sondern als Teil eines natürlich-organischen Vorgangs. Damit wird der theoretische Boden für eine nichtfiskalische Finanzpolitik bereitet.[181]

Wie schon der Staatskredit durchaus als „Mobilisierungsmittel des außerhalb der Zirkulation untätigen Geldes“[182] begriffen wurde (womit ja die Kreditie-

---

[170] Vgl. *Menard*, Sigmar, Die Lehren von der richtigen Verwendung des Staatskredits. Eine dogmengeschichtliche Untersuchung, Jena 1939, S. 11.

[171] *Tautscher*, Anton, Die dynamische Kredittheorie der deutschen Merkantilisten, in: Weltwirtschaftliches Archiv, Bd. 56, 2, 1942, S. 143ff.

[172] *Neumark*, Fritz, Grundsätze gerechter und ökonomisch rationaler Steuerpolitik, Tübingen 1970, S. 8.

[173] *Bickel*, Wilhelm, Die Steuer als Instrument des Einkommens- und Vermögensausgleichs, in: Festgabe für Eugen Grossmann, Zürich 1949, S. 16ff.

[174] Ebenda, S. 18.

[175] Grundsätze der Polizey, Bd. 3, S. 199.

[176] *Mann*, Fritz Karl, Steuerpolitische Ideale, Jena 1935, S. 38ff., 42.

[177] Steuern wären „extraordinär“ und „subsidiärer Natur“ (vgl. *Roscher*, Geschichte der Nationalökonomik in Deutschland, S. 251, 462).

[178] *Mann*, Steuerpolitische Ideale, S. 44.

[179] *Mann*, Steuerpolitische Ideale, S. 50ff.

[180] Ebenda, S. 93, 98ff.

[181] *Tautscher*, Staatswirtschaftslehre, S. 23f, 34.

rung außerordentlicher, d.h. investiver Projekte legitimiert wurde[183]), so stellt *Tautscher* die These der Funktionalisierung der Besteuerung stärker heraus als es *Mann* tat.[184] Steuern seien im Kameralismus weder Selbstzweck noch reinfiskalische Größen.[185]

Wenn auch die Besteuerung die Volkswirtschaft nicht zugrunde richten soll[186], so stellt doch *Tautscher* folgende wichtige Funktionsbereiche heraus:
— Besteuerung als Mittel der „Branchenstrukturpolitik"[187],
— „Fruchtbarkeitssteigerung der Volkswirtschaft" bei gezielt-gelenkter „Wiederausgabe" der Staatseinnahmen.[188]

Sowohl *Justi*[189] als auch *Sonnenfels*[190] sahen in der Besteuerung die Möglichkeit, „von gefürchteten Zweigen ab" und auf „gewünschte Zweige" hinlenken zu können.

Allgemein wurde — da nicht nur der Luxuskonsum als absatzfördernd begriffen wurde — eine starke Verbrauchsbesteuerung als negativ eingestuft. Innerhalb der kameralistischen Lehre (in ihren verschiedenen Entwicklungsstadien und Schattierungen) war allerdings — wie oben schon skizziert — das Thema recht umstritten. *Seckendorff*[191] stellte doch sehr auf die Konsumtionssteuer (wegen ihrer relativen „Unmerklichkeit") ab. Hermann *Conring* (1606-1681) wollte dagegen die Armen wenig besteuert wissen und forderte eine stärkere Besteuerung des Luxuskonsums.[192]

Gerade hinsichtlich der Betonung der besonderen Rolle des Absatzes bzw. der breiten Konsumtion — wie bei *Becher*[193] (Konsumtion als entscheidendes Bindeglied zwischen den Teilen der Volkswirtschaft) — ist die (teilweise) Vorliebe für die Verbrauchssteuer seltsam paradox. So hält auch *Schröder* die

---

[182] Ebenda, S. 40f, 64, 69.

[183] Ebenda, S. 66ff.

[184] Vgl. *Tautscher*, Anton, Die Steuern als Gestaltungsmittel der Volkswirtschaft bei den deutschen Merkantilisten, in: Finanzarchiv, N.F., Bd. 9, 1943, S. 303ff. Die recht breite Spannweite (in den Pointierungen) der Einschätzungen der Besteuerung und der Staatsverschuldung bei den Merkantilisten mag der „historisch gesehen langen Wirkungszeit des Merkantilismus und den ... Wandlungen innerhalb des Merkantilismus selbst" (*Rybinski*, Helga, Der Grundsatz des Haushaltsgleichgewichts in historischer und dogmengeschichtlicher Sicht, Diss., FU Berlin 1964, S. 56) geschuldet sein.

[185] *Tautscher*, Staatswirtschaftslehre, S. 85.

[186] *Tautscher*, Staatswirtschaftslehre, S. 85f., 88.

[187] Ebenda, S. 86.

[188] Ebenda, S. 87.

[189] Vgl. *Roscher*, Geschichte der Nationalökonomik in Deutschland, S. 463.

[190] Ebenda, S. 542.

[191] *Roscher*, Geschichte der Nationalökonomik in Deutschland, S. 251.

[192] Ebenda, S. 262.

[193] Ebenda, S. 275.

Luxusausgaben für „gemeinnützig", wenn dadurch das Geld im Inlande zirkuliert.[194] Auch *Friedrich der Große* betonte[195], wie schon dargelegt, einen derartigen Zusammenhang.

Als Fazit wollen wir demnach festhalten: Was schon für die Staatsschulddebatte zutraf, gilt — insbesondere gemäß der Einschätzung von *Tautscher* — auch für die Lehre von der Besteuerung. Da der *Keynes*sche Multiplikator in nuce im Kameralismus angelegt war[196], so tendiert die Steuer-und Staatskredittheorie dieser Lehre zum Funktionalismus.[197] Staatsverschuldung wie Besteuerung legitimierten sich durch ihre (volkswirtschaftlichen) „Verwendungswirkungen"[198].

Der Kameralismus — für den alle Probleme solche des Staates und der Staatsführung waren (sogar „öffentliche Unternehmen" wurden als Instrumente der staatlichen Produktivitätsentfaltung begriffen[199]) — wirkte auf die deutsche Nationalökonomie und Finanzwissenschaft des 19. Jahrhunderts nachhaltig fort. *Justi* ragte hier wohl besonders heraus. Er[200] hat Polizei- und Finanzwissenschaft im Rahmen einer (eudämonistisch fundierten) Staatsauffassung mit wohlfahrtsstaatlicher[201] Orientierung zusammengedacht. Daher ist die Finanzwissenschaft der „Plusmacherei" (i.S. eines reinen Fiskalismus) bei *Justi* konzeptionell ausgeschlossen. Auch bei *Sonnenfels* ist Staatswirtschaft konzipiert als die Lehre von der Wohlfahrt der Untertanen.[202] Finanzwissenschaft — als Lehre von Einkünften — ist Teil dieser Staatswissenschaft. Beschäftigungsvermehrung und Unterstützung für (arbeitswillige) Arbeitslose wurden in diesem Rahmen ein Thema des staatlichen (finanzwirtschaftlichen) Handelns.[203]

---

194 *Roscher,* Geschichte der Nationalökonomik in Deutschland, S. 269f.

195 Ebenda, S. 298.

196 *Tautscher,* Geschichte der deutschen Finanzwissenschaft, S.391, 409.

197 Ebenda, S. 390.

198 Ebenda, S. 397, 398.

199 *Tautscher,* Geschichte der deutschen Finanzwissenschaft, S. 408f.

200 *Roscher,* Geschichte der Nationalökonomik in Deutschland, S. 449.

201 Ebenda, S. 440.

202 Ebenda, S. 536.

203 Ebenda, S. 539.

Kapitel 6

Der „Gemeinsinn" in der frühen deutschen liberalen Nationalökonomie und die Kontinuität deutscher Staatstradition

Die Geschichte des Verhältnisses von Staat und Wirtschaft war in der deutschen Geschichte recht wechselvoll. Dennoch zeichnete sich geistesgeschichtlich eine Kontinuitätslinie ab. Für die Herausbildung eines „nationalen Typs" der Finanzwissenschaft in Deutschland[1] von Bedeutung ist es, daß die kameralistische Staatsauffassung trotz aller Abschwächungen und Modifikationen eine gewisse Wirkungskontinuität behalten konnte[2], wie aus einschlägigen dogmengeschichtlichen Arbeiten zu entnehmen ist.[3]

Im dritten Viertel des 19. Jahrhunderts hatte sich zwar die deutsche Manchesterschule (Freihandelsschule oder Freihandelsbewegung)[4] durchsetzen können und erlebte eine „Blütephase". Die „große Depression" von 1873 bis 1896 brachte dann aber schon das Ende der Hegemonie des Manchestertums. Im vierten Viertel desselben Jahrhunderts lebte — wie es in einigen wirtschafts- und sozialgeschichtlichen Studien heißt — ein „Neo-Merkantilismus" auf. Damit knüpfte die deutsche Nationalökonomie erneut an ältere Staatstraditionen an.

Selbst der deutsche „Frühliberalismus" — und dies ist die Problemstellung dieses Kapitels — rezipierte das *Smith*sche System nicht ohne mehr oder weniger starke Rückgriffe auf die kameralistische Tradition. Das Marktsystem wird hierbei ergänzt durch Staatsaufgaben — durch den „Gemeinsinn" — die — je nach Autor — unterschiedlich ausgedehnt ausfallen.

Allerdings ist der „Gemeinsinn" nicht hinreichend finanzpolitisch konkretisiert, auch wenn u.a. öffentliche Arbeiten (Straßen- und Kanalbau) als

---

[1] *Neumark,* Fritz, Nationale Typen der Finanzwissenschaft, in: ders., Wirtschafts- und Finanzprobleme des Interventionsstaates, Tübingen 1961, S. 81ff.

[2] *Scheer,* Christian, Sozialstaat und öffentliche Finanzen, Köln 1975, S. 152ff.

[3] *Gerlach,* Otto, Geschichte der Finanzwissenschaft unter besonderer Berücksichtigung der Lehre vom Verhältnis zwischen Volkswirtschaft, Staat und Finanzen, in: *Altmann,* S. P. (Hrsg.), Die Entwicklung der deutschen Volkswirtschaftslehre im neunzehnten Jahrhundert, Gustav Schmoller zur siebzigsten Wiederkehr seines Geburtstages, 2. Teil, Leipzig 1908, XXXVIII, S. 1ff.; *Gehrig,* Hans, Die Begründung des Prinzips der Sozialreform, Jena 1914, S. 220f.

[4] Vgl. auch *Scheer,* Sozialstaat und öffentliche Finanzen, S. 155ff. Wir kommen auf die deutsche und englische Manchesterschule nochmals im nächsten Kapitel sowie im Rahmen der Diskussion der „deutschen Finanzklassik" zurück.

Staatsaufgaben genannt werden. Tatsächlich finden sich bei einem Teil der frühliberalen deutschen Nationalökonomen — wie Helene *Niegisch*, allerdings gerade nicht in bezug auf v. *Soden* (1754-1831)[5], von dem in der Literatur z.T. ähnliches behauptet wurde, sondern mit einem Verweis auf Heinrich *Luden* (1780-1847), feststellt[6] — Ansätze der „produktiven Arbeitslosenfürsorge“ durch staatlichen Straßen- und Wasserbau; eine Idee, die die Debatten vor allem nach 1900 stark mitprägte.[7] Auch staatliche Subventionen an Unternehmen wurden diskutiert.

Die „Vermehrung der Arbeitsgelegenheit“ sowie „Veranstaltungen ... für (die) Beschäftigung Arbeitsloser“[8] forderte auch Karl *Biedermann* (1812-1901)[9] als staatliche Aufgaben. Ob dies nun „ein Programm der sozialen Pflästerchen, das zur Beruhigung der Massen beitragen solle“[10], war, oder ob es sich vielmehr so verhielt, daß der „Gedanke einer interventionistischen staatlichen Sozialpolitik ... zweifellos das Kernstück der Biedermannschen Vorschläge im Rahmen des ‚praktischen Sozialismus‘ aus(machte)“[11], soll hier dahingestellt bleiben.[12] Wichtig scheint zu sein, daß *Biedermann* typischerweise zentrale Grundsätze kameralistischer Wirtschaftspolitik fortträgt und den sozialen Liberalismus als eine Wurzel der interventionistischen Finanzpolitik — und staatliche Arbeitsbeschaffung ist immer auch Mittelverwendung — belegen hilft.

Insgesamt ist der „Gemeinsinn“ dieser frühen liberalen Theoriebildung oftmals als (pädagogischer) Kulturzweck der Staatstätigkeit im Rahmen der *Kant*schen „praktischen Philosophie“[13] verstanden worden: „Die Wohlfahrts-

---

[5] *Soden*, Julius von, Die Nazional-Oekonomie, Leipzig, mehrere Bde., 1808ff.

[6] Vgl. *Niegisch*, Helene, Die Auffassung der frühliberalen deutschen Nationalökonomen von der Armenfrage, Berlin 1934, S. 56.

[7] Vgl. zum rheinischen Frühliberalismus — auf den wir später im Rahmen der Analyse des Zusammenhangs von Eisenbahnen und Konjunktur nochmals zurückkommen werden — *Sprung*, Johann, Der deutsche Liberalismus und die soziale Frage bis 1848, Diss. (maschinenschriftlich), Leipzig 1925.

[8] *Biedermann*, Karl, Vorlesungen über Sozialismus und soziale Fragen, Leipzig 1847, S. 85.

[9] Vgl. auch *Schulze*, Winfried, Karl Friedrich Biedermann. Eine Studie zum Verhältnis von Wissenschaft, Publizistik und Politik im deutschen Vormärz, in: *Kurze*, Dietrich (Hrsg.), Aus Theorie und Praxis der Geschichtswissenschaft. Festschrift für Hans Herzfeld zum 80. Geburtstag, Berlin—New York 1972, S. 299ff.

[10] *Müller*, Joachim, Friedrich Karl Biedermann, in: Männer der Revolution von 1848, hrsg. vom Arbeitskreis Vorgeschichte und Geschichte der Revolution von 1848/49, Berlin (DDR) 1970, S. 441ff., hier S. 448.

[11] *Schulze*, Winfried, Sozialistische Bestrebungen in Deutschland. Bemerkungen zu einer Aufsatzfolge von Karl Biedermann (1846), in: Vierteljahreshefte für Sozial- und Wirtschaftsgeschichte, Bd. 57, 1970, S. 93ff., hier S. 101.

[12] *Emmerich*, Wolfgang, Einleitung zu: Karl *Biedermann*, Deutschland im 18. Jahrhundert, herausgegeben und eingeleitet von Wolfgang Emmerich, Frankfurt/M.—Berlin—Wien 1980, S. VIIff., hier S. XIX.

staatsidee wird gewissermaßen immaterialisiert und dadurch erhalten die zur Deckung von Kulturbedürfnissen verwendeten Staatsausgaben eine höhere Sanktion."[14] Diese Einschätzung wird auch durch die Studie von *Niegisch* gestützt.

Selbst hier also — in der Konstitutionsphase des deutschen ökonomischen Liberalismus — wirkten etatistische Traditionen fort.[15] Diese Entwicklung muß im Kontext der sozialgeschichtlichen Entwicklung Deutschlands, die hier allerdings nicht skizziert werden kann, gesehen werden.[16] Begriffsgeschichtlich zeichnete sich jedenfalls ab, daß sich die Marktwirtschaftslehre allmählich aus der Chrematistik (als Lehre vom Handel) entwickelte[17], während die Ökonomik (in alteuropäischer Tradition als „Hauswirtschaftslehre" definiert) lange Zeit gemäß der aristotelischen Schultradition Teil der Ethik blieb. Noch *Kant* identifizierte Staat und Gesellschaft. Begriffliche Trennungen zeichneten sich bei G. *Satorius* (1766-1828)[18], J. von *Soden*, G. *Hufeland* (1760-1817) und L. H.

---

[13] Gerade auch hinsichtlich der vielfältigen staatsjuristischen Bemühungen, durch einen Rückgriff auf *Kant* den formellen Rechtsstaatsbegriff zu begründen, muß festgestellt werden, daß bei *Kant* zwar (als transzendentale Idee in geschichtsphilosophischer Absicht) der Staats**zweck** auf die Verwirklichung einer bürgerlichen Gesellschaft unter allgemeinen Rechtsverhältnissen beschränkt wurde, aber damit eine Ablehnung verschiedener Formen der Staats**tätigkeit** nicht zwangsläufig gegeben ist. Kultur-, sozial- und wirtschaftspolitische Funktionen können ja gerade zur Verwirklichung des Staatszwecks dienen (vgl. zur kontroversen *Kant*-Interpretation auch *Scheer*, Christian, Sozialstaat und öffentliche Finanzen, Köln 1975, S. 73). *Kant* formulierte ein „Recht der Staatswirtschaft" [*Kant*, Immanuel, Metaphysik der Sitten, hrsg. von Karl Vorländer, Hamburg 1959 (ursprünglich erschienen ca. 1797), S. 150]. Dazu schreibt *Saage*: „Unter ‚Staatswirtschaft' versteht Kant offensichtlich jene etatistische Aktivität, die die Bedingungen einer funktionierenden und für den Markt produzierenden Wirtschaft erst schafft: also die Erstellung von Verkehrswegen, seien es Wasser- oder Landstraßen, der Bau von Brücken, die Urbarmachung von Sümpfen etc." (*Saage*, Richard, Eigentum, Staat und Gesellschaft bei Immanuel Kant, Stuttgart—Berlin—Köln—Mainz 1973, S. 58, Anm. 80).

[14] *Sommer*, Louise, Besteuerung, Kapitalbildung, Staatszweck und Steuerverwendung in der Theoriegeschichte, in: *Lotz*, Walther (Hrsg.), Kapitalbildung und Besteuerung, Berlin— Leipzig 1929, S. 299ff., hier S. 324.

[15] Vgl. *Valjavec*, Fritz, Die Entstehung der politischen Strömungen in Deutschland, 1770-1815, München 1951, S. 57, 217, 257, 415f.; *Gideon*, Berti, Das Verhältnis von Wirtschaft und Staat in den volkswirtschaftlichen Lehrmeinungen des 19. Jahrhunderts, Diss., Frankfurt/M., Ludwigshafen 1937, S. 21; *Small*, Albion W., The Cameralists (1909), Neuauflage, New York 1962, S. 16; *Maier*, Hans, Ältere deutsche Staatslehre und westliche politische Tradition, Tübingen 1966, S. 25f.; ders., Die ältere deutsche Staats- und Verwaltungslehre, 2. Aufl., München 1980, S. 199; *Wagner*, Adolph, Theoretische Sozialökonomik, Leipzig 1907, S. 13ff.; *Philippovich*, Eugen von, Die Entwicklung der wirtschaftspolitischen Ideen im 19. Jahrhundert, Tübingen 1910.

[16] Vgl. *Zorn*, Wolfgang, Staatliche Wirtschafts- und Sozialpolitik und öffentliche Finanzen 1800-1970, in: *Aubin*, Hermann/*Zorn*, Wolfgang (Hrsg.), Handbuch der Deutschen Wirtschafts- und Sozialgeschichte, Bd. 2, Stuttgart 1976, S. 148ff., hier S. 151f.

[17] Vgl. *Brückner*, Jutta, Staatswissenschaften, Kameralismus und Naturrecht, München 1977, S. 2.

[18] *Roscher*, Wilhelm, Geschichte der Nationalökonomik in Deutschland, S. 615.

von *Jakob* (1759-1827)[19] ab. Insgesamt blieb die wirtschaftliche Dynamik aber in einem universalistischen[20] Staatsverhältnis eingebunden. Daher kam es zu besonderen Rezeptionsformen der *Smith*schen Lehre[21]; schon früh bildeten sich „sozialliberale" Strömungen[22] aus.

Hier mag ein Einschub zur Entwicklung der deutschen Soziologie von Bedeutung sein. Es ist für die deutsche Wissenschaftsgeschichte typisch, daß auch die Entwicklung der Soziologie als Einzeldisziplin von vornherein eng verknüpft ist mit staatlicher Sozialpolitik und als „soziale Wissenschaft" (als „Staatswissenschaft") verstanden wurde.[23] Hier wird die Nähe der entstehenden deutschen Soziologie zur historischen Schule[24] deutlich. Ob die Soziologie „konservativen" Ursprungs sei oder ob sie — wie Carl *Brinkmann* behauptete[25] — als „Oppositionswissenschaft" der Gesellschaft gegen den Staat entstand, ist in der Geschichtsschreibung der Soziologie ein kontroverses Thema. Es scheint so, als ob in Deutschland die Soziologie der Entstehung nach eine staatsorientierte Disziplin sei. So sucht Georg von *Below*[26] die Quellen der Soziologie in der Romantik. *Below* erkennt gerade dadurch Kontinuitätsbeziehungen zur historischen Schule. Gerade die deutsche Soziologie — so von *Below* — ist keine spezielle Disziplin mit eigenem Gegenstandsbereich, sondern kommt der umfassenden Problemsicht der „Staatswissenschaft" gleich: „Nicht Schaffung einer neuen Disziplin, sondern Zusammenarbeit der alten Disziplin ist unser Programm."[27]

---

[19] Ebenda, S. 662.

[20] *Mombert,* Paul, Soziale und wirtschaftspolitische Anschauungen in Deutschland, 2. Aufl., Leipzig 1928, S. 59ff.

[21] Vgl. *Beckerath,* Erwin von, Die neuere Geschichte der deutschen Finanzwissenschaft (seit 1800), in: *Gerloff,* Wilhelm / *Neumark,* Fritz (Hrsg.), Handbuch der Finanzwissenschaft, Bd. 1, 2. Aufl., Tübingen 1952, S. 416ff.

[22] Vgl. *Scheer,* Christian, Sozialstaat und öffentliche Finanzen, S. 80 ff.

[23] *Pancke,* Eckart, Sociale Bewegungen — sociale Frage — sociale Politik. Grundfragen der deutschen Socialwissenschaft im 19. Jahrhundert, Stuttgart 1970; *Pross,* Helge, Bürgerlich-konservative Kritik an der kapitalistischen Entwicklung, in: Kölner Zeitschrift für Soziologie und Sozialpsychologie, Bd. 18, 1966, S. 131 ff.

[24] *Small,* Albion W., The Origins of Sociology, (1924), New York 1967.

[25] *Brinkmann,* Carl, Versuch einer Gesellschaftswissenschaft, München—Leipzig 1919, S. 15ff.

[26] *Below,* Georg von, Die Entstehung der Soziologie, Jena 1928.

[27] Ebenda, S. 23.
Der englische Liberalismus (vgl. *Kramm,* Lothar, Die politische Wissenschaft der bürgerlichen Gesellschaft. Eine Studie zur Anthropologie und politischen Theorie der Nationalökonomie, Berlin 1975, S. 62ff.) mag dem Topos der Soziologie als „Oppositionswissenschaft" noch am nächsten kommen. Dies gilt insbesondere für Adam *Ferguson* (1723-1816) und Herbert *Spencer* (1820-1903). Dagegen führten die Konstitutionsbedingungen der Soziologie in Frankreich diese schon eher auf konservative Bahnen; die französische Soziologie ist früh schon „politische Soziologie". An der Auseinandersetzung von Emile *Durkheim* (1858-1917) mit Herbert *Spencers* Soziologie wird dies deutlich. Ein

Kommen wir nun zurück zur Entwicklung der deutschen liberalen Nationalökonomie. Hierbei können wir weitgehend der Einschätzung von *Roscher*[28]

Exkurs zur Problemstellung der Entwicklung der Soziologie rechtfertigt sich allein schon aus dem Tatbestand, daß derselbe Prozeß, der die moderne öffentliche Finanzwirtschaft entstehen ließ, auch die strukturgeschichtliche Rahmenbedingung der Entstehung der Soziologie darstellt (womit wir der sozialgeschichtlichen Schule Otto *Brunners* folgen): die Abspaltung der dem „Staat“ gegenübertretenden „Gesellschaft“ aus dem Ständestaat (letztere als Übergangsform zu den modernen Staatsformen dominantmarktwirtschaftlicher Gesellschaften). Eine zweite Rechtfertigung liegt darin begründet, daß sich die frühe Soziologie oftmals mit der Rollenverteilung zwischen Staat und Gesellschaft beschäftigte. Damit wollen wir nicht die Diskussion um den Ursprung der Soziologie aus den verschiedenen großen sozialen Strömungen (Liberalismus, Konservatismus, Sozialismus) — wie in den Studien von *Spaemann, Habermas* und (jüngst wieder) Anthony *Giddens* — aufgreifen. Man mag in Herbert *Spencers* Anti-Etatismus oder aber in den Soziologien als „Ordnungswissenschaften“ (O. *Negt*) bei *Comte* oder *Hegel* den Ursprung suchen; diese Möglichkeiten stellen keinen Widerspruch dar, da es sich um die frühen Gesellschaftslehren in soziologisch verschieden entwickelten modernen Gesellschaften handelt. Interessant ist für uns — hier jedenfalls — allein die Tatsache, daß die Staatsauffassung bei Emile *Durkheim* recht weit ausfällt, auch wenn er die übermäßige Intervention des Staates ablehnt (immer wieder mit der These, daß dem Staat die vielen Detailkenntnisse fehlten, die der Akteur im Marktprozeß besitze) (vgl. *Durkheim*, Emile, Über die Teilung der sozialen Arbeit, Frankfurt/M. 1977, S. 43, 62, 68, 71). Dennoch räumt er dem Staat — im Rahmen einer expliziten kritischen Auseinandersetzung mit den Anschauungen von *Spencer!* — ein weites Tätigkeitsfeld ein (ebenda, S. 240f., 258, 260, 396f., 400f., 408f.) (vgl. auch *Giddens*, Anthony, Durkheims Political Sociology, in: Sociological Review, Bd. 19, 1972, S. 477ff.). *Durkheim* richtet seine Kritik speziell an *Spencer* (*Durkheim*, Über die Teilung, S. 259f.). Zwei Seiten weiter formuliert *Durkheim* sogar das *Wagner*sche ‚Gesetz der wachsenden Staatstätigkeit‘: „Selbst das Organ der Justiz, das im Prinzip sehr einfach ist, wird immer komplexer. Es bilden sich verschiedene Gerichte heraus, und ihre Rolle sowie ihre Beziehungen untereinander werden fixiert. Eine Vielzahl von Funktionen, die zuerst diffus waren, werden nun konzentriert. Nach und nach übernimmt das Zentralorgan die Überwachung der Jugend, die Produktion der öffentlichen Gesundheit und den Vorsitz über die öffentliche Fürsorge, die Verwaltung der Verkehrsmittel und der Verkehrswege.“ (ebenda, S. 261). Die nachweisbare Kenntnisnahme der Arbeiten von *Schäffle* und *Schmoller* durch *Durkheim* läßt diese Passage auch plausibel erscheinen. Überhaupt ist die frühe französische Soziologie — wie bei *Comte* auch — infolge der Umschichtungen der französischen Revolution primär „politische Soziologie“.

Vor allem in Deutschland, wo sich die Soziologie zunehmend von der Westeuropas trennte (vgl. auch *Schoeck*, Helmut, Die Soziologie und die Gesellschaften, Freiburg—München 1964, S. 178ff.), blieb der Staat Mittelpunkt der Betrachtungen.

Hier übernahm — in der Kontinuität der alten Staatswissenschaften stehend — die „Polizeiwissenschaft‘ [wie bei Robert von *Mohl* (1799-1875)] die Aufgabe der Soziologie. Auch in der Geschichtswissenschaft blieb der alte (neoaristotelische) Staatsbegriff bestimmend.

Dagegen blieb in den USA das (staatsorientierte) „Sozialreformertum“ in der Soziologie gegenüber den individualistischen Richtungen eher eine unterschwellige Bewegung. Das Fehlen einer dem philosophischen Idealismus oder der Sozialromantik vergleichbaren Tradition in den USA kann als eine der wesentlichen Ursachen dieser Entwicklung angesehen werden. Vgl. auch *Schulz*, Frank, Besprechung zu: Heckmann, Friedrich/Kröll, Friedhelm: Einführung in die Geschichte der Soziologie, Stuttgart 1984, in: Das Argument, H. 156, 1986, S. 279f.

[28] *Roscher*, Geschichte der Nationalökonomik in Deutschland, S. 584ff.

folgen. Auch wenn die Meinungen der Dogmengeschichtsschreibung hinsichtlich einzelner Vertreter des Frühliberalismus auseinandergehen, so wird doch der Gemeinsinn „einstimmig" herausgestellt (so bei *Winkel, Mombert, Scheer, Becker, Sommer, Gerlach*[29]). Dies haben insbesondere auch die Studien von Hugo *Graul*[30] und Alfred *Nahrgang*[31], die sich speziell der Frage der deutschen Rezeption der *Smith*schen Lehre gewidmet haben, herausstellen können. Die Vertreter der frühen liberalen Theorie folgten zwar der Trennung von „reiner" Nationalökonomie und „Staatswirtschaftslehre" (als Volkswirtschaftspflege oder „Wirtschaftspolizey")[32], sie betonten aber alle — selbst der Liberale F. B. W. von *Hermann* (1795-1868) in seinen „Staatswirthschaftliche(n) Untersuchungen" von 1832[33] — die Notwendigkeit eines den „Eigennutz" ergänzenden „Gemeinsinns".[34] Dies mag vor allem für Karl H. *Rau* (1792-1870) gelten, den Carl *Brinkmann* der „smithianisch-cameralistischen Dogmatik" zuordnete; Erwin von *Beckerath* vertrat sogar die Auffassung, *Rau* hätte nie den Theorierahmen der Kameralistik verlassen.

So kann mit Hans *Freyer* das Fazit gezogen werden: „Wohl ist er (der deutsche Frühliberalismus — F. S.) Individualismus, doch mit einem überaus gehaltvollen, darum unweigerlich auf Gemeinschaft hinweisenden Begriff der Individualität."[35]

---

[29] *Winkel,* Harald, Die deutsche Nationalökonomie, S. 13ff.; *Mombert,* Paul, Geschichte der Nationalökonomie, S. 266ff., 272ff., 328ff., 335ff.; *Scheer,* Sozialstaat und öffentliche Finanzen, S. 86ff., 100ff.; *Becker,* Julius, Das deutsche Manchestertum, Karlsruhe 1907, S. 56; *Sommer,* Die österreichischen Kameralisten, Teil 2, S. 448ff.; *Gerlach,* Geschichte der Finanzwissenschaft, XXXVIII, S. 12f.

[30] Das Eindringen der Smithschen Nationalökonomie in Deutschland und ihre Weiterbildung bis zu Hermann, Diss., Halle 1928.

[31] Die Aufnahme der wirtschaftspolitischen Ideen von Adam Smith in Deutschland zu Beginn des XIX. Jahrhunderts, Diss., Frankfurt/M., Gelnhausen 1933/34; vgl. auch *Koch,* Rainer, „Industriesystem" oder „bürgerliche Gesellschaft". Der frühe deutsche Liberalismus und das Laissez-faire-Prinzip, in: Geschichte in Wissenschaft und Unterricht, 29. Jg., H. 10, 1978, S. 605ff.

[32] Vgl. auch *Gideon,* Berti, Das Verhältnis, S. 30f., 33; *Roscher,* Geschichte der Nationalökonomik in Deutschland, S. 857f.; *Neumann,* Karl, Die Lehre K. H. Rau's, Diss., Gießen 1927, S. 17f., 23.

[33] Staatswirthschaftliche Untersuchungen, 1. Aufl., Heidelberg (1832), hier: 3. Aufl., Leipzig 1924, S. 14-17.

[34] Vgl. auch *Thiemeyer,* Theo, Gemeinwirtschaft als Ordnungsprinzip, Berlin 1970, S. 26ff.

Vgl. *Neumann,* Karl, Die Lehre K. H. Rau's, S. 12-16, 28, 94ff.; *Mombert,* Geschichte der Nationalökonomie, a.a.O., S. 191; *Gideon,* Das Verhältnis, S. 31f.; *Gide,* Charles/*Rist,* Charles, Geschichte der volkswirtschaftlichen Lehrmeinungen, 2. Aufl., Jena 1921, S. 452.

[35] *Freyer,* Hans, Die Bewertung der Wirtschaft im philosophischen Denken des 19. Jahrhunderts, Nachdruck der Ausgabe von 1921, Hildesheim 1966, S. 31.

Der „Universalismus“[36] nimmt im weiteren Verlauf des 19. Jahrhunderts verschiedene Züge an und verästelt sich. *Roscher*[37] unterscheidet beispielsweise zwischen Sozialisten, Vertretern der realistischen bzw. historischen Schule und den „schriftstellernden Staatsbeamten“. Durch diese Verästelungen hindurch hält sich die deutsche Staatstradition am Leben. Für die Überwindung[38] des „Smithianismus“ in der deutschen Nationalökonomie und Finanzwissenschaft sind verschiedene philosophische Strömungen, die hier nicht skizziert werden können, von großer Bedeutung. Der „deutsche Idealismus“, insbesondere G. W. F. *Hegel* (1770-1831), der durchaus Kenntnisse der klassischen englischen Nationalökonomie besaß, dennoch aber das Marktsystem in seine Staatslehre eingebunden wissen wollte; die Romantik[39], deren Einfluß auf die historische Schule bedeutsam ist und die (von *Hegel* wiederum stark geprägte) Lehre Lorenz von *Steins* (1815-1890) sind herauszuheben. Die neuere Forschung hat insbesondere darauf Wert gelegt, die Entwicklung des Sozialstaatsgedankens bei L. von *Stein* offenzulegen.[40] Von großer Wichtigkeit ist letztlich auch Friedrich *Lists* (1798-1846) „nationales System“ der politischen Ökonomie.[41] Gerade *List* thematisierte das Spannungsfeld zwischen Staat und Gesellschaft im Rahmen einer „politischen Ökonomie“, wodurch die sich herausbildende Sphäre des Marktes eingebettet bleibt in eine „Staatsgesellschaft“, die — als „nationales System“ — zu begreifen ist im Kontext einer noch umfassend konzipierten „Staatswissenschaft“.[42] In der historischen Richtung der Nationalökonomie und Finanzwissenschaft[43] — gemäß der „soziologischen Methode“[44] — gerinnt dieser lehrgeschichtliche Traditionszusammenhang zu einem Dreh- und Angelpunkt deutscher Wissenschaftsgeschichte. Der Staat wird als „sittliches Instrument zur Erziehung des Menschengeschlechts“ verstanden.[45]

---

[36] *Small*, The Cameralists, S. 16; *Sommer*, Die österreichischen Kameralisten, Teil 2, S. 446.

[37] *Roscher*, Geschichte der Nationalökonomik in Deutschland, S. 1014, 1043 ff.

[38] *Grünfeld*, Judith, Die leitenden sozial- und wirtschaftspolitischen Ideen der deutschen Nationalökonomie und die Überwindung des Smithianismus bis auf Mohl und Hermann, Diss., Tübingen, Wien 1913, S. 25.

[39] Vgl. auch *Kals*, Hans, Die soziale Frage in der Romantik, Köln—Bonn 1974.

[40] Vgl. u. a. *Blasius*, Dirk, Lorenz von Stein. Grundlagen und Struktur seiner politischen Ideenwelt, Diss., Köln 1970.

[41] *Lenz*, Friedrich, Friedrich Lists Staats- und Gesellschaftslehre, Neuwied—Berlin 1967.

[42] *Roscher*, Geschichte der Nationalökonomik in Deutschland, S. 970 ff.

[43] Vgl. auch *Jonas*, Friedrich, Geschichte der Soziologie, Bd. 1, Reinbek bei Hamburg 1976, S. 283 ff.; *Müssiggang*, Albert, Die soziale Frage in der historischen Schule der deutschen Nationalökonomie, Tübingen 1968.

[44] Vgl. *Mombert*, Geschichte der Nationalökonomie, S. 429, 447; *Salin*, Geschichte der Volkswirtschaftslehre, S. 121.

[45] *Gideon*, Berti, Das Verhältnis, S. 117.

Einige Anmerkungen zur *Hegel*schen Rechtsphilosophie scheinen an dieser Stelle sinnvoll zu sein.

In den beiden berühmten Paragraphen 243 und 244 seiner „Rechtsphilosophie" von 1821 hat *Hegel* dargelegt, daß „die Anhäufung der Reichtümer" mit der „Abhängigkeit und Not der an dieser Arbeit gebundenen Klasse ... (zusammenhängt)"[46]. Die „Erzeugung des Pöbels" ist die Kehrseite der „unverhältnismäßige(n) Reichtümer in wenige(n) Hände(n)". Dies ist die Begründung der „Polizei" in dem alten staatswissenschaftlichen Sinne (die bei *Hegel* noch eine Kontinuität der aristotelischen Schultradition sichert): staatliche Verwaltung als Begrenzung und Integration des Prozesses des „Herabsinken(s) einer großen Masse unter das Maß einer gewissen Subsistenzweise"[47].

Ohne mich nun auf die *Hegel*-Rezeption[48], speziell der Interpretation der „Rechtsphilosophie" einlassen zu wollen, kann dennoch festgehalten werden, daß das „Wohlergehen des Individuums", von dem *Hegel* im Zusatz zu § 260 spricht[49], nicht ohne staatliche Regulierung denkbar ist.

Die vielfältigen Verästelungen der deutschen staatsphilosophischen Traditionszusammenhänge in der Folgezeit von *Hegel* wollen wir hier in Rücksichtnahme auf unsere finanzwissenschaftshistorische Fragestellung nicht vertiefen, so sehr eine derartige Vertiefung das Verständnis der Entwicklung der nationalökonomischen und finanzwissenschaftlichen Theoriebildung förderlich ist.[50]

Die Staats- und Volkswirtschaftsbildung[51] ist im deutschen Sprachraum einen spezifischen Weg gegangen. Die „bürgerliche Gesellschaft" blieb lange Zeit „Staatsgesellschaft", also staatlich verfaßte (überformte) Sozialorganisation.[52] Dementsprechend schlug die (philosophische) Staatsauf-

---

[46] *Hegel,* Georg Wilhelm Friedrich, Grundlinien der Philosophie des Rechts, (1821), Frankfurt/M. 1976, S. 389.

[47] Ebenda, S. 389.

[48] Vgl. *Riedel,* Manfred, Die Rezeption der Nationalökonomie, in: ders., Studien zur Hegelschen Rechtsphilosophie, Frankfurt/M. 1969, S. 75ff.

[49] *Hegel,* Grundlinien, S. 407.

[50] Hinsichtlich der zahlreichen lehrgeschichtlichen Analysen vgl. die Literaturverweise bei *Scheer,* Sozialstaat und öffentliche Finanzen. Herauszuheben sind aber die beiden älteren Studien von Paul *Vogel* (Hegels Gesellschaftsbegriff und seine geschichtliche Fortbildung durch Lorenz von Stein, Marx, Engels und Lasalle, Berlin 1925) und Wilhelm *Metzger* (Gesellschaft, Recht und Staat in der Ethik des deutschen Idealismus, Heidelberg 1917).

[51] *Schmoller,* Gustav, Historische Betrachtungen über Staatsbildung und Finanzentwicklung, in: Schmollers Jahrbuch, Bd. 33, 1909, S. 1ff.

Beckerath, Erwin von, Gustav von Schmollers finanzgeschichtliche Studien und seine finanztheoretische Bedeutung, in: *Spiethoff,* Arthur (Hrsg.), Gustav von Schmoller und die deutsche geschichtliche Volkswirtschaftslehre. Festgabe zur hundertjährigen Wiederkehr seines Geburtstages, Berlin 1938, S. 212ff.

fassung in der Nationalökonomie und Finanzwissenschaft voll durch — nicht nur im Merkantilismus[53], sondern auch in der weiteren Entwicklung. Das Verhältnis von Staat, Gesellschaft und Individuum ist eine — oftmals vorgängige — Schlüsselfrage für die gewählte Rollenzuweisung der Staatswirtschaft, wie verschiedene Studien von *Gideon, Friedrichs, Diehl, Steinberg , Pribram, Suranyi-Unger* und *Teschemacher*[54] zeigen konnten. Die älteren etatistischen Traditionen spielen für die Entwicklung der Nationalökonomie — und damit auch für die des (funktionalen) „Sozialbudgets“ — eine große Rolle. So hat Adolph *Wagner* die anti-smithianische Haltung der Romantik — insbesondere die von Adam *Müller* (1779-1829) — als für die deutsche (historische) Finanzwissenschaft bedeutungsvoll eingestuft. *Wagner* spricht von den „sehr richtigen“, „an guten volkswirtschaftlichen Gesichtspunkten reichen ‚Elemente(n) der Staatskunst‘“[55]. Schließlich sind hier Einflüsse auf Albert *Schäffle*[56], überhaupt auf die Entwicklung der historischen Richtung[57] (bis hin zu den nicht-fiskalischen Vorstellungen der *Spann*-Schule[58]) gegeben. Gerade die sozialpolitischen Ideenkreise[59] sind vor dem Hintergrund staatsphilosophischer Kontinuitäten zu verstehen.

---

[52] Vgl. *Geck*, L. H. Adolph, Über das Eindringen des Wortes „sozial“ in die deutsche Sprache, Göttingen 1963, S. 18, 41, 43; vgl. auch *Weinacht*, Paul-Ludwig, Staat. Studien zur Begriffsgeschichte des Wortes von den Anfängen bis ins 19. Jahrhundert, Berlin 1968, S. 237f.

[53] *Zaleskij*, W. F., Philosophie und politische Ökonomie bei den Merkantilisten des XVI.-XVIII. Jahrhunderts, in: Archiv für Rechts- und Wirtschaftsphilosophie, Bd. V, 1911/12, S. 609ff., Bd. VI, 1912/13, S. 333ff., 666ff., Bd. VII, 1913/14, S. 110ff., 279ff., 439ff., 602ff., Bd. VIII, 1914/15, S. 97ff.

[54] *Gideon*, Das Verhältnis; *Friedrichs*, Arno, Klassische Philosophie und Wirtschaftswissenschaft, Gotha 1913; *Diehl*, Karl, Der Einzelne und die Gemeinschaft, Jena 1940; *Steinberg*, Wilhelm, Der Einzelne und die Gemeinschaft, München—Basel 1951; *Pribram*, Karl, Die Entstehung der individualistischen Sozialphilosophie, Leipzig 1912; *Suranyi-Unger*, Theo, Philosophie in der Volkswirtschaftslehre, 2 Bde., Jena 1923, 1926; *Teschemacher*, Hans, Die geistesgeschichtliche Linie in der Entwicklung des finanzwissenschaftlichen Denkens, Tübingen 1931.

[55] *Wagner*, Adolph, Grundlegung, 1. Theil, 2. Halbband, S. 871.

[56] Vgl. *Wiese*, Leopold von, Albert Schäffle als Soziologe, in: *Mann*, Fritz Karl (Hrsg.), Gründer der Soziologie, Jena 1932, S. 1ff.; *Mann*, Fritz Karl, A. Schäffle als Wirtschafts- und Finanzsoziologe, in: ders., Gründer der Soziologie, S. 11ff.

[57] Vgl. auch *Lindenlaub*, Dieter, Richtungskämpfe im Verein für Socialpolitik, 2 Bde., hier Bd. 1, Wiesbaden 1967, S. 84ff.

[58] Vgl. *Andreae*, Wilhelm, Grundlegung einer neuen Staatswirtschaftslehre, Jena 1930; *Roschall*, Fritz, Wirtschaftspolitische Aufgaben der Finanzwirtschaft, in: Ständisches Leben, Bd. 6, H. 1, 1936, S. 1ff.; vgl. zu *Spann* auch *Wrangel*, Georg Baron, Das universalistische System von Othmar Spann, Jena 1929.

[59] Vgl. *Kleinhenz*, Gerhard, Probleme wissenschaftlicher Beschäftigung mit der Sozialpolitik, Berlin 1970, S. 29ff. Vgl. *Pribram*, Karl, Die Wandlungen des Begriffs der Sozialpolitik, in: Die Wirtschaftswissenschaft nach dem Kriege. Festgabe für Lujo Brentano zum 80. Geburtstag, Bd. 2, München—Leipzig 1925, S. 223ff., hier S. 249f.

Kapitel 7

Die englische Klassik, der Manchesterliberalismus und der Beginn der ‚Häresien' bei Malthus

Der Beitrag der „deutschen Finanzklassik" — insbesondere der von Max von *Heckel* so genannten „staatswissenschaftlich-sozialpolitische(n) Epoche der modernen Finanzwissenschaft seit 1870"[1], die wir im nächsten Kapitel zu besprechen haben — muß vor dem Hintergrund der seit Beginn des 19. Jahrhunderts zunehmend vorherrschenden Mäßigkeits- und Sparsamkeitsvorstellungen zur Staatswirtschaft[2] gesehen werden.[3] Wir haben diese Vorstellungen schon am Anfang unserer Abhandlung der kameralistischen Lehre dargelegt. Diesem Liberalismus wollen wir uns nun intensiver widmen, um dann — vor diesem Hintergrund — die von Adolph *Wagner* als „socialökonomische Epoche"[4] bezeichnete Entwicklungsphase der Kritik des Liberalismus zu skizzieren. Dabei folgen wir der üblichen[5] Darstellung der herausragenden Positionen bei Adolph *Wagner*, Lorenz von *Stein*, Albert *Schäffle* und Carl *Dietzel*.

Adam *Smith* (1723-1790) kann nur sehr bedingt zum Vertreter der (manchester-)liberalen Bewegung gemacht werden.[6] Im 5. Buch, 1. Kapitel seines Werkes „Wealth of Nations" hat er u. a. staatliche Infrastrukturausgaben eingefordert. Nicht erst in neuerer Zeit[7] oder jüngster Vergangenheit[8] hat man[9]

---

[1] *Heckel*, Max von, Die Steuern, in: *Altmann*, S. P. u.a. (Hrsg.), Die Entwicklung der deutschen Volkswirtschaftslehre im 19. Jahrhundert. Gustav Schmoller zum 70. Geburtstag, Leipzig 1908, Bd. 2, XXXIX, S. 1ff., hier S. 16.

[2] *Murhard*, Karl, Theorie und Politik der Besteuerung, Göttingen 1834, S. 103ff.

[3] *Vleugels*, Wilhelm, Die Kritik am wirtschaftlichen Liberalismus in der Entwicklung der deutschen Volkswirtschaftslehre, in: Schmollers Jahrbuch, 59. Jg., 1935, S. 513ff.

[4] *Wagner*, Adolph, Theoretische Sozialökonomik oder Allgemeine und theoretische Volkswirtschaftslehre, 1. Abt., Leipzig 1907, S. 7f.

[5] Vgl. z.B. *Sax*, Emil, Grundlegung der theoretischen Staatswirtschaft, Wien 1887, S. 43ff.

[6] Vgl. auch die Würdigung von Smith durch *Recktenwald* in *Smith*, Adam, Der Wohlstand der Nationen, aus dem Englischen übertragen und mit einer Würdigung von Horst Claus *Recktenwald*, München 1974, S. XVff., insbesondere S. LXIIff., LXVff.

[7] Vgl. *Tuchtfeldt*, Egon, Über die Staatsfunktionen bei Adam Smith, in: Ordo, Bd. 27, 1976, S. 29ff.; *Gläser*, Martin / *Wille*, Eberhard, Staatsaufgaben bei Adam Smith — eine Würdigung unter Allokationsgesichtspunkten, in: Ordo, Bd. 28, 1977, S. 34ff.; vgl. vor allem auch *Kaufmann*, Franz-Xaver / *Krüsselberg*, Hans-Günter (Hrsg.), Markt, Staat und Solidarität bei Adam Smith, Frankfurt/M.—New York 1984; *Lange*, Dietrich, Zur

die staatswirtschaftlichen Anschauungen von *Smith* entsprechend zu würdigen versucht. Es waren vielmehr die „Vulgarisatoren" (die „Optimisten" nach *Gide* und *Rist*), also *Say* (1767 - 1862), *Bastiat, Prince-Smith* (1809 - 1874), *Cobden*, W. von *Humboldt*[10] (1767 - 1835), auch schon David *Ricardo* (1772 - 1823), die streng anti-staatlich ausgerichtet waren.[11]

Marx nannte *Bastiat* (1801 - 1850) den „flachsten und daher gelungensten Vertreter vulgär-ökonomischer Apologetik"[12]. Auch ist es signifikant, daß nicht das naturrechtliche Denken zur Quelle des Manchestertums wurde, sondern der radikale Utilitarismus.[13]

Auch *Zeyss*[14] arbeitete heraus, daß der Eigennutz bei *Smith* vermittelt ist mit der „Sympathie", welche als Grundlage moralischen Urteilens sittliche Begriffe schafft.[15] „So wird denn dieses von der Natur dem menschlichen Wesen eingepflanzte Streben nach sympathischer Mitempfindung im Verein mit der Befriedigung, welche sowohl das Erlangen als auch das Gewähren dieser Mitempfindung zur Folge hat, jene Mäßigung der Affekte, jene Annäherung des Empfindens der einzelnen, jene Harmonie der Gefühle, welche als notwendig für die Existenz der menschlichen Gesellschaft erscheint, bewirkt."[16]

---

sozialphilosophischen Gestalt der Marktwirtschaftstheorie bei Adam Smith, München 1983. Vgl. auch dazu *Schulz*, Frank, Besprechung zu: *Kaufmann / Krüsselberg* (Hrsg.), Markt, Staat und Solidarität bei Adam Smith (1984), in „Das Argument", H. 154, 1985, S. 935f.

[8] *Dorn*, Dietmar, Die Theorie der Staatswirtschaft in der englischen Klassik — Versuch einer neuen Würdigung, Diss., Erlangen-Nürnberg 1967.

[9] *Stern*, Eugen, Die finanzwissenschaftlichen Anschauungen der Hauptvertreter der klassischen englischen Nationalökonomie (mit besonderer Berücksichtigung der Lehre von den öffentlichen Ausgaben), Diss., Frankfurt/M. 1927.

[10] Gemeint ist Wilhelm von *Humboldts* Schrift „Ideen zu einem Versuch, die Grenzen der Wirksamkeit des Staates zu bestimmen" (1792), in: *Humboldt*, Wilhelm von, Gesammelte Schriften, hrsg. von der Königlich-Preußischen Akademie der Wissenschaften, Bd. 1, 1. Abteilung, Werke I, Berlin 1903, S. 97ff.; vgl. auch *Kaehler*, Siegfried A., Wilhelm von Humboldt und der Staat, 2. Aufl., Göttingen 1963, S. 124ff., 211ff.; *Baxa*, Jakob, Einführung in die romantische Staatswissenschaft, 2., erweiterte Aufl., Jena 1931, S. 117.

[11] Vgl. *Becker*, Julius, Das deutsche Manchestertum, Karlsruhe 1907.

[12] *Marx*, Karl, Das Kapital, Bd. 1, MEW 23, Berlin, DDR, 1962, S. 21.

[13] *Mayer*, Georg, Die Freihandelslehre in Deutschland, Jena 1927, S. 11f.

[14] *Zeyss*, Richard, Adam Smith und der Eigennutz, Tübingen 1889.

[15] Ebenda, S. 42ff., 51.

[16] Ebenda, S. 50. Beide Grundtriebe — die wohlwollenden und die eigennützigen — ordnet *Smith* (im Rahmen einer von *Bentham* kommenden Idee des unbewußten Fortschritts zum größtmöglichen Glück und der Vervollkommnung des Menschen — vgl. *Zeyss*, S. 56f.) einer metaphysischen Harmonielehre zu. Dabei sind die eigennützigen Triebe durchaus die stärkeren, die aber in gewisse Bahnen gelenkt werden können und damit beschränkt werden (*Zeyss*, S. 59ff.). Im Bereich des Wirtschaftens aber braucht die

Die Harmonielehre des klassischen ökonomischen Liberalismus — wie sie sich nach *Smith* zunehmend kohärent herausbildete — basiert auf der Annahme einer „ordre naturel“[17] (worauf wir ja schon im ersten Kapitel dieser Arbeit hingewiesen haben). Die Physiokratie war in diesem Sinne tatsächlich eine frühe liberale Spielart.[18] Die „natürliche Ordnung“[19] ist dann Ausgangspunkt einer „reinen“ Theorie[20] liberaler Ökonomik.[21] Diese Lehre zwingt dann zur Abstinenz einer Finanzpolitik zu nicht-fiskalischen Zwecken[22], da sonst die Politik den Naturcharakter der Ordnung stören würde.[23] So bildet sich das von *Mann* so genannte „Programm der Negation“[24] heraus: Beschränkung der Staatsausgaben, Verzicht auf Staatsbesitz und Staatsbetriebe, Minimierung der Steuern. Der Liberalismus findet seinen Ausdruck in jener breiten Strömung der Finanzwissenschaft, die *Mann* die „klassische Version“ der Finanzwirtschaftslehre nennt. Fußend auf den Lehren vom „subjektiven Naturrecht“ und den

---

sittliche Beschränkung des Eigennutzstrebens nicht stark zu sein (*Zeyss*, S. 62). Diese „teleologisch-optimistischen Anschauungen“ bei *Smith* bezüglich der Harmonie von Mikro- und Makroebene der Volkswirtschaft sind zweifelsohne theologischer Herkunft bzw. von theologischer Gestalt wie theologischem Gehalt (*Zeyss*, S. 107ff.; *Heimann*, Eduard, Geschichte der volkswirtschaftlichen Lehrmeinungen, S. 65; *Hasbach*, Wilhelm, Die allgemeinen philosophischen Grundlagen, *Mayer*, Die Freihandelslehre, S. 4). Dabei kommt *Smith* dem *Kant*ischen (rechtsstaatlichen) Freiheitsbegriff durchaus nahe. *Zeyss*, der die Studie von August *Oncken* (Adam Smith und Immanuel Kant. Der Einklang und das Wechselverhältnis ihrer Lehren über Sitte, Staat und Wirtschaft, Leipzig 1877) ablehnt, kommt an anderen Stellen seiner Arbeit selbst zur Formulierung erstaunlicher Ähnlichkeiten (*Zeyss*, S. 52ff.). Demnach ist der Eigennutz so lange sittlich gerechtfertigt, wie durch dessen Betätigung „nicht eine direkte Schädigung des Nebenmenschen eintritt.“ „Den nächsten vor Eingriffen in diese seine Rechtssphäre zu schützen, das aber ist die Aufgabe der Gerechtigkeit.“ (*Zeyss*, S. 66f., vgl. auch S. 93). Daher handelt *Smith* in seinem Werk „Wealth of Nations“ durchaus auch über Begrenzungen des Eigennutzes (*Zeyss*, S. 92f.). Die implizierte Harmonielehre wird bei *Smith* als faktisch bestehender „Mechanismus“ der Volkswirtschaft (*Zeyss*, S. 94) begriffen: *Smith* schlußfolgert daher die Gewährleistung des Verlaufs dieses natürlichen Mechanismus (vgl. *Neurath*, Wilhelm, Adam Smith im Lichte der heutigen Staats- und Sozialauffassung, Wien 1884).

[17] *Kamp*, Matthias E., Die Theorie der Epochen, S. 118, Anm. 457; *Hesse*, Günter, Staatsaufgaben, S. 36, 39, 46.

[18] Vgl. auch *Suranyi-Unger*, Theo, Wirtschaftsphilosophie des 20. Jahrhunderts, Stuttgart 1967, S. 29ff.

[19] Vgl. *Levy*, Hermann, Der Wirtschaftsliberalismus in England, (1912), Jena 1928, S. 114/115; *Mayer*, Die Freihandelslehre, S. 98ff.

[20] *Mombert*, Paul, Soziale und wirtschaftspolitische Anschauungen in Deutschland, 2. Aufl., Leipzig 1928, S. 16.

[21] *Mann*, Fritz Karl, Steuerpolitische Ideale, S. 202ff.

[22] Ebenda, S. 159. Vgl. auch *Adden*, Robert Spencer, The Economic Effects of Governmental Fiscal Policy as viewed by certain English Classical Economists, Diss., University of North Carolina 1959.

[23] *Gideon*, Berti, Das Verhältnis, S. 14; *Freyer*, Hans, Die Bewertung, S. 9ff.

[24] *Mann*, Fritz Karl, Geschichte der angelsächsischen Finanzwissenschaft, in: *Gerloff/Neumark* (Hrsg.), Handbuch der Finanzwissenschaft, Bd. 1, 2. Aufl., Tübingen 1952, S. 469ff., hier S. 470f.

damit verbundenen Vorstellungen über die Freiheit des Subjekts[25] war die gesamte klassische liberale Finanzwirtschaftslehre ausgesprochen anti-etatistisch. Das „Ideal des sparsamen Staates“[26] formulierte das Ordnungsbild des öffentlichen Haushaltes nach dem Vorbild des Privathaushaltes[27] — obwohl realiter der „Staatswirt“ sowohl „Einzel- wie Volkswirt“ ist.[28] Dieser Ordnungsidee liegt das von John *Locke* (1632 - 1704) beeinflußte Ideal des liberalen Staates zugrunde.[29]

Die Schutzfunktion des Staates muß stark sein (insbesondere gegenüber Übergriffen auf das private Eigentum), nicht aber das wirtschaftspolitische Eingriffsinstrumentarium.[30]

Die deutsche Manchesterschule entwickelt sich — unter Anlehnung an Richard *Cobdens* (1804 - 1865) und John *Brights* (1811 - 1889) Anti-Kornzoll-Bewegung der Jahre 1836 - 46[31] — zur Blüte im dritten Viertel des 19. Jahrhunderts. Seine führenden Vertreter waren John *Prince-Smith*, Julius *Faucher*, Carl *Braun*, Otto *Michaelis*, Hermann *Rentzsch* und — bedingt — Hermann *Schulze-Delitzsch* und Max *Wirth*.[32] Die Armutsauffassung, wonach Armut als selbstverschuldet definiert wurde[33], führte konsequent zur Ablehnung staatlicher Sozialpolitik. Gemäß ihrem Pazifismus, den sie aus dem System des internationalen Freihandels ableiteten[34], waren die deutschen ‚Manchesterleute‘ ebenso konsequente Gegner staatlicher Rüstungsausgaben. Auch hier wirkte die ricardianische Tradition — die Idee der staatlichen Unproduktivität, Verschwendung und Hemmung der volkswirtschaftlichen Entwicklung (wie sie *Ricardo* im Hinblick auf die Wirkungen der Besteuerung und der Staatsverschuldung entwickelte) — nach.

Der Anti-Etatismus der heutigen neoklassischen Staatsschuldtheorie[35] findet hier seine Wurzeln. J. R. *McCulloch* (1789 - 1864) formulierte, daß Staatsausgaben die wirtschaftliche Leistungserstellung nicht verbesserten, sondern zerstör-

---

[25] Vgl. auch *Kofler*, Leo, Zur Geschichte der bürgerlichen Gesellschaft, 7. Aufl., Darmstadt—Neuwied 1979, S. 183 ff.

[26] *Mann*, Geschichte der angelsächsischen Finanzwissenschaft, S. 470 f.

[27] *Mann*, Fritz Karl, Ideologie und Theorie des Haushaltsgleichgewichts, *Fischer*, Carl August, Zur Lehre vom Staatsbankrott, Karlsruhe i. Br. 1921, S. 96 ff.; *Neumark*, Fritz, Wo steht die „fiscal policy“ heute?, in: ders., Wirtschafts- und Finanzprobleme, S. 216 ff., hier S. 240 f.; *Pedersen*, Jörgen, Einige Probleme der Finanzwirtschaft, S. 31 ff.

[28] *Pfleiderer*, Otto, Die Staatswirtschaft und das Sozialprodukt, Jena 1930, S. 37.

[29] *Mann*, Steuerpolitische Ideale, S. 204.

[30] *Winkel*, Harald, Die deutsche Nationalökonomie, S. 38 ff.

[31] Vgl. auch *Grampp*, Wilhelm D., The Manchester School of Economics, London 1960.

[32] Vgl. *Scheer*, Sozialstaat und öffentliche Finanzen, S.169.

[33] Vgl. *Levy*, Der Wirtschaftsliberalismus in England, S. 77 ff.

[34] *Mayer*, Die Freihandelslehre.

[35] Vgl. *Willms*, Manfred, Volkswirtschaftliche Wirkungen einer zunehmenden Staatsverschuldung, in: Wirtschaftsdienst, H. 9, 1978, S. 439 ff.

ten. Ob *McCulloch* spätestens zur 3. Auflage seiner „Principles of Economy" — wie *Keller* behauptet[36] — ‚bekehrt' wurde, soll dahingestellt bleiben. *McCulloch* gehört zum Kreis des „Finanzliberalismus", zu dem auch D. *Hume*[37] (1711-1776), J.-B. *Say*, Th. *Jefferson*[38] (1743-1826) sowie David *Ricardo*[39] gehörten.

Nur bedingt — wie schon oben herausgestellt — kann Adam *Smith* zum Kreis der liberalen Anti-Etatisten gerechnet werden. Allerdings konnte W. *Lotz* *Smiths* Postulat der „Wohlfeilheit der Besteuerung" extensiv im Rahmen einer freihandelspolitischen Argumentation interpretieren.[40] Zumindest[41] kann *Smith* so ausgedeutet werden, daß er keine Steuern zu außerfiskalischen Zwecken erhoben wissen wollte, womit die „Schonung" der Steuerquellen[42] gemeint war.[43] Aber mit dieser Forderung des „Lastenminimums" fundierte *Smith* doch das Ideal des „sparsamen Staates".[44]

Steuerpolitische Lastenminimierung und äußerst restriktive Staatsverschuldung[45] fungieren hier als Grundaxiome. Das „Programm der Negation" lautete: „Verzicht auf Staatsbesitz, Beschränkung der Staatsausgaben und ‚Minimierung' der Steuern und staatlichen Schulden"[46]. Der „sparsame Staat" reduzierte sich auf eine Sicherheits- und Rechtspolitik[47], ansonsten sollte er — ganz im Sinne von *Bentham* (1748-1832) — ‚gar nichts tun'.

---

[36] *Keller*, Dogmengeschichte des wohlstandspolitischen Interventionismus, S. 128ff.

[37] *Hume*, David, Nationalökonomische Abhandlungen, dt. von H. Niedermüller, Leipzig 1877; z.T. abgedruckt in: *Diehl/Mombert* (Hrsg.), Das Staatsschuldenproblem, Neuauflage, S. 30ff.

[38] Vgl. *Scheer*, Sozialstaat und öffentliche Finanzen, S. 451ff.; *Dorfmann*, Joseph, The Economic Mind in American Civilization, 1606-1865, 2 Bde., Reprint der Ausgabe von 1946, New York 1966, hier Bd. 1, S. 423ff.; vgl. auch *Schulz*, Frank, „Neokonservatismus" in den USA, S. 488.

[39] *Ricardo*, David, Essay on the Founding System (dt.: Untersuchung über das Anleihesystem), in: *McCulloch*, J. R. (Hrsg.), The Works of David Ricardo, London 1846, dt. abgedruckt in: *Diehl/Mombert* (Hrsg.), Das Staatsschuldenproblem, Neuauflage, S. 94ff.; vgl. auch *Ricardo*, David, Grundsätze der Volkswirtschaft und Besteuerung, übersetzt von E. Baumstark, Leipzig 1877, 8. Hauptstück. Von den Steuern, S. 122-126; abgedruckt in: *Diehl/Mombert* (Hrsg.), Grundsätze der Besteuerung, Neuauflage, S. 70ff.; vgl. auch *Mayer*, Die Freihandelslehre, S. 15.

[40] *Mann*, Steuerpolitische Ideale, S. 151; vgl. *Lotz*, Walther, Finanzwissenschaft (1917), 2. Aufl., Tübingen 1931, S. 308ff.

[41] *Mann*, Steuerpolitische Ideale, S. 152.

[42] Ebenda, S. 153.

[43] Vgl. auch *Bellstedt*, Christoph, Die Steuer als Instrument der Politik, Berlin 1966, S. 112f.

[44] *Mann*, Steuerpolitische Ideale, S. 157.

[45] *Berckum*, Johann Joseph, Das Staatsschuldenproblem im Lichte der klassischen Nationalökonomie, Leipzig 1911.

[46] *Mann*, Geschichte der angelsächsischen Finanzwissenschaft, S. 471.

[47] *Euchner*, Walter, Demokratietheoretische Aspekte der politischen Ideengeschichte, in: ders., Egoismus und Gemeinwohl, Frankfurt/M. 1973, S. 9ff., 27ff.

Hervorgehoben wurde vom „Finanzliberalismus" — im Begriffskontext der „Marktkonformität"[48] — die Schädlichkeit, d.h. die die Volkswirtschaft stark belastende Wirkung staatlicher Reallokationspolitik. So war *Ricardo* der Auffassung, daß bei zunehmender Besteuerung und wachsenden Staatsausgaben die „jährlichen Genüsse des Volkes" abnehmen würden.[49]

Smiths Postulat von der „Wohlfeilheit" der Besteuerung umfaßt — wie oben schon angedeutet — wohl mehr als „administrative Erhebungsbilligkeit"[50]: *Lotz* und ihm folgend auch F. K. *Mann* haben dieses Prinzip „derart ausgeweitet, daß sie bei ihm auch die gesamtwirtschaftlichen Fernwirkungen der Besteuerung in Betracht gezogen wissen wollten"[51]. Nur daß diese Fernwirkungen im „Finanzliberalismus" — wie in der heute herrschenden Neoklassik — a priori als negativ ausgelegt wurden!

Im angelsächsischen Sprachraum — ebenso wie in Frankreich — wurde dieser „Finanzliberalismus" für lange Zeit dominant. Nicht jedoch in Deutschland, wo die soziologischen Voraussetzungen für eine Hegemonie der liberalistischen Ökonomik und Finanzwissenschaft fehlten.[52] Wir erkennen hier eine nationale Eigenart der deutschen Nationalökonomie und Finanzwissenschaft des 19. Jahrhunderts, wie sie auch von *Neumark* und Harald *Winkel* herausgestellt wurde.[53]

Im angelsächsischen Bereich gibt es nur wenige Abweichungen vom „Finanzliberalismus". John Stuart *Mill* (1806-1873)[54] nahm einige Revisionen der liberalen Dogmatik vor, indem er eine Synthese liberaler und sozialistischer Aspekte versuchte. Hans *Gehrig*[55] ist der Meinung, daß *Mill* klassisch-liberale Anschauungen (die auch von der deutschen Freihandelslehre aufgegriffen wurden) mit „kathedersozialistischen" Elementen (die von der deutschen historischen Schule stammen) verknüpft.[56] Insbesondere der „späte" *Mill* — so

[48] *Mann,* Fritz Karl, Abriß der Geschichte der Finanzwissenschaft, in: *Neumark* (Hrsg.), Handbuch der Finanzwissenschaft, Bd. 1, 3. Aufl., Tübingen 1975, S. 88.

[49] *Ricardo,* David, Grundsätze der Volkswirtschaft und Besteuerung, Ausgabe Waentig, Jena 1923, S. 146.

[50] *Neumark,* Grundsätze gerechter und ökonomisch rationaler Steuerpolitik, S. 369.

[51] Ebenda, S. 32.

[52] Vgl. auch *Schumpeter,* Joseph A., Epochen in der Dogmen- und Methodengeschichte, in: Grundriß der Sozialökonomik, 1. Abteilung, 1. Buch, Tübingen 1924, S. 19ff., hier S. 33ff.

[53] Vgl. auch *Nipperdey,* Thomas, Deutsche Geschichte 1800-1866. Bürgerwelt und starker Staat, München 1983, S. 243ff.

[54] Vgl. insbesondere *Grude-Oettli,* Natalie, John Stuart Mill zwischen Liberalismus und Sozialismus, Diss., Bleicherode am Harz 1936.

[55] *Gehring,* Hans, John Stuart *Mill* als Sozialpolitiker, in: Jahrbücher der Nationalökonomie und Statistik, Bd. 102, 3. Folge, 47. Bd., 1914, S. 176ff.

[56] Auch Volker *Bartsch* (Liberalismus und arbeitende Klassen. Zur Gesellschaftstheorie von John Stuart Mill, Opladen 1982, S. 243ff.) stellt die Rolle der Staatsintervention

Gehrig — neigt überwiegend zur historischen Methode und damit zum „Kathedersozialismus". Diese — eben nicht manchesterliberale — Haltung von *Mill* stellt ebenfalls J. *Kromphardt* heraus.[57]

Eine zweite — viel folgenschwerere — Ausnahme stellt Thomas Robert *Malthus* (1766-1834) dar.[58] *Malthus* muß in Hinsicht auf die Dogmengeschichte des Interventionsstaates ein hinreichender Wert zugemessen werden; vor allem ist er nicht nur durch den Filter seiner Bevölkerungslehre und -politik zu lesen. Er ist als „Kritiker der Klassik"[59] zu verstehen. Im Rahmen seiner Überspartheorie kann dem Staat die Funktion zukommen, arbeitslose Arbeiter für den Bau von Straßen und anderen öffentlichen Anlagen einzustellen und für diese Zwecke Steuern zu erheben.[60] *Malthus* schreibt in seinen „Principles of Political Economy"[61]: „It is also of importance to know that in our endeavours to assist the working classes in a period like the present, it is desirable to employ them in unproductive labour, or at least in labour, the results of which do not come for sale into the market, such as roads and public works."[62]

---

heraus. Dennoch ist Mill nicht Vertreter der Sozialstaatsidee (als Kritik der selbstregulativen Marktökonomie — vgl. *Bartsch*, S. 244); von einem „sozialpolitischen Zweck" der Besteuerung kann bei Mill nicht gesprochen werden (*Bartsch*, S. 251), auch wenn er die „Steuerbefreiung eines Minimaleinkommens als soziale Komponente" forderte. Das Besteuerungssystem — wie die Praxis der Staatskreditierung — sollten vielmehr Rücksicht auf die Sparkapitalbildung nehmen. Dieses Argument kennen wir aber schon aus der finanzliberalistischen Lehre.

[57] *Kromphardt*, Jürgen, John Stuart Mill und die liberale Wirtschaftsphilosophie, in: Wirtschaftsdienst, H. 8, 1984, S. 407ff.; ders., Konzeptionen und Analysen des Kapitalismus — von seiner Entstehung bis heute, Göttingen 1980, Abschnitt III.B. *Mill*, John Stuart, Grundsätze der politischen Ökonomie mit einigen Anwendungen auf die Sozialphilosophie, Bd. 1, 2. Aufl., Jena 1924, Bd. 2, 1921 (= 7. Aufl. der „Principles of Political Economy"); ders., Über die Freiheit, Stuttgart 1974 (Übersetzung der 3. Aufl. von „On liberty", 1859, London 1864).

[58] Vgl. auch *Lipowski*, J., Die Frage der Arbeitslosigkeit in der klassischen Nationalökonomie, in: Zeitschrift für die gesamte Staatswissenschaft, 68. Jg., 1912, S. 583ff., hier S. 608ff., 611ff.; vgl. auch *Tapfer*, Friederike, Der wirtschaftspolitische Beitrag der Klassik, Meisenheim/Glan 1956, S. 92ff. Die „modern anmutende Konzeption" von *Malthus* betont auch Guido *Schück* (Die Problematik des Deficit Spending, Diss., Zürich 1955, S. 9), der die positive Einschätzung der Staatsschuld im Kontext der „Unterkonsumtions-Überspartheorie" von *Malthus* hervorhebt: Staatsnachfrage kann demnach die Absatzkrise mildern helfen.

[59] Vgl. *Würgler*, Hans, Malthus als Kritiker der Klassik, Diss., Zürich, Winterthur 1957.

[60] Kritisch dann allerdings auch *Corry*, Bernhard Alexander, The Theory of Economic Effects of Government Expenditure in English Classical Political Economy, in: Economica, New Ser., Vol. 25, 1958, S. 34ff., hier S. 38ff.

[61] 1820, 2. Aufl., London 1836, hrsg. von Bischoff Otter, S. 511; vgl. auch *Hansen*, Alvin H., Business-Cycle Theory. Its Development and Present Status, Boston u.a. 1927, S. 13f.

[62] Vgl. auch *Malthus*, Principles, S. 512.

Es verwundert daher nicht, das *Keynes* — nicht nur in seiner „Allgemeinen Theorie" — eine entsprechende Wertschätzung von *Malthus* vornahm.[63] Diese Inbeziehungsetzung ist nicht neu. Bei *O'Leary*[64] und Alvin H. *Hansen*[65], der die Wurzeln der *Keynes*schen Konsumtionsanalyse bei *Lauderdale*[66] und *Malthus* ansetzt, werden entsprechende Bezüge hergestellt; eine Hochschätzung, die in der Dogmengeschichtsschreibung von J. A. *Schumpeter*[67] ebenso vorgenommen wird. Schon 1914 hat *Schumpeter* in seiner Arbeit „Epochen der Dogmen- und Methodengeschichte"[68] auf eine notwendige Würdigung der ökonomischen Analysen von *Malthus* hingewiesen.

Gerade auch methodologisch kann *Malthus* zur Tradition des „evolutional approach" gerechnet werden.[69] Die Tendenz zur Vereinfachung im Rahmen der Formulierung klarer Gesetze führt nach der Auffassung von *Malthus*[70] zu mangelnder Realitätsnähe. *Roscher*[71] und *Patten*[72] haben auf diese Differenzen in der malthusianischen und ricardianischen Methode hingewiesen. *Matthiesen*[73] geht so weit, in *Malthus* einen Wegbereiter der „Historischen Schule" zu

---

[63] *Keynes,* John Maynard, The Commemoration of Thomas Robert Malthus, in: The Economic Journal, 1935, S. 230ff., hier S. 233; ders., Essays in Biography, London 1933, S. 95ff.; ders., Allgemeine Theorie, S. 27, 306ff., 313.

[64] *O'Leary,* James, Malthus and Keynes, in: Journal of Political Economy, Bd. 50, 1942, S. 901ff.

[65] *Hansen,* Alvin H., Business Cycle and National Income, New York 1951, S. 241-254.

[66] *Lauderdale* (*Lauderdale,* Earl of, An Inquiry into the Nature and Origin of Public Wealth, Edinburgh 1804, S. 227f.) gelangt zu einer Heraushebung der Bedeutung der effektiven Nachfrage für den Prozeß einer anhaltenden und damit stabilen Kapitalakkumulation. In bezug auf diese Sensibilität für die Gefahr einer überzogenen Kapitalakkumulation (vgl. *Cole,* A. V., Lord Lauderdale and his „Inquiry" in: The Scottish Journal of Political Economy, Vol. 3, 1956, S. 115ff., hier S. 120) wird *Lauderdale* — so *Hansen* — zum „first able exponent of the role of the fiscal policy as a means of promoting aggregate demand" (*Hansen,* Alvin H., Business Cycle and National Income, New York 1951, S. 240). *Fetter* hebt sogar eine gewisse Nähe zur Lehre von der „mature economy" hervor (vgl. *Fetter,* Frank Albert, Lauderdale's Oversaving Theory, in: American Economic Review, Vol. 35, 1945, S. 263ff., hier S. 281; vgl. zu *Fetter's* Interpretation auch *Paglin,* Morton, Fetter on Lauderdale, in: American Economic Review, Vol 36, 1946, S. 391ff.). Zur Krisentheorie von *Lauderdale* vgl. auch etwas ausführlicher *Dorn,* Dietmar, Die Theorie der Staatswirtschaft in der englischen Klassik. Versuch einer neuen Würdigung, Diss., Erlangen—Nürnberg 1967, S. 136f.

[67] *Schumpeter,* Joseph A., Geschichte der ökonomischen Analyse, Bd. 1, S. 593.

[68] In: Grundriß der Sozialökonomik, S. 55.

[69] Vgl. *Würgler,* Malthus als Kritiker, S. 186, 175.

[70] *Malthus,* Principles, S. 7.

[71] *Roscher,* Wilhelm, Geschichte der Nationalökonomik in Deutschland, S. 651f.

[72] *Patten,* Simon N., Malthus and Ricardo, in: Publication of the American Economic Association, Vol. IV, Baltimore 1889, S. 33.

[73] *Matthiesen,* Johannes Christian, T. R. Malthus' Hauptlehren der politischen Ökonomie, Kieler Diss., Plön 1908.

sehen. 1948 sah Carl *Brinkmann*[74] sich veranlaßt, „eine auf die Beachtung der Forschungsmethode stützende Renaissance von Malthus zu erwarten"[75]. Tatsächlich dürfte gelten: In Hinsicht auf seine Kritik an dem *Say*schen Theorem kann *Malthus* (bezüglich der kurzfristigen Sparanalyse) als Vorläufer von *Keynes* und (bezüglich der Wachstumsanalyse) als bedeutender Vorläufer der Postkeynesianer *Domar* und *Harrod*[76] gelten.[77] *Malthus* gehört damit in die Reihe von *Lauderdale, Laurie*[78], *Sismondi* und *Rodbertus. Malthus* stellte in der Tat die Frage nach der (gleichgewichtigen) Proportionierung von Investitionen (Produktionskapazitätswachstum der beiden Abteilungen) und Endkonsum (und nahm damit die Problemstellung späterer Kontroversen — wie die zwischen Paul M. *Sweezy, Domar* und *Fellner*[79] — vorweg.[80] In ricardianischer Tradition[81] wirkt sich der Sparprozeß nicht negativ auf die Nachfrage aus, da nur Kaufkraft von einem Konsumenten auf einen anderen übertragen wird. *Malthus* hebt dagegen hervor, daß, wenn zu viel[82] gespart würde, die Produktionskapazitäten die Konsumtion überflügeln würden. Es kommt dann zur Überproduktion[83], ein Argumentationsmuster, wie wir es schon bei *Hobson* kennengelernt haben und dessen Affinitäten, aber auch Differenzen zur *Keynes*schen Theorie wir skizziert haben. Wird — so *Malthus* — ein „intermediate point"[84] im Sparprozeß übersprungen, kann es zu depressiven Übersparsituationen kommen. Damit gehört *Malthus* aber nur bedingt zur *Keynes*schen Theorietradition. Vielmehr ist hier die Überinvestitionstheorie fundiert. Auch

---

74 *Brinkmann*, Carl, William Godwin — Robert Malthus, Stuttgart 1948, S. 62f.

75 *Würgler*, Malthus als Kritiker, S. 191/192.

76 Ebenda, S. 176, 162.

77 Ebenda, S. 199.

78 Vgl. *Böhler*, Eugen, David Laurie. Ein verschollener Klassiker der Vollbeschäftigungstheorie, in: Schweizerische Zeitschrift für Volkswirtschaft und Statistik, 81. Jg., 1945, S. 607ff. *Laurie* hat sein Werk immerhin zwischen 1810 und 1815 geschrieben. Er lieferte damals schon wichtige Strukturelemente einer „monetary production economy". E. *Böhler* schreibt: „Es ist daher keine Übertreibung zu sagen, daß Laurie die zentralen Gedanken der Konjunktur- und Vollbeschäftigungspolitik des 20. Jahrhunderts vorweggenommen hat." (S. 616) Gemeint ist die Idee „produktiver Geldschöpfung" (ganz im Sinne von G. *Kroll*, wonach Geld erst dann „neutral" werden kann, wenn es mengenmäßig hinreichend gesichert ist) (vgl. *Böhler*, S. 620). *Böhler* (S. 625) sieht starke Parallelen zu *Beveridge!*

Zu *Lauderdale* vgl. auch *Neumark*, Fritz, Wandlungen in den Auffassungen vom Volkswohlstand, Frankfurt/M. 1964, S. 15, Anm. 2.

79 Vgl. *Schulz*, Frank, Finanzierungspotentiale, S. 118.

80 *Würgler*, Malthus als Kritiker, S. 142, 163.

81 *Ricardo*, David, The works and correspondence of David Ricardo, hrsg. von Piero Sraffa, 9 Bde., Cambridge 1951/52, hier Bd. 2, Note 199, S. 309.

82 *Würgler*, Malthus als Kritiker, S. 141.

83 Ebenda, S. 150f.

84 *Malthus*, Principles, S. 9.

wenn *Malthus* das Problem des Hortens durchaus erwähnt[85] und die Neutralität des Geldes ablehnt[86], so sieht er das Problem des (Über-)Sparens doch — wie *Hobson* — in der darauffolgenden Überkapitalisation (Aufbau von Überkapazitäten).[87] Dabei erkennt er durchaus, daß arbeitssparende Erfindungen nur bei hinreichender Erfüllung zahlreicher Randbedingungen — u.a. Preissenkungen — mit Vollbeschäftigung vereinbar sind.[88] Auf diese Problematik aufbauend[89] kommt *Malthus* einem ca.10jährigen Konjunkturzyklus auf die Spur. Die Konsequenz ist eine für notwendig erachtete Wirtschaftspolitik, die dieser Wellenbewegung entgegenwirken soll.[90]

Während die liberale Finanzorthodoxie grundsätzlich negativ gegen den Staatskredit eingestellt war[91] und jenseits jeder kreislauftheoretisch fundierten Erörterung den Staatskredit (wie auch die Steuern) schlichtweg nur als Entzug von Kapital (hinsichtlich seiner produktiven, d.h. potentialsteigernden Verwendung durch die Privatwirtschaft)[92] begriff[93], so überwindet *Malthus*[94] diesen „Finanzliberalismus". Die Abschöpfung „brachliegender Kapitalien"[95] schafft nach *Malthus* Auffassung Arbeit und damit Einkommen. „Auf diese Weise wirkt die durch bessere Einkommensverteilung gesteigerte Nachfrage auf die ganze Produktion."[96] Auch wenn *Malthus* diese Funktion auf „freiverfügbare Fonds"[97] begrenzt wissen wollte (so daß daher — wie auch Adolph *Wagner* hervorhob — nicht zuviel Kapital umgelenkt werden darf), so bleibt *Malthus* eine der wenigen Ausnahmen der Klassik.

Malthus sollte daher durchaus als früher Vertreter der überproduktionstheoretisch fundierten funktionalen Theorie der Finanzwirtschaftslehre gelten können. Denn: ausgehend von einer durch ungleiche Einkommensverteilung bedingten Tendenz zum überhöhten Sparen[98] sieht *Malthus* Akkumulations-

[85] Ebenda, S. 360, 364, 31f.

[86] Ebenda, S. 171.

[87] *Würgler*, Malthus als Kritiker, S. 152, 143f.

[88] Ebenda, S. 165.

[89] *Malthus*, Principles, S. 347-351.

[90] *Würgler*, Malthus als Kritiker, S. 136, 177.

[91] *Berckum*, Das Staatsschuldenproblem, S. 85.

[92] Ebenda, S. 86f.

[93] Ebenda, S. 99. *Ernst-Pörksen* (Staatsschuldtheorien, S. 33) lehnt *Berckums* These, *Smith* hätte nur den merkantilistischen „Auswüchse(n)" ablehnend gegenübergestanden, ab. *Berckum* selbst schreibt: „Der Produktivitätskredit ... war wie dem ganzen Zeitalter, so auch Smith wenig bekannt." (Das Staatsschuldenproblem, S. 99).

[94] *Berckum*, Das Staatsschuldenproblem, S. 99ff.; vgl. auch *Preiswerk*, Susanne, Gesichtlicher Überblick über die Theorien der Staatsverschuldung. Mit besonderer Berücksichtigung der volkswirtschaftlichen Zusammenhänge, Diss., Basel 1942, S. 18ff.

[95] *Berckum*, Das Staatsschuldenproblem, S. 103.

[96] Ebenda, S. 103; vgl. auch S. 104.

[97] Ebenda, S. 105.

schwierigkeiten aufkommen, denen durch staatliche Umlenkung von Ressourcen abgeholfen werden könnte.

Wenn auch kritische Stimmen[99] nicht zu übergehen sind, so ist mit der Ähnlichkeit von *Malthus'* Stagnationsidee mit der von *Keynes*[100] ein hoher Grad einer Antizipation der modernen Geld- und Kreditlehre kaum abweisbar.[101] Gegenüber den vorherrschenden Anschauungen der englischen Klassik zu den Problemen des Sparens und Investierens und der davon abhängigen Einschätzung der staatlichen Finanzpolitik[102] muß die Lehre von *Malthus* als die große Ausnahme — als „nonkonformistische Herausforderung"[103] — bezeichnet werden.

Während *Ricardo*[104] (unter dem Einfluß von *Bentham* und *Hume*) und *Say*[105] viel „staatsfeindlicher" als *Smith* waren, finden wir nur noch bei dem bereits erwähnten J. St. *Mill* Ansätze des „Produktivitätskredites".[106] Auch *Mill* will die Nützlichkeit der Absorption an das Vorliegen (echt-)brachliegenden Kapitals gebunden wissen, da ansonsten negative Folgewirkungen für die Volkswirtschaft überwiegen würden. Die Idee „disponiblen" Kapitals — ursprünglich eine zentrale staatswirtschaftstheoretische Kategorie der merkantilistischen Lehre — werden wir vor allem bei Carl *Dietzel*, in abgeschwächter und vorsichtigerer Weise auch bei Adolph *Wagner* und Erwin *Nasse* wiederfinden.

---

98 Vgl. auch *Zinn*, Karl Georg, Konjunkturlehre für Praktiker, S. 39f.

99 Vgl. *Corry*, Bernhard Alexander, Malthus and Keynes. A Reconsideration, in: The Economic Journal, Vol. 69, 1959, S. 717ff.; vgl. auch *Sraffa*, Piero, Malthus on Public Works, in: The Economic Journal, Vo. 65, 1955, S. 543f.

100 Vgl. *Paglin*, Morton, Malthus and Lauderdale. The Anti-Ricardian Tradition, New York 1961, S. 117.

101 Vgl. *Dorn*, Dietmar, Die Theorie der Staatswirtschaft in der englischen Klassik. Versuch einer neuen Würdigung, Diss., Erlangen—Nürnberg 1967, S. 68.

102 Vgl. *Corry*, Bernhard Alexander, Money, Saving and Investment in English Economics 1800-1850, London 1962, S. 65.

103 *Dorn*, Die Theorie der Staatswirtschaft, S. 134.

104 *Berckum*, Das Staatsschuldenproblem, S. 112ff., 127.

105 Ebenda, S. 177ff., 181ff., 188, 197.

106 Ebenda, S. 211ff., 216.

Kapitel 8

Der Beitrag der „deutschen Finanzklassik" zur Theorie funktionaler Finanzpolitik

Durch die Erarbeitung eines — die Rolle der Staatswirtschaft umfassenden — Produktivitätsbegriffs und der damit einhergehenden günstigeren Bewertung der volkswirtschaftlichen Funktion des Staatskredits (als legitimes Deckungsmittel für „außerordentliche" Zwecke und zur Erzielung von Kultur- und Wohlfahrtszwecken) wird die „deutsche Finanzklassik" zum großen Gegenspieler der klassischen liberalen Orthodoxie.

Die Kompensation des zur Selbstregulierung nicht befähigten Marktsystems durch den (aufsteigenden) Interventionsstaat fällt — so Karl *Polanyi*[1] — für fast alle Staaten in die Zeit von 1879-1929. Daher ist es sinnvoll, der „deutschen Finanzklassik" einen breiten Raum zu widmen, denn sie fällt in diese Frühphase des sich konstituierenden Wohlfahrtsstaates.

Dabei ist *Schmölders*[2] durchaus zuzustimmen, wenn er behauptet, die deutsche Finanzklassik des 19. Jahrhunderts hätte das Haushaltsgleichgewicht niemals zu einem Dogma erhoben. Rudimentär berücksichtigte sie Wirtschaftsungleichgewichte oder infrastrukturelle Entwicklungsbedingungen, ohne damit in ausgeformter Weise Theorie antizyklischer oder kompensatorischer Finanzpolitik zu sein.[3] „Grundzüge nicht-fiskalischer Wirkungen der Staatsverschuldung finden sich recht früh"[4] — „wenn vielleicht auch bruchstückhaft und unvollkommen".[5]

Hinsichtlich der Verschuldungstheorie wirkte in Deutschland die Auffassung von *Pinto* und *Struensee*, „daß die Nationalschuld die Nation bereichert und ein neues, künstliches Kapitel bedeute"[6], fort über die Arbeiten von J. G. *Büsch*,

---

[1] Vgl. *Polanyi*, Karl, The Great Transformation, (1944), Frankfurt/M., 1978, S. 270ff.

[2] *Schmölders*, Günter, Finanzpolitik, 3. Aufl., Berlin u.a. 1970, S. 46f.

[3] *Dettweiler*, Eberhard, Beiträge der deutschen Finanzwissenschaft zur Verschuldungstheorie im 19. Jahrhundert, Diss., Tübingen 1969, S. 115; *Menard*, Sigmar, Die Lehren von der richtigen Verwendung des Staatskredits, Jena 1939, S. 13.

[4] *Dettweiler*, Beiträge, S. 10; vgl. auch *Schanz*, Georg von, Öffentliches Schuldenwesen, in: *Altmann*, S. P. u.a. (Hrsg.), Die Entwicklung der deutschen Volkswirtschaftslehre im neunzehnten Jahrhundert. Gustav Schmoller zur siebzigsten Wiederkehr seines Geburtstages, 2. Teil, Leipzig 1908, XXXX, S. 1ff.

[5] *Dettweiler*, Beiträge, S. 12. Vgl. auch Richard *Schüller* (Die Wirtschaftspolitik der historischen Schule, Berlin 1899), der diese Zusammenhänge überhaupt nicht würdigt.

F. Chr. Jon. *Fischer*, L. T. *Spittler*, Jh. Fr. von *Herrenschwand* und Ad. *Weishaupt*.[7]

Ähnlich wie C. *Bernoulli* (1782-1863) in seiner Schrift von 1833[8] hat Friedrich *Nebenius* (1784-1857) 1829[9] darauf hingewiesen[10], daß die Diskussion der Steuer- und Schuldenpolitik die private Geldvermögensbildung zu berücksichtigen habe. Anlagesuchende, private Finanzmassen lassen sich hierbei absorbieren. Wenn sich solche anlagesuchenden (investierbaren) Einkommen und Sparkapitalien als Dauerproblem ergeben, so kristallisiert sich sogar die Notwendigkeit der öffentlichen Verschuldung. Ansonsten ist jedoch *Nebenius* eher skeptisch gegenüber der Staatsverschuldung eingestellt.[11] Wie *Hickel* betont, zeichnet sich *Nebenius* durch seine versachlichte Diskussionsweise aus.[12]

Nebenius bleibt so tendenziell — wie *Zachariae* (1769-1843)[13] — am liberalen Standpunkt orientiert. Aber die Analysen von *Nebenius* sind dennoch typisch

---

[6] *Schanz*, Öffentliches Schuldenwesen, XXXX, S. 7.

[7] *Büsch*, Johann Georg, Abhandlung von dem Geldumlauf in anhaltender Rücksicht auf die Staatswirtschaft und Handlung, 2. Aufl., Hamburg—Kiel 1800, den wir oben schon als wichtigen Vertreter des auslaufenden Merkantilismus kennengelernt haben. Hier zeigt sich die Nachwirkung der kameralistischen Tradition in der deutschen Wissenschaftsgeschichte erneut.

Fischer, Friedrich Christoph Jonathan, Geschichte des deutschen Handels, Hannover 1785-1792, 4 Teile, hier Bd. 4, S. 573; *Spittler*, Ludwig Timotheus, Vorlesungen über Politik, gehalten 1796, hrsg. von Karl Wächter, Stuttgart—Tübingen 1826; *Herrenschwand*, Johannes Friedrich von, Über die Mittel, den öffentlichen Kredit in einem Staate wieder herzustellen, dessen politische Ökonomie zerstört ist, hrsg. von A. L. von Waffenbach, Amsterdam 1810; *Weishaupt*, Adam, Über die Staatsausgaben und Auflagen, ein philosophisch-statistischer Versuch, (1817), mit Gegenbemerkungen von Dr. Konr. Frohn, Nürnberg 1820, S. 51 f. Inbesondere *Weishaupt* dürfte von besonderem Interesse sein. *Weishaupt* lehrt, daß — volkswirtschaftlich gesehen — Staatsausgaben keine Ausgaben im Sinne eines Verlustes darstellen, da ein großer Teil der Bürger dadurch unterstützt („in Nahrung gesetzt“) wird. *Weishaupt* kommt damit einer kreislauftheoretischen Würdigung des Staatshaushaltes recht nahe.

[8] *Bernoulli*, Christoph, Beiträge zur richtigen Würdigung der Staatsanleihen überhaupt und der verschiedenen Anleihensformen, Karlsruhe 1833, z.T. abgedruckt in: *Diehl/Mombert* (Hrsg.), Das Staatsschuldenproblem, S. 144ff. Zu Christoph *Bernoullis* Schriften „Beiträge zur richtigen Würdigung...“ und „Was ist von Staatsschulden zu halten? Oder Betrachtung einiger Ansichten des Herrn Geh. Rat Zachariae über das Schuldenmachen (=wesen) der heutigen Staaten“ (Basel 1832) vgl. auch *Schanz*, Öffentliches Schuldenwesen, XXXX, S. 10ff.

[9] *Nebenius*, Friedrich, Der öffentliche Kredit, 2. Aufl., 1821, Neudruck, Aalen 1967, S. 659ff.

[10] *Hickel*, Rudolf, Notwendigkeit und Grenzen der Staatsverschuldung, Einleitung zu: *Diehl/Mombert* (Hrsg.), Das Staatsschuldenproblem, Neuauflage, S. Iff., hier S. XXXff.

[11] *Klein*, Ernst, Geschichte der öffentlichen Finanzen in Deutschland 1500-1870, Wiesbaden 1977, S. 131ff.

[12] Vgl. *Dettweiler*, Beiträge, S. 57.

[13] Zu Carl Salomon *Zachariae* vgl. auch *Roscher*, Wilhelm, Geschichte der Nationalökonomik in Deutschland, S. 932f.; vgl. auch *Schanz*, Öffentliches Schuldenwesen,

für die damalige deutsche Finanzwissenschaft, wie auch *Roscher* herausstellt, wenn er schreibt: „Wodurch sich Nebenius mit den meisten Deutschen von der englischen Doctrin besonders unterscheidet, das ist seine Umkehr von ihrer Abneigung gegen jede Staatsintervention".[14] Obwohl *Nebenius* — wie *Say* und *Ricardo* — immer wieder das Problem der „Kapitalvernichtung" diskutiert[15], so analysiert er aber auch die Möglichkeiten, nicht nur die Grenzen, des Staatskredits.

Für unsere Problemstellung von zentraler Bedeutung ist die anti-manchester-liberale Haltung Carl *Dietzels*[16], der in seiner Zeit sehr breit gewirkt hat.[17] Für Carl *Dietzel* (1829-1884) ist das durch Anleihen absorbierte Kapital nicht „vernichtet", sondern umgewandeltes „disponibles" Kapital, das dieser Reallokation zur Verfügung stand.[18] *Dietzel*[19] stellt die Notwendigkeit wachsender Staatsausgaben sogar in Beziehung zu einer volkswirtschaftlichen Disproportionalitätsthese[20]: Bei „entwickelten" Volkswirtschaften droht die Gefahr, daß die Produktion die Nachfrage übersteige. Das disponible Kapital wäre dann auf falsche Wege geraten. „Damit wird die öffentliche Verschuldung in den Dienst der Akkumulation gestellt, denn sie soll die privatwirtschaftlich induzierte Fehlallokation, die sich in einer relativen Überproduktion ausdrückt, ausgleichen."[21] Wenn diese Disproportionalitätsthese auch noch sehr vereinfacht bei Carl *Dietzel* vorgestellt wird, so deutet sich hier doch schon

---

XXXX, S. 11 ff.; vgl. *Zachariae*, Carl Salomon, Über das Schuldenwesen der Staaten des heutigen Europa, in: Jahrbuch für Geschichte und Politik, 1830, S. 193 ff., 289 ff. (auch erschienen Leipzig 1830).

[14] *Roscher*, Geschichte der Nationalökonomik, S. 955 f.

[15] Ebenda, S. 958 f.

[16] *Dietzel*, Carl, Das System der Staatsanleihen im Zusammenhang der Volkswirtschaft betrachtet, Heidelberg 1855; vgl. auch *Dettweiler*, Beiträge, S. 18 f.; *Stettner*, Walter F., Carl Dietzel, Public Expenditures and the Public Debt, in: Income, Employment and Public Policy. Essays in Honor of Alvin H. Hansen, New York 1948, S. 276 ff.; vgl. auch *Dietzel*, Carl, Die Volkswirtschaft und ihr Verhältnis zu Gesellschaft und Staat, Frankfurt/M. 1864.

[17] Vgl. auch *Wirth*, Max, Grundzüge der Nationalökonomie, 2. Bd., (1859), 3. Aufl., Köln 1869.

Wirth lehnt sich durchaus der Terminologie von C. *Dietzel* (stehendes, umlaufendes, disponibles Capital) an (ebenda, S. 660 ff.) und schreibt: „Alle Ausgaben des Staates, welche in dieser Weise dazu dienen, den Verkehr und die Geschäftstätigkeit eines Landes, dessen gesamtes materielles und geistiges Capital in seiner Integrität zu erhalten, sind daher productive Anlagen und in den Augen des Staatswirthes gerechtfertigt." (ebenda, S. 664). Daher leitet sich bei *Wirth* die positive Bewertung des Staatskredits zur Finanzierung derartiger produktiver Ausgaben ab, denn: „Allein durch die Anleihe wird das Umlaufkapital nur da weggenommen, wo es entbehrlich ist" (ebenda, S. 664).

[18] *Hickel*, Notwendigkeit, S. XXXIII.

[19] Vgl. zum folgenden auch *Dettweiler*, Beiträge, S. 15-60.

[20] *Hickel*, Notwendigkeit, S. XXXIV.

[21] *Hickel*, Notwendigkeit, S. XXXIV.

dogmenhistorisch der funktionale Zusammenhang zwischen Krisenpotential und Reallokationsstrategien der Finanz- und Geldpolitik an. Carl *Dietzel* hat Staatsausgaben als „produktiv" eingestuft, indem sie als zur Kapitalbildung beitragend begriffen werden. Dabei wird „disponibles Kapital", d.h.: Kapital mit hohem Liquiditätsgrad, absorbiert. Neben dem „umlaufenden Kapital" (Roh-, Hilfs- und Betriebsstoffe sowie Halbfertigwaren) und „stehendem" Kapital (Anlagevermögen) macht das „disponible Kapital" nur einen Teil des BSP aus.

Carl *Dietzel* bezieht den Sinn der staatlichen Kreditaufnahme z.T. auf die Situation der Überproduktion (in der Gewinne gehortet bzw. nicht reinvestiert werden und das Ungleichgewicht $S > I$ gegeben sei). Das Mittel, um aus diesem Dilemma herauszukommen, ist für *Dietzel* der Kredit. Damit nimmt *Dietzel* tatsächlich ein zentrales Element der Theorie „reifer" Volkswirtschaften vorweg.

Unter Einfluß von Adam *Müller* und Friedrich *List* befürwortet *Dietzel* unter diesen Bedingungen die Hinwendung zur (öffentlichen) Produktion von „Immaterialkapital" (Dienstleistungen würde man heute sagen). Während Steuern für die Finanzierung „regelmäßiger, gewöhnlicher Ausgaben" herangezogen werden sollen, dient der Kredit der Finanzierung „einmaliger" (außerordentlicher) Ausgaben (Investitionen in infrastrukturelle Anlagen etc.).

Konjunkturelle Aspekte finden sich eigentlich bei dieser Begründung „außerordentlicher" Ausgaben nicht. Deshalb sollte man die Inbeziehungsetzung der Position von Carl *Dietzel* zur späteren Lehre von der „fiscal policy" nicht überspitzen. Dennoch gilt: *Dietzel* legte sehr viel Wert auf die Analyse der Ausgaben- bzw. Verwendungsseite (während Adolph *Wagner*, hierbei in seiner Bedeutung für unsere Fragestellung zweifellos abfallend, mehr Wert auf die Einnahmeseite legte und damit eher „traditionell" argumentierte). Bei *Dietzel* ist die Staatsverschuldung begriffen als Mittel — als Hebel — zur Steigerung der Investitionstätigkeit durch Umlenkung von „brachliegendem" Kapital. Ist die private Investitionstätigkeit unzureichend, so muß ein entsprechendes — kompensatorisches — Maß im öffentlichen Sektor getätigt werden. Das anlagesuchende Kapital entsteht in dieser Situation der relativen Überproduktion infolge mangelnder effektiver Nachfrage. Damit wird deficit-spending erforderlich. Der Staat absorbiert und reinvestiert jenes Kapital, das von den privaten Unternehmen im Kontext mangelnder effektiver Nachfrage nicht in Realkapitalbildung transformiert wird. Hier sind „Parallelen zu Keynes" durchaus vorhanden. Die Verbindung zur „functional finance" ist dort gegeben, wo „produktive Investitionen" (z.B. im Bildungsbereich) eingefordert werden.

Verteilungspolitische Aspekte (z.B. der Fall, daß Steuerzahler mit Zinsempfängern nicht identisch sind) werden bei *Dietzel* nur im Rahmen einer untergeordneten Bewertung diskutiert. *Dietzel* betont aber, wie sehr viel später *Domar*, daß Zinsen zur (Steuer-)Last werden können.

Insgesamt kann das Fazit gezogen werden, daß *Dietzel* wohl der herausragende Kopf beginnender funktionaler Staatswirtschaftslehre (in nachmerkantilistischer Zeit) des 19. Jahrhunderts war.

Neben *Dietzel* war es allerdings auch Erwin *Nasse*[22], der die Möglichkeiten der Staatskreditierung mit dem Vorliegen von disponiblem Kapital in Verbindung brachte. Sonst kommt eigentlich nur noch Franz *Stöpel*, den wir im übernächsten Kapitel eingehender betrachten werden, eine ähnliche bedeutsame Rolle in der Formulierung wirtschaftspolitisch orientierter Finanzpolitik im ausgehenden 19. Jahrhundert zu, auch wenn sich *Stöpel* vorwiegend dem Notenbankkredit zuwendet.

Dietzels Analyse erinnert allerdings auch sehr an Lorenz von *Steins*[23] „Reproduktivitätsformel“: „Ein Staat ohne Staatsschuld thut entweder zu wenig für seine Zukunft, oder er fordert zu viel von seiner Gegenwart.“[24] *Ricardos* Satz, die öffentliche Verschuldung sei eine der „schrecklichsten Geißeln“, die je zur Plage der Nation erfunden worden sei, wird von Lorenz von *Stein* auf den Kopf gestellt.

In seiner „Volkswirtschaftslehre“[25] differenziert *Stein* — in Anlehnung an *Justi, Sonnenfels* und *Rau* — zwischen Volkswirtschaftslehre, Staatswirtschaft (= Finanzwissenschaft als Staatseinnahmenlehre) und wirtschaftlicher Verwaltung oder Volkswirtschaftslehre (als Ausgabenlehre zur Förderung der Volkswirtschaft), um sie der Idee der „Staatswissenschaft als organische(r) Einheit von Volkswirtschaft, Staatswirtschaft und Verwaltung“ zu subsumieren bzw. zu dieser zu integrieren. Auch in seinem „System der Staatswissenschaft“[26] unterscheidet Lorenz von *Stein*[27] Volkswirtschaftslehre, Gesellschaftslehre und „eigentliche Staatslehre“ als Teile der „Staatswissenschaft“ (= Lehre von der menschlichen Gemeinschaft). Staatswissenschaft bleibt die übergreifende (organische) Sicht im System der Einzeldisziplinen.[28] Damit ist — gemäß der Begriffsbildung von *Schumpeter*[29] — „Staatswissenschaft“ bei *Stein* weder „reine“ Ökonomik (als liberale Wirtschaftstheorie klassischer Art) noch Wirtschaftslehre des von der Volkswirtschaft unterschiedenen Staates, sondern umfassende (übergreifende) Sicht.

---

22 *Nasse*, Erwin, Steuern und Staatsanleihen. Eine Revision der neueren Untersuchungen über die Verschiedenheit ihrer volkswirtschaftlichen Wirkungen, in: Zeitschrift für die gesamte Staatswissenschaft, Bd. 24, Tübingen 1868, S. 1 ff.

23 Vgl. *Dettweiler*, Beiträge, S. 61 - 71.

24 *Stein*, Lorenz von, Lehrbuch der Finanzwissenschaft, 3. Aufl., Leipzig 1875, S. 716; vgl. auch *Dettweiler*, Beiträge, S. 61.

25 2., vollständig neue Aufl., Wien 1878, S. 554 ff.

26 Osnabrück 1964, Bd. 2 (= Nachdruck der Ausgabe von 1856).

27 Ebenda, S. 2 f.

28 *Stein*, Lorenz von, System der Staatswissenschaft, Bd. 1, Osnabrück 1964, (= Nachdruck der Ausgabe von 1852), S. 1 ff.

29 Vgl. *Schumpeter*, Joseph A., Geschichte der ökonomischen Analyse, Bd. 1, S. 52 ff.

Der verschmelzende, den organischen Charakter dieser Beziehungen ermöglichende Mechanismus ist der reproduktive Zusammenhang aller Prozesse. Diese staatsorientierte Verbindung der Einzeldisziplinen ist — auch wenn sich die begriffliche Systematik bei *Stein* durchaus wandelt[30] — eine Kontinuität des deutschen Denkens im 19. Jahrhundert.[31]

In Abgrenzung zu den Kassenkrediten steht *Stein* dem langfristigen Staatskredit durchaus wohlwollend gegenüber.[32] Die „Reproduktivitätsthese"[33] ist hierbei von zentraler Bedeutung. Sie läßt sich durch folgendes Schaubild verdeutlichen[34]:

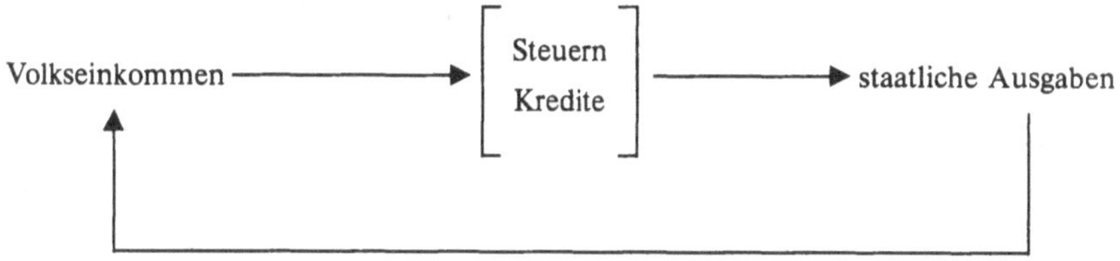

Über die Wirkungen der staatlichen Ausgaben (als aus dem Volkseinkommen letztlich abgeschöpften Mitteln) wird das Volkseinkommen — und damit wiederum die Finanzquelle des Staates — gefördert.

Wenn auch kritisch, so stand die Lehre von Adolph *Wagner*[35] in der Tradition von *Dietzel* und *Stein*. *Wagner* dachte allerdings — so *Dettweiler* — mit fortgeschrittenem Alter zunehmend „fiskalisch".[36] Grundsätzlich sah *Wagner* aber Staatsausgaben als „produktiv" an.[37] Der Staat selbst ist eine Produktivkraft. Der Einfluß von *Dietzel* ist hier evident. Insbesondere K. H. *Rau* (1792-1870) — ein letzter Vertreter des deutschen Kameralismus[38] — hat Wagner mitgeprägt.

---

[30] Vgl. *Gerloff*, Wilhelm, Die öffentliche Finanzwirtschaft, 2. Aufl., Bd. 1, Frankfurt/M. 1948, S. 69.

[31] Zur Fortsetzung der kameralistischen Tradition bei Lorenz von *Stein* vgl. auch *Sommer*, Louise, Die österreichischen Kameralisten, Teil 2, S. 466ff., 459.

[32] *Dettweiler*, Beiträge, S. 61.

[33] Vgl. auch *Schorer*, Hans, Lorenz von Steins Reproduktivitätsprinzip, in: Probleme der öffentlichen Finanzen und der Währung. Festgabe für Eugen Grossman, Zürich 1949, S. 181ff.; vgl. auch *Dettweiler*, Beiträge, S. 62.

[34] *Dettweiler*, Beiträge, S. 63f.

[35] Ebenda, S. 71-99; vgl. auch *Menard*, Die Lehren, S. 15ff.

[36] *Dettweiler*, Beiträge, S. 72.

[37] Vgl. *Wagner*, Adolph, Theoretische Sozialökonomik oder Allgemeine und theoretische Volkswirtschaftslehre, 1. Abt., Leipzig 1909, S. 105; ders., Grundlegung der politischen Ökonomie, 1. Theil, 2. Halbband, S. 878.

[38] Vgl. *Mombert*, Geschichte der Nationalökonomie, S. 191.

Wie *Schäffle,* so tendiert auch *Wagner*[39] zu einer „organischen" Auffassung von Staat und Individuum.[40] Dabei kombinierte *Wagner* recht unterschiedliche geistige Strömungen seiner Zeit und der zurückliegenden Ideengeschichte: englischer Liberalismus, *Savigny* und die romantische Staatslehre, *Fichtes* Idealismus, konservativer Sozialismus von *Rodbertus*[41], *Hegel* und die (neo-) aristotelische Ethik.

Wagners Staatsauffassung ist für dessen Finanzwissenschaft von fundamentaler Bedeutung. Erwin von *Beckerath* schreibt: „Der Staat erscheint gleichsam als die höhere Lebensform gegenüber dem vergänglichen Individuum; er wird als eine ‚Wirtschaftsart' eigener Prägung bezeichnet und geschildert..."[42] Indem *Wagner* den Machtstaat um die Funktion von Kultur- und Wohlfahrtsausgaben erweitert, bewirkt er die Bildung einer eigenen staatlichen Finanzwirtschaftslehre. Der „Sinn" der Besteuerung ist bei *Wagner* dann nicht mehr reinfiskalisch zu bestimmen. Erwin von *Beckerath* spricht daher von „systempolitischen Funktionen", die die „Verteilung von Einkommen und Vermögen sowie deren Verwendung regulierend und verändernd betreffen"[43].

Wagner differenziert zwischen ordentlichen Einnahmen und außerordentlichen Einnahmen und formuliert korrespondierende Deckungsregeln[44]:

[39] *Gideon,* Das Verhältnis, S. 121 ff.

[40] Vgl. auch *Andreae,* Wilhelm, Der staatssozialistische Ideenkreis, in: Archiv für Rechts- und Wirtschaftsphilosophie, Bd. 24, 1930/31, S. 169 ff.

[41] Vgl. *Gideon,* Das Verhältnis, S. 71.

[42] *Beckerath,* Erwin von, Die neuere Geschichte der deutschen Finanzwissenschaft (seit 1800), in: *Gerloff/Neumark* (Hrsg.), Handbuch der Finanzwissenschaft, Bd. 1, S. 432.

[43] Ebenda, S. 435.

[44] *Wagner,* Adolph, Die Ordnung der Finanzwirtschaft und der öffentliche Kredit, in: *Schönberg,* Gustav (Hrsg.), Handwörterbuch der Politischen Ökonomie, 3. Bd.: Finanz-

Die kameralistische Tradition schlägt hier bei *Wagner* noch voll durch. *Wagner* folgt bei dieser Einteilung der Ausgabenarten dem Kriterium der Dauer der wirtschaftlichen Wirkungen. Während der ordentliche Finanzbedarf auf der Zuführung umlaufenden Kapitals beruht, schlagen sich die außerordentlichen Ausgaben in Wirkungen nieder, die über die laufende Finanzperiode hinausgehen. Dabei wird — in Anlehnung an Carl *Dietzels* Theorie — „stehendes“ Kapital gebildet, das zur (Mit-)Grundlage der weiteren ökonomischen Entwicklung wird. Hierbei schafft — so *Wagner* —der Staat die Basis seiner eigenen Refinanzierung. Ordentliche Ausgaben verzehren ihren „Nutzeffekt“ in der laufenden Periode, außerordentliche in längerer Fristigkeit.

Bei *Wagner* findet also eine Art von „Rentabilitätssicherung“ in die Begründung außerordentlicher (und damit kreditfinanzierter) Ausgaben Eingang, wodurch stark fiskalische Momente in den Vordergrund treten. Daher folgert *Polanz-Dudzus* auch: „Eine der schwierigsten Fragen für den unbefangenen Beurteiler des Wagner'schen Grundpostulates ist die, ob die Art und Weise, wie er bei den Vorerwägungen über die Begrenzung des öffentlichen Bedarfs den Vergleich zwischen Kostenwert und Nutzwert der übernommenden Leistungen zur Geltung kommen läßt, nicht eine individuelle Wiederaufhebung des Prinzips bedeutet, daß sich die Einnahmen nach den Ausgaben zu richten hätten.“[45] Wegen des unlösbaren Operationalisierungsproblems mag *Wagners* rentabilitätsgebundener Deckungsgrundsatz unhaltbar sein.[46] Doch kann man *Wagner* auch so interpretieren, daß er in diesem Deckungsgrundsatz zumindest die Legitimität der Staatskreditierung durch Rückgriff auf gesamtwirtschaftliche Reproduktionszusammenhänge (hier: die Steigerung des Volkseinkommens infolge von Staatsausgaben) begründete[47] und damit — als Folge — die Steigerung fiskalischer Möglichkeiten aufwies.

Bei der Betrachtung des unerwarteten „außerordentlichen“ Bedarfs berücksichtigt *Wagner* durchaus die Wirtschaftslage (wobei die Bestimmung des tatsächlich disponiblen Kapitals geleistet werden müßte[48]); zum anderen

wissenschaft und Verwaltungslehre, 2. Aufl., Tübingen 1885, S. 447ff., ders., Finanzwissenschaft, 1. Theil, 3. Aufl., Leipzig 1883, S. 130ff.; vgl. ferner *Polanz-Dudzus,* Elisabeth, Adolph Wagners Theorie der Deckung des Staatsbedarfs (dargestellt im Rahmen der älteren und zeitgenössischen Finanzliteratur), Diss., Universität Berlin, Coburg 1935, S. 62; vgl. auch *Gräfe,* Heinrich-Karl, Zur Problematik des außerordentlichen Budgets, Jenaer Diss., Bottrop 1933. Zur Verwurzelung der Scheidung von außerordentlichen und ordentlichen Staatsausgaben im Merkantilismus vgl. auch *Schnabel,* Kurt, Der außerordentliche Etat der öffentlichen Wirtschaft in deutscher Theorie und Praxis, Würzburger Diss., 1924, S. 22ff.

[45] *Polanz-Dudzus,* Adolph Wagners Theorie, S. 135.

[46] Vgl. auch *Zimmermann,* Horst, Der letzte „klassische“ Deckungsgrundsatz, in: Finanzarchiv, N.F., Bd. 24, 1965, S. 70ff.

[47] Vgl. auch *Stucken,* Robert / *Sies,* Walter, Finanzwirtschaftliche Deckungsgrundsätze und konjunkturpolitische Postulate, in: Finanzarchiv, N.F., Bd. 12, 1950, S. 616ff.

[48] *Dettweiler,* Beiträge, S. 79; *Polanz-Dudzus,* Adolph Wagners Theorie, S. 98, vgl. auch S. 132.

berücksichtigt *Wagner* auch die einkommens- und verteilungspolitischen Aspekte bzw. Effekte, insbesondere auch wichtige Gesichtspunkte bei der Analyse der Folgewirkungen außerordentlicher Ausgaben. Jedoch geht *Wagner,* wenn er auch die Einwirkung der Staatsverschuldung auf die effektive Nachfrage untersucht[49], meist nicht so weit wie *Dietzel. Wagner* geht nicht von einer Unterbeschäftigungssituation in seiner Analyse aus, sondern von Vollbeschäftigung aller Ressourcen und betrachtet damit erneut nur die Entzugseffekte staatlicher Anleihepolitik.[50]

Verteilungspolitisch kritisiert *Wagner* die Begünstigung der „Besitzenden" infolge von Zinszahlungen.

Insgesamt kann *Wagners* Ansicht zum Staatskredit wie folgt zusammengefaßt werden: Vorausgesetzt, die wirtschaftliche Lage ermöglicht Anleihen (wenn also keine Kapitalknappheit vorliegt), so sollten staatliche Investitionen produktiver Art finanziert werden, so daß damit ein Beitrag zur Deckung der vorangegangenen Ausgaben ermöglicht wird.

Damit ging *Wagner* mit der „Ökonomisierung" des Staates längst nicht so weit wie Carl *Dietzel.* Aber es kann herausgestellt werden, „daß er jedoch zumindest ... den Staat als Produzenten bestimmter Güter auffaßt, deren Produktion je nach Zweckmäßigkeit, Art und Beschaffenheit der Güter, in Hinblick auf den volkswirtschaftlichen Zusammenhang alternativ durch Steuern oder Anleihen zu finanzieren ist"[51].

So ist insgesamt sehr zweifelhaft, ob *Wagner* der funktionalen Theorie der Finanzwirtschaftslehre zugeordnet werden kann. *Wagners* Steuerlehre macht eine solche Zuordnung jedenfalls plausibler, als es dessen Anschauungen zum Staatskredit erlauben.

Wagners „staatssozialistisches Programm" — progressive Einkommen- und Vermögenssteuer, Erbschaftssteuer (bis zur Aufhebung der Erbschaft), stärkerer Ausbau von Verkehrssteuern, Erfassung des unverdienten Wertzuwachses an Grund und Boden, Steuern auf Konjunktur- und Spekulationsgewinne, Besitzwechselabgaben, Börsensteuer, Grundrentensteuer[52] — wird weitgehend „sozialpolitisch" (und damit aus sozialen Gerechtigkeitsvorstellungen heraus) abgeleitet[53], kaum aus verteilungspolitischen Krisenanalysen[54], auch wenn die

---

[49] *Dettweiler,* Beiträge, S. 80f.

[50] Ebenda, S. 84, 94.

[51] *Dettweiler,* Beiträge, S. 90.

[52] *Thier,* Ernst, Rodbertus, Lasalle, Adolph Wagner, Jena 1930, S. 73; vgl. auch *Wagner,* Adolph, Finanzwissenschaft, 3. Theil, 2. Aufl., unter Mitarbeit von Hermann Deite, Leipzig 1910, S. 492ff., 499; *Wagner,* Theoretische Sozialökonomik, S. 496ff.

[53] *Gerlach,* Geschichte der Finanzwissenschaft, XXXVIII, S. 40f. *Wagner* sah in „Spekulationsperioden" hinreichend viel „disponibles Kapital" vorliegen, um den Staat zu kreditieren (vgl. auch *Sies,* Walter, Finanzpolitische Deckungsgrundsätze und konjunkturpolitische Postulate, Diss., Erlangen 1950, S. 17). Mit dem Hinweis auf

ungleichgewichtige Verteilung bei *Wagner* gelegentlich krisenanalytische Relevanz aufscheinen läßt.[55]

Bei *Wagner* ist dieser Ansatz, aus Kultur- und Wohlfahrtszwecken des Staates[56] „außerordentliche Staatsausgaben" zu begründen, fixiert in seinem Gesetz der wachsenden Staatstätigkeit.[57] Hatte Johann Gottfried *Hoffmann*[58] 1840 im Rahmen einer organischen Staatsidee darauf verwiesen, daß staatliche Tätigkeit die allgemeine Wohlfahrt steigere, so formulierte *Wagner* nun in Anlehnung an *Umpfenbach*[59] einen Entwicklungszusammenhang von steigender Staatstätigkeit und sozialpolitischem Fortschritt.[60] Bei *Wagner* heißt es: „Und der Staat fortgeschrittener kulturfähiger Völker, so namentlich der modernen, hört immer mehr auf, einseitig Rechtsstaat, im Sinne der möglichst alleinigen Vermittlung des Rechts- und Machtzweckes, zu sein und wird immer mehr Cultur- und Wohlfahrtsstaat, in dem Sinne, dass gerade seine Leistungen auf dem Gebiete der Cultur- und Wohlfahrtszwecke sich beständig mehr ausdehnen und einen reicheren und mannigfaltigen Inhalt gewinnen."[61] Weiter heißt es: „Es bereitet sich, nach der ‚staatsbürgerlichen', das Richtige in derselben aufnehmend und fortführend, eine ‚soziale Phase' des öffentlichen Lebens, der Politik, der Finanzwirtschaft und als Reflex davon eine analoge Phase in der Finanzwissenschaft vor."[62] Schließlich: „Nach Rodbertus' richtigem Programmwort: Die Volkswirtschaft muß mehr Staatswirtschaft werden — oder mit anderen Worten die Hinwendung zum ‚Staatssozialismus' und die finanzielle Voraussetzung dabei, eine ‚soziale Finanzpolitik', von großem Einfluße auch auf die Finanzwirtschaft werden... Ein solcher Vorgang in der Praxis wird von der Theorie auf die Dauer nicht ignoriert werden können..."[63].

Ob allerdings — wie Carl *Brinkmann* behauptete[64] — in diesem Gesetz schon die Lehre von der „functional finance" verwurzelt ist, muß in dieser Rigorosität

„Spekulationsperioden" wird die sozialpolitische Argumentation rudimentär mit krisenanalytischen Aspekten angereichert.

[54] Vgl. auch *Beckerath*, Erwin, Gustav von Schmollers finanzgeschichtliche Studien, in: *Spiethoff*, Arthur (Hrsg.), Gustav Schmoller und die Deutsche Geschichtliche Volkswirtschaftslehre. Festgabe zur 100. Wiederkehr seines Geburtstages, Berlin 1938, S. 212ff., hier S. 214f.

[55] *Thier*, Rodbertus, S. 70.

[56] *Wagner*, Grundlegung, 1. Theil, 2. Halbband, S. 885.

[57] Ebenda, S. 892ff., 888.

[58] Die Lehre von den Steuern, Berlin 1840, S. 1ff.

[59] *Umpfenbach*, Karl, Lehrbuch der Finanzwissenschaft, 1. Teil, Erlangen 1859, S. 24f.

[60] *Wagner*, Grundlegung, 1. Theil, 2. Halbband, S. 892.

[61] Ebenda, S. 888.

[62] *Wagner*, Finanzwissenschaft, 3. Aufl., 1. Theil, Leipzig 1883, S. 45.

[63] Ebenda, S. 49f.

[64] *Brinkmann*, Carl, Staatsfinanzierung, in: Finanzarchiv, N.F., Bd. 12, 1949, S. 1ff., hier S. 28.

dahingestellt bleiben. Entscheidend ist aber für die Einschätzung von *Wagner*, daß Staatsausgaben, Staatstätigkeit überhaupt, nicht a priori als schädlich hinsichtlich der Volkswirtschaft definiert werden.[65] Staatsausgaben „vernichten" nicht einfach das Volkseinkommen bzw. das „Volkskapital"[66]. Sie verändern aber deren ökonomische und soziale Schichtung bzw. Verteilung, was wiederum wachstumsfördernd sein kann[67] — eine Annahme, mit der *Wagner* Elemente der *Keynes*schen Theorie fortgeschrittener Volkswirtschaften formuliert. Daher schreibt *Wagner:* „Das volkswirtschaftliche Problem guter, richtiger und gerechter Verteilung des Volkseinkommens ist früher über das Problem grösstmöglicher Produktion der Güter auch in der Theorie nicht gewinnbringend zur Geltung gekommen."[68] Jedoch ist die Nähe zu *Keynes* längst nicht so ausgeprägt wie bei Carl *Dietzel*. *Heilmann*[69] hebt zwar hervor, daß *Wagner* eine „Verstetigung des Wachstumsprozesses" bewirken will[70]; jedoch bleiben staatswirtschaftliche Schlußfolgerungen bei *Wagner* weitgehend aus, obwohl er in seiner Schrift „Finanzwissenschaft und Staatssozialismus"[71] einige Andeutungen macht. In kritischer Auseinandersetzung mit Lorenz von *Stein* sieht *Wagner* in einer gleichmäßigeren Einkommensverteilung keine kapitalbildungshemmende Wirkung[72]: „Gegenüber den konkreten Verhältnissen einer modernen Volkswirtschaft ist freilich die Vermutung statthaft, daß — bei der heutigen Größe des Nationaleinkommens und bei dem heutigen Stande der Technik und der Produktivkräfte — eher eine Verminderung als eine Erhaltung oder gar als eine Steigerung der gegenwärtigen Ungleichheit der Einkommensverteilung das für alle Beteiligten Segensreichere, Kulturfördernde sei."[73] In der Abschöpfung von Gewinnanteilen sieht *Wagner* daher nicht unbedingt eine Hemmung

[65] *Wagner*, Grundlegung, 1. Theil, 2. Halbband, S. 878.

[66] Vgl. *Heilmann*, Martin, Adolph Wagner — Ein deutscher Nationalökonom im Urteil der Zeit, Frankfurt/M.—New York 1980, S. 134.

[67] *Wagner*, Grundlegung, 1. Theil, 2. Halbband, S. 728, 732.

[68] *Wagner*, Grundlegung, 1. Theil, 2. Halbband, S. 750; vgl. auch *Wagner*, Finanzwissenschaft und Staatssozialismus, in: Zeitschrift für die gesamte Staatswissenschaft, Bd. 45, 1887, S. 37ff., 675ff.; auch abgedruckt in: Sozialökonomische Texte, hrsg. von August Skalweit, Frankfurt/M. 1948.

[69] *Heilmann*, Adolph Wagner, S. 25.

[70] Von einer Sicherung und Stärkung des inneren Marktes durch Konsumsteigerung infolge der redistributiven Besteuerung ist bei *Wagner* nicht die Rede. Die Folgen der als Kaufkraftübertragung begriffenen staatlichen Umverteilung von Ressourcen für die Konsum- und Investitionsquote sowie für die Sparkapitalbildung werden von *Wagner* nicht explizit analysiert. Z. T. ging *Wagner* wohl davon aus, daß — nun allerdings bei anderen Personen — identische Verwendungszwecke zum Zuge kommen, was für die angenommene Konstanz der Sparkapitalbildung bei *Wagner* spricht (vgl. hierzu auch *Lehner*, Bruno, Die Lehre Adolph Wagners von den obersten Grundsätzen der Besteuerung, Diss., Erlangen 1950, S. 88ff., S. 92ff.).

[71] Finanzwissenschaft und Staatssozialismus, (1887), in: Sozialökonomische Texte, hrsg. von Skalweit.

[72] Ebenda, S. 67f.

weiteren Wachstums[74]: „Eine ‚Gefährdung‘ der wahren Interessen des Nationalkapitals, seiner Bildung, Vermehrung, Verwendung, Richtung, in welcher es beschäftigt wird, bringt gerade das übermäßige Anwachsen spekulativ erworbener Großvermögen, nicht eine Politik mit sich, welche diesem Anwachsen Schranken zu ziehen und direkt oder indirekt die übrigen Klassen der Erwerbsgesellschaft, besonders die unteren arbeitenden und die ‚kleinen Leute‘, aber auch die Mittelklassen kauffähiger, konsumtionskräftiger und kapitalbildungsfähiger zu machen sucht.“[75] Abschöpfungsprozesse (auch steuerlicher Art) sind demnach nicht allein Entzugsprozesse[76], sondern Umverteilungsprozesse: Die Kapitalien werden vom Staat wieder verausgabt und werden „in anderen Kreisen, welche für die Befriedigung dieses Mehrkonsums produzieren, eine Steigerung der Kapitalbildungsfähigkeit“ bewirken.[77] Ob hier *Wagner* eine Stärkung des Konsums mittels gleichmäßiger Verteilung avisiert, um so Spekulationsvermögensbildung und -anhäufung zu unterbinden bzw. zu reduzieren, muß uneindeutig und damit dahingestellt bleiben. Dafür spricht allerdings, daß *Wagner* in der Überspekulation (und der dadurch bedingten Disproportion von kreditierter Angebotsausdehnung und zurückbleibender Nachfrage) die Hauptursache der periodischen Wirtschaftskrisen sah.[78] Auch in dem 1. Teil seiner „Finanzwissenschaft“[79] hebt *Wagner* die Möglichkeit hervor, mittels Staatsverschuldung echt-brachliegendes Kapital (disponibles Kapital) zu absorbieren, da es sonst durch „Überspekulation“ einer Fehlallokation zugeführt werden würde. Hier definiert *Wagner* tatsächlich die Staatswirtschaft als Instrument der Wachstumsverstetigung. Doch bleiben diese Dimensionen recht zurückhaltend formuliert.

Mit dem „sozialpolitischen Steuerzweck“[80] ebnete *Wagner* also den Weg zu einer Finanzpolitik zu nicht-fiskalischen Zwecken, die aber in erster Linie sozial-

---

[73] Ähnliche Thesen finden sich auch — so *Pfau* — in der Schrift „The Nature and First Principles of Taxation“ (1914) von Robert *Jones* (vgl. *Pfau*, Elsa F., Industriepolitische Gesichtspunkte in der Besteuerung, Stuttgart 1921, S. 116ff.). Auch *Jones* geht davon aus, daß eine durch progressive Besteuerung modifizierte Verteilung die weitere Entwicklung der wirtschaftlichen Produktivkräfte nicht behindert, sondern — im Gegenteil — eher fördert.

[74] *Wagner*, Finanzwissenschaft und Staatssozialismus, S. 73f.

[75] Ebenda, S. 79/80.

[76] Ebenda, S. 81f.

[77] Ebenda, S. 81/82; diese Zusammenhänge finden bei Paul *Becher* [Vergleich und Kritik der sozialpolitischen Auffassung bei Lujo Brentano, Adolph Wagner, Georg von Hertling und Franz Hitze, Diss., (1959), München 1965, S. 223f.] nicht hinreichend Eingang.

[78] Vgl. *Bergmann*, Eugen von, Geschichte der nationalökonomischen Krisentheorie, S. 403ff.

[79] 3. Aufl., Leipzig 1883, S. 154f.

[80] *Wagner*, Adolph, Finanzwissenschaft, 2. Theil, 1. Aufl., Leipzig—Heidelberg 1880, S. 287ff. (auch 2. Aufl., Leipzig 1890, S. 14f., 383ff.).

und nicht wirtschaftspolitischer Natur war.[81] Die „kathedersozialistische" Finanzwirtschaftslehre instrumentalisierte damit die Steuerpolitik zum Zwecke einer sozialen Redistribution, einer Politik der öffentlichen Leistungserbringung und Wohlfahrtssteigerung.[82] „Unter Socialpolitik im allgemeinen verstehen wir diejenige Politik des Staats, welche Mißstände im Gebiete der Verteilungsprozesse mit Mitteln der Gesetzgebung und Verwaltung zu bekämpfen versucht."[83]

Wagner hebt somit im Rahmen dieser Funktionalisierung der Staatswirtschaft die „positive Socialpolitik"[84] — keine Wachstums- oder gar Konjunkturpolitik, wie ansatzweise bei Carl *Dietzel* — in den Vordergrund der Betrachtung. Es geht ihm darum, „durch ‚soziale' Volkswirtschafts- und Finanzpolitik regulierend in die vertragsmäßige Verteilung des Einkommens (und Vermögens) und in die sonst freie Verwendung des Einkommens und in die Consumtion einzugreifen"[85].

Ähnliche Aspekte finden wir auch bei A. *Held*[86] oder Ludwig *Stein*[87]. Die Einkommensverteilung ist „kein Produkt natürlicher Gerechtigkeit". Diese zu verändern, macht *Wagners* Finanzwissenschaft zu einer nicht-fiskalischen.[88] Demnach ist „die Steuer nicht nur Mittel zur Deckung des Finanzbedarfs, sondern zugleich ein solches Mittel", „welches in die bei freier Conkurrenz entstandene Einkommens- und Vermögensvertheilung corrigierend eingreift"[89].

Die Mehrzahl von *Wagners* Zeitgenossen stand jedoch der Idee nicht-fiskalischer Funktionen der Finanzpolitik ablehnend gegenüber.[90]

---

[81] *Koch,* Waldemar, Das Verhältnis zwischen gesellschaftlicher und steuerlicher Gerechtigkeit bei Adolph Wagner, in: Finanzarchiv, N.F., Bd. 23, 1963, S. 36ff.

[82] *Wagner,* Finanzwissenschaft, Theil 2, 1. Aufl., S. 220ff.; *Mann,* Fritz Karl, Steuerpolitische Ideale, S. 314; *Scheer,* Sozialstaat und öffentliche Finanzen, S. 226ff.; *Polanz-Dudzus,* Adolph Wagners Theorie, S. 50, Anm. 122; *Schmidt,* Dora, Nicht-fiskalische Zwecke der Besteuerung, Tübingen 1926, S. 11, 15.

[83] *Wagner,* Adolph, Über soziale Finanz- und Steuerpolitik, in: Archiv für soziale Gesetzgebung und Statistik, Bd. IV, 1891, S. 1ff., hier S. 4; ders., Theoretische Sozialökonomik, S. 484ff.; ders., Finanzwissenschaft, 2. Theil, 1. Aufl., S. 209, 220ff.; ders., Finanzwissenschaft, 1. Theil, 3. Aufl., Leipzig 1883, S. 95; ders., Finanzwissenschaft, 3. Theil, 2. Aufl., (unter Mitarbeit von H. Deite), S. 492ff.

[84] *Wagner,* Grundlegung, 1. Theil, 2. Halbband, S. 684ff.

[85] Ebenda, S. 745f.; ders., Finanzwissenschaft, Theil 2, 1. Aufl., S. 288.

[86] *Held,* Adolf, Die Einkommenssteuer, Bonn 1872, S. 111.

[87] *Stein,* Ludwig, Die sociale Frage im Lichte der Philosophie, Stuttgart 1897, S. 639ff.; *Mann* (Steuerpolitische Ideale, S. 315, Fußnote 1) hebt in seiner Behandlung der Vorläufer von *Wagners* „sozialpolitischem Zweck" der Besteuerung insbesondere auch Lord *Kames* (1696-1782) hervor, der einen progressiven Steuertarif zur Milderung der Ungleichheit in der Besitzverteilung forderte.

[88] Vgl. *Berckenhagen,* Friedrich, Die Lehre A. Wagners vom sozialpolitischen Zweck der Steuer und die Reichsfinanzreform von 1919/20, maschinenschriftliche Diss., Königsberg 1923.

[89] *Wagner,* Finanzwissenschaft, Theil 2, 1. Aufl., S. 288.

Fand man bei Hans von *Scheel*[91] und dem schon zitierten Adolf *Held*, vor allem auch bei Constantin *Frantz*[92] noch positive Bemerkungen, so steht *Schäffle* nur bedingt in dieser Tradition nicht-fiskalischer Finanzpolitik[93]; die Mehrzahl bleibt tatsächlich negativ gegenüber der „sozialen Steuerpolitik“ eingestellt.[94]

Constantin *Frantz* hebt nicht nur — wie *Wagner* — die „soziale Funktion“ („bessere Vertheilung der Vermögen und Einkommen“) hervor, sondern auch volkswirtschaftliche Aspekte: „Wir werden weiterhin sehen, daß es sogar einen gewissen regulierenden Einfluß auf die ganze volkswirtschaftliche Entwicklung ausüben kann.“[95] Die Volkswirtschaft soll „in eine dem Gesamtinteresse dienliche Richtung“ gelenkt werden.[96] Ähnlich wie Franz *Stöpel*, den wir im übernächsten Kapitel näher betrachten werden, kritisiert auch *Frantz*[97] den „reinen Spekulationserwerb“. Das „Einkommen aus unproductivem Erwerb“ müßte zu viel höheren Sätzen besteuert werden als „das Einkommen aus productiven Geschäften“[98], wodurch die unternehmerische Tätigkeit sich von der Geldkapitalbildung zur produktiven Kapitalanlage verschieben würde. Natürlich will auch *Frantz* die Kapitalbildung durch die oberen Einkommensschichten nicht gehemmt wissen[99], aber in einer etwas angeglicheneren Einkommensverteilung sieht *Frantz*[100] kein Hindernis weiterer Kapitalbildung. Eine

---

[90] Vgl. auch *Ritschl*, Hans, Theorie der Staatswirtschaft und Besteuerung, Bonn—Leipzig 1925, S. 85ff.

Vgl. auch *Neumann*, Friedrich Julius von, Die progressive Einkommenssteuer im Staats- und Gemeindehaushalt, Leipzig 1874, S. 99; *Lehr*, Julius, Kritische Betrachtungen zu den wichtigeren für und wider den progressiven Steuerfluß vorgebrachten Gründen, in: Jahrbücher für Nationalökonomie und Statistik, Bd. 29, 1877, S. 1ff., S. 193ff.; *Mayer*, Gustav, Finanzwissenschaft, Stuttgart 1889, S. 248; *Sax*, Emil, Grundlegung der theoretischen Staatswirtschaft, Wien 1887, S. 522f.; *Vocke*, Wilhelm, Die Grundzüge der Finanzwissenschaft, Leipzig 1894, S. 160; *Heckel*, Max von, Lehrbuch der Finanzwissenschaft, Bd. 1, Leipzig 1907, S. 127; *Wieser*, Friedrich Freiherr von, Theorie der gesellschaftlichen Wirtschaft, in: Grundriß der Sozialökonomik, I. Abt., 1. Buch, Tübingen 1914, S. 125ff., hier S. 425.

[91] *Scheel*, Hans von, Die progressive Besteuerung, in: Zeitschrift für die gesamte Staatswissenschaft, Bd. 31, 1875, S. 273ff.; vgl. auch *Berckenhagen*, Die Lehre Ad. Wagners, S. 22ff.

[92] *Frantz*, Constantin, Die sociale Steuerreform als die Conditio sine qua non, wenn der socialen Revolution vorgebeugt werden soll, Mainz 1881, Nachdruck, Aalen 1972, S. 47ff., 167, 190.

[93] *Scheer*, Sozialstaat und öffentliche Finanzen, S. 239f.

[94] *Lotz*, Walther, Fiskus als Wohltäter. Betrachtungen über Nebenzwecke bei der Besteuerung, Berlin 1906.

[95] *Frantz*, Die sociale Steuerreform, S. 49.

[96] Ebenda, S. 51.

[97] Ebenda, S. 148f.

[98] Ebenda, S. 149, vgl. auch S. 150.

[99] Ebenda, S. 155.

Einschränkung des Luxuskonsums der oberen Schichten sieht er volkswirtschaftlich nicht für schädlich an[101], sofern durch den Druck der Besteuerung das Kapital dann in produktivere Anlagen fließt. *Frantz,* der die Notwendigkeit des Konsums der unteren Schichten als wichtiger ansieht als den Luxuskonsum[102], sieht jedoch durch die Besteuerung keine Mittel gegeben, die der Staat dann zugunsten des Massenkonsums umlenkt, sondern er sieht in der Steuerpolitik ein Mittel, um die Ressourcenverwendung der oberen Schichten zu lenken bzw. zu steuern.

Albert *Schäffle,* auf den weiter unten nochmals zurückzukommen sein wird, kritisierte zwar den „sozialpolitischen Nihilismus" des Manchestertums[103], akzeptierte aber die „soziale Funktion" der Besteuerung allenfalls als „Nebenzweck", nicht jedoch als „zweiten Hauptzweck"[104].

Adolph *Wagner* gehört jedenfalls in die frühe Phase der sozialpolitischen Richtung der funktionalen Finanzwirtschaftslehre.

Auf der Basis der Studie von Hans *Gehrig* über die „Begründung des Prinzips der Sozialreform"[105] können wir die fehlende (oder nur ansatzweise herausgearbeitete) wirtschaftspolitische Dimension im Begründungsrahmen der funktionalen Finanzwirtschaftslehre hervorheben: „Was bezweckt die Reform? Zunächst Verbesserung der materiellen und wirtschaftlichen Lage — als Voraussetzung der geistigen und sittlichen Hebung."[106] Es geht also nicht um Wachstums- oder Stabilitätspolitik, sondern um das „Prinzip der verteilenden Gerechtigkeit"[107]. Die Frage nach der „besten Verteilung des Nationalreichtums" trat „ergänzend neben die Frage nach der größten Produktion"[108], während mit der „New Economics" im 20. Jahrhundert die Verteilungsfrage als integraler Teil der Akkumulationstheorie als Wachstums- und Konjunkturtheo-

---

100 Ebenda, S. 156.

101 Ebenda, S. 161 ff.

102 Ebenda, S. 161 f.

103 *Schäffle,* Albert E. F., Bourgeois- und Arbeiter-Nationalökonomie, in: Deutsche Vierteljahrs-Schrift, H. 106, 1864, S. 245 ff., hier S. 268.

104 *Schäffle,* Die Steuern, Allgemeiner Teil, Leipzig 1895, S. 34; ders., Die Steuern, Besonderer Teil, Leipzig 1897, S. 525 ff., 530; vgl. auch *Tautscher,* Anton, Die öffentliche Wirtschaft, Berlin 1953, S. 33.

105 *Gehrig,* Hans, Die Begründung des Prinzips der Sozialreform. Eine literaturhistorische Untersuchung über Manchestertum und Kathedersozialismus, Jena 1914; vgl. auch *Schmidt,* Hans, Staatssozialistische Bestrebungen im Verein für Socialpolitik, Köln 1941 (Diss., Köln 1940), S. 17 ff.

106 *Gehrig,* Die Begründung, S. 162.

107 *Gehrig,* Die Begründung, S. 195; vgl. auch S. 302. Vgl. auch *Sultan,* Herbert, Functional Finance und Finanzsoziologie, S. 324; *Oppenheimer,* Franz, Adolph Wagner, in: ders., Soziologische Streifzüge. Gesammelte Reden und Aufsätze, Bd. 2, Jena 1927, S. 302 ff., hier S. 302-304, 306.

108 *Gehrig,* Die Begründung, S. 264, vgl. auch S. 302.

rie begriffen werden kann.[109] *Gehrig* schreibt: „Die Folge der Auffassung der Nationalökonomie als einer Normenlehre ist, daß die ökonomische Motivierung der Sozialreform bei den Kathedersozialisten zurücktritt hinter der ethischen.“[110]

Auch *Neumark*[111] sieht das Redistributionsmotiv in der funktionalen Besteuerungslehre des Kathedersozialismus ursprünglich ethisch motiviert[112], auch wenn *Neumark* auf — ansatzweise — wirtschaftspolitische Begründungsversuche bei *Malthus, Lauderdale* und *Sismondi* verweist.

Nur *Brentano*[113] wies z.B. auf die Nachfrageeffekte höherer Löhne hin. Ebenso *Herkner*[114], auf den wir später noch mehrmals zu sprechen kommen, und *von Schulze-Gävernitz* (als *Brentano*-Schüler).

So ist also die positive Diskussion um die staatliche Intervention in der 2. Hälfte des 19. Jahrhunderts in Deutschland weitgehend sozialpolitischer Natur.[115] Sozialpolitik meinte — wie es *Schulz-Bodmer* ausdrückte[116] — eine Politik, die, indem sie nicht nur den Tatsachenverlauf der Erzeugung und Verteilung von Gütern ins Auge faßt, die persönliche Seite des Güterlebens und damit die Rückwirkung aller Verhältnisse des Wirtschaftsprozesses auf die ökonomischen und moralischen Zustände der arbeitenden Bevölkerung gestaltend behandelt. Es handelt sich hierbei eindeutig um Sozialpolitik (ähnlich der später von Gerhard *Weisser* formulierten Sozialpolitik als Gestaltung der Lebenslage[117]), weniger um wirtschaftspolitische (Lenkungs-)Intervention (in krisen- oder strukturpolitischer Hinsicht).

---

[109] Vgl. *Krüger*, Michael, Aspekte einer Theorie zyklischer Kapitalakkumulation, Frankfurt/M.—Bern 1982.

[110] *Gehrig*, Die Begründung, S. 339.

[111] *Neumark*, Fritz, Grundsätze gerechter und ökonomisch rationaler Steuerpolitik, S. 187.

[112] *Malchus*, Eva von, Das Vordringen des sozialen Gesichtspunktes in Deutschland, in: Ordo, Bd. 17, 1966, S. 321 ff. (auch wenn wir die Kritik von *Malchus* an den negativen ökonomischen Folgen bzw. Grenzen der Sozialpolitik — u.a. in Rekurs auf *Prince-Smith!* — nicht teilen wollen).

[113] *Gehrig*, Die Begründung, S. 340f. *Brentano* fordert Mindestlöhne und wies auf deren stabilisierende Wirkung hin (*Becher*, Paul, Vergleich und Kritik der sozialpolitischen Auffassungen bei Lujo Brentano, Adolph Wagner, Georg von Hertling und Franz Hitze, Diss., München 1965, S. 146); zur Lohntheorie von *Brentano* vgl. schließlich Werner *Barich*, Lujo Brentano als Sozialpolitiker, Diss., Frankfurt/M. 1936, S. 24ff.

[114] *Gehrig*, Die Begründung, S. 342.

[115] Vgl. *Phillipovich*, Eugen von, Das Eindringen der sozialpolitischen Ideen in der Literatur, in: *Altmann*, S. P. (Hrsg.), Die Entwicklung der deutschen Volkswirtschaftslehre im 19. Jahrhundert. Gustav Schmoller zur 70. Wiederkehr seines Geburtstages, 2. Teil, Leipzig 1908, XXXI, S. 1 ff.

[116] *Schulz-Bodmer*, Wilhelm, Art. Communismus, in: Staatslexikon, hrsg. von Carl von *Rotteck* und Carl *Welcker*, 3. Aufl., Altona 1859, Bd. 3, S. 589ff.

Auch bei *Warnkönig*[118] wendet sich der Sozialpolitiker an die Finanzwissenschaft, aber nicht in konjunktur- und wachstumspolitischer Sicht. Zentral bleibt die Verteilungsfrage in Hinsicht auf die sittliche und materielle Lebenslage der arbeitenden Klassen. So auch bei Gustav *Schmoller.*[119] Sozialpolitisch orientiert sich schließlich auch *Röder*[120] in seiner Diskussion des fiskalischen Abgabesystems.

So war die Funktionalisierung der öffentlichen Finanzwirtschaft zur Zeit der „deutschen Finanzklassik" auf die „soziale Frage" als „Arbeiterfrage" unter sozialintegrativen Gesichtspunkten orientiert.[121] Eugen von *Phillipovich*[122] versteht daher unter Sozialpolitik — ähnlich wie *Jastrow*[123] — den Tatbestand, daß die „Lebenshaltung der Arbeiterschaft zum Gegenstand organisierter Verwaltung und Fürsorge" wird. Und L. von *Bortkiewicz*[124] definiert: „Sozialpolitik ist eben nichts anderes als die in Gesetzgebung und Verwaltung sich äußernde Stellungnahme des Staates zu den sozialen Gegensätzen." Es ging also um die Angleichung der klassenspezifisch differenzierten Lebensverhältnisse aus sozialpolitischer Sicht im Rahmen einer Verknüpfung von Ethik und Volkswirtschaftslehre.[125]

---

117 Auch *Weisser* faßt die Bedürfnisse nicht nur als wirtschaftliche, sondern auch als immaterielle (geistig-sittliche) (vgl. *Müller-Heine,* Karin, Zur Definition der Sozialpolitik, in: Sozialer Fortschritt, Jg. 26, 1977, S. 171 ff., hier S. 173).

118 *Warnkönig,* L. A., Die gegenwärtige Aufgabe der Rechtsphilosophie, in: Zeitschrift für die gesamte Staatswissenschaft, 1851, S. 219ff., 473ff., 622ff., hier S. 280.

119 *Scheer,* Sozialstaat und öffentliche Finanzen, S. 230ff. Vgl. auch *Schubert,* Hans, Gustav Schmoller als Sozialpolitiker, Diss. Frankfurt/M., Würzburg 1937.

120 *Röder,* David August, Grundzüge des Naturrechts oder der Rechtsphilosophie, 2. Aufl., Heidelberg 1860-63, S. 317.

121 Ursprünglich stand die Verknüpfung von Staat (als Träger), Klassengegensätzen (als Ursache und Grund) und sozialer Integration (als Ziel) im Zentrum der Definitionen von „Sozialpolitik" (so bei R. *van der Borght,* L. *von Borkiewicz,* L. *von Wiese,* L. *Heyde*), die sich dann aber zunehmend verflüchtigte (etwa bei O. *von Zwiedineck-Südenhorst,* A. *Amonn,* E. *Günther,* W. Weddigen, A. *Albrecht* und T. *Brauer*); nur E. *Heimann* hat von Anfang an unter Sozialpolitik den Einbau eines „Gegenprinzips" zum Kapitalismus verstanden (vgl. zu diesen dogmengeschichtlichen Entwicklungen auch *Lüdge,* Friedrich, Der Begriff der Sozialpolitik, in: Jahrbücher für Nationalökonomie und Statistik, Bd. 137, 1932, S. 481 ff.). Zur weiteren Entwicklung der Konzeptionen und Definitionen von „Sozialpolitik" vgl. auch *Preller,* Ludwig, Sozialpolitik in der Weimarer Republik, (1949), Düsseldorf 1970, S. 204ff.

122 *Phillipovich,* Eugen von, Grundriß der politischen Ökonomie, II, 1, 14. Aufl., nach der 8. Aufl. unverändert, Tübingen 1922, S. 229.

123 *Jastrow,* J. (ganz), Sozialpolitik und Verwaltungswissenschaft, Berlin 1902, Bd. 1, S. 15ff.

124 *Bortkiewicz,* L. von, Der Begriff „Sozialpolitik", in: (Conrads) Jahrbücher für Nationalökonomie, Bd. 72, III. Folge, Bd. 17, 1899, S. 332ff., hier S. 334f.

125 Vgl. auch *Bäumer,* Gertrud, Die soziale Idee in den Weltanschauungen des 19. Jahrhunderts, Heilbronn 1910, S. 342ff.

Carl *Dietzel* ragt aus dieser Linie der deutschen Nationalökonomie und Finanzwissenschaft der 2. Hälfte des 19. Jahrhunderts heraus. Allerdings müssen wir auch hinsichtlich *Dietzels* Position Abstriche machen und G. *Steigers* Einschätzung[126] zustimmen, wonach bei *Dietzel* der Zusammenhang zwischen Anleihefinanzierung und Konjunktursteuerung nicht überschätzt werden darf.

Dietzel weist keine expliziten konjunkturpolitischen bzw. -theoretischen Ansätze auf. Dieser Meinung ist wohl auch *Stettner*[127]. *Hickel*[128] weist darauf hin, daß die deutsche Finanzklassik eine „infrastrukturell-funktionale Begründung" der Notwendigkeit der Staatsverschuldung betont hat, während die „neue Lehre" des 20. Jahrhunderts mehr einer „situationsspezifisch-konjunkturelle(n) Begründung" zugeneigt habe.

Dies sollte beachtet werden, wenn *Schmölders*[129] Ad. *Wagner* als den großen „Theoretiker des Interventionismus" beschreibt.[130] Aber es kann umgekehrt auch festgehalten werden, daß Carl *Dietzel* den Produktivitätsbegriff weiter faßte als die „reine" Theorie der liberalen Finanzorthodoxie.[131] *Hickel*[132] meint daher m. E. zu Recht, daß bei *Dietzel* — ähnlich wie bei Lorenz von *Stein*[133] — ein „entwicklungsreformerisches Staatsverständnis" vorliegt. Erneut zeigt sich, daß das „Problem der Staatsauffassung"[134] ein schulenbildender Grundlagenstreit in der Finanzwissenschaft ist.[135]

Die deutsche Nationalökonomie weist hier tatsächlich eine eigene nationale Entwicklungslinie auf. Während die englische und amerikanische Nationalökonomie die Allokation über die private Wirtschaft (also die Minimierung der Kaufkraftumschichtung über die öffentlichen Haushalte) für die effizienteste Steuerung hielt[136] — diese finanzliberale Haltung dominierte lange Zeit auch in Frankreich — so nimmt *Wagner*[137] die Idee des (kameralistischen) Polizei- und

---

[126] *Steiger*, Dogmengeschichtliche Entwicklung, S. 21.

[127] *Stettner*, Carl Dietzel, Public Expenditures and the Public Debt, S. 291.

[128] *Hickel*, Rudolf, Zum Ideologiegehalt der Staatsverschuldungsdebatte. Ein theoriegeschichtlicher Abriß, in: *Simmert*, Diethard B. / *Wagner*, Kurt-Dieter (Hrsg.), Staatsverschuldung kontrovers, Köln 1981, S. 137ff., hier S. 161f.

[129] *Schmölders*, Günter, Geschichte der Volkswirtschaftslehre, Wiesbaden 1961, S. 68.

[130] *Institut „Finanzen und Steuern"*, Der Fiskus als Sozialpolitiker, H. 77, Bonn 1965, S. 68.

[131] *Steiger*, Dogmengeschichtliche Entwicklung, S. 21.

[132] *Hickel*, Notwendigkeit und Grenzen der Staatsverschuldung, S. XXXII.

[133] *Stein*, Lorenz von, Lehrbuch der Finanzwissenschaft, Leipzig 1885-1886, hier Teil II, 1, 5. Aufl., Leipzig 1885, S. 356ff.; vgl. auch *Littmann*, Konrad, Zunehmende Staatstätigkeit und wirtschaftliche Entwicklung, Köln-Opladen 1957, S. 22ff.

[134] *Bieri*, Zur Stellung der frühen deutschen Finanzwissenschaft, S. 19.

[135] *Hickel*, Rudolf, Grundsätze der Besteuerung, S. IXff.

[136] *Mann*, Fritz Karl, Steuerpolitische Ideale, S. 273.

[137] Ebenda, S. 332f., 336.

Wohlfahrtsstaates wieder auf.[138] Die „historische Schule der Nationalökonomie“[139] ist auch gerade aufgrund dieser Funktionalisierung der öffentlichen Finanzwirtschaft ein großer Gegenspieler zum Manchestertum.[140]

Die „fiscal policy“ oder „fiscal theory“ beginnt ihre steil verlaufende Karriere als krisenregulierende Wirtschaftspolitik und -theorie erst im fortgeschrittenen 20. Jahrhundert.[141] Die deutsche Nationalökonomie des 19. Jahrhunderts führte aber eine eigenständige Produktivitätstheorie staatlichen Handelns fort.

Zum großen Teil — einige Ausnahmen sind in den nächsten Kapiteln noch zu besprechen — hat die historische Richtung der Nationalökonomie aber keine interventionistische Theorie der Finanzpolitik als Lenkungsökonomik (prozeßpolitischer Art) thematisiert. Eckart *Pankoke*[142] spricht dagegen von „planungstheoretischen Ansätzen“ in der Geschichte der deutschen „Staatswissenschaft.“[143] Hier wird mehr die Staatsrolle insgesamt als konkrete finanzpolitische Interventionismen analysiert.

Dennoch gibt es die wirtschaftspolitische Lenkungsökonomik im Rahmen dieser Idee des „sozialplanerischen Budgets“. *Pankoke* verweist auf Moritz von *Lavergne-Peguilhen*[144] (1801-1870), der die Erhebung und Verausgabung von Staatsmitteln — Steuern, Domänen, Regalien, aber auch Staatsbetriebe — in infrastrukturpolitischer Perspektive betrachtet. *Lavergnes* Kritik am Wirtschaftsliberalismus gründet damit in einer Konzeption von „Gesellschaftswissenschaft“, die „auf den älteren Begriff der ‚Staatswirtschaft‘ rekurrierte“[145]. Die Staatshaushaltsauffassung — von *Lavergne* „Gesellschaftshaushalt“ genannt — ist ausgesprochen „anti-fiskalisch“ orientiert.

Wie später Othmar *Spann*[146], so führt die Historische Schule den erweiterten Produktivitätsbegriff von Adam *Müller* und Friedrich *List* fort.[147] Laut *Baxa*[148]

---

[138] *Wagner*, Adolph, Staat in nationalökonomischer Sicht, in: Handwörterbuch der Staatswissenschaften, hrsg. von Ludwig *Elster* u.a., 3. Aufl., Bd. 7, Jena 1911, S. 727ff., hier S. 733f.; vgl. auch *Polanz-Dudzus*, Adolph Wagners Theorie, S. 22f., 35, 45, 134.

[139] *Gide / Rist*, Geschichte der volkswirtschaftlichen Lehrmeinungen, S. 411 f.

[140] Vgl. *Huber*, Ernst Rudolf, Deutsche Verfassungsgeschichte seit 1789, Bd. IV, Stuttgart u.a. 1969, S. 981ff.; vgl. auch *Suranyi-Unger*, Wirtschaftsphilosophie des 20. Jahrhunderts, S. 46ff.

[141] Vgl. *Smithies*, Arthur, Federal Budgeting and Fiscal Policy, in: *Ellis*, Howard S. (Hrsg.), A Survey of Contemporary Economics, Homewood/Ill. 1948, S. 174ff.

[142] *Pankoke*, Eckhart, Sozialer Fortschritt und soziale Verwaltung. Planungstheoretische Ansätze in der deutschen Staats- und Gesellschaftswissenschaft des 19. Jahrhunderts, in: Die Verwaltung. Zeitschrift für Verwaltungswissenschaft, Bd. 2, 1969, S. 425ff.

[143] Ebenda, S. 430.

[144] Grundzüge der Gesellschaftswissenschaft, 1. Teil, Königsberg 1838, 2. Teil, Königsberg 1841, hier Teil 1, S. 176.

[145] Pankoke, Sozialer Fortschritt, S. 433.

[146] Vgl. auch *Wrangel*, Georg Baron, Das universalistische System von Othmar Spann, Jena 1929.

ist Henry *Carry*[149] einer der letzten großen Vertreter einer „staatsorientierten" Produktivitätstheorie.[150] Unsere bisherige Darstellung, aber auch die folgenden beiden Kapitel, dürften zeigen, daß die Vertreter dieser volkswirtschaftlichen Richtung zahlreicher sind, wenn auch der Reifegrad der Verknüpfung der Idee gestaltender Staatsintervention mit volkswirtschaftlichen Analysen[151] noch nicht befriedigend ist.

Trotzdem veranlaßt diese mangelhafte wirtschaftspolitische Begründung der genannten historisch-ethischen Richtung *Tautscher*[152] zu Recht, die „wirtschaftspolitische Staatswirtschaftslehre" getrennt zu betrachten: „Der Anfang für die wirtschaftspolitische Staatswirtschaftslehre wurde durch zwei Daten gegeben: durch die Konjunkturpolitik und die Theorie der Lenkung der Volkswirtschaft."[153]

Denn selbst *Schäffle*[154], der in der diesbezüglichen Dogmengeschichtsschreibung behandelt wird, da er vorschlug, das überlieferte Dogma des einjährigen Haushaltsgleichgewichts durch ein Gleichgewichtsprinzip längerer Fristigkeit zu ersetzen[155], ist kein Vorläufer der „fiscal policy". *Schäffle* „will über längere Perioden hinweg das Volumen des Staatshaushaltes in etwa gleichhalten, die Staatstätigkeit von konjunkturell bedingten Einnahmeschwankungen der Steuern unabhängig machen. Sein Interesse an einem über längere Perioden hinweg ausgeglichenen Staatshaushalt ohne größere Friktionen ist mehr fiskalisch bedingt, weniger oder gar nicht konjunkturpolitisch, in dem Sinne, daß etwa über den Staatshaushalt die Konjunktur gesteuert werden sollte."[156]

---

[147] *Baxa*, Jakob, Geschichte der Produktivitätstheorie, Jena 1926.

[148] Ebenda, S. 155.

[149] *Stark*, Werner, Geschichte der Volkswirtschaftslehre, S. 14.

[150] Vgl. *Held*, Adolf, Carrys Sozialwissenschaft und das Merkantilsystem, Würzburg 1866; vgl. auch *Eisenhart*, Hugo, Geschichte der Nationalökonomie (1881), 2., verm. Aufl., Jena 1901, S. 194ff.

[151] Vgl. auch *Lang*, Eva / *Koch*, Walter A. S., Staatsverschuldung — Staatsbankrott, Würzburg 1980, S. 153; *Duwendag*, Dieter, Staatsverschuldung — Notwendigkeit und Grenzen, Baden-Baden 1983, S. 41 f.

[152] *Tautscher*, Anton, Die öffentliche Wirtschaft, Berlin 1953, S. 44ff.

[153] Ebenda, S. 45.

[154] *Schäffle*, Albert, Zur Theorie der Deckung des Staatsbedarfs, in: Zeitschrift für die gesamte Staatswissenschaft, Bd. 39, 1883, S. 273ff., S. 633ff., hier insbes. S. 293ff.; Bd. 40, 1884, S. 107ff., hier S. 121; vgl. auch *Sies*, Walter, Finanzpolitische Deckungsgrundsätze und konjunkturpolitische Postulate, S. 30ff.

[155] Vgl. *Mann*, Fritz Karl, Die Staatswirtschaftslehre unserer Zeit, in: Finanzarchiv, N.F., Bd. 15, 1954/55, S. 212ff., hier S. 230; *Dettweiler*, Beiträge, S. 112; *Schanz*, Öffentliches Schuldenwesen, S. 26f.

[156] *Dettweiler*, Beiträge, S. 13f.; *Preiswerk*, Theorien der Staatsverschuldung, S. 46ff.

Steiger weist daher u. E. zu Recht die Ansicht von *Schmölders*[157] zurück[158], mit Albert *Schäffle* sei die finanzpolitische Konjunktursteuerung schon vorweggenommen worden.

[157] *Schmölders,* Günter, Zur Problematik der finanzpolitischen Konjunkturtherapie, in: Beiträge zur Geld- und Finanztheorie, Wilhelm Gerloff zum 70. Geburtstag, hrsg. von Fritz Neumark und Heinz Sauermann, Tübingen 1951, S. 107ff., hier S. 118.

[158] *Steiger,* Dogmengeschichtliche Entwicklung, S. 21.

Kapitel 9

List, Bentinck, Rodbertus, Mevissen und der Multiplikatoreffekt der Eisenbahnen

Von der chronologischen Vorgehensweise z. T. abweichend, wollen wir nun, nachdem wir die kameralistische und die historisch-ethische Richtung der Nationalökonomie und Finanzwissenschaft in ihren Grundlinien nachzuzeichnen versucht haben, einige Vertreter zu Wort kommen lassen, die, den eben genannten Richtungen zurechenbar oder doch zumindest von diesen stark beeinflußt, am Problem des Eisenbahnbaus einige Grundelemente funktionaler Finanzwirtschaftslehre ansatzweise formulierten. Indem den geldschöpfungs- und/oder anleihenfinanzierten Eisenbahnbauprogrammen, die nicht selten zugleich als öffentliche Arbeitsbeschaffungsprogramme begriffen wurden, ein Effekt der Steigerung des wirtschaftlichen Verkehrs, der Produktion, Zirkulation und des Konsums zugeschrieben wurde, war man einer zentralen Kategorie der „neuen Wirtschaftslehre" — dem Multiplikator — auf der Spur.[1]

Im Rahmen unseres Überblicks im zweiten Kapitel erwähnten wir kurz Friedrich *List* (1789-1846) als eine Quelle des „Keynesianismus". *List* weist große Parallelen auf zur Idee von Benjamin *Disraeli* (1801-1881) und George *Bentinck* (1802-1848), ein staatliches Arbeitsbeschaffungsprogramm für Irland mittels eines Eisenbahnbauprogramms, das *Bentinck* 1847 dem britischen Unterhaus vorlegte, vorzunehmen.[2] *Bentinck* sah hierfür Staatsanleihen vor. Diese wurden als „produktiv" begriffen, da das Bauprogramm der ganzen Volkswirtschaft zugute kommt. Modern mutet die Argumentation an, daß das Geld, das durch die Anleihen vom Staat aufgenommen wird, in der Volkswirtschaft verbleibt und somit nur eine Umlenkung des Kapitals, nicht jedoch eine Vernichtung darstelle. Diese Kapitalumlenkung würde als „promoter" dienen, um den wirtschaftlichen Prozeß positiv zu beeinflussen.

In Deutschland hatte *List* die Vorteile eines produktiv verwendeten Staatskredites gerade auch in Hinsicht auf die Eisenbahnen erkannt. In seinem

---

[1] Das Verkehrswesen ist insgesamt, ebenso wie das Eisenbahnwesen im besonderen, sehr geeignet zu einer gesonderten Betrachtung, da dogmengeschichtlich (vgl. auch *Schultz,* Bruno, Die Lehre von der Verkehrspolitik als Disziplin der Volkswirtschaftslehre in Deutschland, in: *Muhs,* Karl (Hrsg.), Festgabe für Georg Jahn, Berlin 1955, S. 535ff.) oftmals das Verkehrswesen im Schnittpunkt zwischen Finanzwissenschaft und Volkswirtschaftspolitik behandelt wurde.

[2] Vgl. *Herr,* Hildegard, Das Arbeitsbeschaffungsprogramm Lord George Bentincks 1847, Diss. Basel, Lörrach 1958.

„Nationalen System der politischen Ökonomie" schrieb *List:* „Das Staatskreditsystem ist eine der schönsten Schöpfungen der neueren Staatskunst und ein Segen für die Nationen, insofern es als Mittel dient, ... der Nationalität ... Existenz, Wachstum, Größe, Macht und Vermehrung der Produktivkraft (zu) verbürgen."[3]

Diese Einschätzung der Staatsschuld, die Ähnlichkeiten mit der von L. v. *Stein,* Ad. *Wagner* und C. *Dietzel* aufweist, wird von *List* bezogen auf die „Verbesserung der Transportmittel"[4], da gerade hier „die produktiven Kräfte der künftigen Generation außerordentlich und in fortwährend steigender Progression" vermehrt würden.

In seinen Schriften zum Verkehrswesen thematisiert *List* 1837 sogar die Möglichkeit, im Falle des Kapitalmangels ein „solides Papiergeldsystem einzuführen oder die Summe der vorhandenen Papierzirkulationsmittel (zu) vermehren"[5].

In bezug auf die Bahnlinie Mannheim—Basel hat *List* 1835 eine solche Papiergeldmengenerweiterung, die als Emission von Banknoten durch die Privatgesellschaft vorgestellt wird, im Hinblick auf eine Multiplikatorwirkung analysiert. Er stellt heraus, daß „die Herstellung derjenigen Werke, wodurch diese Papiere in Zirkulation gesetzt werden, nach und nach den Verkehr bedeutend vermehrt"[6]. *List* scheint hier eine Erweiterung des Verkehrs induziert zu sehen, die „eine Vermehrung der Zirkulationsmittel an und für sich selbst notwendig macht", so daß die vorgenommene Geldmengenerweiterung güterwirtschaftlich gedeckt ist. Der Kurs dieser Gelder bleibt damit stabil.

Carl *Rodbertus (-Jagetzow)* (1805-1875) hat ähnliche Gedanken 1845 in seiner Schrift „Die preussische Geldkrisis" formuliert. „Nationen, welche keine Zettelbanken besitzen, müssen in ihrem Nationalwohlstande so langsam fortschreiten, als durch die jeder Erweiterung der Nationalproduction nothwendiger Weise voraufgehende Aufsparung des ganzen Werths des dazu bedurften Capitals bedingt ist."[7] Die Papiergeldemission wird hier zum Impuls des volkswirtschaftlichen Fortschritts, wie es bei *Rodbertus* heißt.[8] „Nationen, ... welche durch die Errichtung von Zettelbanken dafür gesorgt haben, dass der Credit, der zur Erschaffung neuer Capitalien beiträgt, geübt wird, haben ihren Fortschritt beflügelt."[9] Damit wird der Sparprozeß also nicht mehr zur (auch

---

[3] *List,* Friedrich, Das nationale System der politischen Ökonomie (Ausgabe von 1844), List Werke, Bd. VI, Berlin 1930, S. 312.

[4] Ebenda, S. 312.

[5] *List,* Friedrich, Schriften zum Verkehrswesen, List Werke, Bd. III, Berlin 1929, S. 75.

[6] *List,* Schriften zum Verkehrswesen, S. 239.

[7] *Rodbertus,* Carl, Gesammelte Werke und Briefe, Abteilung 2, Bd. 1, Osnabrück 1972, S. 20.

[8] Ebenda, S. 21.

[9] Ebenda, S. 22.

zeitlichen) Voraussetzung des Wachstumsprozesses: „Indem solche Anstalten die Aufsparung der Capitalansprüche **vor** Beginn der neuen Unternehmungen unnöthig machen, ... hat die Nation das eigenthümliche Hemmnis des Fortschritts des Nationalreichthums ... erhoben".[10]

Die Notenemission, die auch bei *Rodbertus* nicht als Emission von Staatspapiergeldern, sondern als Erweiterung von Zirkulationsmitteln durch private (Zettel-)Banken, die per Gesetz geregelt sind, vorgestellt wird, soll zum Bestand an „nationalen Gegenstände(n)" proportioniert sein und vornehmlich der „vermehrten Produktion" und der Verwirklichung des „sich ausbreitenden Absatz(es)"[11] dienen. Für *Rodbertus* stellen Eisenbahnbau und -nutzung volkswirtschaftlichen „Verbrauch" (Umsatz) dar, der nur über die Inanspruchnahme von Geldschöpfung finanziert werden kann.[12] Die dabei gezahlten Löhne würden „nur zum Segen des Landes gereichen"[13]. Indem *Rodbertus* also durch den Eisenbahnbau Arbeitsplätze geschaffen sieht[14], eröffnet derart verwendete Geldschöpfung Absatzwege.

Wir sehen hier, daß öffentliche Ausgaben und staatliche Infrastrukturinvestitionen volkswirtschaftlich (volkswirtschaftspolitisch) motiviert waren. Gegenüber der vor allem nach 1900 sich ausweitenden Diskussion um öffentliche Arbeiten (vgl. die beiden nächsten Kapitel) haben die hier skizzierten Positionen noch den Vorzug, zugleich die Problematik der finanzwirtschaftlichen Dekkungsregeln in die Analyse stärker einbezogen zu haben.

Erneut läßt sich somit eine frühe Vorgeschichte des „Keynesianismus" feststellen. So schrieb *Klein* (in bezug auf die Frage, ob *Keynes* neue Gedanken formuliert hat): „... it is not difficult to find in the literature of economics many of the same ideas earlier expressed."[15] Natürlich trifft die Relativierung von *Klein* zu, daß keiner dieser „Vorkeynesianer" „ever worked out a complete and determinate model", und „many of these forerunners had not clearly in their minds the theoretical formulations..."[16]. Aber dennoch haben die „forerunners" in erstaunlicher Weise zentrale Elemente vorweggenommen.

So hat Gustav von *Mevissen* (1815-1899) im Jahre 1879 ein konjunkturpolitisches Programm aufgestellt: In Stockungsphasen soll der Staat gerade nicht sparen, sondern mittels (des in der Krise verbilligten) Kredites seine öffentlichen

---

[10] *Rodbertus*, Gesammelte Werke, S. 22; Fettgedrucktes im Original gesperrt gedruckt.

[11] Ebenda, S. 26.

[12] S. 34f. Dabei formuliert *Rodbertus* einen an Ad. *Wagner* erinnernden Deckungsgrundsatz für die Geldschöpfung (bei *Wagner* ging es um die außerordentliche Deckung durch tilgungspflichtige Staatsschulden): die „Voraussetzung der Rentabilität der Anlagen" (ebenda, S. 37).

[13] Ebenda, S. 38, 48.

[14] Ebenda, S. 38.

[15] *Klein*, Lawrence R., The Keynesian Revolution, New York 1961, S. 124.

[16] Ebenda, S. 124.

Investitionen steigern und der erlahmenden Investitionstätigkeit des privaten Sektors durch Subventionen entgegenwirken. Diese Politik soll ferner in ein regionales Förderungsprogramm eingebettet werden. Die „Beschränkung der öffentlichen Arbeiten" und die „Beschränkung der produktiven Tätigkeit des Staates" werden von *Mevissen* als „ganz falsch verstandene Sparsamkeit" bezeichnet.[17] „Die Tätigkeit des Staates, und die Privattätigkeit gleichzeitig lahm und die Hände verzweifelungsvoll in den Schoß zu legen, dies ist unseres Erachtens die allerungeeignetste Weise, der großen Krise der Gegenwart wirksam zu begegnen."[18]

Diese Antizyklik ist hier ganz deutlich formuliert, weshalb wir es für gerechtfertigt halten, *Mevissen* nochmals ausführlich zu zitieren: „Hat die Privattätigkeit in einem zu ungestümen Anlauf ihr Ziel überrannt und ist auf ihrem Gebiete Apathie und Ermattung eingetreten, so ist für den Staat Aufgabe und Moment da, in die Lücken einzutreten, den Stoß der zu starken Bewegung möglichst zu parieren und das zu tun, was stets und zu allen Zeiten die Hauptaufgabe aller Staatskunst sein wird: den schaffenden Kräften die Bahn zur Betätigung zu eröffnen, die Extreme zu bändigen und die Harmonie aller Faktoren des Staatslebens soweit als möglich zu erhalten bzw. herzustellen."[19]

Mevissen lobt daher den Ausbau der Eisenbahn in Frankreich. Mehr als modern klingt ein Satz von *Mevissen,* der an die Idee des „idle capital" erinnert: „Wird dem müßigen Kapitale keine Gelegenheit zu soliden Anlagen im Inlande geboten, so wird sich dasselbe vorwiegend den ausländischen Staats- und industriellen Papieren zuwenden."[20] *Mevissen* fordert daher eine Abschöpfung dieser Kapitalien durch Staatsanleihen, die zur Finanzierung von öffentlichen Arbeiten dienen sollen.

Gustav von *Mevissen* gilt als eine der herausragenden Personen des rheinischen Frühliberalismus.[21] Der rheinische Frühliberalismus ist für uns nicht nur aufgrund der verschiedenen Vorschläge zum sozialpolitischen Zweck steuerpolitischer Maßnahmen[22] von Interesse. Hinsichtlich einer Vorgeschichte des „Keynesianismus" ist *Mevissen* dadurch von besonderer Bedeutung, daß er die „Gedanken einer stark national betonten staatlichen Planwirtschaft"[23] vertrat:

---

[17] Vgl. *Hansen,* Joseph, Gustav von Mevissen. Ein rheinisches Lebensbild, Bd. 2: Abhandlungen, Denkschriften und Briefe, Berlin 1906, S. 625.

[18] Ebenda, S. 625.

[19] *Hansen,* Gustav von Mevissen, Bd. 2, S. 625.

[20] Ebenda, S. 626.

[21] Zum rheinischen Frühliberalismus vgl. auch *Scheer,* Sozialstaat und öffentliche Finanzen, S. 86ff.

[22] Vgl. *Köster,* Johanna, Der rheinische Frühliberalismus und die soziale Frage, Berlin 1938, S. 77ff. Vgl. auch *Sprung,* Johann, Der deutsche Liberalismus und die soziale Frage bis 1848, Diss. (maschinenschriftlich), Leipzig 1925, S. 74.

[23] *Köster,* S. 38.

„Er dachte sich aus, daß der Staat die Regelung des gesamten wirtschaftlichen und sozialen Lebens nach einem großzügig entworfenen Plane werde vorzunehmen haben.“[24]

Auch hier zeichnet sich ab, daß die These, die 1930er Jahre seien „the age of planning“[25], historiographisch zu relativieren ist. Allerdings ist der Planungsgedanke bei *Mevissen* erst noch näher zu bestimmen.

Mevissen war u.a. von *Hegel,* der organischen Staatsidee der Romantik und von *Rousseau* beeinflußt[26] und kam der staatswirtschaftlichen Auffassung von *List* oftmals sehr nahe.[27] *Mevissens* Planungsgedanken sind aber andererseits von frühen kommunistisch-sozialistischen Strömungen abzugrenzen. So lehnte *Mevissen Saint-Simons* Ideen, die *Mevissen* gut kannte und die wohl als exemplarisch für frühe etatistische Planungsvorstellungen stehen können, ab.[28] Die Vorstellungen, die sich *Mevissen* von Planung machte, beruhen auf Ideen einer „Industriepolitik“ als Strategie der „planmäßige(n) Industrialisierung“[29]. Dazu gehörte vor allem auch die proportionierte Entwicklung der verschiedenen Sektoren (Landwirtschaft, Handel, Manufaktur und Kredit- bzw. Geldwesen).

Die starken Anlehnungen an *List* zeigen sich erneut bei *Mevissens* Einschätzung der volkswirtschaftlichen Bedeutung der Eisenbahnen. Die „Belebung des Verkehrs“ durch die Eisenbahn begreift *Mevissen* u.a. auch als Schaffung von Steuerquellen[30], wodurch implizit ein Einkommenseffekt des Eisenbahnbaus vorausgesetzt wird. Verschiedentlich hebt *Mevissen* auch den Effekt einer Steigerung des Konsums hervor.[31]

Teil seiner verkehrs- und industriepolitischen (Planungs-)Vorhaben ist schließlich „Arbeit für den Staat in Zeiten der Krise“[32].

Ebenso hat *Harkort* (1793-1880)[33], wie *Mevissen* ein führender Vertreter des rheinischen Frühliberalismus, den Einsatz von öffentlichen Infrastrukturinvestitionen gefordert[34]: Wohnungen, Krankenhäuser und Bildungseinrichtungen

---

[24] Ebenda, S. 38.

[25] *Grove,* Jack William, Government and Industry in Britain, London 1962, S. 49.

[26] Vgl. auch *Eisenhart Rothe,* Wilfried von, Die volkswirtschaftlichen Anschauungen Gustav von Mevissens. Entwickelt aus seiner Welt- und Staatsauffassung, Diss., Gießen 1930, S. 7ff.

[27] Ebenda, S. 33, 39.

[28] Ebenda, S. 26ff.

[29] Ebenda, S. 42.

[30] *Eisenhart Rothe,* Die volkswirtschaftlichen Anschauungen, S. 50.

[31] *Hansen,* Gustav von Mevissen, Bd. 2, S. 153f.

[32] Ebenda, S. 162; vgl. auch *Sprung,* Johann, Der deutsche Liberalismus und die soziale Frage bis 1848, Diss. (maschinenschriftlich), Leipzig 1925, S. 41ff.

[33] Zu *Harkort* vgl. auch *Scheer,* Sozialstaat und öffentliche Finanzen, S. 90f.

[34] *Harkort,* Friedrich, Bemerkungen über die Hindernisse der Civilisation und Emancipation der untern Klassen, Elberfeld 1844, S. 73f.

bieten sich an. Der Zusammenhang mit Ideen einer planmäßigen Arbeitsbeschaffung, die *Scheer* herausstellt[35], sind mir bei *Harkort* allerdings nicht überzeugend gegeben. Allerdings erwähnt *Harkort* auch Arbeiterkolonien, auf die sich auch *Rohr* bei seiner Darstellung der Anschauungen von *Harkort* bezieht.[36] Bei *Mevissen* ist die (antizyklisch orientierte) Einsetzung öffentlicher Arbeiten deutlicher formuliert.[37]

Wir finden aber bei *Hansemann* (1790-1864) einen Hinweis darauf, daß die durch den Bau der Eisenbahnen gezahlten Löhne eine wichtige Nachfragegröße darstellen.[38] Diese Staatsausgaben wurden durchaus als Anti-Krisen-Strategie begriffen, zumal sie Einkommen für die arbeitenden Klassen schaffen würden.[39]

War der Multiplikatoreffekt in den älteren Schriften von *List, Rodbertus* u. a. noch recht rudimentärer Art, so fand die Diskussion um die volkswirtschaftlichen Effekte des Eisenbahnbaus ab etwa 1890, insbesondere aber in den ersten Jahren nach 1900, einen vorläufigen Höhepunkt.

Blieb bei *List* der tiefere Zusammenhang zwischen Investitionen, Einkommen und Konsum im Rahmen seiner Idee einer „take-off"-Wirkung[40] des Eisenbahnbaus oftmals noch nicht hinreichend offengelegt und verblieb *List* nicht selten im Rahmen einer inkonkreten Formulierung des Staates als Förderer und Lenker der zukünftigen nationalen Wohlfahrt[41], so wurde nach 1900 explizit die Möglichkeit der antizyklischen Wirkungschancen der Eisenbahnpolitik diskutiert. Dabei wurde der Ausstrahlungseffekt der Auftragspolitik der Eisenbahn erkannt. Doch immerhin bleibt festzuhalten, daß schon *List* erkannte, daß die „Herstellung von künstlichen Transportmitteln ... aber nicht nur nach ihrer Herstellung, sondern ebenso kräftig durch die zum Bau erforderlichen Materialien, Lebensmittel und Arbeiter (wirke)"[42]. Weiter heißt es: „Schon die Verwendung so großer Kapitale verbreitet Nahrung, Arbeit, Segen und Wohlstand".[43]

---

[35] *Scheer,* Sozialstaat, S. 91.

[36] *Rohr,* Donald G., The Origins of Social Liberalism in Germany, Chicago—London 1963, S. 137.

[37] Ebenda, S. 144, 147.

[38] *Hansemann,* David, Die Eisenbahn und deren Aktionäre in ihrem Verhältnis zum Staat, Leipzig 1837, S. 31, 35.

[39] Vgl. *Schmidt,* Fritz, Die sozialpolitischen Anschauungen des rheinischen Frühliberalismus, Diss., Köln 1927, S. 58f.

[40] Vgl. *Strösslin,* Werner, Friedrich Lists Lehre von der wirtschaftlichen Entwicklung, Tübingen 1968, S. 82ff.

[41] Vgl. *Albrecht,* Jürgen, Friedrich Lists Lehre von den produktiven Kräften und die heutige Diskussion um die Entwicklungspolitik, Diss., Mainz 1971, S. 28.

[42] *List,* Friedrich, Schriften zum Verkehrswesen, in: List Werke, Bd. III, Teil 1, Berlin 1929, S. 39ff., hier S. 76.

[43] *List,* Friedrich, Schriften zum Verkehrswesen, Bd. III, Teil 1, S. 166.

Nach 1900 diskutierte man zunehmend die Möglichkeit der konjunkturausgleichenden Wirkung einer entsprechenden Beschaffungspolitik der Eisenbahnen. Vom chronologischen Standpunkt aus betrachtet fällt diese Diskussion allerdings schon in den zu behandelnden Problemzusammenhang des 11. Kapitels. Dort soll dieser Zusammenhang aber nur noch einmal kurz erwähnt werden, während er hier als vorläufiger Höhepunkt der Analyse des Zusammenhangs zwischen Eisenbahnen und Konjunktur einer näheren Darstellung unterzogen werden soll.

Die Debatte um eine konjunkturausgleichende Beschaffungspolitik hat u. a.[44] *Linden*[45] analysiert. Dabei spielte die Diskussion um die Möglichkeiten eines Ausgleichsfonds der Eisenbahnverwaltung (oder gar des — den Eisenbahnetat einschließenden — Staatshaushalts insgesamt) eine zentrale Rolle.[46] Im Rahmen eines solchen Ausgleichsfonds sollen in der Prosperitätszeit Mittel gesammelt und zur Verwendung in Depressionszeiten zurückgestellt werden. Nicht zuletzt, weil sich hierbei vielfache Probleme, insbesondere bezüglich der Einbeziehung in den allgemeinen Haushalt des Staates oder bezüglich der Zweckbindung ergaben, wurde die Diskussion z. T. in andere Bahnen gelenkt,

---

[44] Vgl. *Tenius*, Johannes, Die Eisenbahnen als Konjunkturfaktor, Diss., Münster 1921. *Tenius* diskutiert die Möglichkeiten einer Konjunkturbeeinflussung durch die Eisenbahnen recht differenziert, während *Ditgen* diese Möglichkeiten als sehr gering einschätzt (*Ditgen*, Alfred, Konjunktur und Eisenbahnen, Diss., Köln 1928, in: Archiv für Eisenbahnwesen, Bd. 51, 1928, S. 403ff., 678ff., 923ff., hier S. 937ff.). Kurz, aber abwägend *Schultz*, Bruno, Die volkswirtschaftliche Bedeutung der Eisenbahnen, Jena 1922, S. 171f. Dabei bezieht sich *Schultz* auf eine Studie von *Offenberg* aus dem Jahre 1914, die wir später im Rahmen der Darstellung der Debatte um öffentliche Arbeiten in Deutschland zu Beginn des 20. Jahrhunderts nochmals aufgreifen werden.

[45] *Linden*, Walter, Eisenbahnen und Konjunktur, Karlsruhe 1926, S. 67ff.

[46] Zu den Problemen der Verquickung von Eisenbahn- und allgemeinem Staatsetat vgl. auch *Kirchhoff*, Hermann, Die Reichsbahn. Ein offenes Wort über die Eisenbahn-, Staats- und Reichsfinanzen, Stuttgart 1917, S. 8ff., 14f.

Kirchhoff spricht sich für einen Ausgleichsfonds für die laufenden Betriebsausgaben aus (ebenda, S. 15) und will andererseits die Bauinvestitionen durch ein vom Ausgleichsfonds strikt getrenntes Extraordinarium mitfinanziert sehen (ebenda, S. 18). [Dabei sieht er durchaus die Möglichkeit, die Bauinvestitionen auch über den Kreditmarkt zu finanzieren, da hier „unzählige Anlage suchende Millionen" (ebenda, S. 25) vorhanden seien.] In diesem Rahmen stellt die konjunkturpolitische Instrumentalfunktion öffentlicher Unternehmen eine Form der „fiscal policy" dar. Allerdings ist der Konjunktureffekt oftmals nur als — allerdings expliziter — Nebeneffekt verstanden worden. Der haushaltsordnungspolitische Zweck — die Ablehnung der „Defizitpolitik" als „Pumpwirtschaft" (vgl. *Kirchhoff*, Hermann, Zur Neuordnung der preussischen Eisenbahn- und Staatsfinanzen, Münster/Westfalen 1909, S. 54) also — stand im Vordergrund der Analyse und Reformbestrebungen. Ordnung im Staats- und Eisenbahnhaushalt wurde gefordert. Dennoch waren diese Reformbestrebungen zugleich solche, die einer Verhinderung der „Förderung der wirtschaftlichen Entwicklung eines Landes" (ebenda, S. 56) entgegenwirken sollten, denn „es gehört sogar zu den Grundsätzen der Staatseisenbahnverwaltung, daß sie gerade in rückläufigen Zeiten ihre Bautätigkeit erforderlichenfalls noch besonders verstärkt, ... um der heimischen Industrie zu Hilfe zu kommen" (ebenda, S. 37).

die jedoch nicht von minderem Interesse für unsere dogmengeschichtliche Fragestellung sind.

Es wurde herausgestellt, daß sich, da in der Depression weniger Kapital in industrielle Anlagevermögen investiert würde und stattdessen eine größere Vorliebe für festverzinsliche Papiere zu beobachten ist[47], zur Finanzierung der konjunkturausgleichenden Ausgaben der Eisenbahnverwaltung auch die Staatsanleihe anbot.[48] Hier liegt ein Argumentationsstrang vor, wie er später in der „neuen Wirtschaftslehre" üblich ist.

Insgesamt kann man feststellen, daß in der Geschichte der Analyse der ökonomischen Wirkungen der Eisenbahnen Effekte erfaßt worden sind, die der Idee des Multiplikators Bahn brachen. Die hier skizzierten Entwicklungslinien lassen den Ausgangspunkt der Evolution des Multiplikators noch früher angesetzt erscheinen, als es die Darstellung von *Hegeland*[49] nahelegt.

Hinsichtlich der antizyklischen Wirkung der Eisenbahnpolitik ist aber eine Besonderheit festzuhalten. Zunächst ist — gemäß dem bisher Gesagten — herauszustellen: Wie beim Extraordinarium[50], so spielt auch beim Ausgleichsfonds die konjunkturpolitische Wirkung zumindest eine Nebenrolle. Die Eisenbahnpolitik soll „als großer Auftraggeber der darniederliegenden Indu-

---

[47] Vgl. *Esslen*, Joseph, Konjunktur und Geldmarkt, Stuttgart—Berlin 1909, S. 100ff. (wobei *Esslen* aber in der steigenden Geldkapitalbildung kein Spezifikum der Depression sieht, ebenda, S. 243ff.).

[48] Vgl. *Linden*, Eisenbahnen und Konjunktur, S. 72.

[49] *Hegeland*, Hugo, The Multiplier Theory, Lund 1954, S. 1ff. Allerdings schrieb *Hegeland* 1954: „Long ago economics realized that a change in effective demand can start a series of cumulative effects. It is significant, however, that this idea originally arose in connection with the criticism of classical theory." (Ebenda, S. 1) *Hegeland* erwähnt anschließend auch kurz *Rodbertus* (ebenda, S. 1). Er verweist auch auf die Formulierung des Akzelerators bei *Tugan-Baranowsky* (vgl. *Tugan-Baranowsky*, Michael, Studien zur Theorie und Geschichte der Handelskrisen in England, Jena 1901, Kapitel 1). Als früher Ansatz zur Formulierung des Multiplikatoreffekts hebt *Hegeland* W. *Bagehot* hervor, der 1873 „demonstrated how a decrease in effective demand ‚multiplies through all'" (*Hegeland*, S. 3). In einem Aufsatz aus dem Jahre 1961 verweist *Hegeland* intensiver auf derartige frühe Wurzeln [vgl. *Hegeland*, Hugo, On the Genesis of the Multiplier Theory, in: ders. (Hrsg.), Money, Growth, and Methodology. Essays in Honor of J. Ackermann, Lund 1961, S. 211ff.]. *Malthus* und *Lauderale* werden erwähnt. *Hegeland* (ebenda, S. 218) stellt heraus, daß „early forerunners to the multiplier formula" sogar gegen Ende des 18. Jahrhunderts nachweisbar sind. Davon abgesehen, ist die Darstellung von *Hegeland* auch deshalb von Interesse, da er die enge Verknüpfung der Entwicklung des Multiplikators mit der Idee der öffentlichen Arbeiten nachzeichnet. Hier ist eine intensive Entwicklung schon in den 1920er Jahren — also vor *Keynes* — festzustellen. Vor allem skizziert *Hegeland* auch die allmähliche Entwicklung der entsprechenden Gedanken bei *Keynes* selbst (ebenda, S. 222, 225, 228), auf die wir in Kapitel 12 nochmals ausführlicher zurückkommen werden.

[50] Vgl. *Offenberg*, Geh. Oberregierungsrat, Der wirtschaftliche Charakter des Extraordinariums der Preussischen Staatseisenbahnverwaltung, in: Archiv für Eisenbahnwesen, Jg. 1903, S. 487ff., hier S. 499.

strie und so dem ganzen Wirtschaftsleben ... helfen"[51]. Demnach kann der Ausgleichsfonds — auch — als antizyklisches Instrument begriffen werden. Dabei — und dies ist die eben erwähnte Besonderheit in dieser Diskussion — soll aber gerade das defizitäre Ausgabeverhalten (mittels Anleihefinanzierung) ersetzt werden.[52] Daher handelt es sich um eine antizyklische Fonds-(bildungs)politik: „Eine theoretische Betrachtung der Frage könnte vielleicht zu der Ansicht führen, daß ein solches Bemühen im Grunde nicht nötig sei; daß man sich einfach so verhalten soll, wie man es im Anfang der 90er Jahre in Preußen tat. Man nimmt in den schlechten Zeiten einfach Defizitanleihen zur Beseitigung der laufenden Ausgaben auf, um dann in besseren aus den Überschüssen kräftig zu tilgen, in der Annahme, daß das Schuldenmachen und das Tilgen sich in bezug auf die Höhe der Summen ungefähr die Waage halten werde, und man sich nach einer Zeit starker Tilgung einiges Schuldenmachen in der folgenden Defizitperiode wieder erlauben könne."[53] Aus der Befürchtung heraus, die Tilgung könnte nicht kräftig genug durchgeführt werden — und es käme dann zu einer Schuldenakkumulation — wird in der Fondsbildung eine zweckmäßigere Form („Deckung des Defizits ... ohne Staatskredit"[54]) der Ausgleichssicherung gesehen. Dabei sollen „die Überschüsse bis zur direkten Ausgabe für die schlechten Jahre der Verwendung" entzogen werden.[55] Dennoch muß dabei herausgestellt werden, daß das Ziel einer konjunkturellen Stabilisierung nur Nebenzweck war; Hauptzweck bei der Einführung des Ausgleichsfonds war die Minderung der Folgen der Konjunkturzyklen in Form von Einnahmeschwankungen und eine Fernhaltung von Zugriffen des Staates auf die Eisenbahnüberschüsse.

So wurde der konjunkturgestaltende Nebeneffekt explizit vorgetragen. Er blieb aber eingebettet in eine Haushaltsordnungspolitik. Ein Teil des Ausgleichsfonds soll zur Bildung oder Ergänzung der außerordentlichen Dispositionsfonds dienen; erst dann solle er zum Ausgleich von rechnungsmäßigen Minderüberschüssen sowie zur Verstärkung des Extraordinariums herangezogen werden.[56]

---

[51] *Keilpflug*, Erich, Der Ausgleichsfonds der preussischen Staatsbahnen. Seine Entstehung und seine Entwicklung, in: Archiv für Eisenbahnwesen, Jg. 1916, S. 841 ff., 1103 ff., hier S. 846.

[52] Vgl. auch *Zahn*, Friedrich, Bildung von Reservefonds in den Großstädten behufs Einschränkung der Schuldenaufnahmen, in: Finanzarchiv, Jg. 25, 1908, S. 259 ff.

[53] *Keilpflug*, Der Ausgleichsfonds, S. 849.

[54] Ebenda, S. 866.

[55] Ebenda, S. 851.

[56] *Keilpflug*, Der Ausgleichsfonds, S. 1105.

Kapitel 10

Zur Debatte um „Öffentliche Arbeiten" in den 1880er und 1890er Jahren

Es gab auch — abgesehen von Carl *Dietzel* — noch eine Reihe weiterer Ansätze stärker wirtschaftspolitisch orientierter Staatswirtschaftslehren.

„Dogmengeschichtlich erwähnenswert"[1] ist Ludwig *Gall* (1794-1863), der — „nicht ganz zutreffend als Frühsozialist bezeichnet"[2] — bereits 1822 auf die Möglichkeit hingewiesen hat, durch staatliche Beschäftigungspolitik einer Situation der Unterbeschäftigung entgegenzuwirken.[3] *Zinn*s Analyse scheint uns derart hinreichend zu sein, daß wir auf die Schriften *Gall*s[4] nicht weiter eingehen wollen. Die Arbeiten von *Gall* verweisen zugleich auf einen größeren ideengeschichtlichen Zusammenhang. Lange vor *Keynes* (1936) und *Kahn* (1931) oder sogar noch vor *Johannsen* (1903 und 1913) hatte *Rodbertus*[5] (1805-1875), der hier noch zu einer Quelle dieser Tradition wird, mit Bezug auf John *Law* die Idee des Multiplikators [wohl unter dem Eindruck der Wachstumsimpulse der Eisenbahnprojekte (vgl. Kapitel 9)] ansatzweise formuliert.

Solche Ansätze — wie nachfolgend auch der Hinweis auf *Marlo* verdeutlicht — sind für die stärker staatsorientierte Nationalökonomie (im deutschen Sprachraum) also keineswegs Ausnahmen.[6] So wurde im Rahmen der Geschichte der „Arbeiterverbrüderung" (1848/49)[7] u.a. die Besteuerung von Kapital zur Bildung von Fonds zur Finanzierung von Arbeiter-Pensionen und Invalidenhäusern oder staatlicher Arbeitsbeschaffung gefordert. Mit der Forde-

---

[1] *Zinn*, Karl Georg, Konjunkturlehre für Praktiker, 3. Aufl., Herne-Berlin 1973, S. 40.

[2] Ebenda, S. 40.

[3] *Zinn*, Karl Georg, Staatstätigkeit und Multiplikator in den Schriften Ludwig Galls. Eine dogmengeschichtliche Ergänzung zur Beschäftigungstheorie, in: Kyklos, Bd. 22, 1969, S. 719ff.

[4] *Gall*, Ludwig, Was könnte helfen?, Trier 1825; auszugsweise abgedruckt in: Schraepler, E. (Hrsg.) Quellen zur Geschichte der sozialen Frage in Deutschland, Bd. 1: 1800-1870, Göttingen—Berlin—Frankfurt 1955, S. 29-32.

[5] *Rodbertus (-Jagetzow)*, Carl, Die Preussische Geldkrisis, (1845), in: ders., Gesammelte Werke und Briefe, Abt. 2, Bd. 1, Osnabrück 1972, S. 3ff.

[6] Zur Entwicklung im 19. Jahrhundert vgl. auch *Haun*, Friedrich Johannes, Das Recht auf Arbeit. Ein Beitrag zur Geschichte, Theorie und praktischen Lösung, Berlin 1889, S. 30ff.

[7] Vgl. *Quarck*, Max, Die erste deutsche Arbeiterbewegung 1848/49, (1924), Glashütten/Ts. 1970, S. 69ff., 90ff.

rung nach staatlicher Arbeitsbeschaffung ist nun ein Thema der Entwicklung erreicht, das — ältere kameralistische Traditionen aufnehmend — als Debatte um „öffentliche Arbeiten“ in den 80er und 90er Jahren des 19. Jahrhunderts einer breiten Diskussion unterzogen wurde (bevor es im ersten Viertel des 20. Jahrhunderts — vgl. das nachfolgende Kapitel — zum beherrschenden Thema der funktionalen Finanzwirtschaftslehre wurde).[8]

Schon 1850 hat Karl Georg *Windelblech* (1810-1865) unter dem Pseudonym Karl *Marlo*[9] gefordert, daß die Menschen, die keine Arbeit finden, im öffentlichen Sektor angestellt werden sollen.[10] Das „Recht auf Arbeit“ erhält hier den Charakter eines „Recht(s) auf Arbeitsbeschaffung“.[11] Die Rolle des Staates wird bei *Marlo* recht weit definiert. Der Staat übernimmt auch kulturelle

---

[8] In dieser Zeit seit Ende der 1870er Jahre beginnt eine „Grundsatzdebatte“ über die Formen der Arbeitslosenfürsorge, wobei auch die Idee der öffentlichen Arbeitsbeschaffung als Verwirklichung des „Recht(s) auf Arbeit“ als präventive Problemlösung diskutiert wurde (vgl. auch *Niess*, Frank, Geschichte der Arbeitslosigkeit, Köln 1979, S. 156f., 164, 210). Die Armenpflege wird damit zugunsten eines Erwerbslosenfürsorgegedankens zurückgedrängt, der die nach 1900 zunehmend in ihren antizyklischen Wirkungsmöglichkeiten begriffene Vergabe öffentlicher Arbeiten (ebenda, S. 214f.) vorbereitete.

[9] Untersuchungen über die Organisation der Arbeit (oder System der Weltökonomie), 3 Bde., Kassel 1850-1857.

[10] Ebenda, Bd. I, 1, S. 367, Bd. II, S. 854. Auch im Rahmen der Frankfurter National-Versammlung wurden die Probleme der „Vornahme umfassender Staatsbauten“ zur Diskussion gestellt; auch das „Recht auf Arbeit“ wurde Gegenstand der Kontroverse (vgl. *Albrecht*, Paul, Die volkswirtschaftlichen und sozialen Fragen in der Frankfurter National-Versammlung, Diss. Universität Halle-Wittenberg, Halle (Saale) 1914, S. 51, 54ff.

[11] Das Prinzip eines „Recht(s) auf Arbeit“, das schon auf die Konstitutionsphase der modernen bürgerlichen Gesellschaft zurückreicht (vgl. auch *Schminck-Gustavus*, Cristoph U., Recht auf Arbeit — zur Geschichte einer konkreten Utopie, in: *Achten*, Udo u.a., Recht auf Arbeit — eine politische Herausforderung, Neuwied-Darmstadt 1978, S. 15ff.), wird dann finanzwirtschaftlich relevant, wenn es als „Recht auf öffentliche Beschäftigungspolitik“ konkretisiert wird. Auch *Delbrück* (Hans *Delbrück*, Die Arbeitslosigkeit und das Recht auf Arbeit, in: Preussische Jahrbücher, 85. Bd., 1896, H. 1, S. 80ff., hier S. 92) spricht von einem „Recht auf Notharbeit“. Er konkretisiert: „Man könnte also gesetzlich alle Kommunen, Kreise resp. die Staatsregierung selbst verpflichten, stets Nothstandsarbeiten in Reserve und soweit vorbereitet zu halten, daß sie eintretenden Falles sehr bald in Angriff genommen werden können. Allenthalben giebt es noch in Deutschland Straßen und Bahnen zu bauen, Kanäle zu graben, Oedländereien und Grünmoore anbaufähig zu machen.“ (Ebenda, S. 91) Es muß strukturgeschichtlich, d.h. hinsichtlich der Voraussetzung eines modernen Steuerstaates, fraglich bleiben, ob man — wie Friedrich Johannes *Haun* (Das Recht auf Arbeit. Ein Beitrag zur Geschichte, Theorie und praktischen Lösung, Berlin 1889, S. 5ff.) es versucht — die Wurzeln der Idee des „Recht(s) auf Arbeit“ bis in das Alte Testament oder bis in die Antike zurückverfolgt; entscheidender ist dagegen der Hinweis auf die Wohlfahrtsstaats- und Glückseligkeitstheorie des Kameralismus bei *Wolff* (Ebenda, S. 13), denn hier bahnt sich die finanzwirtschaftliche Konkretisierung des „Recht(s) auf Arbeit“ an: „Jeder Bürger soll auf öffentliche Kosten unterhalten und beschäftigt werden.“ (Ebenda, S. 13).

Leistungen (kostenlosen Schulunterricht, öffentliche Bibliotheken, Museen usw.).[12]

In dieser vielgestaltigen Geschichte des „Recht(s) auf Arbeit“ im 19. Jahrhundert[13] kamen auch durchaus finanzwirtschaftlich interessante Varianten vor. So forderte Emil *Witte* zur Finanzierung von Notstandsarbeiten eine Maschinensteuer, da die Arbeitslosigkeit auch durch die technische Freisetzung bedingt sei.[14] *Witte* will diese — vor allem in wirtschaftlichen Depressionszeiten getätigte[15] — Arbeitsbeschaffung neben der Finanzierung durch die Besteuerung durch die staatliche Papiergeldschöpfung finanziert sehen, wobei er sich an Franz *Stöpel*s Ideen anlehnt.[16] Auf *Stöpel* kommen wir weiter unten in diesem Kapitel noch zurück. *Witte* schreibt dazu, daß in „‚guten Zeiten' ... dann das Papiergeld wieder einzulösen sein (wird)“[17]. Dies scheint so interpretiert werden zu müssen, daß im Kojunkturaufschwung die umlaufende Geldmenge verringert werden soll.[18] Vor allem führt *Witte* zur Begründung dieser Geldschöpfung die Zinsersparnis und die Verringerung der Steuerlasten (zur Tilgung) an.[19]

Im Grunde ist die Thematisierung der Einsetzung öffentlicher Arbeiten zum Abbau (auch krisenbedingter) Arbeitslosigkeit damals und vor allem dann auch seit etwa 1880 keine Seltenheit.[20] So schreibt *Schikowski* 1894[21]: „Aber trotz

---

[12] *Marlo*, Untersuchungen, Bd. 1, 1, S. 365; vgl. auch *Scheer*, Sozialstaat und öffentliche Finanzen, S. 112.

[13] Vgl. *Mutafoff*, Christa, Zur Geschichte des Rechts auf Arbeit mit besonderer Rücksicht auf Charles Fourier, Bern 1897, S. 96ff.

[14] Vgl. *Witte*, Emil, Das Recht auf Arbeit und seine Verwirklichung, Minden/Westf. 1885, S. 18ff.

[15] Ebenda, S. 48.

[16] Ebenda, S. 49.

[17] Ebenda, S. 49.

[18] Ebenda, S. 51.

[19] Ebenda, S. 50.

[20] *Singer*, Rudolf, Das Recht auf Arbeit in geschichtlicher Darstellung, Leipzig 1895, S. 83f. Ernst *Lange* (Die positive Weiterentwicklung der deutschen Arbeitsversicherungsgesetzgebung, in: Archiv für soziale Gesetzgebung und Statistik, 5. Bd., 1892, S. 383ff., hier S. 400f.) sprach sich dafür aus, das „Recht auf Arbeit“ durch die öffentlichen Notstandsarbeiten zu realisieren; im übrigen formuliert *Lange* (Ebenda, S. 399f.) die Idee der „eingebauten Stabilisatoren“: Die Arbeitslosenversicherung sorge für die Stabilisierung der inländischen Konsumtion und wirke damit der Depression entgegen. Ähnlich, wenn auch skeptischer, sieht Franz *Kempel* (Die zweckmäßigere Form der Arbeitslosenversicherung, in: Zeitschrift für die gesamte Staatswissenschaft, 56. Jg., 1900, S. 385ff., hier S. 441) die Notstandsarbeiten als Verwirklichung des „Recht(s) auf Arbeit“. *Schanz*, den wir später noch als einen herausragenden frühen Vertreter der antizyklischen Finanzpolitik kennenlernen werden, betonte allerdings nur den — gegenüber der Arbeitslosenversicherung — subsidiären Charakter der Arbeitsbeschaffungsmaßnahmen (*Schanz*, Georg von, Die Arbeitslosenversicherung und die deutsche Volkspartei, in: Preussische Jahrbücher, 91. Bd., 1898, S. 500ff., hier S. 512f.) Dabei ist mit *Mutafoff*, Christa, Zur Geschichte des Rechts auf Arbeit mit besonderer Rücksicht auf Charles

aller ... Nachteile wird man zugeben müssen, daß die Notstandsarbeiten heutzutage immerhin eines der wichtigeren Abhilfemittel gegen die Arbeitslosigkeit sind ...“. Paul *Berndt*[22] erwähnt ebenfalls[23] die — nach seiner Meinung nur begrenzte — Möglichkeit öffentlicher Arbeitsvergabe. Hierbei wird auch bei *Berndt* in „Absatzstockungen“ eine der wesentlichen Krisenursachen gesehen.[24] Bei Georg *Adler* gehören öffentliche Arbeitsbeschaffungen zu den „Aufgaben des Staates angesichts der Arbeitslosigkeit“[25]. „Arbeitsverschiebungen“, d.h.: „es soll in guten wie in schlechten Zeiten die Arbeit von den öffentlichen Körpern ... grundsätzlich so verteilt werden, daß alle Arbeiten ... auf die Perioden starker Arbeitslosigkeit verschoben werden“, schlägt *Kumpmann*[26] vor. Damit konstatiert er antizyklisches Ausgabeverhalten des Staates. Dieses „sollte ein fester Bestandteil der öffentlichen Haushaltspolitik werden“[27]. Damit sind wir — zeitlich gesehen — schon in das erste Viertel des 20. Jahrhunderts gelangt. Kommen wir in das letzte Jahrzehnt des 19. Jahrhunderts zurück.[28]

Weiter als z.B. der oben zitierte *Schikowski* geht Heinrich *Herkner*.[29] *Herkner* fordert[30] eine Beschäftigung aller Arbeitslosen in öffentlichen Betrieben. Insbesondere hebt *Herkner* in diesem Zusammenhang die damit verbundene Steigerung der Einkommen und damit der kaufkräftigen Nachfrage hervor. *Herkner* greift hier — rudimentär — Ideen der Akzeleration und der Multiplikation auf.

Fourier (Bern 1897, S. 141) die „große Mannigfaltigkeit in der Begründung dieses Rechts, sowie in der Auffassung seines Inhaltes“ zu konstatieren. Für England schreibt *Harris*: „The demand for the provision of work by public authorities was, however, less exclusive and covered a wide spectrum of political principles and practical reforms. It was clearly linked with the socialist doctrine of the ‚right to work‘; but to the nonsocialist it might mean little more than ad hoc relief works or a revival of the Elisabethan statutes relating to the employment of the able-bodied poor.“ (*Harris*, José, Unemployment and Politics. A Study in English Social Policy 1886-1914, Oxford 1972, S. 73f.).

21 *Schikowski*, John, Über Arbeitslosigkeit und Arbeitslosenstatistik, Leipzig 1894, S. 34.

22 *Berndt*, Paul, Die Arbeitslosigkeit, ihre Bekämpfung und Statistik, Halle a.S. 1899, S. 27f.

23 Vgl. auch *Buschmann*, Claus, Der Kampf um Arbeit, Stuttgart 1901, S. 42, 50.

24 *Berndt*, Die Arbeitslosigkeit, S. 15.

25 *Adler*, Georg, Über die Aufgaben des Staates angesichts der Arbeitslosigkeit, Tübingen 1894.

26 *Kumpmann*, Karl, Die neuere Entwicklung der sozialen Frage, Tübingen 1919, S. 56.

27 Ebenda, S. 56f.

28 Zur zeitgleichen Diskussion in England vgl. *Nostitz*, Hans von, Die Arbeitslosenfrage im Lichte der englischen Erfahrungen, in: Schmollers Jahrbuch, 20. Jg., 1896, S. 1279ff., hier S. 1310ff.

29 *Herkner*, Heinrich, Studien zur Fortbildung der Arbeitsverhältnisse, in: Archiv für soziale Gesetzgebung und Statistik, Bd. 4, H. 4, 1891, S. 563ff., hier S. 590ff.

30 Vgl. auch *Singer*, Das Recht auf Arbeit, S. 68f.

Diese Wirkungen würdigt Th. *Brauer*[31] 1919 nicht hinreichend, wenn die Probleme staatlicher Produktion in den Vordergrund gestellt werden. Gerade hier hätte sich eine Verschiebung der Fragestellung von der staatlichen Produktion von Gütern zur staatlichen Auftragsvergabe anbieten können. *Herkner* hätte hier zumindest im Sinne eines „Recht(s) auf Beschäftigungspolitik"[32] ausgelegt werden können. Zumal die später sich verdichtende und vertiefende Debatte um die öffentliche Arbeitsbeschaffung z. T. als Modifikation der Idee des „Recht(s) auf Arbeit" begriffen werden kann: „Notstandsarbeiten wollten das Recht des einzelnen auf Arbeit schützen, sie sollen den Notstand der Arbeitslosigkeit beseitigen, da der Staat heute ein subjektives Recht des einzelnen auf Beschäftigung im Produktionsapparat zwar nicht anerkennen muß, jedoch der sittlichen Auffassung der Zeit entsprechend gewohnheitsmäßig anerkennt."[33] Nach *Herkner* würde so der „chronischen Überproduktion" begegnet.

Wenn später — nämlich 1920 — W. *Lins*[34] auf die planmäßige Beeinflussung des Wirtschaftslebens bei Anzeichen chronischen Arbeitsmangels durch
a) Arbeitsteilung, Arbeitsverschiebung,
b) Bestellung öffentlicher Arbeiten von Reich, Ländern und Gemeinden hingewiesen und dabei Reichskredit für Arbeiten der Länder, Reichs- und Landeskredit für Gemeinde- und Gemeindeverbandsarbeiten gefordert hat, so ragt 1884 (!) schon Franz *Stöpel*[35] heraus.[36]

---

[31] *Brauer*, Theodor, Das Recht auf Arbeit, Jena 1919, S. 38f.

[32] *Bentele*, Max, Das Recht auf Arbeit in rechtsdogmatischer und ideengeschichtlicher Betrachtung, Diss., Zürich 1949, S. 59; vgl. auch *Schulz*, Frank, Heinrich Herkners Beitrag zur beschäftigungspolitischen Instrumentalfunktion — eine dogmengeschichtliche Ergänzung, erscheint in: Zeitschrift für öffentliche und gemeinwirtschaftliche Unternehmen, 1986.

[33] *Schulz*, Gerhard H., Die Idee der produktiven Erwerbslosenfürsorge in Theorie, Praxis und Politik, Hamburger Diss., 1930, S. 42.

[34] *Lins*, W., Staat und Arbeit, Jena 1920.

[35] *Stöpel*, Franz, Soziale Reform, Leipzig 1884.

[36] Vgl. dazu auch *Adler*, Georg / *Mayer*, Gustav, Recht auf Arbeit, in: Handwörterbuch der Staatswissenschaften, hrsg. von Ludwig Elster u. a., Jena 1893, Bd. 7, S. 46ff., hier S. 51. In der Dogmengeschichtsschreibung zur „functional finance" wurden die Arbeiten von *Stöpel* bisher kaum erwähnt. So finden sich in dem dogmengeschichtlichen Teil der Darstellung von *Pöschl* zur „produktiven Kreditschöpfung" (vgl. *Pöschl*, Arnold, Produktive Kreditschöpfung, Berlin 1938) keinerlei Hinweise zu *Stöpels* Vorschläge einer geldschöpfungsfinanzierten Arbeitsbeschaffung. Abgesehen von dem eben genannten Artikel von *Adler* und *Mayer* sowie der Studie von *Witte*, die *Stöpel* in bezug auf die Debatte um das „Recht auf Arbeit" erwähnen, ist noch die Studie von *Malachowski* zu nennen, der in seinem dogmengeschichtlichen Teil allerdings auf die Finanzierungsvorschläge von *Stöpel* ebensowenig eingeht (vgl. *Malachowski*, Walter A., Recht auf Arbeit und Arbeitspflicht, Jena 1922, S. 51 ff.). Zumindest erkennt *Malachowski*, daß *Stöpel* das „Recht auf Arbeit" als staatliche Arbeitsbeschaffung realisiert wissen will, und *Stöpel* wird gegen die Kritiken von *Menger* und *Prochownik* verteidigt (vgl. *Menger*, Anton, Das Recht auf den vollen Arbeitsertrag in geschichtlicher Darstellung, 4. Aufl., Stuttgart—Berlin

Stöpel (1833-1890) sah nicht nur öffentliche Arbeiten zum Abbau der Arbeitslosigkeit vor; er wollte die dazu erforderlichen Kapitalien teils durch Besteuerung, teils durch die Ausgabe unverzinslicher Staatspapiergelder (die später aus dem Ertrage der Unternehmungen zurückzahlbar wären) finanziert sehen. Damit verknüpft *Stöpel* öffentliche Beschäftigungspolitik explizit mit Fragen der Finanzwirtschaft.

Stöpel sieht die ökonomischen Probleme nicht im Kapitalmangel begründet, sondern in einem Mangel an effektiver Nachfrage, der zur Überproduktion führt.[37] Der „Gewinnsatz“ mag — im Gegenteil — durch übermäßig angehäuftes Kapital sinken, während angehäufte Gewinne nicht produktiv angelegt werden.[38] Gerade die Verzinsung im Bereich der Geldvermögensbildung zieht dann Geld an und führt zu „Stauungen der Verfügungsmittel“[39]. Bei *Stöpel* liegt damit — mehr oder weniger rudimentär — eine Analyse des Zusammenhangs von Überproduktion, Mangel an effektiver Nachfrage und Bildung monetärer Disproportionen vor.

Zur Abhilfe dieser Probleme wendet sich *Stöpel* an den Staat und fordert — sofern Steuern nicht ausreichen[40] — die Schöpfung unverzinslicher Papiergelder[41] zur Finanzierung öffentlicher Ausgaben. *Stöpel* entwickelt hier die Idee der „produktiven Kreditschöpfung“ (wie sie Jahrzehnte später in der Arbeitsbeschaffungsdebatte der „deutschen Keynesianer“ wiederzufinden sein wird): „Durch die Vermehrung der Umlaufmittel können die Produktion und der Verkehr einen solchen Sporn empfangen, daß die Tauschkraft des Geldes unversehrt bleibt.“[42]

Ähnlich wie Carl *Dietzel* sieht auch *Stöpel* die Blüte Englands z.Z. des Napoleonischen Krieges in der Notenbankfinanzierung verwurzelt.[43]

Endlich fügt sich die Argumentation von *Stöpel* in die Tradition des „evolutional approach“ ein: „Die Entwertung des Papiergeldes namentlich in kritischen Zeiten, sowie die Schwankungen der Valuta werden von den Gegnern des Papiergeldes mit mehr Beharrlichkeit als überzeugender Kraft als Schreckgespenst vorgeführt. Allein man geht meist darin fehl, zwischen den Bedingungen, unter denen die Ausgabe von Papiergeld vortheilhaft oder schädlich sein kann, nicht gehörig zu unterscheiden.“[44]

1910, S. 25; *Prochownik*, Berthold, Das angebliche Recht auf Arbeit, Berlin 1891, S. 81). Auch Walter G. *Behrens* behandelt in den dogmengeschichtlichen Passagen seiner Arbeit „Das Geldschöpfungsproblem“ (Jena 1928) nicht die Vorschläge von *Stöpel*.

[37] *Stöpel*, Soziale Reform, S. 25.

[38] Ebenda, S. 47.

[39] Ebenda, S. 58f.

[40] Ebenda, S. 64.

[41] Ebenda, S. 62ff.

[42] Ebenda, S. 66.

[43] *Stöpel*, Soziale Reform, S. 67f.

Schließlich sieht *Stöpel* in der Papiergeldschöpfung eine Möglichkeit der Finanzierung der Produktivassoziationen (als „untergeordnete Organe der Gesellschaft").[45] Diese Strategie hat *Stöpel* auch in seiner Schrift „Die soziale Frage. Neue Ideen zur Lösung derselben"[46] dargelegt.

Auch in dieser Arbeit steht *Stöpel* zu seiner Idee der „produktiven Kreditschöpfung": „Die Verwaltung des Staates und der Gemeinden muß so geführt werden, daß fernerhin schlechterdings keine Schulden mehr gemacht werden, sondern die alten getilgt werden, und dies ist ohne Schwierigkeit möglich, wenn sich die Verwaltungen nach der Decke strecken, wenn sie die Steuern von denjenigen nehmen, die sie tragen können, und wenn sie von dem Kredit, den jede große und solide Körperschaft genießt, einen weisen Gebrauch machen. Staaten und Gemeinden bedürfen keines verzinslichen Kredites; sie können sich, falls sie für produktive Zwecke Mittel gebrauchen, und selbst für nicht unmittelbar produktive Zwecke (z.B. für die Tilgung verzinslicher Schulden) einen unverzinslichen Kredit verschaffen, indem sie sogenannte schwebende Schulden mit kurzen Tilgungsfristen schaffen oder ein Papiergeld ausgeben, das bei weiser Beschränkung den Geldumlauf nicht stört, sondern fördert und den Verkehr in wohlthätiger Weise belebt."[47]

Nach der Lektüre der Schriften von Franz *Stöpel* gewinnt man den Eindruck, daß dieser fast die gleiche dogmenhistorische Bedeutung erlangen sollte wie etwa Carl *Dietzel*.

Dies gilt auch hinsichtlich *Stöpels* Schrift „Die freie Gesellschaft".[48] In dieser Arbeit lehnt *Stöpel* zwar den (im Geschäftsbankensektor aufgenommenen) Staatskredit ab[49]; selbst die abwägenden Analysen von F. *Nebenius* werden von *Stöpel* kritisiert (so die These von *Nebenius*, der Staatskredit könnte zumindest dann relativ problemlos aufgenommen werden, wenn „brachliegende" Kapitalien z.Z. keine Verwendung in der Privatwirtschaft fänden). Allerdings fällt das

---

[44] Ebenda, S. 68.

[45] Ebenda, S. 70; Paul *Becher* (Vergleich und Kritik der sozialpolitischen Auffassungen bei Lujo Brentano, Adolph Wagner, Georg von Hertling und Franz Hitze, Diss., München (1959), 1965, S. 211) stellt heraus, *Hitze* hätte (mit Bezugnahme auf *Lasalle*) die stärkere Besteuerung der privaten Vermögen gefordert, um so die Produktionsassoziation mit Kapital zu versorgen. Während es in der verbesserten und ergänzten 4. Auflage der Schrift „Die Arbeiterfrage und die Bestrebungen zu ihrer Lösung" (M. Gladbach 1904, S. 209) nur heißt, daß „ auch die Gewährung des Staatskredits unter genau umschriebenen Bedingungen zu rechtfertigen (sei)", so äußerte sich *Hitze* in der 1. Auflage dieser Schrift (Paderborn 1877, S. 207) verhältnismäßig ausführlicher: Der Staat „darf ... durch mäßige, gerechte Besteuerung die notwendigen Mittel aufbringen", um den Arbeiterstand materiell zu unterstützen.

[46] Berlin 1888, S. 166.

[47] *Stöpel*, Die soziale Frage, S. 190.

[48] Chemnitz 1881.

[49] Ebenda, S. 49ff.

Urteil über den Staatskredit bei *Stöpel* schon etwas positiver aus, wenn „produktive" Zwecke vom Staat verfolgt würden.[50] Aber auch hier kritisiert *Stöpel* die Zinsbelastung.

Stöpel ist eben nicht — wie Carl *Dietzel* — Theoretiker der durch den Geschäftsbankensektor finanzierten kompensatorischen Staatsausgaben, sondern — wie später Abba P. *Lerner* (und neuerdings z.T. auch Ewald *Nowotny* oder *Thoss*) — Vertreter der funktionalen Notenbankpolitik.

Die tiefere Begründung der Kritik des Zinses überhaupt formuliert *Stöpel* ebenfalls in der Arbeit „Die freie Gesellschaft".[51] *Stöpel* argumentiert, hohe Zinsen würden das Geldkapital dem volkswirtschaftlichen Kreislauf entziehen, also „aufstauen".[52] Damit nimmt *Stöpel* die Grundidee der „financial instability" der Theorie der „monetären Produktionswirtschaft" vorweg.[53]

Auch eine gewisse Nähe zu *Keynes'* „Euthanasie des Rentiers" ist gegeben. Ansatzweise findet sich bei *Stöpel* die Idee, eine durch Nachfrageschwäche bedingte Krise führe zu vermehrter Anlage von Kapital im Bereich der Geldvermögensbildung. Damit würde aber die Krise verschärft. Insbesondere das „große Kapital" neige zur Geldvermögensbildung (statt zur produktiven Anlage).[54]

Die Papiergeldschöpfung[55] könnte dagegen die Finanzierung erweiterter produktiver Staatsausgaben sichern. Davon verspricht sich *Stöpel*[56] eine „Belebung des Verkehrs", so daß „dem inländischen Geld" „in inländischen productiven Unternehmungen eine sichere und mehr Anziehungskraft ausübende Anlage in Aussicht" gestellt würde.

Hinsichtlich der Besteuerung hält STÖPEL den Grundsatz der Sparsamkeit (= Schonung der Kapitalbildung) für richtig.[57] *Stöpel* will aber nur die lebensnotwendigen Einkommen von der Besteuerung geschont wissen und Monopolgewinne, Kapitalgewinne und Zinsen stärker belastet sehen[58]; aber er sieht in der Besteuerung insgesamt wohl kein Mittel zur Finanzierung wachsender Staatsaufgaben. Die „produktive Geldschöpfung" soll die Finanzierung öffentlicher Arbeiten (zum Abbau der Arbeitslosigkeit, die weitgehend auch als krisenbe-

---

[50] Ebenda, S. 60f.

[51] Chemnitz 1881, S. 216ff.

[52] Ebenda, S. 219.

[53] Ebenda, S. 130, 135f.

[54] *Stöpel*, Die freie Gesellschaft, S. 242, 265.

[55] Ebenda, S. 240ff.

[56] Ebenda, S. 242.

[57] *Stöpel*, Die freie Gesellschaft, S. 244.

[58] Ebenda, S. 252.

[59] Ebenda, S. 123.

dingt angesehen wird[59]) dienen.[60] Damit würde die Kaufkraft der Massen und damit auch der Absatz der Produktion gesichert werden.[61]

In seiner Schrift „Ueber einige neuere Theorien vom Geld“[62] schreibt *Stöpel*: Aus der „Unterschätzung der volkswirtschaftlichen Eigenschaften der edlen Metalle scheinen die folgenreichsten Irrthümer zu entspringen. Dahin gehört vor allem die Theorie, dass die Vermehrung des Geldes in einem Lande immer nur die entsprechende Preiserhöhung der Bedürfnisgegenstände zur Folge haben könne.“ *Stöpel* kritisiert die „Verkennung der specifischen Kaufkraft des Geldes“[63] und drückt damit den produktiven Charakter der Geldschöpfung aus, indem angenommen wird, daß die Geldmenge auf die Konsumtion und damit auf die Produktion wirkt.[64] Geld wird damit zur „unerlässlichen Vorbedingung wirthschaftlichen Gedeihens“[65]. Wie das Geld, so beschleunigt auch der Kredit die „gesellschaftliche Circulation“, „ohne unmittelbar neues Kapital zu schaffen“. Aber er ist „dennoch für die Lebendigkeit der Production unentbehrlich“[66]. Geld und Kredit schaffen „Kapital“ im weiteren Verlauf des Wirtschaftens, da beide Nachfrage induzieren und damit zum „Hebel einer Capitalerzeugung“ werden.[67]

---

[60] Ebenda, S. 283.

[61] Ebenda, S. 287.

[62] *Stöpel*, Franz, Ueber einige neuere Theorien vom Geld, in: Jahrbücher für Nationalökonomie und Statistik, Bd. 13, 1869, S. 343 ff., hier S. 351.

[63] Ebenda, S. 354.

[64] Ebenda, S. 355.

[65] Ebenda, S. 357.

[66] *Stöpel*, Franz, Ueber einige neuere Theorien vom Geld, S. 361.

[67] Ebenda, S. 363.

Kapitel 11

Die Entwicklung der funktionalen Finanzpolitiklehre im ersten Viertel des 20. Jahrhunderts in Deutschland, England und den USA

Wir sahen, daß die „deutsche Finanzklassik" — angesiedelt in der 2. Hälfte des 19. Jahrhunderts — einige Ansätze funktionaler Staatswirtschaftslehre formulierte, die jedoch oftmals sozialpolitisch ausgerichtet waren. Allerdings fanden wir auch — bei C. *Dietzel* und F. *Stöpel* (um nur zwei, allerdings herausragende Vertreter zu nennen) — wirtschaftspolitische Orientierungen.

Nicht selten wird nun die These vertreten, daß — auch im deutschen Sprachraum — in der zeitlichen Phase zwischen der Jahrhundertwende und dem Ausbruch der Arbeitsbeschaffungsdebatte zur Zeit der „großen Weltwirtschaftskrise" ein Leerraum hinsichtlich fortführender Ansätze funktionaler Finanzwirtschaftslehre bestand. In den folgenden Ausführungen gelangen wir zu einer andersartigen Einschätzung; mehrmals kommen wir auf dieses Problem noch zurück.

Schon auf den ersten Blick treten hervorragende Vertreter funktionaler Finanzwirtschaftslehre nach 1900 hervor, wenn auch die Zeit großer systematischer Entwürfe — wie bei Ad. *Wagner* — vorbei zu sein scheint. G. *Steiger* stuft aber insbesondere Georg von *Schanz* (1853-1931) als frühen Vertreter kreditfinanzierter Antidepressionspolitik ein.[1] Wenn *Schanz* auch in seinem Artikel über den „Kredit"[2] nicht auf die staatliche Kreditpolitik verweist, so sind seine Ausführungen im Artikel über das „Budget" doch eindeutig; *Schanz* schreibt: „Es kann sein, daß, wenn infolge von Krisen magere Jahre die ordentlichen Deckungsmittel hinschwinden lassen und ohne gefährliche Erschütterungen des Staats- und Gesellschaftslebens nicht vermehrt und gesteigert werden können, selbst für die ordentlichen Bedürfnisse teilweise außerordentliche Deckung, also Schuldaufnahme, am Platze ist; ja es empfiehlt sich, in solche Zeiten, wo ohnehin Löhne, Materialpreise niedrig stehen und die sich anstauenden, unbeschäftigten Kapitalien zu billigen Zins zu haben sind, notwendige Anschaffungen und Bauten soviel wie möglich zu verlegen, weil der Staat dadurch nicht nur wohlfeil

---

[1] *Schanz*, Georg von, Budget, in: Handwörterbuch der Staatswissenschaften, hrsg. von Ludwig *Elster* u.a., 4. Aufl., Bd. 3, Jena 1926, S. 84ff., hier S. 108 (auch 3. Aufl., Jena 1909, S. 301).

[2] *Schanz*, Georg von, Kredit: in: Wörterbuch der Volkswirtschaft, 3. Aufl., Jena 1911, 2. Bd., S. 190ff.

bedient wird, was im Interesse der steuerzahlenden Gemeinschaft ist, sondern auch zur Linderung der wirtschaftlichen Depression beiträgt, die Steigerung der hoch gehenden Konjunktur nicht aber noch seinerseits fördert."[3]

Dettweiler dagegen meint, daß bei *Schanz* — ähnlich wie bei *Schäffle* — auch hier nur fiskalische Orientierung vorliege.[4] *Preiswerk*[5] schätzt dagegen *Schanz* als einen frühen Vertreter der „fiscal policy" ein.[6]

Tatsächlich schreibt *Schanz* schon 1902 (!) in bezug auf die Haushaltspolitik: „Unwillkürlich drängt sich einem der Gedanke auf, ob sich nicht ein Verhältnis schaffen liesse, das den stetigen Gang der Volkswirtschaft mehr begünstige. Das wäre meines Erachtens nicht ganz aussichtslos. Würde man im Jahre steigender Hausse mit der Ausführung neuer Werke seitens der öffentlichen Haushalte zurückhalten und die Überschüsse, soweit nur angängig, effektiv zur Schuldentilgung verwenden, so könnte man in schlechten Jahren ohne Bedenken wieder neue Schulden machen, um schon länger geplante und vorbereitete Unternehmungen zur Ausführung zu bringen ...". „Volkswirtschaftlich und finanzpolitisch fördert man das Ganze."[7]

H. *Fick*[8] sieht bei *Schanz* (wie bei *Schäffle*) durchaus „Ansätze" (funktionaler Finanzpolitik), die aber — so *Fick* (ähnlich wie der eben erwähnte *Dettweiler*) — weitgehend am haushaltsordnungspolitischen Standpunkt gleichgewichtiger Finanzwirtschaft orientiert seien.

Wir stimmen — nach Kenntnisnahme der entsprechenden Arbeiten von *Schanz* — aber eher den Interpretationen von *Steiger* oder *Preiswerk* zu, wonach *Schanz* recht deutlich antizyklischen Motiven zuneigte.[9]

In seinem Aufsatz „Die Bekämpfung der Arbeitslosigkeit" von 1901[10] bezieht sich *Schanz* bei der Befürwortung „öffentlicher Arbeiten" auf Julius *Wolf*.[11] Wir gelangen nun zu einer der wichtigsten Ideen in den von uns in diesem Kapitel behandelten Strömungen, wobei Anknüpfungen an die Debatten der 1880er und 1890er Jahre möglich sind: der Idee der öffentlichen Arbeitsbeschaffung.[12]

---

[3] *Schanz*, Budget, S. 108f.

[4] *Dettweiler*, Beiträge, S. 115ff., 122f.

[5] *Preiswerk*, Geschichtlicher Überblick, S. 50ff.

[6] Vgl. auch *Menard*, Die Lehren, S. 53ff.

[7] *Schanz*, Georg von, Die Frage der Arbeitslosigkeit und die öffentliche Haushaltsführung, in: Zeitschrift für Socialwissenschaft, 5. Jg., 1902, S. 47ff., hier S. 48.

[8] *Fick*, Harald, Finanzwirtschaft und Konjunktur, Jena 1932, S. 14ff.

[9] Vgl. *Schanz*, Die Frage.

[10] *Schanz*, Georg von, Die Bekämpfung der Arbeitslosigkeit, in: Archiv für Soziale Gesetzgebung und Statistik, Bd. 16, 1901, S. 549ff., hier S. 627ff.

[11] Vgl. *Adler*, Georg, Arbeitslosigkeit und Arbeitslosenversicherung, in: Handwörterbuch der Staatswissenschaften, 3. Aufl., Bd. 1, hrsg. von Ludwig *Elster* u. a., Jena 1909, S. 1101ff., hier S. 1109.

Tatsächlich erweist sich Julius *Wolf* in seiner Arbeit „Die Arbeitslosigkeit und ihre Bekämpfung" von 1896[13] als ein früher Vertreter der staatlichen Krisen- und Arbeitslosenbekämpfung durch Vergabe öffentlicher Arbeiten.[14] Indem *Wolf* die Krisen als eine von mehreren Ursachen der Arbeitslosigkeit begreift[15], fordert er redistributive fiskalische „Erlassungspolitik" (um den Konsum zu stützen)[16], sowie staatliche Nachfrage nach jenen Gütern, die unter „Überproduktion" leiden.[17] In der Wohnungsbaupolitik sieht *Wolf* sogar einen „Königsweg" der Verknüpfung sozial- und beschäftigungspolitischer Ziele.[18] Ohne auf die Finanzierungsfragen einzugehen, werden doch Staat und Gemeinden in dieser Schrift von *Wolf* als Träger einer Strategie beschäftigungssichernder öffentlicher Arbeiten (und damit Ausgaben) herausgestellt.

Implizit ist damit Finanzbedarf angemeldet und die Finanzwirtschaftslehre funktionalisiert. In bezug auf *Gamp*[19] und *v. Massow*[20] sieht *Wolf* hinreichend große Tätigkeitsfelder und nennt eine Reihe von Infrastrukturbereichen.

Andererseits steht *Wolf* in starker Gegnerschaft zu den „kathedersozialistischen" Versuchen einer Sozialreform.[21] In der Tat ist die Position von *Wolf* doch

---

[12] Unsere Einordnung von *Schanz* in die Debatte um öffentliche Arbeitsbeschaffung (vgl. *Schulz*, Frank, Die Vorschläge von Georg von Schanz, a.a.O.) hebt also die eindeutige Antizyklik in dessen Vorschlägen zum Vergabeverhalten der öffentlichen Haushalte heraus. Zu dem Zeitpunkt dieser Vorschläge von *Schanz* muß diese klar formulierte Antizyklik als zweifelsohne sehr bemerkenswert herausgestellt werden, auch wenn *Schanz* die öffentliche Arbeitsbeschaffung für „nur zu einem gewissen Grade ... möglich" hielt (vgl. *Schanz*, Georg von, Dritter Beitrag zur Frage der Arbeitslosen-Versicherung und der Bekämpfung der Arbeitslosigkeit, Berlin 1901, S. 376). Trotz des nur als ergänzend begriffenen Charakters der öffentlichen Arbeiten schrieb *Schanz*: „Namentlich die öffentlichen Gemeinwesen haben, da sie auf die allgemeine Steuerkraft sich stützen und viele Gelegenheiten zu nützlichen Arbeiten haben, am ehesten die Möglichkeit. Man sollte solche immer in Reserve haben und durch Kommissionen vorbereiten lassen. Die Wirklichkeit zeigt schon heute viele Ansätze in dieser Richtung, und es ist nicht zweifelhaft, daß auch da noch erhebliche Fortschritte möglich sind." (Ebenda, S. 376) Zu der Zielbestimmung von *Vaughan* aus dem Jahre 1976 — „The main goal of countercyclical policy is to increase the utilization of idle capital and labor" (*Vaughan*, Roger J., Public Works as a Countercyclical Device: A Review of the Issues, Rand Corporation, Santa Monica, R-1990-EDA, July 1976, S. V) — stellen die Vorschläge von *Schanz* eine Frühgeschichte dar.

[13] Dresden 1896.

[14] Ebenda, S. 10f., 20ff.

[15] *Wolf*, Die Arbeitslosigkeit und ihre Bekämpfung, S. 8.

[16] Ebenda, S. 13f.

[17] *Wolf*, Die Arbeitslosigkeit und ihre Bekämpfung, S. 23.

[18] Ebenda, S. 27ff.

[19] *Gamp*[00], Die wirtschaftlich-sozialen Aufgaben unserer Zeit auf industriellen und landwirtschaftlichen Gebieten, Berlin 1880, S. 292.

[20] *Massow*, von, Geheimer Regierungsrat, Die sozialen Aufgaben des Staates als Arbeitgeber, in: Bericht über die Verhandlungen auf dem sechsten evangelisch-sozialen Kongreß, abgehalten in Erfurt am 5. und 6. Juni 1895, Berlin, S. 45ff., hier S. 61, 73.

deutlich dem liberalen Lager verschrieben. In seiner Schrift „Konjunktur und Krise"[22] hat J. *Wolf* stark die Selbstheilungskräfte der Krise herausgehoben. Preisverfall bedeute demnach Kaufkraftschaffung. Daher sei eine tiefgreifende Kritik der Konjunkturkrisen verfehlt.

In seiner Schrift „Die Volkswirtschaft der Gegenwart und Zukunft"[23] sieht *Wolf* keine Mittel gegen die Krisen[24], obwohl er gerade im übermäßigen — durch ungleiche Einkommensverteilung gesteigerten — Sparen (d.h.: in nicht produktiv absorbierten Sparkapitalien) die Krisen begründet sieht.[25] Selbst Reinvestition des Sparkapitals würde nach *Wolf* krisenfördernd sein, da der Konsum hinter den Kapazitäten zurückbleiben würde.[26] Gerade eine derartige Krisenerklärung legt — wie bei Carl *Dietzel* — eine staatliche Absorptions- und Reallokationsstrategie nahe. Obwohl *Wolf* also die Ursachen der Krisen in Unterkonsumtion und Überproduktion erblickt[27], sieht er — geradezu manchesterliberal — in der Krise eine Bereinigungsstrategie, hält aber dennoch sozialpolitische Eingriffe und Korrekturen für richtig.

Wolfs Arbeiten bleiben damit recht widersprüchlich; seine Schrift „Die Arbeitslosigkeit und ihre Bekämpfung" von 1896 stellt jedenfalls eine bemerkenswerte Leistung liberaler Theorie dar.

Insgesamt scheint die Idee der öffentlichen Arbeitsbeschaffung eine wichtige Verknüpfungslinie zwischen dem (sozialpolitischen) Ansatz funktionaler Finanzpolitik in der 2. Hälfte des 19. Jahrhunderts einerseits und der Ideenentwicklung in dem ersten Viertel des 20. Jahrhunderts andererseits zu sein. Dies insbesondere insofern, als in der Idee der öffentlichen Arbeiten, da diese einen „volkswirtschaftlichen Wert" haben sollen[28], die Auffassung der deutschen Finanzklassik — insbesondere Ad. *Wagners* These von der Rentabilität staatlicher außerordentlicher Ausgaben — hinsichtlich des reproduktiven Charakters staatlicher Ausgaben fortwirkt.

---

[21] *Herkner*, Heinrich, Die Arbeiterfrage, Bd. 2, Berlin—Leipzig 1922, S. 178f. Vgl. auch *Wolf*, Julius, Die Fehler der Kathedersozialisten, in: Die Zukunft, Jg. 11, 1895, S. 21ff. und S. 72ff.; ders., Die Wohnungsfrage als Gegenstand der Socialpolitik, Jena 1896; ders., Das socialpolitische Vermächtnis Bismarcks, in: Zeitschrift für Socialwissenschaft, Jg. 2, 1899, S. 477ff., ders., Der Kathedersozialismus und die sociale Frage, Berlin 1899.

[22] *Wolf*, Julius, Konjunktur und Krise, Schriften des Vereins für Socialpolitik, Bd. 173, 2, München usw. 1928.

[23] Leipzig 1912.

[24] Ebenda, S. 120f.

[25] Ebenda, S. 117ff.

[26] Ebenda, S. 118.

[27] Vgl. *Bergmann*, Geschichte der nationalökonomischen Krisentheorien, S. 232ff.

[28] Vgl. auch *Pommernelle*, Lothar, Die Notstandsarbeiten der produktiven Erwerbslosenfürsorge, Diss., Jena 1914, S. 63ff.

Öffentliche Arbeiten sind — da sie im Rahmen eines Prozesses der Ressourcenumlenkung[29] zu betrachten sind — zweifelsohne als Teil der volkswirtschaftsorientierten Staatswirtschaftslehre zu begreifen.

Wenn auch *Fick* Recht zu geben ist, wenn dieser die These vertritt, daß das Problem der Notstandsarbeiten — „Unter Notstandsarbeiten i. e. S. faßt man jene Maßnahmen ins Auge, die zur Zeit eines Notstandes, hervorgerufen durch Arbeitslosigkeit, meist von einem Gemeinwesen unter Voraussetzung humanitär-sozialer Grundsätze und teilweiser Außerachtlassung von Utilitäts- und Rentabilitätsprinzipien unternommen werden, um unverschuldete Arbeitslosigkeit außerhalb des Rahmens der Armenpflege durch unfreie Arbeit zu bekämpfen."[30] — und der Arbeitsbeschaffung literarisch erst in den späten 20er und frühen 30er Jahren intensiv bearbeitet wird[31], so weisen doch die genannten Arbeiten auf wichtige Kontinuitätslinien nach der Jahrhundertwende hin.[32]

Aufgrund ihres systematischen Werts wollen wir hier eine längere Textstelle von Gerhard H. *Schulz* zitieren: *Schulz* bemüht sich um eine systematische Begriffsbildung hinsichtlich der Kategorien Notstandsarbeiten, produktive Erwerbslosenfürsorge und Arbeitsbeschaffung, die auch für uns — vor allem in bezug auf den implizierten sozial- und wirtschaftspolitischen Zielkatalog — von Bedeutung ist:

„Notstandsarbeiten sind solche Arbeiten, bei denen Arbeiter beschäftigt werden zwecks Beseitigung des subjektiven und sozialen Notstandes der Arbeitslosigkeit auf Grund staatlicher Initiative. Die produktive Erwerbslosenfürsorge umfaßt alle diejenigen Maßnahmen, die sich auf die Schaffung zusätzlicher Arbeitsgelegenheit mit staatlichen Mitteln erstrecken. Sie umfaßt die Arbeitsbeschaffung mit stärkster Betonung des Produktivitätsgedankens und die produktive Erwerbslosenfürsorge in engerem Sinne unter stärkerer

---

[29] Vgl. auch *Jores*, Hans, Die bedeutsamsten Versuche zur Lösung des Problems der Arbeitslosigkeit in Deutschland in der Vorkriegs-, Kriegs- und Nachkriegszeit, Würzburger Diss., Krefeld 1927, S. 122f.

[30] *Meyer*, Paul, Die Notstandsarbeiten und ihre Probleme. Ein Beitrag zur Bekämpfung der Arbeitslosigkeit, Jena 1914, S. 34/35. Auch August *Baab* (Zur Frage der Arbeitslosenversicherung, der Arbeitsvermittlung und der Arbeitsbeschaffung, Leipzig 1911, S. 298) will die Notstandsarbeiten strikt von der Armenunterstützung getrennt wissen. Unter Notstandsarbeiten versteht *Baab* außerordentliche Ausgaben des Staates, die als zusätzliche keine Verschiebung bereits geplanter Ausgaben darstellen (ebenda, S. 301 f.). Diese Abgrenzungen kommen dann in seiner Definition (S. 304f.) explizit zum Ausdruck. Allerdings bleiben die Finanzierungsfragen auch hier ausgeblendet. Der Problemzusammenhang der „Public Employment as Fiscal Policy" (so der Titel eines Aufsatzes von Michael *Wiseman*, in: Brookings Papers on Economic Activity, Bd. 7, H. 1, 1976, S. 67ff.) bleibt implizit.

[31] *Fick*, Finanzwirtschaft und Konjunktur, S. 46.

[32] Vgl. auch *Dückert*, Thea, Arbeitsbeschaffungsmaßnahmen — ein beschäftigungspolitisches Instrument? Frankfurt/M.—New York 1984, S. 16ff.; vgl. auch *Weller*, Bernhard, Arbeitslosigkeit und Arbeitsrecht, Stuttgart 1969, S. 20ff., 73ff.

Hervorhebung fürsorgerischer Gesichtspunkte. Sie will im Gegensatz zu den Notstandsarbeiten nicht nur den personalen, subjektiven, sondern auch den wirtschaftlichen, objektiven Notstand der Arbeitslosigkeit bekämpfen; sie sieht den Arbeiter außer als Menschen auch als Produktionsfaktor, als Arbeitskraft. Für die volkswirtschaftliche Betrachtung ist der Begriff ‚produktive Erwerbslosenfürsorge' genügend; dagegen sind die weiteren Unterscheidungen für die sozialpolitische Problemstellung von Bedeutung. Notstandsarbeiten kommen demgemäß in den folgenden Abstufungen vor: 1. Im Rahmen der unterstützenden Erwerbslosenfürsorge oder Armenfürsorge als Pflichtarbeit; 2. in der produktiven Erwerbslosenfürsorge im engeren Sinne; 3. in der Arbeitsbeschaffung. Wie bereits hervorgehoben wurde, steigert sich der sozialpolitische Wert der Maßnahmen in der obigen Reihenfolge."[33]

Indem — wie bei Frieda *Wunderlich*[34] — solche öffentlichen Maßnahmen zur Arbeitsbeschaffung als „produktive Erwerbslosenfürsorge"[35] bezeichnet werden, zeichnet sich — wenn auch ein Hinweis auf die staatliche (funktionale) Finanzpolitik im engeren Sinne ausbleibt — doch eine Differenz gegenüber der reaktiv-passiven Sozialpolitik der Erwerbslosenunterstützung ab.

Demgemäß versuchte auch Karl *Schiller*[36], die Arbeitsbeschaffung in der „Theorie der Krisenpolitik" einzuordnen, indem auf die umsatzsteigernden Effekte verwiesen wird.[37]

Mit dem Hinweis auf die Dogmengeschichte der öffentlichen Arbeitsbeschaffungsmaßnahmen — von ausgeprägt finanzpolitischen Ideen bei L. *Gall*, C. *Dietzel* und F. *Stöpel* im 19. Jahrhundert einmal abgesehen — kann die weitverbreitete[38] These, wonach von einer „aktiven Konjunkturpolitik" erst seit der „großen Weltwirtschaftskrise" 1929 ff. gesprochen werden kann (so die Behauptung von Theodor *Pütz* oder Walter A. *Jöhr*, auf die wir noch weiter unten näher eingehen wollen), relativiert werden.

Obwohl wir auf die Entwicklung in England und in den USA noch näher eingehen werden, sei hier schon angemerkt, daß diese Entwicklung auch in diesen Ländern zutrifft.[39]

---

[33] *Schulz*, Gerhard H., Die Idee der produktiven Erwerbslosenfürsorge in Theorie, Praxis und Politik, Diss., Hamburg 1930, S. 43.

[34] *Wunderlich*, Frieda, Die Bekämpfung der Arbeitslosigkeit in Deutschland seit Beendigung des Krieges, Jena 1925, S. 38.

[35] Vgl. auch *Hertz-Eichenrode*, Dieter, Wirtschaftskrise und Arbeitsbeschaffung, Konjunkturpolitik 1925/26 und die Grundlagen der Krisenpolitik Brünings, Frankfurt/M.—New York 1982, S. 156 ff.

[36] *Schiller*, Karl, Arbeitsbeschaffung und Finanzordnung in Deutschland, Berlin 1936, S. 23 f.

[37] Ebenda, S. 38 f.

[38] Vgl. *Blaich*, Fritz, Die Wirtschaftskrise 1925/26 und die Reichsregierung. Von der Erwerbslosenfürsorge zur Konjunkturpolitik, Kallmünz 1977, S. 11 f.

So gilt dies für die Früh- bzw. Vorgeschichte der amerikanischen Stabilisierungspolitik. Bruno *Fritsch* schreibt in seiner Arbeit über die „Geschichte und Theorie der amerikanischen Stabilisierungspolitik“: „Das entstehungsgeschichtlich erste und am Anfang einzige Mittel der Beschäftigungspolitik waren öffentliche Arbeiten.“[40] Auch Herbert *Stein* schreibt in seiner Darstellung über „The Fiscal Revolution in America“[41]: „That increased expenditure on public works could be a powerful instrument against depression unemployment was part of the conventional wisdom of the 1920's“. Ähnliches gilt für England.

Auch hier[42] stellte die sich aus der (sich wandelnden) Armenpflege entwickelnde öffentliche Arbeitsbeschaffungspolitik (bzw. Politik der Notstandsarbeiten) eine Übergangsform zur konjunkturorientierten Finanzpolitik dar.[43] Ohne sie als alleiniges Mittel anzusehen, konnten öffentliche Arbeiten als Instrument der Depressionsbekämpfung definiert werden[44], insbesondere wenn dabei brachliegendes Kapital einer Nutzung zugeführt wird.[45]

So setzte sich William H. *Beveridge* 1909 in seiner Schrift „Unemployment. A Problem of Industry“[46] mit dem Problem der öffentlichen Arbeiten, insbesondere auch mit dem „Unemployment Workman Act“ von 1905[47] kritisch auseinan-

---

[39] Auch in Australien wurde die Idee der „counter-cyclical“-‚public works' diskutiert, wobei Bezugnahmen auf die *Webbs* und auf (die frühen Arbeiten von) *Beveridge* nicht fehlen; vgl. *Walker*, E. Ronald, Unemployment Policy with Special Reference to Australia, Sidney 1936, S. 134ff. Ebenso in der Schweiz (vgl. *Guggenbühl*, Emil, Die Ausgaben des Kantons Zürich zur Bekämpfung der Arbeitslosigkeit und ihrer Folgen, Diss. Zürich, Affoltern am Albis 1952). Vgl. zu der international synchronisierten Entwicklung auch Ernst *Berger*, Arbeitsmarktpolitik, Leipzig 1926, S. 91f., 108ff.

[40] Zürich 1959, S. 8.

[41] Chicago 1969, S. 10.

[42] Vgl. auch *Pumpiansky*, L., Das Problem der Arbeitslosigkeit in England, in: Archiv für Sozialwissenschaft und Sozialpolitik, Bd. 33, 1911, S. 126ff. Vgl. auch die eher skeptische Einschätzung von Marie *Wertenson*, Die Arbeitslosigkeit in England seit 1919 und ihre Bekämpfung, Jena 1928, S. 62ff.

[43] Allerdings darf der Stellenwert der Arbeitsbeschaffungspolitik im Rahmen dieser Wandlungen auch nicht überschätzt werden. Je nach systematischer Abgrenzung von Sozialpolitik, Wohlfahrtspolitik und Wohlfahrtspflege (vgl. auch *Wolfram*, Heinz, Vom Armenwesen zum heutigen Fürsorgewesen, Greifswald 1929, S. 88ff.) wird Arbeitsbeschaffung nicht zum Bereich der Wohlfahrtspflege bzw. der sozialen Fürsorge gezählt (wie bei *Wex*, Else, Wandlungen in der sozialen Fürsorge 1914-1927, Berlin 1929); zum Bereich des Fürsorgewesens zählt dagegen *Wolfram* (S. 111) explizit die Vorschläge der *Webbs*, „die öffentlichen Aufträge für den Arbeitsmarkt möglichst in die tote Saison zu verschieben und so einen Ausgleich in dem Beschäftigungsgrad herbeizuführen.“ Allerdings ist es andererseits wiederum bezeichnend, daß es bei dem Verweis auf die (allerdings als „epochemachend“ bezeichneten) Arbeiten der *Webbs* bleibt.

[44] *Pumpiansky*, Das Problem, S. 146.

[45] Ebenda, S. 159.

[46] London—New York—Berkeley—Calcutta, 2. Aufl., 1910, S. 150ff., 185ff.

[47] Vgl. auch *Scheer*, Sozialstaat und öffentliche Finanzen, S. 360ff.

der. Schließlich forderte auch er[48] eine „systematische Verstetigung der öffentlichen Arbeiten“: „Though it may not prove possible to eliminate the causes of industrial fluctuation, it may be possible up to a certain point to counteract the fluctuation itself by getting as much public works as possible done when private work is slack“.

Die Idee der öffentlichen Arbeitsbeschaffung setzte die Kontroverse der letzten Jahrzehnte des 19. Jahrhunderts — während beispielsweise Ernst *Hirschberg*[49] 1894 die Notstandsarbeiten als nicht so bedeutsam einstufte, betonte der Regierungsassessor *Gamp*[50] 1880 die Notwendigkeit solcher kreditfinanzierter Staatsinvestitionen[51] — fort, wie überhaupt hier ein Ausstrahlungseffekt des Merkantilismus[52] erneut deutlich wird.

Auch Karl *Kumpmann* widmete sich 1920[53] dem Problem der „Arbeitsbeschaffung“. Er schrieb: „An erster Stelle wäre nachdrücklich zu betonen, daß die gesamte allgemeine Wirtschaftspolitik auf die Vermehrung der wirtschaftlichen Arbeit des Landes Bedacht nehmen kann und soll.“[54] Positiver als zu den „Notstandsarbeiten“ äußert sich *Kumpmann*[55] allerdings zur „Verschiebung der Arbeit“. Kommunen wie Staat sollen demnach „Sparbüchsen nationaler Arbeitsgelegenheiten“[56] aufbauen.

Ähnlich wie bei Julius *Wolf* (auch die Bezugnahme auf die Fabier B. und S. *Webb*, auf die wir noch einzugehen haben, ist evident) verweist *Kumpmann* auf eine Art von Verstetigung staatlicher Investitionen, so daß sich ein gewisser antizyklischer Effekt einstellt: Öffentliche Arbeiten fallen damit in die Phase erhöhter Arbeitslosigkeit.[57]

Wir begreifen die Debatten um die öffentliche Arbeitsbeschaffung als die Form, in der sich zum großen Teil der (ideengeschichtliche) Prozeß der Funktionalisierung der Finanzpolitik fortsetzte.

Dennoch hält Anselm *Faust*[58] — in Anlehnung an *Jöhr*[59] und *Pütz*[60] — fest: „Arbeitsbeschaffung um die Jahrhundertwende hatte wenig gemein mit moder-

---

[48] *Beveridge*, Unemployment, S. 230.

[49] *Hirschberg*, Ernst, Die Maßnahmen gegenüber der Arbeitslosigkeit, Berlin 1894, S. 30ff.; ähnlich auch *Petrenz*, Otto, Die Arbeitslosigkeit, ihre statistische Erfassung und ihre Bekämpfung, Leipzig—Nürnberg 1911 (= Mitteilungen des Statistischen Amtes der Stadt Nürnberg, Heft 1), S. 37ff.

[50] *Gamp*, Die wirtschaftlich-sozialen Aufgaben.

[51] Ebenda, S. 323.

[52] Vgl. auch *Pinker*, Robert, The Idea of Welfare, London 1979, S. 234f., 254.

[53] *Kumpmann*, Die Arbeitslosigkeit und ihre Bekämpfung, Tübingen 1920, S. 85ff.

[54] Ebenda, S. 86.

[55] Ebenda, S. 92ff.

[56] Ebenda, S. 94.

[57] *Kumpmann*, Die Arbeitslosigkeit, S. 95.

ner Beschäftigungspolitik. Noch fehlte die Einsicht in die konjunkturstimulierenden Effekte nachfragewirksamer, gegebenenfalls defizitärer öffentlicher Ausgabenpolitik." Trifft diese Relativierung schon nicht für *Gall*, C. *Dietzel* oder F. *Stöpel* oder auch H. *Herkner* zu, so ebensowenig für den nun zur Diskussion stehenden Zeitraum, denkt man nicht zuletzt an Georg von *Schanz*.

Richtig scheint insgesamt der Hinweis von *Faust* zu sein, daß — und dies gilt wohl besonders hinsichtlich der sozialpolitischen Ausrichtung des Prozesses der Funktionalisierung der Staatswirtschaftspolitik im Rahmen der historisch-ethischen Richtung der deutschen Finanzwissenschaft — der „Komplex Arbeitslosigkeit" erst gegen Ende des 19. Jahrhunderts und damit doch relativ spät in das Blickfeld staatlicher Verantwortung gerät[61] — zumindest insoweit, wie die relative Gewichtung (gegenüber sozialpolitischen Zwecksetzungen) ins Auge gefaßt wird.

Die Bezugsquellen von *Faust* sind jedenfalls nicht sehr ergiebig. *Pütz*[62] bezieht sich hauptsächlich auf die ebenfalls von *Faust* zitierte Quelle bei *Jöhr*. *Jöhr* selbst[63] schreibt, daß man sich nur „zögernd" den konjunkturpolitischen Problemen näherte" und verweist auf die „Konjunkturdebatte" des Vereins für Socialpolitik im Jahre 1903.[64]

---

58 *Faust*, Anselm, Der Staat und die Arbeitslosigkeit in Deutschland 1890-1918. Arbeitsvermittlung, Arbeitsbeschaffung und Arbeitslosenversicherung, in: *Mommsen*, Wolfgang J. (Hrsg.), Die Entstehung des Wohlfahrtsstaates in Großbritannien und Deutschland 1850-1950, Stuttgart 1982, S. 159ff., hier S. 168.

59 *Jöhr*, Walter Adolf, Konjunktur (II) Politik, in: Handwörterbuch der Sozialwissenschaften, Bd. 6, hrsg. von Erwin v. *Beckerath* u. a., Stuttgart—Tübingen—Göttingen 1959, S. 119ff.

60 *Pütz*, Theodor, Geschichtliche Wandlungen der Konjunkturschwankungen und Konjunkturpolitik, in: *Greiss*, Franz u. a. (Hrsg.), Wirtschaft, Gesellschaft und Kultur. Festgabe für Alfred Müller-Armack, Berlin 1961, S. 167ff.

61 *Faust*, Der Staat, S. 160. Auch in der Schweiz, von der in der sozialpolitischen Literatur häufig behauptet wird, in ihr wäre das Problem der Arbeitslosigkeit ungleich stärker angegangen worden, widmete man sich dem Problem der Arbeitslosigkeit — so *Reichesberg* (*Reichesberg*, Naum, Der Kampf gegen die Arbeitslosigkeit in der Schweiz, in: Schweizerische Blätter für Wirtschafts- und Sozialpolitik, 7. Jg., Bern 1894, H. 3, S. 77ff., hier S. 88) — relativ spät.

62 *Pütz*, Geschichtliche Wandlungen, S. 179f.

63 *Jöhr*, Konjunktur (II) Politik, S. 114f.

64 Verhandlungen des Vereins für Socialpolitik. *Sombart*, Werner u. a., Die Störungen im deutschen Wirtschaftsleben der Jahre 1900ff., Schriften des Vereins für Socialpolitik, Bd. 113, Leipzig 1904. *Jöhr* weist allerdings nicht darauf hin, daß *Jastrow* (Verhandlungen des Vereins, S. 181 ff.) die Bedeutung der Verschiebung öffentlicher Arbeiten in die Phase der Depression hervorhebt, eine Anschauung, die dann auch H. *Herkner* in dieser Debatte (vgl. S. 187) herausstellt. *Jastrow* geht es um Staatsaufträge, die an Unternehmen als Lieferanten gerichtet sind. Die „Rücksichtnahme auf den Arbeitsmarkt" im Rahmen der staatlichen Finanzpolitik sollte „Bestandteil der allgemeinen gewerblichen Politik" sein. „Das", so schreibt *Jastrow*, „freilich steht in vollem Widerspruch gegen eine noch immer herrschende Auffassung, die in dem Augenblick, wo die Steuern knapper werden, es als

Jöhr verweist allerdings — wie wir es im vorangegangenen Kapitel ebenfalls taten — auf die Vorschläge von Heinrich *Herkner*[65], der Notstandsarbeiten der Gemeindeverwaltungen und Verlegung von öffentlichen Arbeiten in „stillere Zeiten" vorschlug. Mit diesem Hinweis begnügt sich allerdings *Jöhr*. *Jöhr* verweist zwar noch auf S. *Gesell* (1862-1930) und N. *Johannsen* (geb. 1844) (als Begründer des Multiplikatoreffekts)[66]; auch wird die Idee der Notstandsarbeiten als der Politik der ‚expansiven Depressionsbekämpfung' vorausgegangen bezeichnet. Doch im wesentlichen referiert *Jöhr* nur die „neue Lehre" seit Beginn der „großen Weltwirtschaftskrise".

Unsere Analyse fördert dagegen vielfältigere Ansätze zu Tage.

---

höchste Finanzweisheit predigt: sparen, sparen!" (Ebenda, S. 182) *Jastrow* formuliert hier die Forderung funktionaler Finanzpolitik jenseits budgetausgleichsorientierter Konsolidierungspolitik: „gerade dann muß gebaut werden." (S. 183) Allerdings hat *Faust* in einem älteren Aufsatz zu diesem Thema diese Stelle selbst zitiert (vgl. *Faust*, Anselm, Konjunktur, Arbeitsmarktstruktur und sozialpolitische Reaktionen: Arbeitsnachweis, Arbeitsbeschaffung und Arbeitslosenversicherung im Deutschen Kaiserreich, in: *Kellenbenz*, Hermann (Hrsg.), Wachstumsschwankungen. Wirtschaftliche und soziale Auswirkungen, Stuttgart 1981, S. 145ff., hier S. 158.

[65] Vgl. *Herkner*, Heinrich, Art. Krisen, in: Handwörterbuch der Staatswissenschaften, 3. Aufl., Bd. 6, hrsg. von Ludwig *Elster*, u.a., Jena 1910, S. 253ff., hier S. 265. *Herkner* schreibt: „Mit der ungeheuren Ausdehnung der eigenen wirtschaftlichen Betriebe in Reich, Staat und Selbstverwaltung ist den Behörden nicht nur die Macht, sondern auch die Pflicht zugefallen, im Sinne einer stetigen Entwicklung des Wirtschaftslebens tätig zu sein." So bestünde „bei einer großen Zahl öffentlicher Arbeiten die Möglichkeit, deren Ausführung einer stilleren Periode des Geschäftsganges vorzubehalten." (*Herkner*, Heinrich, Art. Krisen, S. 265).

[66] Dabei ist die Position von N. A. L. J. *Johannsen* — auf die *Keynes* in seiner Schrift „Vom Gelde" (Berlin 1955, S. 375) im Gegensatz zu seiner „Allgemeinen Theorie" noch ausdrücklich hinwies — für uns von dogmengeschichtlichem Interesse. Hans-W. *Schnack* hat (vgl. *Schnack*, Hans-W., Die Depressionstheorie bei N. A. L. J. Johannsen und J. M. Keynes, in: Jahrbuch für Sozialwissenschaft, Bd. 2, 1951, S. 132ff.), aufbauend auf seiner Dissertation „Der Wirtschaftskreislauf bei N. A. L. J. Johannsen und J. M. Keynes" (Universität Kiel 1951), die dogmengeschichtliche Relevanz von *Johannsen* herausgearbeitet. *Keynes*, der ja auch auf *Gesell* verwies, konnte zu Recht ebenso *Johannsen* als bedeutsam herausheben, da dieser in seiner 1913 erschienenen Schrift „Die Steuer der Zukunft" (Berlin 1913) eine „neue Geldsteuer" einforderte, die via Geldentwertung den Zwang zum Konsum erhöhen sollte. Auch krisentheoretisch liegt *Johannsen* — gemäß seiner 1903 (!) publizierten Arbeit „Der Kreislauf des Geldes und der Mechanismus des Soziallebens (Berlin 1903) und seiner Schrift „Depressionsperioden und ihre einheitliche Ursache" (New York 1903) — auf der theoretischen Entwicklungslinie des „Keynesianismus". Von größtem Interesse ist, daß *Johannsen* annimmt, in der „Krise" bestünde „ein Überfluß an Barkapitalien" (*Schnack*, Die Depressionstheorie, S. 136). Allerdings hat *Johannsen* — von der erwähnten „Geldsteuer" abgesehen — nicht die (keynesianische) Idee der staatlichen Nachfrageförderung entwickelt bzw. vorweggenommen. Die wirtschaftspolitischen Konsequenzen wurden aus seiner (aus Unterkonsumtion und Übersparen folgenden) Analyse nicht gezogen. Auf *Gesell* — und auch auf *Proudhon* (als Einflußgröße auf *Gesell* und somit mittelbar eventuell auch auf *Keynes*) — kommen wir nochmals im 13. Kapitel bei der Würdigung der Position *Dahlberg*s zurück.

So behandelt 1913 Ernst *Bernhard*[67] die Vergabe öffentlicher Arbeiten in Deutschland — nicht zuletzt mit Bezug auf *Herkner*, den „Minority Report of the Poor Law Commission" von 1909 (auf den noch einzugehen sein wird) und weitere Arbeiten von Beatrice und Sidney *Webb* sowie auf Paul *Bramstedt* und Georg *Adler* — hinsichtlich ihrer Bedeutung für eine antizyklische und auf Verstetigung der Konjunkturentwicklung zielende öffentliche Ausgabepolitik. Und in diesem Problemrahmen wird empfohlen, bei der Anleihepolitik die Situation am Arbeitsmarkt zu berücksichtigen.[68] Die Bildung von „Ausgleichsfonds"[69] in Hinblick auf die Finanzierung von „außerordentlichen" Ausgaben, wobei auf den Geschäftsgang wichtiger Branchen wie Baugewerbe oder Wagen- und Schiffsbau verwiesen wird[70], wird diskutiert. Die Antizyklik ist bei *Bernhard* ganz offensichtlich.[71]

Ähnlich klingen die Argumente bei Paul *Hartmann*[72], der Anlehnungen an *Wolf* und *Schanz* vornimmt. „Außerordentliche Arbeiten" können durch Anleihemittel bestritten werden.[73] Hier fehlt der Debatte nicht der Bezug zur Finanzwirtschaftslehre.

Interessant ist, daß *Hartmann* diese öffentlichen Arbeiten nicht dem Bereich der öffentlichen Armenpflege zugeordnet, sondern als „außerordentliche" Maßnahme im Rahmen einer expliziten Beschäftigungspolitik thematisiert wissen will. *Hartmann* spricht von Arbeiten, „die ein Gemeinwesen außerhalb des Rahmens der Armenpflege zu dem Zwecke unternimmt, arbeitslosen

[67] *Bernhard*, Ernst, Die Vergebung der öffentlichen Arbeiten in Deutschland im Kampf gegen die Arbeitslosigkeit, Berlin 1913 (= Schriften der Deutschen Gesellschaft zur Bekämpfung der Arbeitslosigkeit, H. 1).

[68] Ebenda, S. 11.

[69] Vgl. auch *Abel*, Hans, Kommunaler Finanzplan und Ausgleichsfonds, München 1912, S. 67ff.; vgl. auch *Offenberg*, Wirkl. Geh. Oberregierungsrat, Konjunktur und Eisenbahnen, Stuttgart 1914 (= Finanzwirtschaftliche Zeitfragen, H. 10, Stuttgart 1914), S. 43f. Vgl. auch *Zahn*, Friedrich, Bildung von Reservefonds in den Großstädten behufs Einschränkung der Schuldenaufnahmen, in: Finanzarchiv, Jg. 25, 1908, S. 259ff.

[70] Vgl. *Huber*, F. C., Art. Submissionswesen, in: Handwörterbuch der Staatswissenschaften, Bd. 7, hrsg. von Ludwig *Elster* u. a., 3. Aufl., Jena 1911, S. 1032ff., hier S. 1033; zum Submissionswesen vgl. auch *Beiträge* zur Arbeiterstatistik, Nr. 6. Die Regelung des Arbeitsverhältnisses bei Vergebung öffentlicher Arbeiten, Berlin 1907, S. 1ff., 237ff.; auch Subventionen wurden als Eingriffsinstrument diskutiert, vgl. *Pommernelle*, Die Notstandsarbeiten, S. 96ff.; kritischa auch *Lukas*, Eduard, Das wahre Wesen und die wahren Aufgaben der Arbeitslosenversicherung der produktiven Arbeitslosenfürsorge, Graz 1926, S. 54.

[71] *Bernhard*, Die Vergebung, S. 12f.

[72] *Hartmann*, Paul / *Schwander*, Rudolf, Die Einrichtung von Notstandsarbeiten und ihre Erfolge. Gutachten von den Beigeordneten Dr. Paul Hartmann und Dr. Rudolf Schwander, Leipzig 1902 (= Schriften des Deutschen Vereins für Armenpflege und Wohltätigkeit, H. 58), S. 3.

[73] Ebenda, S. 5.

Personen Beschäftigung zu verschaffen"[74]. Die öffentliche Arbeitsbeschaffung — die schon früh als eine Komponente der sich wandelnden Wohlfahrtspflege[75] auftauchte — bekommt hier (1902!) schon eine „moderne" Färbung. *Hartmann* spricht in diesem Zusammenhang auch von einer „neue(n) Ver-

[74] Ebenda, S. 6.

[75] *Koch*, Lotte, Wandlungen der Wohlfahrtspflege im Zeitalter der Aufklärung, Erlangen 1933, S. 219ff., 240ff.; vgl. auch *Lukas*' Topos vom Übergang des „Arbeitslosenversicherungsfond(s)" zum „produktiven Arbeitslosenfürsorgefond(s)" (*Lukas*, Eduard, Das wahre Wesen, S. 59). Gemeint ist hier der Strukturwandel der Armenpflege von Repression und Caritas zur Bildungs- (Erziehungs-) und Arbeitsbeschaffungspolitik (vgl. auch *Launen*, B., Geschichte der öffentlichen Armenpflege, in: Handwörterbuch der Staatswissenschaften, Bd. 1, 4. Aufl., hrsg. von Ludwig *Elster* u. a., Jena 1923, S. 938ff., hier S. 950); eine Entwicklung, die dann vor allem nach 1900 forciert wurde (ebenda, S. 960f.). Diese Hypothese müßte näher geprüft werden, was aber den Rahmen unserer Fragestellung sprengen würde. In der einschlägigen Literatur werden Strukturwandlungen der Armenpflege um die Jahrhundertwende (*Sachsse*, Christoph, Zur Entwicklung sozialer Arbeit in Deutschland — Aspekte einer Berufsgeschichte, in: Zeitschrift für Sozialreform, H. 5, 1982, S. 267ff., hier S. 273ff.) konstatiert. *Baron* verzeichnet in der „Epoche zwischen 1895 und 1914" einen Übergang der öffentlichen Armenpflege zur „sozialen Fürsorge" (*Baron*, Rüdiger, Die Entwicklung der Armenpflege in Deutschland vom Beginn des 19. Jahrhunderts bis zum ersten Weltkrieg, in: ders. / *Landwehr*, Rolf, (Hrsg.), Geschichte der Sozialarbeit, Hauptlinien ihrer Entwicklung im 19. und 20. Jahrhundert, Weinheim—Basel 1983, S. 11ff., hier S. 40, 69). *Baron* (ebenda, S. 46f.) erwähnt nur kurz und bedauernd die damalige (weitgehende) Ablehnung der Idee der öffentlichen Arbeiten. Auch *Sachsse* und *Tennstedt* sehen Arbeitsbeschaffungsmaßnahmen nur als „flankierend" an, wodurch für die „traditionelle Armenpflege ... ein großer Restbestand sozialer Problematik" bestehen blieb (*Sachsse*, Christoph / *Tennstedt*, Florian (Hrsg.), Bettler, Gauner und Proleten. Armut und Armenfürsorge in der deutschen Geschichte, Reinbek bei Hamburg 1983, S. 177f., 183, 186). Die Bedeutung der öffentlichen Arbeitsbeschaffungsmaßnahmen zur Sicherung der Beschäftigung wird von *Sachsse* und *Tennstedt* insgesamt als schwach eingestuft (dies., Geschichte der Armenfürsorge in Deutschland. Vom Spätmittelalter bis zum 1. Weltkrieg, Stuttgart 1980, S. 205ff.). Realgeschichtlich mag diese Einschätzung zutreffen; ideengeschichtlich, und d. h. für unsere dogmengeschichtliche Fragestellung maßgebend, ist die Figur der „öffentlichen Arbeiten" von größerer Bedeutung als die eben zitierten Studien deutlich machen (können). Es bleibt eine interessante Tatsache, daß die vertiefte Debatte der Idee der „öffentlichen Arbeiten" im zeitlichen Kontext der „kommunalen Armenfürsorge im Übergang zur kommunalen Wohlfahrtspflege (*Sachsse*, Christoph / *Tennstedt*, Florian, Zur Einleitung: Von der Armenpolitik zur fachlichen Sozialarbeit, in: dies. (Hrsg.), Jahrbuch für Sozialarbeit, 4, Reinbek bei Hamburg 1981, S. 11ff., hier S. 27) — mithin im Rahmen der „Abkehr des konservativen Staates von den bislang herrschenden Prinzipien des ‚Laissezfaire'" (ebenda, S. 27) — zu fixieren ist. Die gilt ungeachtet der Tatsache, daß die Arbeitsbeschaffung von Julia *Dünner* nur gleichsam nebenbei als Aufgabengebiet der „Wohlfahrtspflege" genannt wird (vgl. *Dünner*, Julia, Art. „Wohlfahrtspflege", in: dies. (Hrsg.), Handwörterbuch der Wohlfahrtspflege, Berlin 1929, S. 774ff., hier S. 776). Allerdings taucht die Arbeitsbeschaffung im Rahmen der „Arbeitsfürsorge" als Ergänzung der Erwerbslosenfürsorge und Wohlfahrtspflege auf (vgl. *Link*, H., Art. „Arbeitsfürsorge", in: *Dünner* (Hrsg.), Handwörterbuch, S. 52ff., hier S. 52). Die „Anweisung von gemeinnütziger, zum Zwecke der Beschäftigung Bedürftiger geschaffener Arbeit" (ebenda, S. 52) wird damit zur „bedeutsame(n) Aufgabe der öffentlichen Wohlfahrtspflege" (ebenda, S. 52). Interessant ist es, daß auch hier — allerdings schreiben wir bereits das

waltungsaufgabe".[76] Auch *Schulz* schreibt: „Der Staat geht also von der Fürsorgepflicht zur Wirtschaftspolitik über, zu einer Wirtschaftspolitik, die nicht mit Mitteln der Gesetzgebung, sondern mit tatsächlichen Mitteln, die den öffentlichen Körperschaften in ihrer Eigenschaft als Wirtschaftssubjekten zur Verfügung stehen, betrieben wird."[77]

In der zeitgenössischen Diskussion wurde ein derartiger Strukturwandel der Armenpflege — hier: die Hinwendung zur (als vorbeugend begriffenen) Arbeitsbeschaffung (statt der am Almosenprinzip orientierten Armenunterstützung) — durchaus erkannt, wie aus einem Beitrag von *Reitzenstein*[78] deutlich wird.

Auch bei *Schulz*[79] wird „produktive Erwerbslosenfürsorge" tendenziell als aktive Konjunkturpolitik begriffen. Wie bei Ernst *Bernhard* und Paul *Hartmann* wird diese Politik bei *Schulz* finanzwirtschaftlich behandelt: Die Finanzierungsfrage (Kapitalbeschaffung)[80] wird gestellt. Allerdings sieht *Schulz* das „brachlie-

---

Jahr 1929! — antizyklische Vorstellungen explizit vorliegen: *Link* schreibt nämlich weiter: „Zu diesen Maßnahmen gehört auch die Vorwegnahme oder zeitweise Zurückstellung von Aufträgen, insbesondere bei den öffentlichen Körperschaften, um in Zeiten guter Beschäftigungsmöglichkeit den Arbeitsmarkt zu entlasten und ihn in wirtschaftlich ungünstigen Zeiten desto wirksamer beleben zu können." (Ebenda, S. 52) G. *Böhm* weist im „Handwörterbuch der Wohlfahrtspflege" (Art. „Arbeitslosenfürsorge, wertschaffende", S. 64ff., hier S. 64) darauf hin, daß die Datierung der „systematische(n) Bereitstellung öffentlicher Notstandsarbeiten für Zeiten großer Arbeitslosigkeit" durch „Förderung" des Staates bis auf die Vorkriegszeit zurückgeht. Die „wertschaffende Arbeitslosenfürsorge" wird durchaus auch als finanzwirtschaftliche Problemstellung betrachtet: Die Finanzierung durch Darlehen und Zinszuschüsse aus Haushaltsmitteln des Reichs und der Länder wird eingefordert (ebenda, S. 65). Der Strukturwandel des Verwaltungshandelns kommt auch hier zum Ausdruck in dem Gedanken, „unproduktive Unterstützungsmittel in produktive Arbeit umzusetzen." (Ebenda, S. 64) So liegt eine gewisse Affinität zum Wohlfahrts- und Kulturzweck der Staatstätigkeit (im Sinne von Ad. *Wagner*) nahe (vgl. auch *Erdberg*, Robert von, Die Wohlfahrtspflege, Jena 1903, S. 3). *Erdberg* sieht daher den Kampf gegen die (durch Absatzstockungen mitbedingte) Arbeitslosigkeit durch Notstandsarbeiten als ein Aufgabengebiet der „Wohlfahrtspflege" an (ebenda, S. 23).

[76] *Hartmann/Schwander*, Die Einrichtung, S. 7. Diese „neue Verwaltungsaufgabe" läuft einher mit dem (international synchronen) Vordringen den produktiven (wertschaffenden) Orientierungen in der staatlichen Erwerbslosenfürsorge. Vgl. dazu auch *Berger*, Ernst, Das Vordringen des produktiven Gedankens in der Erwerbslosenfürsorge des Auslandes, in: Reichsarbeitsblatt, 1922, S. 729ff. Vgl. auch *Schulz*, Frank, Die Idee der „öffentlichen Arbeiten" im historischen Strukturwandel der Armenfürsorge zur sozialen Wohlfahrtspflege. Ein dogmen- und begriffsgeschichtlicher Beitrag zur Entstehung einer aktiven Arbeitsmarktpolitik in Deutschland, in: Zeitschrift für Sozialreform, H. 2, 1986, S. 104ff.

[77] *Schulz*, Gerhard H., Die Idee der produktiven Erwerbslosenfürsorge, S. 36.

[78] *Reitzenstein*, Friedrich Freiherr von, Ueber Beschäftigung arbeitsloser Armer und Arbeitsnachweis als Mittel vorbeugender Armenpflege (= Schriften des Deutschen Vereins für Armenpflege und Wohltätigkeit, H. 4), Leipzig 1887.

[79] *Schulz*, Die Idee, S. 11, 26f.

[80] Ebenda, S. 60ff.

gende Kapital" als begrenzt an[81], und die Möglichkeit der Kreditfinanzierung, die er bei *Lederer* und *Schumpeter* erörtert sieht, hält *Schulz* — bei fehlender Kenntnisnahme der Angebotselastizität in der Krise — für „gefährlich", weil inflationstreibend.[82]

1926 hat Ernst *Berger*[83] die Bedeutung der Finanzpolitik für den Arbeitsmarkt hervorgehoben. In Krisenzeiten soll eine entsprechende Einsetzung öffentlicher Aufträge[84] zur Glättung der konjunkturellen Schwankungen beitragen. *Berger* hob hervor, daß „die Arbeitsbeschaffung in erheblichem Maße auch eine Finanzierungsfrage (ist)"[85]. *Berger*s Ausführungen zur Geschichte der Arbeitsmarktpolitik[86] liest sich wie eine Vorgeschichte des „Keynesianismus".

Alfons *Riess*[87] thematisierte die Arbeitsbeschaffung als Aufgabe der „kommunalen Wirtschaftspflege". Bei Heinrich *Albrecht*[88] können Staat und Gemeinden als Arbeitgeber bei der Bereitstellung von Einrichtungen zum Wohle der Arbeiter fungieren. *Albrecht* behandelt die Notstandsarbeiten der Gemeinden in Zeiten der „tiefgehende(n) Depression im Erwerbs- und Wirtschaftsleben"[89] als Feld der Wohlfahrtspflege.

Auch ist die Wohnungspolitik als Interventionsfeld zu nennen, denn hier bietet sich ein Bereich der wertschaffenden Arbeitslosenfürsorge geradezu an.[90]

Entsprechend fallen die Ausführungen von *Albrecht* zur „Förderung des Baues von Kleinwohnungen durch die Gemeinden" aus[91], wobei nicht nur kommunale Bodenpolitik (preisgünstige Abtretung von Gemeindeeigentum an Grund und Boden), sondern auch steuerliche Begünstigungen, Zins- und Darlehenshilfen gemeint sind. Auch wird die Möglichkeit des „eigentliche(n) Bau(s) von Kleinwohnungen" („Regiebaues")[92] durch die Gemeinden

---

81 Ebenda, S. 64ff.

82 Ebenda, S. 65ff.

83 *Berger*, Arbeitsmarktpolitik, Berlin—Leipzig 1926, S. 17.

84 Ebenda, S. 88ff.

85 Ebenda, S. 96.

86 Ebenda, S. 20ff.

87 *Riess*, Alfons, Kommunale Wirtschaftspflege, Berlin—Leipzig 1924, S. 125ff.

88 *Albrecht*, Heinrich, Handbuch der sozialen Wohlfahrtspflege in Deutschland, Berlin 1902, S. 10f.

89 Ebenda, S. 375.

90 Vgl. auch *Körner*, Alfred, Wertschaffende (produktive) Arbeitslosenfürsorge, in: *Albrecht*, Gerhard u.a. (Hrsg.), Handwörterbuch des Wohnungswesens, Jena 1930, S. 758ff. Vgl. auch *Mombert*, Paul, Die sozialpolitische Bedeutung der Gemeindeunternehmungen, in: Schriften des Vereins für Socialpolitik. Verhandlungen in Wien 1909, Teil II: Die wirtschaftlichen Unternehmungen der Gemeinden, Leipzig 1910, S. 159ff., hier S. 159.

91 *Albrecht*, Handbuch, S. 226ff.

diskutiert.[93] Gegenüber[94] den gemäßigten sozialpolitischen Positionen von Richard *Van der Borght* oder Graf von *Posadowsky-Wehner* bzw. der strikt liberalen Haltung von Adolf *Weber* reaktivierte Carl Johannes *Fuchs* 1902 Vorschläge von Ad. *Wagner* zur Einführung von Besitzwechselsteuern bzw. zur Erhöhung von Umsatzsteuern, um somit die Bodenspekulation zu begrenzen. Eine Erhöhung der Grundsteuer sollte die Hortung von baureifem Land unterbinden. *Brentano* forderte 1909 eine Bauplatzsteuer, damit erwartbare Bodenpreissteigerungen untergraben und die Erschließung und Bebauung städtischer Grundstücke beschleunigt würde. Auch die Diskussion um die Erhöhung der Wertzuwachssteuer konnte auf Ad. Wagner zurückgreifen.

Bei *Schwander*[95] taucht der an *Keynes* erinnernde Topos vom „‚unverschuldet arbeitslos' sein" auf. Dementsprechend definiert *Schwander* Notstandsarbeiten als „die von öffentlichen Gemeinwirtschaften (Gemeinde, Bezirk, Provinz, Staat) veranlaßten außergewöhnlichen Arbeiten mit dem angesprochenen Zwecke der Beschäftigung Arbeitsloser in Zeiten von Arbeitslosigkeit"[96].

Hinsichtlich der Finanzierung rekurriert *Schwander* — implizit — auf die Formel von der Reproduktivität bei Lorenz von *Stein.*[97] Aus „finanzpolitischen Gründen"[98] — gemeint sind fiskalische Gründe — mag die Abneigung der öffentlichen Körperschaften gegenüber zusätzlichen Ausgaben verständlich sein, jedoch sollen auch „allgemeine volkswirtschaftliche Interessen" berücksichtigt werden. *Schwander* weist sogar darauf hin, daß die Nichtverausgabung zusätzlicher Mittel „wirtschaftlichen Verfall" und „volkswirtschaftlichen Werte (-verlust)" mit sich bringt, so daß das Steueraufkommen sogar noch sinkt[99] und

---

[92] Für den kommunalen Wohnungsbau — im Falle von Bedarfslücken und im Falle von nicht mehr sanierungsfähigem Ersatzbedarf — nach Ausschöpfen des Subsidiaritätsprinzips sprach sich Julius *Wolf* (Die Wohnungsfrage als Gegenstand der Socialpolitik, Jena 1896, S. 17) aus. *Wolf* sah ja auch in der oben bereits zitierten Schrift „Die Arbeitslosigkeit und ihre Bekämpfung" (ebenfalls 1896) die Wohnungspolitik als ‚Königsweg' der Verknüpfung wirtschafts- und sozialpolitischer Fragen an. Vgl. auch *Lehmann*, Willy, Die volkswirtschaftlichen Aufgaben der deutschen Großstadtverwaltungen, Diss., Leipzig, Grimma i. Sa. 1929, S. 50ff. Zur Rolle der Wohnungspolitik bei der Herausbildung des Sozialstaates vgl. auch *Berger-Thimme*, Dorothea, Wohnungsfrage und Sozialstaat. Untersuchungen zu den Anfängen staatlicher Wohnungspolitik in Deutschland (1873-1918), Frankfurt/M.—Bern 1976; *Häring*, Dieter, Zur Geschichte und Wirkung staatlicher Interventionen im Wohnungssektor, Hamburg 1974.

[93] Zu diesen Diskussionen vgl. *Brander*, Sylvia, Wohnungspolitik als Sozialpolitik. Theoretische Konzepte und praktische Ansätze in Deutschland bis zum ersten Weltkrieg, Berlin 1984, S. 193ff.

[94] Ebenda, S. 188f.

[95] *Hartmann/Schwander*, Die Einrichtung, S. 35.

[96] Ebenda, S. 48.

[97] Ebenda, S. 59f.

[98] Ebenda, S. 60.

[99] Ebenda, S. 60f.

die Ausgaben zur (traditionellen) Armenpflege steigen: „Die Nichtbeschäftigung der Arbeitslosen, deren Beschäftigung möglich ist, bedeutet für die Volkswirtschaft auch einen direkten Verlust.“[100] *Schwander* ist hier dem Staatsausgabenmultiplikator (via Arbeitsbeschaffung) auf der Spur, auch wenn die analytischen Kenntnisse von *Gall, Herkner* oder den *Webb*s sicherlich schon weiter fortgeschritten waren. Allein zusätzliche öffentliche Arbeiten würden „Schaffung wirtschaftlicher Werte“ bedeuten und die „Volkswirtschaft mit ökonomischem Kapital bereichern.“

Eine solche Strategie sei „finanzpolitisch richtig“.[101]

Werfen wir nun einen Blick auf die Entwicklung in England.

Insbesondere der „Minority Report of the Poor Law Commission“ von 1902[102] kann als eine frühe Quelle der Theorie konjunktur- und arbeitsmarktpolitisch orientierter Auftragsvergabepolitik der öffentlichen Hand gelten (wobei gerade dieser Report eine Schlüsselfunktion hat für viele Äste des weiteren Entwicklungspfades).[103] In Anlehnung an Arthur L. *Bowley* widmeten sich Sidney und Beatrice *Webb* auch nach dem „Minority Report“ der Steuerung der Arbeitsnachfrage durch öffentliche Auftragsvergabe.[104] In ihrer Arbeit „Das Problem der Armut“ von 1912 fordern die *Webb*s nicht nur die Häufung bereits geplanter öffentlicher Arbeiten in Zeiten der Depression[105] (um damit eine gewisse antizyklische Wirkung zu erzielen), wobei diese Strategie eher an *Ritschls*[106] „überkonjunkturelle Finanzpolitik“ erinnert, die sich aber auch der antizyklischen Lehre annähert[107], sondern sie formulierten über den Begriff der

100 Ebenda, S. 61.

101 *Hartmann / Schwander*, Die Einrichtung, S. 67.

102 *Royal Commission*, Report of the Royal Commission of the Poor Law, London 1909, pp. 1145, 1180, 1190-95, 1216-17.

103 Vgl. auch *Anderson*, Clay J., The compensatory theory of public works expenditures, in: Journal Political of Economy, Vol. 53, 1945, S. 258ff., hier S. 259ff.; vgl. auch *Ryder*, Judith / *Silver*, Harold, Modern English Society, (1970), 2. Aufl., London 1977, S. 141ff.; vgl. auch *Richter-Altschäffer*, Hans, Volkswirtschaftliche Theorie der öffentlichen Investitionen, München-Leipzig 1936, S. 130.

104 *Webb*, Beatrice / *Webb*, Sidney, Das Problem der Armut, Jena 1912.

105 Ebenda, S. 72ff.

106 *Ritschl*, Hans, Der Staatshaushalt in der Depression, in: Archiv für Sozialwissenschaft und Sozialpolitik, Bd. 69, 1933, S. 320ff.

107 Vgl. auch *Neumark*, Fritz, Ausgleichsprobleme der öffentlichen Finanzwirtschaft, in: Zeitschrift für schweizerische Statistik und Nationalökonomie, 1937, S. 582ff., hier S. 589 und S. 594. Robert *Skidelsky* (Politicians and the Slump. The Labour Government of 1929-1931, London—Melbourne—Toronto 1967, S. 33ff.) stellt die Antizyklik der Vorschläge von Beatrice *Webb* zur „Public Work“-Politik heraus:
„Beatrice Webb recognised that cyclical fluctuations have ‚sent up the percentages of unemployed workmen to three, four, and even five times as many as in the better years’.

„Rückstrahlung"[108] auch eine an der Interdependenz der Märkte festgemachte Multiplikatorwirkung. Der Hinweis auf „idle capital" — Kapital häuft sich in den Banken an[109] — ordnet diese Arbeit vollends in die Lehrgeschichte der kompensatorischen Finanzwirtschaft ein. Mit dem Hinweis, daß bei Vorliegen von „idle capital" die crowding-out-These kaum von empirischer Relevanz sein dürfte[110], weist die Arbeit von B. und S. *Webb* starke Affinitäten zu aktuellen Debatten auf.[111]

Solche Überlegungen, wie sie hier der Arbeit der *Webbs* zugrunde liegen, sind nicht völlig zufällig oder vereinzelte Erscheinungen der damaligen Forschung. Im fabianischen Ideenkreis hat auch John *Burns* 1893 (!) in seiner Schrift „The Unemployed"[112] planmäßige öffentliche Arbeiten zur Bekämpfung der Arbeitslosigkeit gefordert. Auch[113] *Pigou*[114] hatte damals die beschäftigungspolitischen Vorschläge des „Minority Report" unterstützt.[115]

Obgleich die Idee der öffentlichen Arbeitsbeschaffung wesentlich älter ist[116], ist die kompensatorische Orientierung in diesem Politikfeld jüngeren Datums.[117] Erwähnenswert ist jedoch auch noch John M. *Robertson* (1856-1933)[118], der — ähnlich wie *Hobson*[119] — „public works" durch progressive

---

What she envisaged was a deliberate attempt by government departments so to place their orders for work as to counteract the normal ebb and flow of labour." (Ebenda, S. 33).

108 *Webb,* Beatrice/*Webb*, Sidney, Das Problem der Armut, S. 75f.

109 Ebenda, S. 75.

110 Ebenda, S. 76f. Vgl. auch Robert *Skidelsky* (Politicians and the Slump, S. 34). *Skidelsky* stellt heraus, daß die Finanzierung der antizyklischen „public works" in der Depression durch Anleihen gesichert werden soll, da dadurch „idle balances" — eine Idee, die später vor allem von Alvin H. *Hansen* vertreten wird — absorbiert werden: „Here we have an early statement of the theory of ‚idle balances' which was to be used by the Liberals in the nineteen-twenties." (Ebenda, S. 34) In der Prosperität könnte die Finanzierung öffentlicher Ausgaben über die Besteuerung gesichert werden; Rückgriffe auf J. A. *Hobsons* Idee der Besteuerung von „surplus" sind gegeben (ebenda, S. 34, S. 30f.).

111 Die Arbeit von Sidney *Webb* mit dem vielversprechenden Titel „How the government can prevent unemployment" (London 1912) war mir leider nicht zugänglich.

112 in: Fabian Tract, No. 47, London 1893.

113 Vgl. *Ernst-Pörksen*, Michael, Staatsschuldentheorien, S. 72, 130.

114 *Pigou,* Arthur C., Unemployment, London 1913, S. 184ff.

115 *Pigou,* Arthur C., A study in Public Finance, 3. Aufl., London 1949, S. 108.

116 *Gayer*, Arthur, D., Public Works, in: Enclyclopaedia of the Social Science, hrsg. von Edwin R. A. *Seligman* u.a., Bd. 12, New York, 14. Aufl., 1962, S. 690ff.; vgl. auch *Davison*, Ronald C., The Unemployed, Old Policies and New, London 1929, S. 23ff.

117 Vgl. die historische Darstellung bei *Gayer*, Arthur D., Public Works in Prosperity and Depressions, New York 1935, S. 5ff.

118 Vgl. *Robertson,* John M., The Fallacy of Saving, London 1892, S. 138.

119 Vgl. auch *Harris,* José, Unemployment and Politics. A Study in English Social Policy 1886-1914, Oxford 1972, S. 335, 367.

Besteuerung finanziert sehen wollte, um so (kurz- wie längerfristig) eine zunehmende Konsumnachfrage zu sichern.

Zuvor waren Notstandsarbeiten oftmals vorwiegend sozialpolitisch motiviert. Nach *Richter-Altschäffer*[120] ist die konjunkturpolitische Orientierung erst mit dem Ende des 19. Jahrhunderts aufgekommen.[121] Vorschläge, die Paul *Bramstedt* 1909 formulierte[122], werden erst später — in den 20er Jahren — verstärkt fortgeführt.[123] Erst danach häuften sich die diesbezüglichen Ausführungen.[124]

Die (vermeintliche) „Leere" der staatswirtschaftlichen Theoriebildung während der 20er Jahre füllen u. a. die Arbeiten der Amerikaner W. T. *Foster* (1879-1950) und W. *Catchings*[125] (1879 geb.) aus.[126]

Kroll schreibt dazu: „Dabei waren doch ohne Zweifel sie es und nicht Keynes, die zuerst die richtigen Vorschläge zur Krisenbekämpfung entwickelt hatten. Dennoch stieg der Ruhm von Keynes immer höher, während die Namen von Foster und Catchings heute nicht einmal in den führenden Werken der Konjunkturtheorie und des Geldes — zumindest auf dem Kontinent — selbst im Personen-Index zu finden sind, so wenig wie sie im Register der Allgemeinen Theorie von Keynes verzeichnet sind."[127] Auf *Foster* und *Catchings* verweist allerdings *Kimmel* in seiner Darstellung der Ideengeschichte der „fiscal policy" in den USA.[128]
„Foster and Catschings were among the most ardent advocates of long-range planning of public works."[129]

Foster und *Catchings* problematisierten das optimale Niveau von Konsum und Sparen, damit die Konsumgüterkapazitäten auch hinreichend ausgelastet werden.

---

[120] *Richter-Altschäffer*, Volkswirtschaftliche Theorie, S. 130.

[121] *Gill*, Carrington, The Effectiveness of Public Works in Stabilizing the Construction Industry, in: Journal of the American Statistical Association, Vol. 28, Supplement, March, 1933, S. 196ff.

[122] Das Problem der Beschaffung von Arbeit durch Staat und Gemeinden, Diss., Universität Kiel, 1909, S. 88, 80.

[123] Vgl. auch *Bowley*, Arthur L./*Stuart*, F. D., Regularization of the Demand for Labour by Advancement or Retardation of Public Works, in: Is Unemployment Inevitable?, London 1924, Nachdruck von 1925, S. 366ff.

[124] Vgl. *Richter-Altschäffer*, Volkswirtschaftliche Theorie, S. 132ff.

[125] *Foster*, William T./*Catchings*, Waddill, Money, Boston—New York 1923; *Foster*/*Catchings*, Profits, Boston—New York 1925.

[126] Vgl. *Kroll*, Gerhard, Von der Weltwirtschaftkrise zur Staatskonjunktur, Berlin 1958, S. 196f.; zu *Foster* und *Catchings* vgl. auch die Analyse bei *Hansen* (*Hansen*, Alvin H., Business-Cycle Theory. Its development and present status, Boston u.a. 1927).

[127] *Kroll*, Von der Weltwirtschaftskrise, S. 205.

[128] *Kimmel*, Lewis H., Federal Budget and Fiscal Policy, 1789-1958, Washington D. C. 1959, S. 154ff.

[129] Ebenda, S. 154.

Neben den genannten Schriften „Money“ (1923) und „Profits“ (1925) sind auch die Schrift „Business without a Buyer“ (1927) und auch „The Road to Plenty“ (1928) zu nennen.[130]

Diese Schriften sind — wie auch die Abhandlung „Better Jobs and More of them“[131] — zeitlich im Übergang zur Weltwirtschaftskrise angesiedelt. Mit den beiden früheren Schriften von 1923 und 1925 können *Foster* und *Catchings* aber auch chronologisch als wichtige Kontinuitätsträger der „funktionalen Finanzpolitik“ gelten.[132]

So gilt also auch für den US-amerikanischen Kulturraum: „... the change in outlook toward government activities was not solely a development of the 1930's and later decades. Keynes' General Theory and other facets of modern economics gave a sharp upward thrust to a trend of ideas that a time seemed to be almost submerged. The roots of some of these ideas go back to the nineteenth century.“[133]

Die Entwicklung zur modernen „New Economics“ verlief allerdings nur sehr langsam: Die „herrschende Lehre“ des Budgetausgleichs und des „sparsamen Haushaltes“ — „For the first 140 years of our national history, or until the 1930's, federal budget policy was conceeded mainly with the money costs of government and raising the revenues to meet them.“[134] — mußte auch in den USA überwunden werden. Und die Klassik war „herrschende Lehre“: „At no time prior to the 1930's were public expenditures used deliberately and consciously as a balancing factor; there was little or no evidence of a conscious fiscal policy in the modern sense of the term.“[135]

In den Vereinigten Staaten fand zwischen dem Bürgerkrieg und dem Jahre 1929 eine allmähliche Wandlung der ökonomischen bzw. finanzwissenschaftlichen Ansichten statt.[136] Stärkere Abweichungen von der klassischen Doktrin des „laissez-faire“ gab es — unter Einfluß der Historischen Schule bei dem von Lorenz von *Stein* beeinflußten[137] Henry Carter *Adams*[138] (1851-1921) sowie bei

---

130 *Foster/Catchings*, Business without a Buyer, Boston—New York 1927; *Foster/Catchings*, The Road to Plenty, Boston—New York 1928.

131 in: Century, Bd. 118, July, 1929, pp. 277ff.

132 Vgl. auch *Schlesinger*, Arthur M. jr., The Crisis of the Old Order, 1919-1933, Cambridge/Mass. 1956, S. 134ff. Zumal auch *Foster* und *Catchings* „public works“ einforderten (vgl. dazu auch *Dorfman*, Joseph, The Economic Mind in American Civilization, 1918-1933, (1959), Bd. 4, Ann Arbor 1969, S. 347).

133 Vgl. *Kimmel*, Federal Budget, S. 293f., Anm. 56.

134 Ebenda, S. 7.

135 Vgl. *Kimmel*, Federal Budget, S. 8.

136 Ebenda, S. 49.

137 *Adams*, Henry Carter, The Science of Finance, New York 1898, S. 30ff., 52ff.

138 Vgl. auch *Adams*, Henry Carter, Relations of the State to Industrial Action and Economics and Jurisprudence, (1886/87), ed. by Joseph Dorfmann, New York 1954; *Adams*, Public Debts, (1887), New York 1893.

Richard T. *Ely*[139] (1854-1943). Allerdings waren die Innovationen hinsichtlich des Problems des Staatskredits bei beiden nicht besonders ausgeprägt. *Adams* ließ die Anleihefinanzierung in Ausnahmesituationen[140] (als Kassenkredit, zur Kriegsfinanzierung und zu öffentlichen Investitionen besonderer Dringlichkeit) zu.[141] Vom Innovationsgesichtspunkt gegenüber der herrschenden (anti-etatistischen) Ökonomie würde ich diese Position eher mit der versachlichenden Theorie von *Nebenius* in der deutschen Dogmengeschichte vergleichen.[142]

Überhaupt gilt auch für die US-amerikanische Dogmengeschichte, daß im 19. Jahrhundert bestimmte Strömungen, die die Staatsrolle insgesamt extensiver diskutiert haben, die stärker prozeßpolitisch orientierten Interventionslehren (geld- und fiskalpolitischer Art) des 20. Jahrhunderts — bis hin zur „New Economics" — vorbereitet haben.

In dieser Tradition wird dann auch die Position von Simon N. *Patten*[143] (1852-1922) zu sehen sein.[144] Ähnlichkeiten zwischen *Patten* und *Keynes* bestehen — wie *Fox*[145] herausstellt — durchaus, auch wenn nicht nachgewiesen werden kann, daß *Keynes Patten*s Arbeiten selbst gelesen hat. Allerdings kannte *Keynes* John R. *Commons*, der wiederum *Patten*s Schriften intensiv rezipierte.[146] Wir haben *Keynes* (ebenso wie Ad. *Wagner*) in ihren Ansichten zitieren können, wonach der Kapitalreichtum derart groß sei, daß eine ungleiche Einkommensverteilung keine zwingende Voraussetzung für die wirtschaftliche Prosperität mehr sei (und müssen zumindest für *Keynes* hinzufügen: im Gegenteil). Daher sind Verbindungslinien zwischen *Patten* und *Keynes* durchaus plausibel.[147] Die ökonomische Bedeutung, die *Patten* — im Gegensatz zur Klassik — dem Konsum zuschrieb[148], wird dann auch verständlich und von theoriesystematischem Wert.

---

[139] *Schulz*, Frank, „Neokonservatismus" in den USA, S. 490.

[140] *Kimmel*, Fiscal Budget, S. 116.

[141] *Adams*, The Science of Finance, S. 526ff.

[142] Ebenda, S. 352f., 526.

[143] *Patten*, Simon N., The Stability of Prices, Publications of the American Economic Association, Vol. 3, No. 6, 1889; *Patten*, The Theory of Prosperity, New York—London 1902; ders., Liquidation Taxes, in: Annals of the American Academy of Political and Social Science, Vol. 75, Jan. 1918, S. 165ff.; ders., Making National Debts National Blessings, in: Annals of the American Academy of Political and Social Science, Vol. 82, March, 1919, S. 39ff.; ders., The Tomorrow of Finance, in: Annals, Vol. 76, March, 1918, S. 257ff.

[144] Vgl. auch *Boswell*, James L., The Economics of Simon Nelson Patten, Philadelphia 1933.

[145] *Fox*, Daniel M., The Discovery of Abundance. Simon N. Patten and the Transformation of Social Theory, Ithaca 1967, S. 12, 151.

[146] Ebenda, S. 167.

[147] Ebenda, S. 169.

[148] Ebenda, S. 6, 28, 46, 50f.

Analysiert man die Beziehung zwischen *Patten* und *Hobson*[149], insbesondere in Hinsicht auf die Entwicklung der Anschauungen von *Hobson* zum Problem der Besteuerung des „surplus“, dann wird *Patten* sogar zu einer dogmengeschichtlichen Schaltstelle, die eine Achse zwischen der Historischen Schule, *Hobson* und *Keynes* konstituiert (und die der Achse zwischen der Historischen Schule, den *Webbs* und dem *Keynes*ianismus kaum an Bedeutung nachsteht).[150].

In erstaunlicher Ähnlichkeit zu Ad. *Wagner*, der durch die Besteuerung zwar nicht die volkswirtschaftlich notwendige Kapitalansammlung zerstört sehen wollte, aber dennoch hinreichende Einkommens- und Vermögensfonds zur (redistributiven) Besteuerung gegeben sah, wollte auch *Patten* nur aus dem Surplus (der definitorisch starke Affinitäten zum Surplusbegriff bei *Baran* und *Sweezy* aufweist) Steuereinnahmen zur Finanzierung von sozial- und infrastrukturpolitischen Staatsausgaben gewinnen.[151]

Während *Nemmers*[152] den Einfluß von *Patten* auf *Hobson* nicht erwähnt, arbeitet *Fox* diesen Zusammenhang als bedeutsam heraus: „Patten's work gave him (*Hobson* — Anm. F. S.) theoretical tools with which to make ... (the) vision of a welfare state a plausible goal for British social reformers.“[153] *Patten* stellt somit — historiographisch gesehen — ein „missing link“ dar zwischen den staatsorientierten, aber oftmals finanzwirtschaftlich nicht hinreichend konkretisierten Reformideen der historisch-ethischen Richtung[154] einerseits und den finanzwirtschaftlichen Konsequenzen einer (unterkonsumtions- oder überspartheoretisch begründeten) Idee instabiler (kapitalreicher) Wirtschaften andererseits.

Ebenso wie die „New-Deal“-Politik auf der — auch in den USA — recht langen Vorgeschichte der öffentlichen Arbeiten[155] aufbauen konnte (zu denken ist etwa an William Goodwin *Moody* oder an Jacob S. *Coxey*, die ihre Vorstellungen in der Zeit zwischen 1880 und 1900 entwickelten), gilt insgesamt: „The reform movements of the twentieth century were in many ways related to and affected by the men and ideas associated with the development of the concept of the general-welfare state in the late nineteenth century.“[156]

---

[149] Vgl. auch *Dorfman*, Joseph, The Economic Mind in American Civilization 1918-1933, Bd. 5 (1959), Ann Arbor 1969, S. 571.

[150] Ein wesentlicher Einfluß der englischen Fabianer auf den US-amerikanischen Fabianismus, speziell unter dem Gesichtspunkt der (antizyklischen) Ausgabenpolitik des Staates, ist — soweit ich dies überblicke — nicht gegeben (vgl. auch *Jenkin*, Thomas P., The American Fabian Movement, in: Western Political Quarterly, I, Juni 1948, S. 113ff.).

[151] *Fox*, The Discovery, S. 24, 48, 61f.

[152] *Nemmers*, Erwin Esser, Hobson and Underconsumption, Amsterdam—New York 1956.

[153] *Fox*, The Discovery, S. 154.

[154] Ebenda, S. 24, 102.

[155] Vgl. *Feder*, Leah Hannah, Unemployment Relief in Periods of Depression: A Study of Measures Adopted in Certain American Cities, 1857 through 1922, New York 1936.

Wir haben hier die Vorschläge von *Patten* zur Finanzierung eines breiten Spektrums öffentlicher Aufgaben[157] herausgehoben, um eine Quelle der „neuen Wirtschaftslehre" der New-Deal-Politik[158], die als solche bisher nicht hinreichend gewürdigt worden ist, im Rahmen der „Evolution"[159] des wohlfahrtsstaatlichen Interventionismus herauszustellen. *Patten*[160] — der damit zu einer möglichen Quelle der Arbeiten von *Baran* und *Sweezy* (vgl. weiter unten) wird — geht von einer „surplus economy" aus (trendmäßige Kostendegression ist hier kennzeichnend), und er sieht in der Besteuerung durchaus einen positiven Wachstumsfaktor, wenn hierdurch öffentliche Investitionen finanziert werden. „In brief, an adequate relief or welfare programm is essential for orderly economic and social progress."[161]

Aber so sehr diese Positionen auch interventionistische Lehren der Überwindung des „Laissez-faire" darstellen — *Kimmel* geht so weit zu schreiben: „From Civil War to the depressions of the 1930's adherence to the laissez-faire philosophy by economists was the exception rather than the rule."[162] — so fallen die Anschauungen zum öffentlichen Kredit und zum Budgetdefizit doch oftmals recht „konventionell" (und d. h.: klassisch) aus. Zwar gilt: „In the later decades of the nineteenth century marked differences of opinion developed among American economists with respect to governmental activities and the role of government in the economy." „Yet at the very time that Sumnerian orthodoxy was reaching the peak of its popularity, the new school of political economy was in the accendency. Henry Carter Adams, Richard T. Ely, and others of his group believed that intervention in economic affairs and the assignment of new activities to government were absolute necessities if Society were to progress in an orderly manner."[163]

Dennoch verhinderte diese für interventionistische Lehren innovative Phase zwischen 1890 und 1930 nicht eine Kontinuität klassischer (liberaler) Theorien zum Budgetgleichgewicht und der Kredittilgung. „To the extent that there were disagreements, they related mainly to the level at which the budget should be balanced and the rate at which debt should be reduced."[164]

---

[156] *Fine,* Sidney, Laissez-Faire and the General-Welfare State. A Study of Conflict in American Thought 1865-1901, (1956), Ann Arbor 1976, S. 379.

[157] Ebenda, S. 243f.

[158] Ebenda, S. 247.

[159] Vgl. *Dorsey,* Emmett E., The Evolution of the Concept of the Welfare State in the United States since 1890, Ph. D. thesis, American University 1953.

[160] *Kimmel,* Federal Budget, S. 119ff.

[161] *Kimmel,* Federal Budget, S. 123.

[162] Ebenda, S. 134.

[163] Ebenda, S. 135.

[164] Ebenda, S. 135.

1926 wurde Hugh *Daltons* Schrift „Principles of Public Finance“ in die deutsche Sprache übersetzt.[165] Auch *Dalton* will — entgegen klassischen Prinzipien — die Ausgabenseite in die Analysen der finanzwissenschaftlichen Disziplin einbeziehen.[166] Öffentliche Ausgaben können dann als Verstetigung der Arbeitsnachfrage verstanden werden.[167] Zum einen können — antizyklisch[168] — die bereits geplanten Ausgaben in die Depressionsphase verlegt werden, zum anderen können auch zusätzliche (besondere) Arbeiten vergeben werden, zumal brachliegendes Kapital vorhanden ist[169] und dadurch mobilisiert werden kann.

Einige allgemeine Anmerkungen zur US-amerikanischen Geistesgeschichte sollen hier noch eingefügt werden, um das Verständnis für die Entwicklung der amerikanischen Finanzwissenschaft zu vertiefen.

„The Coming of the New Deal“ — so der Titel einer Arbeit von Arthur M. *Schlesinger* jr.[170] — gründet durchaus in älteren US-amerikanischen Traditionsbeständen. Der „New Public Philosophy“ — „The Era of the New Deal thus marked a general attack upon the doctrines of a laissez-faire individualism or Darwinian struggle for survival. No longer were poverty and unemployment to be condoned as the fruits of improvidence; no longer was competition considered superior to cooperation and association as a regulator of the national economy.“[171] — ging „The Crisis in the American Dream“[172] bzw. „The Crisis of the Old Order“[173] voraus. So griff Rexford Guy *Tugwell* — einer der „radikaleren“ Berater von *Roosevelt* — auf Simon N. *Patten*, „a pioneer advocate of the planned use of natural resources and an early critic of classical economics“[174], zurück. Die gewählte Lösung lag „between the anarchic collectivism of business conducted for profit and the planned collectivism of public authority“[175]. „And impulses from an earlier period — especially the

[165] Einführung in die Finanzwissenschaft, dt. mit Anmerkungen von Hans Neisser, Berlin 1926.

[166] Ebenda, S. 92, vgl. auch S. 147f.

[167] Ebenda, S. 153ff.

[168] Ebenda, S. 154.

[169] Ebenda, S. 153, 154.

[170] Boston 1959.

[171] *Ekirch*, Arthur A. jr., Ideologies and Utopia. The Impact of the New Deal on American Thought, Chicago, (1969), 2. Aufl., 1971, S. 107f.

[172] *Ekirch*, Ideologies, S. 3ff.

[173] *Schlesinger*, Arthur M. jr., The Crisis of the Old Order, 1919-1933, Cambridge/Mass. 1956.

[174] *Ekirch*, Ideologies, S. 115. Zu *Tugwells* Rückgriff auf *Patten* vgl. auch *Dorfmann*, Joseph, The Economic Mind in American Civilization, 1918-1933, Bd. 5 (1959), Ann Arbor 1969, S. 503.

[175] *Schlesinger*, The Crisis, S. 132.

traditions of social work and of the Social Gospel — gave further strength to the planning thesis."[176] Interventionistische Ideen — „The American ideal was moving away from the philosophy of individualism and laissez-faire toward government actions and intervention in the every-day life of the individual."[177] — entwickelten sich demnach schon vor dem 1. Weltkrieg.[178]

Geht man dennoch der von Otis L. *Graham* gestellten Frage: „Were the New Dealers continuing in the reform tradition?" nach[179], so scheint es eine „verschüttete" US-amerikanische Geistesgeschichte zu geben, die als Antwort auf „one of the important interpretational problems" in der amerikanischen Historiographie[180] gelten könnte. *Graham* schreibt dazu, „that progressive groups had a substancial if harrassed survival troughout the 1920's, that at least some of the reformers retained a faith in progress through politics"[181]. Dies gilt ungeachtet der vielfältigen Differenzierungen besonders der 1920er Jahre[182]; vielen „Progressiven" ging die New Deal-Politik zu weit.[183] So darf — neben Traditionslinien — auch nicht verkannt werden, daß „important intellectual sources of the New Deal were recent than progressivism"[184]. Der „New Deal" ging an diesem Punkt über die (ältere) progressive Tradition hinaus.[185] Die „progressive Bewegung" war durchaus eine „liberale"[186], die aber eine Öffnung zu staatsinterventionistischen Sozialprogrammen[187] vollzog.[188] *Ekirch* schreibt

---

[176] Ebenda, S. 138f.; vgl. auch *Graham*, Otis L., An Encore for Reform. The Old Progressivism and the New Deal, Oxford University Press 1967, S. 9, 107ff.

[177] *Fusfeld*, Daniel R., The Economic Thought of Franklin D. Roosevelt and the Origin of the New Deal, New York, (1954), 2. Aufl., 1957, S. 38; vgl. a. *Pinker*, Robert, The Idea of Welfare, London 1979, S. 238ff., 246.

[178] Ebenda, S. 39.

[179] *Graham*, Otis L., An Encore, S. 4.

[180] Vgl. zu dieser Debatte über die Wurzeln und die Entwicklungsgeschichte der „New Deal"-Politik auch die Ausführungen von Basil *Rauch* (The History of the New Deal 1933-1938, New York 1944, Preface, S. VIIIf.).

[181] *Graham*, An Encore, S. 151.

[182] Ebenda, S. 166f.

[183] Indem in der „New Deal"-Ära soziale Privilegien (soziale Ungleichheiten), ökonomische Macht und unfairer Wettbewerb erneut zum Thema wurden, knüpfte die „New Deal"-Ära an die „progressive Bewegung" an; indem aber zugleich der „‚take-care-of' type of welfare" vorangetrieben wurde, ging die „New Deal"-Politik weit über die Ideen der „progressiven Bewegung" hinaus (vgl. hierzu auch *Conkin*, Paul K., The New Deal, (1967), London 1968, S. 55).

[184] *Graham*, An Encore, S. 178.

[185] Ebenda, S. 180.

[186] Vgl. auch *Pinker*, The Idea of Welfare, S. 198f.

[187] Vgl. *Ekirch*, Arthur jr., Progressivism in America, New York 1974, S. 6.

[188] Die Vorläufe der „progressiven Bewegung" datieren aus dem 19. Jahrhundert. Im allgemeinen begrenzt die Geschichtsschreibung diese „progressive Ära" auf die Phase der Jahre 1901 bis 1921; teilweise beschränkt man sich aber auch auf die Jahre 1913 bis 1917. Die Bedeutung der „progressiven Ära" für die Entwicklungsgeschichte des Staatsinterven-

sogar: „Progressivism accordantly moved the United States toward an American version of state capitalism or paternalistic socialism."[189] Weiter heißt es: „Following or paralleling similar developments in Western Europe, the United States turned from the individualistic democracy of the past to the institutionalized, social democracy of the future."[190] Die progressive Bewegung kommt damit Heinrich *Herkner*s Begriff des „Sozialliberalismus" recht nahe.

Dennoch bleiben, wie wir im Anschluß an *Scheer*[191] an anderer Stelle[192] verdeutlicht haben, solche Strömungen oftmals dem radikalen amerikanischen „laissez-faire" untergeordnet. Natürlich hatten die USA — z.B. in der „christlich-sozialen Bewegung" („social gospel")[193] oder in der sozialreformerischen Bewegung um Henry *George*[194] (1839-1897) eine antiliberalistische Tradition. Der „Finanzliberalismus" (wie bei Th. *Jefferson*[195]), den wir ja schon oben ausführlicher skizziert haben, blieb daher nicht selten dominant. Der „Sozialliberalismus" wurde nicht zum Haupttyp amerikanischer Geisteshaltung.[196]

---

tionismus, speziell der „New Deal"-Politik, ist sehr umstritten. Jürgen *Hartmann* (Politik und Gesellschaft in Japan, USA und Westeuropa, Frankfurt/M.—New York 1983, S. 36) ist der Meinung, die „,progressive Ära' brachte aber noch keine Ansätze aktiver staatlicher Steuerung des Wirtschaftsprozesses." Vgl. auch die Darstellung bei Rhodri *Jeffreys-Jones*, Soziale Folgen der Industrialisierung, Imperialismus und der erste Weltkrieg, 1890-1920, in: *Adams*, Willi Paul (Hrsg.), Die Vereinigten Staaten von Amerika, Frankfurt/M.(1977), 1983, S. 235ff., hier S. 267ff. Eine der Hauptthesen in der Studie „The Corporate Ideal in the Liberal state: 1900-1918" (Boston 1968) von James *Weinstein* lautet, „that the political ideology now dominant in the United States, and the broad programmatic outlines of the liberal state (known by such names as the New Freedom, the New Deal, the New Frontier, and the Great Society) had been worked out and, in part, tried out by the end of the First World War." (Ebenda, Introduction, S. IX).

189 *Ekirch*, Progressivism, S. 9.

190 Ebenda, S. 13.

191 *Scheer*, Sozialstaat und öffentliche Finanzen, S. 468ff.; vgl. auch *Wilensky*, Harald L./*Lebeaux*, Charles N., Industrial Society and Social Welfare, New York, (1958), 1965, S. 33ff.

192 *Schulz*, Frank, „Neokonservatismus" in den USA.

193 Vgl. *Hopkins*, Charles Howard, The Rise of the Social Gospel in American Protestantism, 1865-1915, New Haven—London—Oxford 1940.

194 Vgl. *George*, Henry, Fortschritt und Armuth. Eine Untersuchung über die Ursache der industriellen Krisen und der Zunahme der Armuth bei zunehmenden Reichthum, 2. Aufl., Berlin 1884.

195 Vgl. *Dorfmann*, Joseph, The Economic Mind in American Civilization 1606-1865, 2 Bde., Reprint der Ausgabe von 1946, New York 1966, hier Bd. 1, S. 433ff.

196 Vgl. *Gabriel*, Ralph Henry, Die Entwicklung des demokratischen Gedankens in den Vereinigten Staaten von Amerika. Eine geistesgeschichtliche Betrachtung seit 1815, Berlin 1951; *Fine*, Sidney, Laissez Faire and the General-Welfare-State. A Study of Conflict in American Thought 1865-1901, Ann Arbor—London 1956; *Custi*, Merle, Das amerikanische Geistesleben von den Anfängen bis zur Gegenwart, Stuttgart 1947; *Commager*, Henry Steeler, Der Geist Amerikas. Eine Deutung amerikanischen Denkens und Wesens seit 1880 bis zur Gegenwart, Zürich—Wien—Konstanz 1952.

Interessant bleibt aber, daß der unter dem Einfluß der historischen Schule stehende[197] amerikanische „Institutionalismus" bei Th. *Veblen* und C. *Beard* — übrigens hat auch *Patten* in Halle die Historische Schule kennengelernt — die Business-Cycle-Forschung von W. C. *Mitchell*[198] und A. W. *Burns* und damit Ansätze staatsorientierter Reformgedanken beeinflußt hat.

---

[197] Vgl. *Mann*, Fritz Karl, Wirtschaftstheorie und Institutionalismus in den USA, in: *Bernsdorf*, Wilhelm / *Eisermann*, Gottfried (Hrsg.), Die Einheit der Sozialwissenschaften. Franz Eulenberg zum Gedächtnis, Stuttgart 1955, S. 201 ff.

[198] Vgl. auch *Mitchell*, Wesley C., The Problem of Controlling Business Cycles, in: *Edie*, Lionel D. (Hrsg.), The Stabilization of Business, New York 1923, S. 1 ff. *Mitchell* diskutiert auch — in Anlehnung an die Fabianer — die Bedeutung der „long-range planning of public works" (ebenda, S. 44), um einen antizyklischen Effekt zu erzielen. Tatsächlich wurde auch in den USA in den frühen 20er Jahren des 20. Jahrhunderts die Rolle der „Public Works" diskutiert. Dogmengeschichtlich ist es nicht nur interessant, daß dabei auf *Malthus* zurückgegriffen wird (vgl. *Commons*, John R., Unemployment — Prevention and Insurance, in: *Edie* (Hrsg.), The Stabilization, S. 164 ff., hier S. 165); *Andrews*, der schon 1921 diesbezügliche Analysen vorlegte (vgl. *Andrews*, John B., Reducing Unemployment bei Planning Public Works, in: National Municipal Review, Vol. 10, No. 4, April 1921; diese Quelle war mir leider nicht zugänglich), diskutierte auch 1923 als Politikstrategie, „that public works be distributed, as far as possible, in such a way that they may be undertaken in dull seasons or during industrial depressions" (*Andrews*, Public Works as an Agency of Control, in: *Edie* (Hrsg.), The Stabilization, S. 324 ff., hier S. 339 f.). Ebenso auch *Mallery*, Otto T., The Long-Range Planning of Public Works, in: Business Cycles and Unemployment. Report and Recommendations of a Committee of the President's Conference on Unemployment, with a Foreword by Herbert *Hoover*, New York 1923, S. 231 ff. Diese US-amerikanische Diskussion ist schon in den 1910er Jahren geführt worden (vgl. auch *Shillady*, John R., Planning Public Expenditures, to Compensate for Decreased Private Employment during Business Depressions, Mayor's Committee on Unemployment, New York, Nov., 1916; auch diese Quelle war mir allerdings nicht zugänglich), so daß es hier wohl eine internationale Synchronisation gab, wobei es nicht unplausibel wäre, diese Entwicklung in enger Korrelation mit der international zu beobachtenden Ausbreitung des „Munizipalsozialismus" (vgl. auch *Kohn*, Gustav, Municipal Socialism, in: The Economic Journal, Bd. 20, 1910, S. 561 ff.) zu betrachten. Wir kommen auf diesen Zusammenhang in diesem Kapitel nochmals bei der Behandlung der sozialdemokratischen Finanzpolitiktheorie zurück. Insgesamt gilt also auch für die USA, daß die Politik der Arbeitsbeschaffung im Rahmen der „New Deal"-Zeit (vgl. auch *Piven*, Frances F. / *Cloward*, Richard, Regulierung der Armut. Die Politik der öffentlichen Wohlfahrt, (1971), Frankfurt / M. 1977, S. 150 ff.) (dogmengeschichtlich wie realpolitisch) zurückgeht auf frühere Perioden (ebenda, S. 91 ff.). Mit Bezugnahme auf die konjunkturstabilisierenden Vorstellungen von *Mitchell* hat Hansjoachim *Baensch* (Die Arbeitslosigkeit in der Konjunktur und ihre Verhütung durch sozialpolitische Maßnahmen, besonders im Hinblick auf einige in den Vereinigten Staaten angestellte Versuche, Diss., Freiburg i. Br., Berlin 1929, S. 61) darauf hingewiesen, daß in den USA schon in den ersten zwei Dekaden des 20. Jahrhunderts antizyklische Vergabemöglichkeiten öffentlicher Arbeiten diskutiert wurden. Auch der schon angesprochene Rückgriff auf *Malthus* wird hier bestätigt (ebenda, S. 60); ebenso die Auftragspolitik der Eisenbahnverwaltung (S. 61 f.). Ähnlichkeiten mit Vorschlägen von *Jastrow* in Deutschland werden betont. Diese Antizyklik wird insofern als finanzwirtschaftliche Problemstellung konkretisiert, als die Steigerung der öffentlichen Verschuldung bzw. die Anhäufung von Finanzreserven in der Phase der Hochkonjunktur thematisiert werden (*Baensch*, S. 65). Die Vorschläge zu öffentlichen Arbeiten in den 1920er Jahren (*Butler*, H. B., Probleme der Arbeitslosigkeit in

Kommen wir nun zurück zur Entwicklung in Deutschland.

Die Dogmengeschichte funktional orientierter Staatswirtschaftslehre im deutschsprachigen Raum in der Zeit zwischen der Jahrhundertwende und dem Ende der 20er Jahre wird durch die „sozialistische Staatswirtschaftslehre“[199],

---

den Vereinigten Staaten, Genf 1931, S. 83) stellen damit auch in den USA eine Form der Vorgeschichte des „Keynesianismus“ dar.

[199] *Tautscher*, Anton, Die öffentliche Wirtschaft, Berlin 1953, S. 41 ff. Die Arbeiten von Rudolf *Goldscheid* (1870-1931) lassen wir hier außer acht (vgl. *Goldscheid*, Rudolf, Staatssozialismus oder Staatskapitalismus. Ein finanzsoziologischer Beitrag zur Lösung des Staatsschuldenproblems (1917), neu abgedruckt in: *Hickel*, Rudolf (Hrsg.), Rudolf Goldscheid/Joseph Schumpeter. Die Finanzkrise des Steuerstaats. Beiträge zur politischen Ökonomie der Staatsfinanzen, Frankfurt/M. 1976, S. 40ff.). Im Rahmen seiner Idee der „Repropriierung“ des Staates will *Goldscheid* gerade den Steuer- und Anleihenstaat überwinden, und er sieht in der Besteuerung und Anleihepolitik keine (Reform-) Strategie der gewollten Strukturwandlung zu postkapitalistischen Gesellschaftsformen. *Goldscheids* Schriften, die „Aufsehen erregt“ haben (vgl. *Ettinger*, Markus, Die Vermögensabgabe und Konjunkturgewinnsteuer im sozialen Zukunftsstaate, Wien 1918, S. 61), sind eben eine Absage an „Finanz“politik. *Goldscheid* denkt an eine Überführung von „Sachbesitz in Gemeindeeigentum“, nicht an Absorption von Einkommen und Sparkapital. Mit seinem Plädoyer für eine „Naturalabgabe ... in Verbindung mit umfassender Sozialisierung“ (*Goldscheid*, Rudolf, Sozialistische Finanzpolitik, in: Der Sozialist, Jg. 6, 1920, S. 849ff., hier S. 853) will *Goldscheid* gerade die (seiner Meinung nach dysfunktionale) interventionistische Finanzpolitik überwinden (vgl. auch dazu *Deutsch*, Julius, Von der Kriegssteuer zum Finanzsozialismus, in: Der Kampf. Sozialdemokratische Monatsschrift, Jg. 10, 1917, S. 146ff., insbes. S. 149ff.). In Auseinandersetzung mit Helene *Bauer* (Rudolf Goldscheids ‚Naturalabgabe‘, in: Der Kampf, 12. Jg., 1919, S. 270ff.) schreibt *Goldscheid*: „Die dringendste Aufgabe, die wir heute zu erfüllen haben, ist jedenfalls die Sanierung des öffentlichen Haushaltes. Davon hängt der Wiederaufbau der Wirtschaft in erster Linie ab.“ (*Goldscheid*, Rudolf, Goldscheids Naturalabgabe, in: Der Kampf, 12. Jg., 1919, S. 336ff., hier S. 337). In ganz anderer Weise lehnt Jürgen *Kuczynski* (Der Staatshaushalt. Ein Beitrag zur Erkenntnis der Struktur des kapitalistischen und kommunistischen Staates, Berlin 1927) die interventionistische Finanzpolitik ab. Ausgehend von der — uns zunächst sehr sympathischen (vgl. auch oben Kap. 1) — These: „Durchschaut man die Abhängigkeit der Einnahmen, ihre inhaltliche Bestimmung durch die Ausgaben, ihr nur spiegelbildhaftes Dasein, so wird man — im Gegensatz zum bisherigen Brauch — den Ausgangs- und Schwerpunkt aller finanzwissenschaftlichen Untersuchungen und eines Systems selbst auf die Ausgaben legen“ (ebenda, S. 7), so lehnt *Kuczynski* dennoch die Idee einer sozialreformerischen Finanzpolitik als unmöglich ab: „Es wurde festgestellt, daß die Ausgaben des kapitalistischen Staates ausschließlich dem Wohle der herrschenden Klasse der Kapitalisten dienen“ (ebenda, S. 34). Folglich ist der „einzig mögliche Weg“ (S. 34) zum Sozialismus „die politische Revolution, die gewaltsame Unterdrückung des Kapitalismus“ (ebenda, S. 34).
Jedenfalls kann mit *Mann*, der ebenfalls derartige Varianten eines „steuerfreien Staates“ (wie bei *Goldscheid*) diskutiert, gefragt werden, ob dann überhaupt noch von Finanzwirtschaft gesprochen werden kann (*Mann*, Steuerpolitische Ideale, S. 283ff.).

Jedenfalls bleiben derartige Ideen für unsere dogmengeschichtliche Fragestellung ohne Relevanz.
Ganz anders — und zwar im Gegensatz zur Strategie der „Repropriierung“ — möchte Else F. *Pfau* (Industriepolitische Gesichtspunkte in der Besteuerung, Stuttgart 1921) die funktionale Fiskalpolitik (also gerade im Rahmen des „Steuerstaates“) eingesetzt sehen

die sich zum großen Teil mit dem Vordringen der sog. „revisionistischen" Richtung in der Sozialdemokratie deckt, bereichert.[200]

Ein Ausgangspunkt des Kampfes der staatssozialistischen Arbeiterbewegung um die „soziale Steuer" ist Ferdinand *Lasalles*' Kritik der „indirekten Steuer"[201]. Und auch hier zeigt sich — wie in der ethisch-historischen Richtung der deutschen Nationalökonomie der 2. Hälfte des 19. Jahrhunderts — die weitgehende sozialpolitische Motivation dieser Arbeit. Eine krisenpolitische Ausrichtung sozialistischer Budgetpolitik, insbesondere der Besteuerung, muß zeitlich später angesetzt werden[202] und sich vor allem auf E. F. *Schumacher*, M. *Kalecki* u.a. beziehen.

Amberg[203] geht davon aus, daß die funktionale Besteuerungslehre die periodischen Disproportionen zwischen Produktions- und Konsumgüterindustrie berücksichtigen muß, so daß die Förderung der Kapitalbildung nicht unbedingt Ziel der Steuerpolitik ist: „So ist z.B. gar nicht empfehlenswert, die Ersparnisse immer und überall zu schonen, es kann u.U. notwendig werden, sie ganz massiv zu reduzieren; und eine Stützung des Konsums durch Subventionen muß die Industrie nicht beeinträchtigen, sondern kann auf diese sehr befruchtend wirken."[204] Weiter heißt es: „Ja, die Politik der Einkommensnivellierung ist heute — in der Zeit des Spätkapitalismus — die klassische Grundlage für eine Politik der Vollbeschäftigung geworden."[205] Es geht hier also um die Hebung des Konsums durch Senkung der Sparquote.[206]

(ebenda, S. 13ff.). Allerdings favorisiert sie — im Gegensatz zur keynesianischen Lehre — die steuerliche Begünstigung des Sparens (ebenda, S. 115ff.).

[200] Auch wenn *Mann* (Steuerpolitische Ideale, S. 305) schreibt, daß „der Einfluß der deutschen Sozialdemokratie auf den steuerpolitischen Zeitgeist weit hinter dem Wachstum von Partei und Bewegung zurück(blieb). Die positive Leistung der deutschen Sozialdemokratie beschränkte sich auf diesem Gebiet hauptsächlich auf die Propagierung der Steuerprogression". Ein wenig mehr kam — dies sollen die nachfolgenden Ausführungen darlegen — schon bei der damaligen Diskussion in der Sozialdemokratie heraus.

[201] *Lasalle*, Ferdinand, Die indirekte Steuer und die Lage der arbeitenden Klassen, Berlin 1863. *Neumark* schreibt: „Fast ein Jahrhundert lang haben die Lasalleschen Kritiken der indirekten Besteuerung die negative Haltung bestimmt, die die Sozialdemokratie, aber auch gewisse liberale und sozialkonservative Kreise gegenüber der Verbrauchssteuerpolitik einnehmen." (*Neumark*, Fritz, Lassalles Steuer-Streitschrift, 1863-1963, in: Finanzarchiv, N. F., Bd. 23, 1963, S. 66ff., hier S. 69).

[202] Obwohl in den unterkonsumtionstheoretischen Richtungen der sozialdemokratischen Krisentheorien (vgl. auch *Brinke*, Martha, Die Krisentheorien der deutschen Sozialdemokratie seit dem Erfurter Programm, phil. Diss., Bonn 1925, S. 12f.), die durchaus Ähnlichkeiten mit den Ansätzen bei *Malthus* und *Hobson* aufweisen, ähnliche Konsequenzen für die Wirtschaftspolitik wie bei diesen hätten gezogen werden können.

[203] *Amberg*, Hans-Ulrich, Grundsätze sozialistischer Steuerpolitik, Winterthur 1953, S. 63f.

[204] Ebenda, S. 63.

[205] Ebenda, S. 66.

[206] *Amberg*, Grundsätze, S. 66ff.

Solche Vorschläge werden wir im weiteren Verlauf unserer Arbeit vor allem bei *Hansen*, auch bei Abba P. *Lerner*[207] kennenlernen. Bei *Hobson* haben wir diese These schon vorformuliert gefunden, und auch heute ist sie (wieder) aktuell: Aufbauend auf postkeynesianische Theorien diskutiert in der Bundesrepublik beispielsweise Karl Georg *Zinn* intensiv das Problem der volkswirtschaftlich (beschäftigungspolitisch) zu hohen Sparquote. *Amberg* hält dies für ein Spezifikum „sozialistischer Steuerpolitik": „Die sozialistische Politik hat die grundsätzliche Aufgabe, die Entstehung brachliegender Ersparnisse zu verhindern."[208]

Die frühe sozialistische Steuertheorie — bei E. *Bernstein*[209], H. *Cunow*[210] und Karl *Renner*[211] — weist dieses Spezifikum der wirtschaftspolitischen Orientierung im Nahtbereich zur „New Economics" noch keineswegs auf.[212]

Bernstein[213] fordert eindeutig die Funktionalisierung der Steuern zu sozialpolitischen Zwecken („für soziale Gesundheitspflege im weiten Sinne, für die Pflege der Kunst, für die Entwicklung der Verkehrsmittel und des Verkehrs, für Museen und Volkshallen sowie für alle Maßnahmen, welche die Ausrottung der Armut und Not zum Ziel haben"). Die Verwendungsweise will *Bernstein* als Teilfrage der „Finanzwirtschaft"[214] behandelt wissen.[215]

Karl *Renner*[216] weist neben den sozialpolitischen Zwecken („soziale Verwaltung") auch wirtschaftspolitische Zwecke der Steuerverwendung („wirtschaftende Verwaltung") in seiner Argumentation auf. Beide Ausgaben werden als „produktiv" (im Gegensatz zu den Herrschaftsausgaben: Militär, Repräsenta-

---

[207] *Lerner*, Abba P., The Economics of Control, (1944), New York 1970, S. 320.

[208] *Amberg*, Grundsätze, S. 77.

[209] *Bernstein*, Eduard, Die Steuerpolitik der Sozialdemokratie, Berlin 1914.

[210] *Cunow*, Heinrich, Praktische Steuerpolitik oder Steuerdogmatik?, Berlin 1916.

[211] *Renner*, Karl, Das arbeitende Volk und die Steuern, 2 Teile, Wien 1909.

[212] Das Eintreten der Sozialdemokratie für die progressive Einkommensteuer als Alleinsteuer, später dann aber auch für die Vermögens- und Erbschaftssteuer (vgl. auch *Corsten*, Hermann, Das Einsteuerproblem in der deutschen Finanzwissenschaft vom Ausgang des 19. Jahrhunderts bis zur Jetztzeit, Diss., Köln 1919, S. 22ff.) führte nicht dazu, daß die Sozialdemokratie aus der Problematik der indirekten Steuern volkswirtschaftspolitische Konsequenzen zog, obwohl z. B. *Herkner* schon 1892 darauf verwies, daß die indirekten Steuern den Massenkonsum drücken und damit absatzhemmend wirken (Vgl. *Herkner*, Heinrich, Arbeitslosigkeit, in: Sozialpolitisches Zentralblatt, Bd. 1, 1892, S. 127ff.).

[213] *Bernstein*, Die Steuerpolitik, S. 4.

[214] Ebenda, S. 40.

[215] Ebenda, S. 46f. Es muß verwundern, daß der Einfluß der englischen Fabianer auf *Bernstein* (vgl. *Mayer*, Thomas, Bernsteins konstruktiver Sozialismus, Bonn-Bad Godesberg 1977, S. 16ff.) nicht auch dahingehend wirkte, daß die Ansätze einer antizyklischen Ausgabenpolitik übernommen und weitergeführt wurden.

[216] *Fenner*, Das arbeitende Volk, Teil 2, S. 26.

tion usw.) bezeichnet.[217] Jene sollen auf Kosten der Rüstungsausgaben erweitert werden (wobei die damit verbundenen Zinsbelastungen kreditfinanzierter Ausgaben aus sozialpolitischen Gründen kritisiert werden). Konkretisiert wird dieser wirtschaftspolitische Lenkungseffekt bei *Renner* allerdings nicht.

Gerade bei *Cunow* wird deutlich, wie weit die Lehre von der Besteuerung in der Sozialdemokratie „historisch gebunden" und von den spezifischen Theoremen der „New Economics" noch entfernt war. *Cunow*[218] sieht im Mangel an Kapitalbildung ein Grundproblem der deutschen Wirtschaft, so daß er durch die Besteuerung nicht die „Akkumulationsfonds" gekürzt wissen will: „Eine Neueinführung oder Erhöhung direkter Steuern bis zu jener Grenze, daß dadurch der Profit stark unterbunden und eine stetige neue Kapitalanhäufung, also auch die Gründung neuer kapitalistischer Betriebsunternehmungen gehemmt wird, liegt überdies nicht nur nicht im Interesse des Kapitalismus, sondern auch nicht der Arbeiter, denn sie bedeutet wirtschaftliche Stagnation und Brachlegung zahlreicher Arbeitskräfte."[219]

So argumentiert auch *Mombert*[220], der die These vom Sparen als Determinante des Absatzmangels ablehnt, da nun ja Nachfrage nach Produktionsmitteln die Konsumnachfrage substituieren würde. Wie wir später noch näher entfalten werden, sieht die Lehre von der „mature economy" (vor allem bei *Hansen*) diesen Zusammenhang anders (vgl. auch oben Kapitel 3 und 4).[221] „Für den Typ der ‚maturing economy', den man dabei im Auge hat, handelt es sich ... vorwiegend darum, daß die Konsumneigung auf Kosten der Sparneigung gesteigert ... wird."[222] Und so schreibt *Neumark* weiter: „Eine Situation, die für ‚mature economies' allenfalls vorübergehend und unter ‚anomalen' Bedingungen vorstellbar ist, eine Situation nämlich, in der die Gefahr einer ‚Überkonsumtion' und eines ‚Kapitalmangels' bzw. ‚under-saving' droht, stand in früheren Zeiten durchaus im Vordergrund konjunkturpolitischer Überlegungen und ist sicherlich auch heute noch für zahlreiche Länder, die erst am Anfang einer industriellen Entwicklung stehen, in bestimmten Konjunkturphasen regelmäßig gegeben."[223]

Im Rahmen der damaligen Stellungnahmen der Sozialdemokratie zum Staatsbudget ragt allerdings eine Position, die starke Affinitäten zu neueren

---

[217] Ebenda, S. 26.

[218] *Cunow*, Praktische Steuerpolitik, S. 26.

[219] *Cunow*, Praktische Steuerpolitik, S. 26.

[220] *Mombert*, Paul, Besteuerung und Volkswirtschaft, Karlsruhe i. Br. 1922, S. 79f., 85f., 92.

[221] Vgl. auch *Neumark*, Fritz, Theorie und Praxis der modernen Einkommensbesteuerung, Bern 1947, S. 97.

[222] Ebenda, S. 134.

[223] Vgl. auch *Neumark*, Fritz, Theorie und Praxis der modernen Einkommensbesteuerung, S. 140.

Betrachtungen wie die von *Baran*, *Sweezy* oder *Gillman* aufweist, heraus.[224] Ganz im Gegensatz zu den skizzierten Annahmen beispielsweise bei *Renner* oder *Cunow* sah Max *Schippel* in den unproduktiven (hier: militärischen) Staatsausgaben ein Mittel, der Überproduktion im Kapitalismus entgegenzuwirken.[225] *Schippel* geht davon aus, daß die unproduktiven, d.h. konsumtiven Ausgaben des Staates in einer Situation der Überproduktion von entlastender Wirkung seien. *Schippel* ist entsprechend der oben skizzierten vorherrschenden Ansicht in der Sozialdemokratie kritisiert worden, so von *Kautsky*[226] oder *Bernstein*[227]. Erstaunlich bleibt jedoch, wie *Schippel* mit seiner These noch aktuelle Theorieansätze zur volkswirtschaftlichen Einschätzung der Rüstungsausgaben vorwegnahm.[228]

Immerhin führte die Sozialdemokratie den „sozialpolitischen Zweck" in der Besteuerung — und damit eine Grundrichtung funktionaler Staatswirtschaftslehre — fort. Allerdings mußte die Sozialdemokratie entsprechend der Vernachlässigung der Staatsfinanzen bei *Marx* und *Engels*[229] einige Barrieren überwinden.

---

224 Vgl. dazu auch *Douffet*, Herbert, Die Stellung der deutschen Finanzwissenschaft zu den grundsätzlichen Problemen der Heeresausgaben, Diss., Leipzig 1930, S. 217f.

225 *Schippel*, Max, Friedrich Engels und das Milizsystem, in: Die Neue Zeit, 17. Jg., 1. Bd., 1899, S. 580ff., 613ff.

226 *Kautsky*, Karl, Schippel und der Militarismus, in: Die Neue Zeit, 17. Jg., Bd. 1, 1899, S. 618ff., 644ff., 686ff.

227 *Bernstein*, Eduard, Stehendes Heer und Ueberproduktion, in: Die Neue Zeit, 17. Jg., 2. Bd., 1899, S. 50ff.

228 Vgl. auch *Schmidt*, Manfred G., Staatsapparat und Rüstungspolitik in der Bundesrepublik Deutschland (1966-1973), Frankfurt/M. 1975, S. 144. Diese Kontroverse ist auch in den letzten Jahren fortgeführt worden. Nunmehr häufen sich allerdings die Analysen, wonach Rüstungsausgaben eher stagnationsfördernd wirken sollen. Vgl. *Smith*, Ron, Military Expenditures and Capitalism, in: Cambridge Journal of Economics, H. 1, 1977, S. 61ff.; *Dunne*, J. P./*Smith*, Ron, The economic consequences of reduced UK military expenditures, in: Cambridge Journal of Economics, H. 3, 1984, S. 297ff.; vgl. schließlich *Steinweg*, Reiner (Hrsg.), Rüstung und Soziale Sicherheit, Frankfurt/M. 1985. Vgl. zu dieser frühen Diskussion um die beschäftigungs- und konjunkturpolitischen Wirkungen staatlicher Rüstungsausgaben — an der sich ferner R. *Luxenburg* und O. *Bauer* beteiligt haben — *Rodejohann*, Jo, Nicht einfach nur ein Job. Arbeitsplatzrisiken in der bundesdeutschen Rüstungsindustrie, in: Rüstung und soziale Sicherheit. Friedensanalysen 20, Frankfurt/M. 1985, S. 131ff., hier S. 133f.; *Albrecht*, Ulrich, Rüstungs- oder Sozialstaat? Zur Herausbildung einer Alternative, in: Rüstung und soziale Sicherheit, S. 19ff., hier S. 20; ders., u.a., Mit Rüstung gegen Arbeitslosigkeit?, Reinbek 1982, S. 12ff.; vgl. auch *Schulz*, Frank, Rüstungsausgaben und wirtschaftliche Stagnation — Anmerkungen zur Position der Memoranden, in: Memo-Forum. Zirkular der „Arbeitsgruppe ‚Alternative Wirtschaftspolitik'", Nr. 7, November 1985, S. 103ff.

229 Vgl. auch *Ströbel*, Heinrich, Was uns fehlt, in: Klassenkampf, 3. Jg., 1929, Nr. 22, S. 687ff.; Nr. 23, S. 729ff., 4. Jg., Nr. 1, S. 22ff., insbes. S. 688ff., S. 24ff.; *Laskune*, Edmond, Die ökonomischen Theorien des französischen Sozialismus der Gegenwart, in: Die Wirtschaftstheorie der Gegenwart, hrsg. von Hans *Mayer*, Wien 1928, 4. Bd., S. 323f., hier S. 329f.; *Gerloff*, Wilhelm, Steuerwirtschaft und Sozialismus, in: Grünbergs Archiv

In der Sozialdemokratie vor dem 1. Weltkrieg[230] waren steuerpolitische Möglichkeiten (Wertzuwachssteuer; Luxussteuern, die die Konsumtionsfonds und nicht die Akkumulationsfonds der höheren Schichten treffen sollten; progressive Einkommensteuer; Erbschaftssteuer; Abschaffung der indirekten Steuern etc.) verteilungspolitisch diskutiert worden — also im Rahmen der Sozialpolitik. Auch tauchte zunehmend die Vorstellung auf, Steuererhebungen seien sinnvoll, wenn ein „produktiver Zweck" mit den Ausgaben verfolgt würde.[231] Insbesondere auf das Bildungswesen wurde verwiesen, ebenso auf Kulturzwecke[232].

Die zunehmende Ausnutzung der Budgetgestaltung als Reformpolitik[233] zwingt keineswegs dazu, hier schon von reifer „funktionaler Finanzpolitik" zu sprechen. Überhaupt war — in Abhängigkeit von den Diskussionszusammenhängen über den „Weg" der Gesellschaftsreform innerhalb der sozialdemokratischen Partei[234] — der Pfad von der prinzipiellen Budgetverweigerung zur aktiven Finanzpolitik zu nicht-fiskalischen Zwecken in Anbetracht der „gelderheischenden Sozialreform" ein langer und verschlungener Weg für die Sozialdemokratie. Als „Wendepunkt" in der steuerpolitischen Programmatik kann wohl die Durchsetzung der Erkenntnis gelten, wonach der — sozialpolitische — „Verwendungszweck" der Steuern entscheidend sei für die Bewertung der Besteuerung.[235]

Ähnliche Entwicklungen sind auch bei der Schweizerischen Sozialdemokratie zu verfolgen, bei der der sozialpolitische Reformgedanke ausschlaggebend war für die Formulierung steuerpolitischer Programme.[236]

Die programmatische Öffnung der Sozialdemokratie in Richtung auf das „Sozialbudget" ist sicherlich durch die — unter Einfluß von Robert *Owen*

---

für die Geschichte des Sozialismus und der Arbeiterbewegung, Bd. 10, Leipzig 1922, S. 271 ff., hier S. 282 ff.; *Mann*, Steuerpolitische Ideale, S. 289 ff., 298; *Krätke*, Kritik der Staatsfinanzen, S. 73, 77 ff.

230 *Calmann*, Hans Maximilian, Die Finanzpolitik der Deutschen Sozialdemokratie 1867-1914, München 1922, S. 53 ff.

231 Ebenda, S. 77 ff.

232 *Calmann*, Hans Maximilian, Die Finanzpolitik der Deutschen Sozialdemokratie 1867-1914, S. 97.

233 Vgl. *Kelsen*, Hans, Marx und Lasalle. Wandlungen in der politischen Theorie des Marxismus, in: Grünbergs Archiv für die Geschichte des Sozialismus und der Arbeiterbewegung, Bd. 11, Leipzig 1925, S. 261 ff.; *Renner*, Karl, Marxismus, Krieg und Internationale, Stuttgart 1917, S. 6 ff., 13 ff., 26 ff.

234 *Mengelberg*, Käthe, Die Finanzpolitik der sozialdemokratischen Partei in ihren Zusammenhängen mit dem sozialistischen Staatsgedanken, Mannheim—Berlin—Leipzig 1919.

235 Ebenda, S. 36, 52 f., 55.

236 Vgl. *Meierhans*, Paul, Zur Steuerpolitik der Schweizerischen Sozialdemokratie, Diss. Zürich, Wiesbaden 1922, S. 14.

stehende — Hinwendung der Sozialdemokratie zur kommunalpolitisch[237] konkretisierten „Wohlfahrtspflege“[238] mitbedingt.

Wie in den USA[239], in der die „social work“ im Problemfeld der sozialen Armut ihren Gegenstandsbereich fand, in enger Verbindung zur frühen

---

[237] Vgl. auch Karl *Strölin*, Die Bekämpfung der Arbeitslosigkeit durch die Gemeinden. Generalbericht auf dem VI. Internationalen Gemeindekongreß Berlin—München 1936, S. 7f.

[238] Vgl. *Monat*, Anneliese, Sozialdemokratie und Wohlfahrtspflege. Ein Beitrag zur Entstehungsgeschichte der Arbeiterwohlfahrt, Stuttgart 1961, S. 9ff., 13ff. Der fabianische „Munizipalsozialismus“, der ja auch gerade von *Owen* mitunter stark beeinflußt worden ist, hat auf die deutsche Kommunalentwicklung großen Einfluß gehabt (vgl. auch *Krabbe*, Wolfgang R., Munizipalsozialismus und Interventionsstaat, in: Geschichte in Wissenschaft und Unterricht, hrsg. von K. D. Erdmann u.a., Jg. 30, 1979, S. 265ff., besonders S. 265f.). Die Sozialdemokratie — so *Ambrosius* (*Ambrosius*, Gerold, Die öffentliche Wirtschaft in der Weimarer Republik, Baden-Baden 1984, S. 33) — akzeptierte jedenfalls die Kommunalisierung als Teil des „Munizipalsozialismus“. Dogmengeschichtlich von besonderem Interesse ist es, daß *Owen*, der nach *Monat* auf die deutsche sozialdemokratische Partei und deren kommunalpolitische Theorien Einfluß nahm, die antizyklische Einsetzung von öffentlichen Arbeiten befürwortete (vgl. auch *Elsässer*, Markus, Soziale Intentionen und Reformen des Robert Owen in der Frühzeit der Industrialisierung, Berlin 1984, S. 257). Vgl. auch *Simon*, Helene, Robert Owen. Sein Leben und seine Bedeutung für die Gegenwart, Jena 1905, S. 82f. In der (praxisbezogenen) Abhandlung der kommunalen Finanzwirtschaftslehre verweist Heinrich *Bleicher* (Kommunale Finanzwirtschaftslehre, in: *Gerloff*, Wilhelm / *Meisel*, Franz (Hrsg.), Handbuch der Finanzwissenschaft, Bd. 2, Tübingen 1927, S. 376ff., hier S. 424f.) auf die antizyklische Realisierung öffentlicher Arbeiten; jedoch steht die Darstellung unter starkem Einfluß der damaligen Finanzknappheit der Kommunen (ebenda, S. 378) und unter dem Einfluß des „Ruf(es) nach Sparsamkeit“ und dem „Rückschrauben der Ansprüche“ (ebenda, S. 386). Die Idee, „daß Staat und Gemeinden aufschiebbare Arbeiten, bei denen viele Personen beschäftigt werden können, nicht zu Zeiten wirtschaftlicher Hochkonjunktur ausführen ... lassen, sondern bis auf Zeiten größerer Arbeitslosigkeit zurückstellen“, wird aber in der Schrift „Die Zukunftsaufgaben der Städte“ (hrsg. von Paul *Mitzlaff* und Erwin *Stein*, Berlin 1925) nicht unter dem Titel „soziale Fürsorge“ und „Wohlfahrtspflege“ (vgl. *Luppe*, Hermann, Die soziale Fürsorge, Wohlfahrtspflege, ebenda, S. 576ff.) abgehandelt, sondern von Egbart *Baumann* im Abschnitt über „Arbeitslosenversicherung und Erwerbslosenfürsorge“ (ebenda, S. 618ff., hier S. 634ff.). Allerdings ist man hier von einer expansiven Arbeitsbeschaffungsstrategie als Aufgabe der Finanzwirtschaft weit entfernt. Bei *Bucerius* heißt es: „Nur durch harte, entschlossene Einschränkungen in allen öffentlichen Haushalten“ könne die „Gesundung der öffentlichen Wirtschaft“ gewährleistet werden (Bürgermeister Dr. *Bucerius*, Neue Ziele der städtischen Finanzwirtschaft, in: *Mitzlaff* / *Stein*, Die Zukunftsaufgaben, S. 167ff., hier S. 185). Die „Rücksicht auf den Arbeitsmarkt“ gilt hierbei als „noch vielfach nicht überwundene(r) Standpunkt“, der „verlassen werden“ muß (ebenda, S. 186). Nach Walter *Weddigen* (Grundzüge der Sozialpolitik und Wohlfahrtspflege, Stuttgart 1957, S. 189) gehört die Vergabe von Notstandsarbeiten gerade nicht zur "(meist kommunalen) Wohlfahrtspflege“. Allerdings vermerkt *Weddigen*, es fehle „in der Wirklichkeit nicht an Übergängen der Sozialen Fürsorge zur Wirtschaftspolitik“ (ebenda, S. 193). Vgl. auch *Schulz*, Frank, Die Idee der „öffentlichen Arbeiten“ im historischen Strukturwandel.

[239] Vgl. *Tuggener*, Heinrich, Social Work, Weinheim 1971, insbesondere S. 44, 61ff., 68, 101, 112.

Soziologie stand und somit eine sozialreformerische Haltung gegenüber dem sozialdarwinistischen Laissez-faire einnahm, entwickelte sich die „soziale Arbeit“ in Deutschland[240] in enger Affinität zur Sozialreform.[241] So wie *Bernstein*[242] die Gemeinden als „Beschäftiger von Arbeitern“ ansprach, werden auch bei *Ludwig*[243] oder *Lindemann*[244] die oben skizzierten Zusammenhänge zwischen öffentlichen Arbeiten und Sozialbudget kommunalpolitisch konkretisiert.

Schließlich wollen wir mit *Tautscher* noch M. *Erzberger* als Vertreter der „interventionistischen Staatswirtschaftslehre“ nennen. In seinen „Reden zur Neuordnung des deutschen Finanzwesens“[245] von 1919 hat der damalige Reichsminister der Finanzen formuliert: „Ein guter Finanzminister ist der beste Sozialisierungsminister. Solche Sozialisierung tut uns bitter not. Schon vor dem Kriege war der Unterschied in Deutschland zwischen den Besitzenden und den Nichtbesitzenden zu groß und damit zur sozialen Ungerechtigkeit und zu einer Krankheit am Wirtschaftskörper geworden.“[246]

Typisch für die sozialpolitisch orientierte Steuertheorie ist auch *Erzberger*s Bemühen, den Schwerpunkt auf die direkten Steuern zu legen bzw. legen zu wollen.[247] *Erzberger* wollte die verteilungspolitischen Folgen in der Besteuerung berücksichtigt wissen. Damit akzeptierte er den „sozialpolitischen Zweck“ der Besteuerung. Dementsprechend konnte *Mann* herausheben, die ganze „Erzberger-Periode“ stand unter dem Einfluß von Ad. *Wagner*.[248] *Erzberger* schrieb: „Gerechtigkeit im gesamten Steuerwesen zu schaffen, ist mein oberstes Ziel.“[249] Steuerpolitik wird damit zum Mittel einer sozialethischen Ausrichtung der Gesellschaftsauffassung, wie *Mann* feststellt.

Man könnte fast glauben, die vom Revisionismus zunehmend geprägte Sozialdemokratie nehme die pädagogisch-sittliche Aufgabenstellung des (dem „Gemeinsinn“ verpflichteten) Staates gemäß des kantianisch gefärbten deutschen Früh(sozial)liberalismus wieder auf, um nun einer sozialreformerischen Budgetauffassung auf die Füße zu helfen.

---

[240] Vgl. *Baron*, Rüdeger / *Landwehr*, Rolf (Hrsg.), Geschichte der Sozialarbeit. Hauptlinien ihrer Entwicklung im 19. und 20. Jahrhundert, Weinheim 1983.

[241] Vgl. *Baron*, Rüdeger (Hrsg.), Sozialarbeit und Soziale Reform, Weinheim 1983.

[242] *Bernstein*, Eduard, Die Voraussetzungen des Sozialismus und die Aufgaben der Sozialdemokratie (2. Aufl. 1921), Neudruck, Hannover 1964, S. 227.

[243] *Ludwig*, Franz, Kommunalpolitik und Sozialdemokratie, Berlin 1910.

[244] *Lindemann*, Hugo, Arbeiterpolitik und Wirtschaftspflege, 2 Bde., Stuttgart 1904, hier Bd. 1, Arbeiterpolitik, S. 140ff.

[245] Berlin 1919.

[246] Berlin 1919, S. 5.

[247] Vgl. *Mann*, Steuerpolitische Ideale, S. 312f.

[248] Ebenda, S. 322.

[249] *Erzberger*, Reden zur Neuordnung, S. 5.

Fraglich bleibt, ob — betrachtet man die Zeit der Jahrhundertwende bis zur Spätphase der Weimarer Republik insgesamt — der These zugestimmt werden kann, daß, gemessen an der Blütephase der „deutschen Finanzklassik", ein Niedergang, eine „Krise der Finanzwissenschaft"[250], festzustellen sei. Leerstellen im Bereich der wissenschaftlichen Beschäftigung mit der sich ansatzweise entwickelnden geld- und fiskalpolitischen Prozeßpolitik machen sich in Deutschland durchaus bemerkbar. Das Interesse verlagert sich auf Fragen der öffentlichen Betriebe, der Sozialisierung, der Planungsdiskussion.[251] Dennoch konnten wir einige verschüttete Stationen der funktionalen Staatswirtschaftslehre nachweisen; die These vom „Niedergang" der Finanzwissenschaft kann sich demnach nur auf das Fehlen „großer (systematischer) Entwürfe" (wie bei Ad. *Wagner*) beziehen.[252]

Hinsichtlich der angesprochenen Verlagerung der Debatten auf das Problem der Planung ist es nicht unplausibel, diese Abwendung vom finanzpolitischen Interventionismus (bzw. Hinwendung zur Planungsdiskussion)[253] in Deutsch-

---

[250] Vgl. *Meisel*, Franz, Geschichte der deutschen Finanzwissenschaft im 19. Jahrhundert bis zu Gegenwart, in: *Gerloff*, Wilhelm/*Meisel*, Franz (Hrsg.), Handbuch der Finanzwissenschaft, Bd. 1, Berlin 1926, S. 245ff., hier S. 283.

[251] Vgl. auch *Novy*, Klaus, Strategien der Sozialisierung. Die Diskussion der Wirtschaftsreform in der Weimarer Republik Frankfurt/M.—New York 1978; vgl. auch *Ambrosius*, Gerold, Der Staat als Unternehmer, Göttingen 1984, S. 54ff.

[252] Die Anschauungen der deutschen Finanzwissenschaft bei L. v. *Stein*, C. *Dietzel* und Ad. *Wagner* wirkten nach 1900 allerdings noch im Rahmen der Diskussion um die Problematik einer angemessenen Kriegsfinanzierung (vgl. auch *Roesler*, Konrad, Die Finanzpolitik des Deutschen Reiches im Ersten Weltkrieg, Berlin 1967, S. 24ff.) in bedeutsamer Weise fort. Dies wird beispielsweise in der Argumentation von Heinrich *Dietzel* (Kriegssteuer oder Kriegsanleihe?, Tübingen 1912, S. 18f., 22ff., 26) evident. *Dietzel* hält die Anleihefinanzierung gegenüber der Besteuerung für volkswirtschaftlich zweckmäßiger, da hierdurch disponibles Kapital absorbiert werden könnte, ohne daß dabei der Konsum vermindert oder die Rentabilität der privaten Unternehmen gedrückt würde. In dieser Debatte schlagen somit die älteren finanzwissenschaftlichen Lehr- und Schulmeinungen (vgl. auch diesbezüglich die dogmengeschichtliche Darstellung von Herbert *Douffet*, Die Stellung der deutschen Finanzwissenschaft zu den grundsätzlichen Problemen der Heeresausgaben, Diss., Leipzig 1930) durch. Die Redeweise von dem „Niedergang" der Finanzwissenschaft in Deutschland nach 1900 darf nicht verkennen lassen, daß in derartigen Debatten — wie z.B. auch in den Diskussionen um die Finanzierung der öffentlichen Wohnungswirtschaft — die Lehrmeinungen der älteren finanzwissenschaftlichen Systeme fortwirkten.

[253] Mehrheitlich wurde damals unter Sozialisierung (als Übergang vom Kapitalismus zum Sozialismus) eine (Art und Weise der) Organisation der Produktion (vgl. auch *Weissel*, Erwin, Die Ohnmacht des Sieges. Arbeiterschaft und Sozialisierung nach dem Ersten Weltkrieg in Österreich, Wien 1976, S. 19f., 25) verstanden, wodurch der Blickwinkel der Lenkung der Distribution und Zirkulation nachrangig wurde. Eine andere Inbeziehungsetzung von Sozialisierung und funktionaler Finanzwirtschaftslehre ist insoweit gegeben, wie die in Staats- bzw. Kommunalbetrieben erwirtschafteten Überschüsse, sofern die Betriebe im Staatshaushalt eingegliedert sind, zur Finanzierung von wohlfahrtsstaatlichen Ausgabeprogrammen herangezogen werden (vgl. *Dittmer*,

land als Folge der während und nach dem 1. Weltkrieg dominierenden Diskussion um gesamtwirtschaftliche Konzeptionen der Kriegswirtschaft[254] zu betrachten.

Gerade in der Konzeption des „Kriegs-Staatssozialismus"[255] — wie bei Edgar *Jaffé*, Wichard von *Moellendorff*, Otto *Neurath* — sieht *Thiemeyer*[256] einen Grund des Niedergangs der Finanzwissenschaft und Gemeinwirtschaftstheorie. Die ordnungspolitischen Debatten um den „Kriegssozialismus"[257] strahlten stark auf die Sozialreformdebatten nach 1918 aus. Breite Strömungen traten für eine Fortführung der Kriegsorganisation ein.[258] Gesetzliche Syndikate, staatlich

---

Emil, Die Sozialisierungsbestrebungen in Staat und Gemeinden, Berlin 1919, S. 8, 15). Dieser Diskussionslinie wollen wir aber nicht weiter folgen.

Festzuhalten bleibt, daß die Sozialisierungsdiskussion weitgehend als strukturelle und nicht als prozeßpolitische Planungsdebatte geführt wurde. Nach *Biechele* (*Biechele*, Eckard, Der Kampf um die Gemeinwirtschaftskonzeption des Reichswirtschaftsministeriums im Jahre 1919, Diss., FU Berlin 1972, S. 105) begann man mit der Zeit des 1. Weltkrieges zunehmend damit, „Gemeinwirtschaft" als eine Organisationsform für die (Gesamt-)Wirtschaft aufzufassen. Die Begriffsbildung legte somit immer mehr Schwerpunkte auf Organisationsfragen der gesamten Volkswirtschaft, somit auf Fragen der Wirtschaftsverfassung(sordnung) (vgl. auch *Gieseke*, Paul, Die Rechtsverhältnisse der gemeinwirtschaftlichen Organisationen, Jena 1922, S. 4ff.; die begriffsgeschichtlich vielversprechende Dissertation von Hans *Heuer*, Der Begriff der Gemeinwirtschaft, Phil. Diss., Jena 1923, war mir leider nicht zugänglich).

254 *Ambrosius*, Gerold, Ansätze einer gemeinwirtschaftlichen Theorie öffentlicher Unternehmen in der Weimarer Republik, in: Zeitschrift für öffentliche und gemeinwirtschaftliche Unternehmen, Bd. 3, H. 2, 1980, S. 141 ff., hier S. 141; vgl. auch *Maier*, Charles S., Recasting Bourgeois Europe, Princeton 1975, S. 11.

255 Vgl. hierzu auch kritisch Johannes *Kämpfer*, Kriegssozialismus in Theorie und Praxis, München 1919; ferner *Weissel*, Erwin, Die Ohnmacht des Sieges. Arbeiterschaft und Sozialisierung nach dem Ersten Weltkrieg in Österreich, Wien 1976, S. 159ff.

256 *Thiemeyer*, Theo, Gemeinwirtschaft als Ordnungsprinzip, Berlin 1970, S. 17ff., insbesondere S. 20f.

257 Vgl. auch *Krüger*, Dieter, Nationalökonomen im wilhelminischen Deutschland, Göttingen 1983, S. 82ff., 118ff. Vgl. auch zu den ganzen Debatten die ideengeschichtlichen Darstellungen bei *Jostock* und *Bowen* (*Jostock*, Paul, Der Ausgang des Kapitalismus. Ideengeschichte seiner Überwindung, München—Leipzig 1928, S. 218ff.; *Bowen*, Ralph, German Theories of the Corporative State (with Special References to the Period 1870-1918), New York—London 1947, S. 160ff., 195ff.).

258 Friedrich *Zunkel* (Industrie und Staatssozialismus. Der Kampf um die Wirtschaftsordnung in Deutschland 1914-18, Düsseldorf 1974, S. 65) spricht von einem „Anwachsen kollektivistischer Wirtschaftsanschauungen". Die Folge war, daß das „Kriegserlebnis" für die „Entstehung bzw. Weiterentwicklung gemeinwirtschaftlicher Ordnungsvorstellungen ... deutscher Staatswissenschaftler und Nationalökonomen" (ebenda, S. 14) außerordentlich wichtig war. Finanzpolitische Maßnahmen im Rahmen einer funktionalen Finanzwirtschaftslehre blieben — wie weiter unten noch bei *Jaffé* oder *Plenge* herausgestellt werden kann — oftmals nur „Beiwerk". Ähnliches gilt auch für Walter *Rathenau* (vgl. *Krantz*, Hubert W., Die sozial- und gesellschaftspolitischen Vorstellungen Walter Rathenaus, Diss., Bochum 1975, S. 84ff.). *Krantz* spricht von „ergänzende(n)" finanzpolitischen Vorschlägen. Allerdings sind — wie *Heimann* herausstellen konnte (*Heimann*,

organisierte Rohstoffversorgung spielten hier eine ebenso große Rolle wie Zwangskartelle, staats- und gemischtwirtschaftliche Betriebe. Allerdings wirkte im Rahmen der damaligen Debatte um die Instrumentalfunktion öffentlicher Unternehmen die konjunkturpolitische Einschätzung öffentlicher Investitionen fort.[259]

Vielleicht fielen die geld- und fiskalpolitischen Interventionslehren, gerade aus diesen Wirkungszusammenhängen heraus gesehen, relativ knapp aus[260], auch wenn wir nicht so weit gehen wollen wie Fritz *Neumark*[261], der — im Rahmen der Behauptung von der Dominanz klassisch-liberaler Lehren[262] — die Nationalökonomie für nicht weit genug entwickelt hielt, um bei der Formulierung von Finanzierungsregeln (des Staatshaushaltes) die Konjunkturlage berücksichtigen zu können.[263] *Neumark* schreibt: „Was eine stabilitäts- oder gar wachstumspolitische Orientierung finanzwirtschaftlicher Maßnahmen betrifft, so konstatierte man zwar gelegentlich fiskalisch-budgetär als unangenehm empfundene negative Rückwirkungen von Rezessionen auf gewisse öffentliche Einnahmen, kam jedoch kaum je schon auf den Gedanken, die Finanzpolitik nun aktiv zur Milderung relativer und selbst absoluter Rückgänge des Wirtschaftswachstums zu verwenden."[264]

Eduard, Art. Rathenau, in: Handwörterbuch der Staatswissenschaften, hrsg. von Ludwig *Elster* u. a., Erg.bd., 4. Aufl., Jena 1919, S. 699ff., hier S. 702) — diese finanzpolitischen Vorschläge eindeutig funktional orientiert. Dennoch stellt *Rathenau* weniger die Umverteilung von Einkommen und Vermögen in den Vordergrund seiner Vorschläge, sondern die Restriktion des Luxuskonsums und der dadurch freigesetzten Ressourcen und Produktivkräfte zur Deckung des lebensnotwendigen Bedarfs. Hier schlagen die kriegswirtschaftlichen Wurzeln der Lehre *Rathenaus* voll durch.

[259] Vgl. *Ambrosius*, Gerold, Die öffentliche Wirtschaft in der Weimarer Republik, Baden-Baden 1984, S. 185.

[260] Anleihen und Besteuerung werden nicht — wie in der (keynesianischen) Lehre von der „mature economy" (vgl. auch *Geiger*, Rudolf, Die Entwicklungstendenzen des Kapitalismus bei Keynes, Schumpeter und Burnham, Diss., Basel, Winterthur 1959, S. 15ff., 22ff.) — als Mittel einer, einen Strukturwandel des Kapitalismus einleitenden Reformstrategie eingestuft, sondern z. B. hinsichtlich der Frage der Finanzierbarkeit der Entschädigungen bei Sozialisierungsvorhaben („Sozialisierungsanleihen" bzw. „Vermögensabgabe" als einmalige Vermögensbesteuerung — vgl. hierzu *Amonn*, Alfred, Die Hauptprobleme der Sozialisierung, Leipzig 1920, S. 51 f.). Im „Kampf um die Wirtschaftspolitik" blieben Vorstellungen funktionaler Finanzwirtschaft untergeordnet; so auch die Idee des bereits angesprochenen Reichsfonds zur Ankurbelung der Produktion im Rahmen der Denkschrift des Reichswirtschaftsministeriums von 1919 (vgl. *Schieck*, Hans, Der Kampf um die Wirtschaftspolitik nach dem Novemberumsturz 1918, Diss., Heidelberg 1958, S. 174).

[261] *Neumark*, Fritz, Die Finanzpolitik in der Zeit vor dem 1. Weltkrieg, in: Deutsche Bundesbank (Hrsg.), Währung und Wirtschaft in Deutschland 1876-1975, Frankfurt/M. 1976, S. 57ff.

[262] Ebenda, S. 58f.

[263] *Neumark*, Die Finanzpolitik, S. 101.

[264] Ebenda, S. 109.

Allein der Hinweis auf *Schanz* (oder auch auf die *Webbs* in England) relativiert diese Einschätzung von *Neumark*. Jedoch bleiben solche Positionen scheinbar stark unterrepräsentiert; wissenschaftsgeschichtlich — oder: wissenssoziologisch — gesehen, waren sie aber historisch möglich!

Es gab sie. So bei Franz *Oppenheimer*, der — im Traditionszusammenhang eher liberaler Staatsauffassung stehend — für die Schaffung „künstlicher Staatsnachfrage" eintrat, wobei er durchaus konjunkturpolitisch motiviert war.[265] In seiner Schrift „Weltwirtschaft und Nationalwirtschaft"[262] formulierte er — aufbauend auf die *Knapp*sche Geldschöpfungstheorie[267] — die Behauptung: „Die staatliche Nachfrage schafft private Nachfrage in vielfältigem Ausmaß ihrer selbst."[268]

Oppenheimer war dennoch überwiegend liberal orientiert. Abgesehen von dieser „Initialzündung" und einer starken Einkommens- und Wertzuwachssteuer[269] wollte er die übrigen Probleme und Aufgaben der „Selbststeuerung der Wirtschaft" überlassen.[270] Dennoch: „Unfreiwillig antizipierte er damit die spätere Entwicklung."[271]

Nach *Krüger* gab es allerdings auch bei E. *Jaffé* Versuche, unter dem Druck der damaligen Finanzprobleme Deutschlands einen Übergang von dem „kurzatmigen Fiskalismus" zur Anerkennung globaler Steuerungsformen durch die Finanzwirtschaft[272] zu schaffen. *Jaffé* wollte, ohne den Konsum zu schwächen, eine produktivitätssteigernde steuerliche Entlastung fortschrittlicher Produktionsverfahren und Produktionsbereiche gewährleisten, um somit — uno actu! — die Staatsfinanzen zu konsolidieren. *Krüger* geht soweit, in diesem Ansatz bei *Jaffé* — hinzu kam noch die Befürwortung von Überschußerzielung aus der wirtschaftlichen Tätigkeit öffentlicher Betriebe — einen Übergang von der „Bedarfsdeckungsfinanz" zur „Ordnungsfinanz" zu erblicken.[273] *Jaffé* neigte hierbei der Theorie *Wagners* zu, „die defizitäre Vergesellschaftungskapazität des Kapitalismus finanzpolitisch ausgleichen zu können"[274].

Ist also das vernichtende Urteil von *Neumark* zu relativieren, so muß doch die Umkehrung dieser Interpretation (wonach hier Vorwegnahmen zentraler Ideen der „New Economics" stattfanden) in ihrer Radikalität dahingestellt bleiben.

---

265 *Krüger*, Nationalökonomen, S. 146.

266 Berlin 1915.

267 Ebenda, S. 37 ff.

268 Ebenda, S. 52.

269 *Oppenheimer*, Weltwirtschaft, S. 81 ff.

270 *Oppenheimer*, Weltwirtschaft, S. 57.

271 *Krüger*, Nationalökonomen, S. 146.

272 Ebenda, S. 154.

273 Ebenda, S. 154.

274 Ebenda, S. 154.

U. E. weisen für die Verifizierung einer solchen These diese Ansätze doch zu wenig Substanz auf.

Dies gilt auch für Johann *Plenge*. *Krüger* schreibt, *Plenge* hätte — entgegen der verbreiteten „Unkenntnis der Möglichkeiten, Haushaltspolitik als konjunkturpolitisches Steuerungsinstrumentarium zu nutzen“[275] — das „Studium der öffentlich bedeutsamen Züge der Staatswirtschaft“[276] betont.

Andererseits wäre es falsch, die „neue Lehre“ erst spät — ab 1929 etwa — anzusetzen, eine Einschätzung, die sich vor allem auch im nächsten Kapitel zum Thema der „Deutschen Keynesianer“ und zur „Stockholmer Schule“ als sinnvoll erweisen wird.

Nicht nur die Arbeitsbeschaffungsdebatte reicht in die 20er Jahre hinein (Adolf *Lampe* hat 1927[277] die Auseinandersetzung zwischen Gustav *Cassel*s Vorschlägen zur Lohnsenkung einerseits und den Vorschlägen zur Entwicklung von Kapitalfonds durch Auslandskredite, Geldschöpfung, Besteuerung der Reichen, Notstandsarbeiten etc. andererseits reformuliert; hier wurden wichtige Elemente der „neuen Lehre“ schon 1926/27 vorgetragen).[278] Insbesondere ist auch an Rudolf *Stucken* zu denken.

Stucken konnte nicht erst 1932[279] auf die Diskussion um die konjunkturorientierte Finanzpolitik verweisen; wichtige Arbeiten datieren aus den Jahren 1926 und 1927. Dort schon kam *Stucken* zu einer „gemäßigten“ — so eine Selbsteinschätzung[280] — funktionalen Position. Hatte *Stucken* 1926 seine Schrift „Theorie der Konjunkturschwankungen“[281] veröffentlicht, so schrieb er 1927 den Artikel „Grundsätze für die Anleihepolitik“[282]. In Anlehnung an *Schäffle* will er den Staatshaushalt nur über längere Perioden hinweg gedeckt sehen.[283] Dies hebt er auch explizit für konjunkturelle Depressionszeiten hervor.[284] Sich auf die antizyklischen Ausgabenvorschläge von Georg von

---

[275] *Krüger*, Nationalökonomen, S. 95.

[276] *Plenge*, Johann, Die Finanzen der Großmächte, in: Zeitschrift für die gesamte Staatswissenschaft, Jg. 64, 1908, S. 713ff., hier S. 755.

[277] *Lampe*, Adolf, Notstandsarbeiten oder Lohnabbau?, Jena 1927.

[278] Zur Kontroverse um *Cassels* Analyse vgl. insbesondere auch *Sturm*, Heinrich, Staatliche Maßnahmen zur Bekämpfung der Arbeitslosigkeit, Diss. Mannheim, Berlin 1936.

[279] Vgl. *Stucken*, Rudolf, Die Konjunkturen im Wirtschaftsleben, Jena 1932, S. 41 ff., 165ff.

[280] Vgl. *Stucken*, Rudolf/*Sies*, Walter, Finanzwirtschaftliche Deckungsgrundsätze und konjunkturpolitische Postulate, in: Finanzarchiv, N. F., Bd. 12, 1950, S. 616ff., hier S. 620.

[281] Jena 1926.

[282] in: Archiv für Sozialwissenschaft und Sozialpolitik, Bd. 57, 1927, S. 746ff.

[283] Ebenda, S. 756; vgl. auch *Sies*, Walter, Finanzpolitische Deckungsgrundsätze und konjunkturpolitische Postulate, Diss., Erlangen 1950, S. 40ff.

[284] *Stucken*, Grundsätze für die Anleihepolitik, S. 759f.

Schanz beziehend, erscheinen ihm Sparmaßnahmen in der „Baisse“ als krisenverschärfend. So wird empfohlen, Anleihen zur Deckung von konjunkturbedingten Haushaltsdefiziten aufzunehmen. Allerdings will *Stucken* möglichst keine Schuldenakkumulation[285] zulassen. *Stucken* formuliert daher den Deckungsgrundsatz: „Anleihen dürfen in Depressionszeiten aufgenommen werden zwecks Ausgleich zwischen Jahren schlechter und guter Konjunktur, insoweit sie bei gleichbleibenden Steuer- und Tarifsätzen in den nachfolgenden günstigeren Jahren getilgt werden können.“[286] Weitere Anleihen sollen nur möglich sein, wenn „die Tragbarkeit von Steuer- und Tariferhöhungen zwecks Abdeckung der Kredite in der Zeit besserer Konjunktur bewiesen ist.“[287]

Stucken definiert hiermit eine lehrbuchartige Antizyklik: Verschuldung in der Depression, Schuldentilgung in dem Konjunkturaufschwung (bzw. weitere Schuldenaufnahme nur, soweit spätere Steuererhöhungen, die volkswirtschaftlich nicht schädlich und somit tragbar sind, zur Tilgung herangezogen werden können). Schlägt hier der Ansatz von *Schanz* stark durch, so ist es der Grundsatz der Orientierung der Haushaltsführung an einer „längeren Periode“[288], bei der *Stucken* auf A. *Schäffle* zurückgreift.

---

[285] Ebenda, S. 760, 763.

[286] Ebenda, S. 760.

[287] Ebenda, S. 760.

[288] *Stucken*, Grundsätze für die Anleihepolitik, S. 763.

Kapitel 12

„Deutsche Keynesianer" und „Stockholmer Schule"

Besonders die „deutschen Keynesianer" der Arbeitsbeschaffungsdebatte der 30er Jahre können als Vertreter ausformulierter Theorien der „goldenen Regel des Budgetdefizits"[1] (in antizyklischer Sicht[2]) gelten. Diese Lehren knüpften die Rolle des Budgetdefizits an bestimmte Bedingungskonstellationen. Kapazitätsunterauslastungen, Arbeitsreserven, Lagerbestände und Rohstoffe sowie brachliegendes Geld- bzw. Leihkapital sind wichtige Elemente dieser Konstellation.[3]

Geldpolitisch entscheidend ist die Annahme, daß das Geldmengenwachstum sich nach dem „volkswirtschaftlichen Kreditplafond" zu richten habe und nicht nach einer (quantitätstheoretisch hergeleiteten) Orientierung am Potentialwachstum. Diese Kreditplafond-Orientierung „öffnet in ganz anderer Weise den Blick für die realen Möglichkeiten, aber auch die entsprechenden Schwierigkeiten einer Wirtschaftsausweitung, als dies die Beobachtung von Preisspiegelveränderungen allein vermag; können sich doch ungenutzte Kapazitäten, die eine zusätzliche Arbeitsbeschaffung gestatten vermögen, auch bei unverändertem Preisspiegel herausbilden, während aufgrund der Indexbetrachtung in einem solchen Falle keine Veranlassung für Geldmengenveränderungen gegeben wäre"[4]. Gemeint ist hier die Indexwährung nach Irving *Fisher:* Demnach müßte das Geldvolumen derart geregelt werden, daß ausgewählte Preisspiegel durch Geldmengenveränderungen stabil bleiben. Dieser Zusammenhang wird von den „deutschen Keynesianern" als stark randbedingungsabhängig eingestuft.

Die Konturen dieser Auseinandersetzung erinnern an die Kontroversen im Rahmen der merkantilistischen Theoriebildung. Es lohnt sich, diese neuere Debatte etwas näher zu skizzieren.

Die Positionen der „deutschen Keynesianer vor Keynes"[5] scheinen nahezu „verschüttet" zu sein[6]; erst in letzter Zeit widmet man sich — wohl auch unter

[1] Vgl. *Burkheiser,* Karl, Grenzen des Staatskredits, Berlin 1937, S. 43ff.

[2] *Raupp,* Otto, Staatswirtschaftliche Konjunkturpolitik, Diss., Heidelberg 1935, S. 34ff.

[3] *Donner,* Otto, Die Grenzen der Staatsverschuldung, in: Weltwirtschaftliches Archiv, Bd. 56, 2, 1942, S. 183ff., hier S. 192f.; *Pedersen,* Jörgen, Einige Probleme der Finanzwirtschaft, in: Weltwirtschaftliches Archiv, 45. Bd., 1, 1937, S. 467ff., hier S. 483.

[4] *Kroll,* Gerhard, Von der Weltwirtschaftskrise zur Staatskonjunktur, Berlin 1958, S. 444.

[5] *Garvy,* George, Keynesianer vor Keynes, in: *Bombach,* Gottfried u. a. (Hrsg.), Der Keynesianismus, II. Die beschäftigungspolitische Diskussion vor Keynes in Deutschland,

dem Eindruck der vertieften Konjunkturabschwünge seit Mitte der 70er Jahre — diesen Arbeiten. Uns liegt im folgenden viel an einer dogmengeschichtlichen Darstellung. Die Beziehungen zum wirtschaftlichen und politischen Prozeß — Wirkungszusammenhänge, Fragen der (damaligen) Durchsetzbarkeit etc.[7] — sollen uns hier (auch aus Platzgründen) nicht interessieren.

Nicht zuletzt unter dem Gesichtspunkt der Arbeitsbeschaffungsstrategie (wie wir sie als Idee der „Public Works" ja schon oben für das erste Viertel des 20. Jahrhunderts diskutiert haben) sind, so etwa bei *Lederer*[8], Kontinuitätslinien etwa über Robert *Friedländer*[9] und andere Diskussions- und Politikzusammenhänge Mitte der 20er Jahre[10] zu ziehen zur älteren Geschichte (wie wir sie weiter oben ja schon u. a. in Anlehnung an *Meyer*[11], *Wunderlich*[12], *Schiller*[13] und *Winkel*[14] skizziert haben).[15]

Berlin—Heidelberg—New York 1976, S. 21 ff.; *Menard*, Sigmar, Die Lehren von der richtigen Verwendung des Staatskredits, S. 66 ff.; *Hofmann*, Werner, Die säkulare Inflation, Berlin 1962, S. 24-38.

[6] Vgl. *Mann*, Fritz Karl, Ideologie und Theorie des Haushaltsgleichgewichts, in: Finanzarchiv, N. F., Bd. 21, H. 1, 1961, S. 1 ff., hier S. 11; vgl. auch ders., Konjunkturausgleich durch die öffentliche Hand, in: Festschrift für Arthur Spiethoff. Der Stand und die nächste Zukunft der Konjunkturforschung, München 1933, S. 166 ff.; ders., Die Staatswirtschaftslehre unserer Zeit, in: Finanzarchiv, N. F., Bd. 15, 1954, S. 212 ff., hier S. 230 f.

[7] Vgl. *Borchardt*, Knut, Wege aus der Arbeitslosigkeit: Die Diskussion in den frühen dreißiger Jahren, in: DIW (Hrsg.), Vierteljahreshefte zur Wirtschaftsforschung, H. 1, 1984, S. 6 ff.; ders., Zur Aufarbeitung der Vor- und Frühgeschichte des Keynesianismus in Deutschland. Zugleich ein Beitrag zur Position von W. Lautenbach, in: Jahrbücher für Nationalökonomie und Statistik, Bd. 197, 1982, S. 364 ff.

[8] Vgl. *Bollert*, Gert, Arbeitsbeschaffung durch Erwerbslosenbeschäftigung. Zwei hilfswirtschaftliche Vorschläge der Professoren Graham und Lederer in ihrer allgemeinen Bedeutung, Diss., Berlin 1934.

[9] *Friedländer*, Robert, Chronische Arbeitskrise, ihre Ursache, ihre Bekämpfung, Berlin 1936, insbes. S. 35 ff.

[10] *Blaich*, Fritz, Die Wirtschaftskrise 1925/26 und die Reichsregierung. Von der Erwerbslosenfürsorge zur Konjunkturpolitik, Kallmünz 1977.

[11] *Meyer*, Paul, Die Notstandsarbeiten und ihre Probleme. Ein Beitrag zur Bekämpfung der Arbeitslosigkeit, Jena 1914.

[12] *Wunderlich*, Frieda, Die Bekämpfung der Arbeitslosigkeit in Deutschland seit Beendigung des Krieges, Jena 1925.

[13] *Schiller*, Karl, Arbeitsbeschaffung und Finanzordnung in Deutschland, Berlin 1936, S. 35 ff.

[14] *Winkel*, Harald, Die historische Entwicklung der Arbeitsbeschaffungsmaßnahmen, in: Hamburger Jahrbücher für Wirtschafts- und Gesellschaftspolitik, 21. Jg., 1976, S. 317 ff.

[15] Vgl. auch *Upmeier*, Gisela, Kommunale Finanzpolitik als Instrument einer neuen Wirtschaftspolitik — Reichsfinanzminister Reinhold (1926-1927), in: *Hansmeyer*, Karl-Heinrich (Hrsg.), Kommunale Finanzpolitik in der Weimarer Republik, Stuttgart—Berlin—Köln—Mainz 1972, S. 120 ff., insbesondere S. 128.

Borchardt[16] hält selbst fest: „Das Umkippen der Arbeitslosenfrage aus der sozialpolitischen Dimension in die volkswirtschaftliche Dimension“ — von der wir ja schon im Rahmen unserer Darstellung der Auffassungen der „deutschen Finanzklassik“ sprachen — „ist hochinteressant. Natürlich vollzog es sich in Wahrheit nicht so abrupt, denn wir finden in der volkswirtschaftlichen Literatur der zwanziger Jahre schon Beiträge zu der beginnenden nachfrageorientierten volkswirtschaftlichen Theorie der Arbeitslosigkeit, und auch die Kaufkrafttheorie der gewerkschaftlichen Lohnpolitik wird man zu den Vorläufern rechnen müssen.“[17]

Kommen wir nun zurück zum deutschen „Keynesianismus“.

Die englische Cambridge-Schule war derart isoliert (bzw. hatte sich selbst isoliert), daß sie kaum Notiz von der deutschen Arbeitsbeschaffungsdebatte infolge der Weltwirtschaftskrise nahm. Als *Keynes* 1936 seine „General Theory“ veröffentlichte, gab es längst schon selbständige Denker der „neuen Lehre“[18] auf kontinentaleuropäischem Boden — und zwar nicht nur Nationalsozialisten (wozu später noch eine Anmerkung zu machen ist). 1935 hat bereits Carl *Föhl* eine Analyse der volkswirtschaftlichen Bedeutung der Geldschöpfung entwickelt[19], die den Arbeiten von *Keynes* — der „Allgemeinen Theorie“ wie der Schrift „Vom Gelde“ — in nichts nachstand, aber erst 1937 veröffentlicht wurde. *Keynes* muß natürlich — wie wir es im Rahmen unserer Ausführungen zur Dogmengeschichte der Stagnationstheorien auch getan haben — zu den Vertretern der „functional finance“ gerechnet werden[20], darf aber — auch das haben wir schon betont — als „Begründer“ der „neuen Lehre“ (auch des „New Deal“ in den USA) nicht überschätzt werden.[21] Wohl ist insbesondere *Keynes'* Schrift „The Means of Prosperity“ von 1933)[22] von großer Bedeutung. In seiner

---

[16] *Borchardt*, Knut, Wege aus der Arbeitslosigkeit, S. 13.

[17] Vgl. auch *Wrede*, Klaus M., Produktivität und Distribution im Lichte der gewerkschaftlichen Lehrmeinungen der Weimarer Epoche, (1918 - 1933), Berlin 1955.

[18] Die Anschauung von Fritz *Baade* (Der Einfluß der Wirtschaftsforschung auf die Wirtschaftspolitik in Deutschland in den letzten 53 Jahren, in: *Böhret*, Carl/*Grosser*, Dieter (Hrsg.), Interdependenzen von Politik und Wirtschaft. Beiträge zur politischen Wirtschaftslehre. Festgabe für Gert von Eynern, Berlin 1967, S. 317ff., hier S. 328), die frühen Vorschläge von *Keynes* zur öffentlichen Arbeitsbeschaffung (im Zeitraum 1930-33) wären den deutschen Reformern nicht „zu Gesicht gekommen“, weist Michael *Held* (Sozialdemokratie und Keynesianismus, Frankfurt/M.—New York 1982, S. 92, Anm. 1) als „nicht haltbar“ zurück.

[19] *Föhl*, Carl, Geldschöpfung und Wirtschaftskreislauf, 1935 abgeschlossen, (1937), 2. Aufl., Berlin 1955. Vgl. auch *Hohn*, Horst-Walter, John Maynard Keynes und Carl Föhl. Eine vergleichende Darstellung ihres Beitrages zur Entwicklung der modernen Beschäftigungstheorie, Diss., München 1970.

[20] Vgl. auch *Groves*, Harold M., Tax Philosophers, London 1974, S. 140ff.

[21] *Steiger*, Gerhard, Dogmengeschichtliche Entwicklung der Lehre vom notwendigen Haushaltsdefizit, S. 61, S. 96; *Colm*, Gerhard, Fiscal Policy, in: *Harris*, Seymour E. (Hrsg.), The New Economics, New York 1965, S. 450ff.

viel mehr beachteten „Allgemeinen Theorie" hat *Keynes* jedenfalls weniger Haushaltsdefizite thematisiert als Steuererleichterungen und Zinspolitik.[23]

So ist *Steiger*[24] der Meinung, daß Paul *Douglas*[25] diesbezüglich mehr Perspektiven bot als *Keynes*.[26] Tatsächlich heißt es bei *Keynes*: „Der Staat wird

[22] London 1933; vgl. hierzu auch *Smithies*, Arthur, Federal Budgeting and Fiscal Policy, in: *Ellis*, Howard S. (Hrsg.), A Survey of Contemporary Economics, Homewood/Ill. 1948, S. 174ff., hier S. 175, Anm. 4; vgl. auch *Hofmann*, Die säkulare Inflation, S. 24f. In seiner 1930 erschienenen Schrift „Treatise on Money" sah *Keynes* die Möglichkeit, staatliche Investitionen in Form öffentlicher Arbeitsbeschaffungsmaßnahmen vorzunehmen, um so den Sparüberhang zu absorbieren [vgl. *Skidelsky*, Robert, Keynes und die Treasury: Argumente für und wider eine allgemeine Arbeitslosenpolitik 1920-1939, in: *Mommsen*, Wolfgang J. (Hrsg.), Die Entstehung des Wohlfahrtsstaates in Großbritannien und Deutschland 1850-1950, Stuttgart 1982, S. 175ff., hier S. 187, vgl. auch S. 188f.]. Michael *Held* (Sozialdemokratie und Keynesianismus. Von der Weltwirtschaftskrise bis zum Godesberger Programm, Frankfurt/M.—New York 1982, S. 93ff.) verweist aber nicht nur auf die Befürwortung der staatlichen Arbeitsbeschaffung in *Keynes'* Schrift „Vom Gelde", sondern auch auf eine Reihe anderer (recht früher) Schriften von *Keynes*: *Keynes*, John Maynard, Can Lloyd George do it?, in: ders., The Collected Writings of J. M. Keynes, Bd. 9, Cambridge 1972, S. 86ff.; ders., Die große Krise des Jahres 1930, in: Wirtschaftsdienst, Nr. 51, 1930, S. 2165ff.; ders., Wirtschaftliche Zukunftsversprechen, in: Europäische Revue, Jg. 6, 2. Halbband 1930, S. 735ff.; ders., Die Weltwirtschaftskonferenz 1933, in: Wirtschaftsdienst, Nr. 51, 1932, S. 1707ff.; ders., A Monetary Theory of Production, in: Der Stand und die nächste Zukunft der Konjunkturforschung. Festschrift für Arthur Spiethoff, München 1933, S. 123ff.; vgl. ferner *Keynes'* Vorschläge im Rahmen seiner Mitarbeit im „*MacMillian* Report" (Committee on Finance and Industry: Report, London 1931). Horst-Walter *Hohn* (John Maynard Keynes und Carl Föhl. Eine vergleichende Darstellung ihres Beitrages zur Entwicklung der modernen Beschäftigungstheorie, Diss., München 1970, S. 144) datiert den Beginn der Hinwendung von *Keynes* zur Idee der staatlichen Arbeitsbeschaffung auf das Jahr 1928. In Anschluß an Roy F. *Harrod* [The Life of John Maynard Keynes, (1951), 3. Aufl., New York 1969, S. 417] weist *Hohn* nach, wie *Keynes* die „‚pump-priming' theory of public works" in seinen Schriften vertritt (*Hohn*, John Maynard Keynes und Carl Föhl, S. 149). Eine klärende Darlegung der Entwicklung der Ansichten von *Keynes* in der damaligen Debatte um „Public Works" in England vermittelt Bernhard *Pfister* (Sozialpolitik als Krisenpolitik, Stuttgart 1936, S. 201ff.). Aber auch *Skidelsky* betont, daß die Argumentation in der 1933 erschienenen Schrift „The Means of Prosperity" durchschlagender war, da hier *Keynes* auf *Kahns* Multiplikator zurückgreift (wodurch der Effekt öffentlicher Arbeitsbeschaffungsmaßnahmen gewichtiger wird). Die Idee des Multiplikators formuliert *Keynes* allerdings schon in seiner 1929 erschienenen Flugschrift „Can Lloyd George do it?". Damit greift er der Darlegung des Multiplikators bei *Kahn* von 1931 voraus (vgl. auch *Dillard*, Dudley, The Economics of John Maynard Keynes, 3. Aufl., New York 1949, S. 310, Anm. 32).

[23] *Steiger*, Dogmengeschichtliche Entwicklung, S. 65; *Wygodski*, Salomon L., Der gegenwärtige Kapitalismus, Köln 1972, S. 406ff.

[24] *Steiger*, Dogmengeschichtliche Entwicklung, S. 67. *Klein* (*Klein*, Lawrence R., The Keynesian Revolution, London 1961, S. 140f.) behauptet dagegen, *Douglas* „has done much to lower the scientific achievment of this school (of Keynesian Economics — F. S.)".

[25] *Douglas*, Paul, Controlling Depressions, London 1935, S. 134ff.

[26] *Zu Keynes'* Vorschlägen vgl. auch *Stucken*, Robert, Keynes' Vorschläge zur Wirtschaftsbelebung, in: Zeitschrift für Nationalökonomie, Bd. 4, 1933, S. 645ff.; vgl.

einen leitenden Einfluß auf den Hang zum Verbrauch teilweise durch ein System der Besteuerung, teilweise durch die Festsetzung des Zinsfußes und teilweise vielleicht durch andere Wege ausüben müssen."[27]

Abgesehen von John Maurice *Clark*[28] hat R. F. *Kahn*[29] 1931 einen wichtigen Beitrag zur Theorie öffentlicher Ausgaben geleistet, so daß auch hier das entscheidende Augenmerk nicht unbedingt auf *Keynes* liegen muß.

Die Entwicklung in Deutschland kommt vor diesem Hintergrund dogmengeschichtlich oftmals zu schlecht weg.

In Deutschland hat Harald *Fick* schon 1932[30] einen Ansatz antizyklischer Finanzpolitik insofern formuliert, als er den Budgetausgleich nur über den ganzen Zyklus hinweg getätigt sehen wollte.[31]

Die wirtschaftspolitischen Vorschläge der deutschen Keynesianer sind sogar oftmals als viel „radikaler" einzustufen als die von *Keynes* selbst.

Hanns-Joachim *Rüstow* hat 1932[32] die Kreditschöpfung als Instrument angesehen, um durch die Steigerung der Konsumgüterproduktion ein neues Gleichgewicht mit der Produktivgüterproduktion[33] zu erzielen, womit die Geldvermehrung die Anpassung der Akkumulation an die Arbeitskräfteüberschüsse bewirken soll.[34] *Rüstow* hat bis heute seine Theorie beibehalten und ausbauen können. In seiner neuen Schrift „Neue Wege der Vollbeschäftigung"[35] hat er auf Basis seiner „Differentialgewinntheorie" (bei Aufgabe der These nivellierter Kostenstrukturen — also der These von gleichen Stückkosten in verschiedenen Branchen — liegen mit einer Differenz der Stückkosten auch Differentialgewinne, definiert als Differenz von Stückkosten eines Betriebes und den Stückkosten des leistungsschwächsten Betriebes, vor) die Notwendigkeit einer über die Ersparnis hinausgehenden Geldschöpfung zur Finanzierung einer hinreichenden (d. h. vollbeschäftigungskonformen) Investitionsquote begründet. Niedrigere Zinsen sind dabei eine wesentliche Voraussetzung; kreditfinan-

Ernst-Pörksen, Staatsschuldentheorien, S. 76ff. *Ernst-Pörksen* kritisiert allerdings diese relativierende Einschätzung von *Keynes* durch *Steiger*.

[27] *Keynes*, Allgemeine Theorie, S. 318f.; vgl. auch *Krüger*, Stephan u. a., Keynes contra Marx?, Hamburg 1984, S. 277ff.

[28] *Clark*, John Maurice, Cumulative Effects of Changes in Aggregate Spending as illustrated by Public Works, in: The American Economic Review, Bd. 25, 1935, S. 14ff.

[29] *Kahn*, R. F., The Relation of House Investment to Unemployment, in: Economic Journal, Juni 1931, S. 173ff.

[30] *Fick*, Harald, Finanzwirtschaft und Konjunktur, Jena 1932, S. 127.

[31] Vgl. *Menard*, Die Lehren, S. 64ff.

[32] *Rüstow*, Hanns-Joachim, Akkumulation und Krise. Ein Beitrag zur Konjunkturtheorie, Diss., Heidelberg 1932

[33] Ebenda, S. 21.

[34] Ebenda, S. 33.

[35] *Rüstow*, Hanns-Joachim, Neue Wege der Vollbeschäftigung, Berlin 1984.

zierte Staatsaufgaben (deficit-spending) können in der Rezession als sinnvolle Ergänzung der Aufschwungsfinanzierung gelten.

Auch Gerhard *Krolls* Theorie der „automatischen Deflation“[36] stellt einen — heute in Konjunkturanalysen von Herbert *Schui* oder Karl Georg *Zinn*, insbesondere bei dessen Rezeption von J. A. *Schumpeter*, aktualisierten — Beitrag von Bedeutung dar. *Kroll* geht davon aus, daß die Einkommenseffekte der Investitionen den Kapazitätseffekten zeitlich nachgelagert sind. So tritt der vermehrte Güterstrom auf in einer Situation, in der das geschaffene Einkommen (= Kostenzahlungen) bereits verausgabt ist. „Es kommt nun jeweils darauf an, ob die nachfolgenden Investitionen ausreichen, um diesen deflatorischen Effekt auszugleichen.“[37] Damit verweist *Kroll*[38] auf einen „hochlabilen“ Wachstumspfad[39], wobei — sogar sprachliche — Ähnlichkeiten mit der postkeynesianischen Wachstumstheorie bei J. *Robinson, Domar* und *Harrod* auffallen. So können die Unternehmer auch Finanzinvestitionen tätigen (Geldvermögensbildung) oder Schulden abbauen (i. S. von H. P. *Minsky*)[40] statt Realkapitalbildung vorzunehmen. Denn die entscheidende Variable ist — so *Kroll* — ob und inwieweit die Unternehmen das Potentialwachstum durch die Folgeinvestitionen auslastungsfähig halten; die Investitionserwartungen sind nämlich nachhaltig von der Nachfrageseite bestimmt.[41] Insbesondere „Rationalisierungsinvestitionen“ verschärfen das Problem der „automatischen Deflation“[42], da nun „das Mißverhältnis zwischen den Einkommen aus den nach Beendigung der Investitionen noch gezahlten Kosten und dem Angebotswert des laufend erzeugten Güterstroms in einer Weise steigen, daß bei einem Nachlassen der Investitionen die dann einsetzende automatische Deflation ein bisher noch niemals erreichtes Ausmaß annehmen und eine geradezu unvorstellbar schwere Krise auslösen muß“[43].

Solche Analysen sind damals nicht selten; ähnlich gelegene Fragestellungen finden wir auch bei Karl *Massar*[44] (einem Schüler von Emil *Lederer*), Gerhard *Colm*[45], Herbert *Gross*[46] und Otto *Bauer*.[47]

---

[36] *Kroll*, Gerhard, Neutrales Geld und Kapitalbildung, Berlin 1935.

[37] *Kroll*, Von der Weltwirtschaftskrise, S. 325.

[38] Ebenda, S. 339.

[39] Ebenda, S. 326.

[40] Ebenda, S. 309, 329.

[41] *Kroll*, Von der Weltwirtschaftskrise, S. 330.

[42] Ebenda, S. 721 ff. Vgl. zum Problem der „automatischen Deflation“ unter den Bedingungen forcierten technischen Fortschritts die Ausführungen von *Kroll* in seinem Aufsatz „Eine Utopie wird Wirklichkeit. Der Mensch in der Vollendung des Maschinenzeitalters“, in: Neues Abendland, N. F., 12. Jg, 1957, H. 1, S. 21 ff.

[43] *Kroll*, Von der Weltwirtschaftskrise, S. 721.

[44] *Massar*, Karl, Die volkswirtschaftliche Funktion hoher Löhne, Berlin 1927, S. 68, 86 ff.; ders., Lohnpolitik und Wirtschaftstheorie, Tübingen 1932, S. 52 ff.

Derartige Ansätze — und die daraus abgeleiteten finanzpolitischen sowie geldpolitischen Maßnahmen — sind besonders bemerkenswert, da sich diese „neuen Lehren“ ja nur langsam und mit großen Schwierigkeiten gegen die „herrschende Lehre“[48] durchsetzen konnten bzw. mußten.[49] Felix *Somary* formulierte noch 1932: „Der Weg der Budgetsanierung geht über die Streichung der Subventionen für Wohnbauten und für die Landwirtschaft, über Reduktion der Arbeitslosenunterstützung — es ist dabei fast gleichgültig, wer an der Regierung sitzen mag.“[50] Diese Insistenz auf die Budgetsanierung berechtigt zum großen Teil *Wagemann* 1937[51] dazu, von einer weitgehenden Herrschaft des fiskalistischen Prinzips zu sprechen.

Autoren wie *Colm* haben selbst noch in früheren Phasen an den Selbstheilungskräften des Marktes festgehalten. 1927 hat *Colm* zwar die Verschiebung öffentlicher Aufträge in die Phase der Depression befürwortet.[52] Dies hatten aber — wie wir oben schon herausgearbeitet haben — bereits B. und S. *Webb* 1912 (!) gefordert (ganz abgesehen von der explizit antizyklischen Idee bei Georg von *Schanz*).

Ein ausgesprochen „reifes“ Stadium entwickelte die Diskussion aber erst in den frühen 30er Jahren, insbesondere zum Thema der Anleihfinanzierung und des Notenbankkredits (bzw. der Staatspapierschöpfung).[53]

---

[45] *Colm*, Gerhard, Die Krisensituation in der kapitalistischen Wirtschaft, in: Archiv für Sozialwissenschaft und Sozialpolitik, Bd. 64, July 1933, S. 385ff., hier S. 402.

[46] *Gross*, Herbert, Finanzpolitische Lehren der deutschen Krise, in: Finanzarchiv, N.F., 1934, Bd. 2, S. 90ff., hier S. 119.

[47] *Bauer*, Otto, Kapitalismus und Sozialismus nach dem Weltkrieg, 1. Bd., Rationalisierung — Fehlrationalisierung, Wien 1932, S. 230f.

[48] *Krohn*, Claus-Dieter, Wirtschaftstheorien als politische Interessen. Die akademische Nationalökonomie in Deutschland 1918-1933, New York—Frankfurt/M. 1981. Es brauchte daher einige Zeit, bis der Sinn ausgleichender Finanzpolitik erfaßt worden ist. Ebenso wie *Tschannen* (*Tschannen*, Harry Arnim, Die neue deutsche Steuerpolitik als Faktor der staatlichen Konjunkturpolitik, Diss., Berlin 1937, S. 3) begriff dann aber auch beispielsweise *Nagel* (*Nagel*, Paul, G., Öffentliche Sachausgaben und Steuern im Dienste der Konjunkturpolitik, Kölner Diss., Würzburg 1934, S. 48) den schädlichen Charakter einer prozyklischen Politik: Der Budgetausgleichsversuch in der Depression wirkt kumulativ-negativ auf die wirtschaftliche Abwärtsentwicklung.

[49] 1923 hat Carl *Ballod* (Der Bankrott der freien Wirtschaft und die notwendigen Finanz- und Wirtschaftsreformen, Jena 1923) eine Erweiterung der staatlichen Ausgabenbereiche (staatlicher Wohnungsbau, staatlicher Ausbau der Wasserkraft, öffentliche Arbeitsbeschaffung usw.) gefordert, aber gleichzeitig den gleichgewichtigen Haushalt zur Bedingung gemacht. Steigende Staatsausgaben sollten also nur bei ausgeglichenem Budget möglich sein.

[50] *Somary*, Felix, Krisenwende?, Berlin 1932, S. 15.

[51] *Wagemann*, Ernst, Wirtschaftspolitische Strategie, Hamburg 1937, S. 334.

[52] *Colm*, Gerhard, Volkswirtschaftliche Theorie der Staatsausgaben, Tübingen 1927, S. 46.

Die starke Betonung des Notenbankkredits liegt u.a. wohl in der Tatsache begründet, daß die damalige Wirtschaftskrise in Deutschland — im Gegensatz zu anderen Krisen — durch einen starken Mangel an liquidem (disponiblem) Kapital gekennzeichnet war.[54] Dennoch lagen Produktionsfaktoren brach. Von diesen Bedingungen gingen die verschiedenen Ansätze konjunkturpolitisch orientierter Finanzwirtschaftslehre aus. Staatsverschuldung könnte — sofern vorhanden — „brachliegendes Kapital" absorbieren; die crowding-out-Debatte fand hier ihre empirisch-kasuistische Lösung, d.h.: Relativierung. Der öffentliche Haushalt muß dann zur Depressionsbekämpfung im Geschäftsbankensektor Kapital aufnehmen und einer Nutzung zuführen.[55] Ist Investitionskapital im Geschäftsbankensektor jedoch knapp, kommt die Notenbankfinanzierung in Frage. Hatte schon der Spätkameralist *Justi*[56] die Möglichkeit angesprochen, Papiergeld zu emittieren, um produktive Prozesse zu fördern (solange diese durch eine elastische Angebotsmenge gedeckt werden können), so wurde diese Tradition staatsorientierter Produktivitätslehre nun wieder aufgenommen.

Damit dieser Geldschöpfung (zur Mobilisierung von Lagerbeständen und zur Induzierung von Neuproduktion) Geltung verschafft werden konnte[57], mußte die Quantitätstheorie widerlegt bzw. relativiert werden. Diese verlor an Bedeutung und Gültigkeit, da erkannt wurde, daß Geldschöpfung auch Produktionssteigerungen bewirken kann.[58]

Die Lehre vom nicht-neutralen Charakter des Geldes wird zur Grundlage der Theorie produktiver Geldschöpfung[59] und damit zum Fundament notenbankfinanzierter (funktionaler) Finanzwirtschaft.

In dieser Diskussion ragte Robert *Nöll von der Nahmer* heraus, der Geldschöpfung im Kontext unterausgelasteter Produktivkräfte für möglich und erforderlich hält.[60] In solchen Situationen bewirke — so *Nöll von der Nahmer* — ein „volkswirtschaftlicher Kreditfonds" (besser: „Kaufkraftfonds"), daß eine Geldschöpfung nicht zwingend inflationär wirke; die Grenzen, aber auch die

---

[53] Vgl. auch die — trotz der antisemitischen Züge — durchaus lesenswerte Darstellung von *Pöschl*, Arnold, Produktive Kreditschöpfung, Berlin 1938.

[54] Vgl. *Nöll von der Nahmer*, Robert, Weltwirtschaft und Weltwirtschaftskrise, in: *Mann*, Golo (Hrsg.), Propyläen-Weltgeschichte, 9. Bd., Berlin—Frankfurt/M.—Wien 1960, S. 351ff., hier S. 376f., 385.

[55] Vgl. auch *Mainz*, Karl, Konjunkturausgleich und öffentlicher Haushalt, in: Vierteljahresschrift für Steuer- und Finanzrecht, 5. Jg., 1931, S. 529ff.

[56] Vgl. *Marchet*, Studien über die Entwicklung, S. 375.

[57] Vgl. *Schulz-Kiesow*, Paul, Die Finanzierung des Aufschwungs, Hamburger wirtschafts- und sozialwissenschaftliche Schriften, H. 28, Rostock 1933, S. 51.

[58] Vgl. *Michaelis*, Alfred, Die Quantitätstheorie als Grundlage der Konjunkturforschung, Jena 1929, S. 94ff.

[59] Vgl. auch kritisch *Schulz-Kiesow*, Die Finanzierung, S. 32ff., 48ff.

[60] Vgl. *Nöll von der Nahmer*, Robert, Lehrbuch der Finanzwissenschaft, Bd. 1, Allgemeine Finanzwissenschaft, Köln—Opladen 1964, S. 48f., 141, 333ff.

Spielräume produktiver und inflationsfreier Geldschöpfung werden damit umrissen.[61]

Die Situation unterausgelasteter Ressourcen — entsprechend dem Traditionszusammenhang des „evolutional approach" — in Rechnung zu stellen, scheint nicht selbstverständlich zu sein. Die neoklassische Theorie geht weitgehend von Vollbeschäftigung der Faktoren bei ihren Modellanalysen (fatalerweise auch bei ihrer Politikberatung) aus.[62]

Selbst eine neuere Studie von *Wolak*[63] trifft hier aus genau diesen Gründen nicht den Kern der Problemstellung. *Wolak* versucht durch Rekurs auf die Wohlfahrtsökonomik Möglichkeiten und Grenzen der Notenbankfinanzierung der Staatsausgaben zu diskutieren. Seine Analyse der „inflationary finance" berücksichtigt dabei gerade nicht die Situationsspezifika dauerhaft unterausgelasteter Ressourcen. Diese Analysen fallen damit hinter den Stand der Theoriebildung der deutschen Arbeitsbeschaffungsdebatte zurück.

Kroll[64] hat in seiner ausführlichen Analyse gezeigt, daß die „Quellen" der nationalsozialistischen Arbeitsbeschaffungspolitik[65] nicht-faschistischer Herkunft sind: Weniger *Schacht*[66] und der „reine Inflationist" Gottfried *Feder*[67], sondern in erster Linie Gregor *Strasser*[68] hat das NSDAP-Programm geprägt.[69]

---

[61] Vgl. *Nöll von der Nahmer,* Robert, Der volkswirtschaftliche Kreditfonds, Berlin 1934; ders., Die Deckung des öffentlichen Bedarfs durch nichtinflationäre Papiergeldausgabe, in: Finanzarchiv, N.F., Bd. 2, 1934, S. 549ff.; ders., Zur Lehre von der Deckung des öffentlichen Bedarfs durch nichtinflationäre Papiergeldausgabe, in: Finanzarchiv, N.F., Bd. 4, 1937, S. 116ff.; vgl. auch *Zinn,* Karl Georg, Konjunkturlehre für Praktiker, 3. Aufl., Herne—Berlin 1973, S. 65. *Zinn* weist hier auch auf Entsprechungen bei Gerhard *Kroll* hin.

[62] Vgl. auch *Steiger,* Dogmengeschichtliche Entwicklung, S. 37.

[63] *Wolak,* Friedel, Möglichkeiten, Grenzen und Problematik einer dauerhaften Finanzierung von Staatsausgaben durch Geldschöpfung, Frankfurt/M. 1979.

[64] *Kroll,* Von der Weltwirtschaftskrise, S. 421 ff.

[65] Vgl. auch *Oeltze von Lobenthal,* Günter, Nationalsozialistischer Wirtschaftsaufbau durch Arbeitsbeschaffung. Eine Darstellung der Auswirkung und Finanzierung der Arbeitsbeschaffungsmaßnahmen 1934/35, Diss. jur., Breslau 1934.

[66] *Kroll,* Von der Weltwirtschaftskrise, S. 423.

[67] Ebenda, S. 424ff. Werner *Krause* (Wirtschaftstheorie unter dem Hakenkreuz, Berlin, DDR 1969, S. 18) ist der Meinung, *Feder* „gilt als der eigentliche Verfasser der wichtigsten Programmschriften der NSDAP." Neben *Feder* wird aber auch *Strasser* (ebenda, S. 40ff.) betrachtet, dessen Arbeiten „von nachhaltiger Wirkung" waren (ebenda, S. 43). *Krause* vermerkt — ohne Kommentar — den Hinweis von *Kroll,* nicht *Strasser,* sondern *Friedländer-Prechtl* sei der geistige Vater der NSDAP-Wirtschaftspolitik (ebenda, S. 213, Anm. 115). Damit versperrt sich *Krause* die Möglichkeit, die älteren (und damit zugleich nichtfaschistischen) Wurzeln der finanzwirtschaftlichen Arbeitsbeschaffungstheorie aufzufinden.

[68] *Kroll,* Von der Weltwirtschaftskrise, S. 426ff.

[69] Diese Zusammenhänge thematisiert René *Erbe* in seiner Bestimmung des Verhältnisses der nationalsozialistischen Wirtschaftspolitik zu den „keynesianischen" Ideen nicht

Dieser aber hat diese Politik weitgehend von dem — von der NSDAP niedergeschwiegenen, weil jüdischer Herkunft seienden — Robert *Friedländer-Prechtl*[70], den wir oben schon unter dem Namen Robert *Friedländer* erwähnt haben, übernommen.[71]

H. *Drägers* Theorie[72] der „produktiven Geldschöpfung" stellt in diesem Rahmen eine weitere herausragende Leistung eigenständiger (keynesianischer) Theoriebildung in Deutschland der 30er Jahre dar. *Dräger* sah aber eine produktive (= investive) Verwendung der geschöpften Gelder als zwingend an, obwohl m. E. im Kontext unterausgelasteter Kapazitäten auch eine Steigerung der Kaufkraft unterer Einkommensschichten sinnvoll sein kann.[73]

Auch bei Wilhelm *Lautenbach*[74] findet sich die Bestimmung möglicher Kreditschöpfung unter der Berücksichtigung der Produktionsmöglichkeiten formuliert.[75] Allein an der Position von *Lautenbach* ließe sich das hohe Niveau der damaligen Debatte verdeutlichen, doch mögen diese dogmengeschichtlichen Hinweise genügen, um zu zeigen, daß in jener Debatte bei der Bestimmung der Möglichkeiten, Notwendigkeiten und auch Grenzen interventionistischer Finanzpolitik abgestellt wurde auf die vorliegenden „patterns" der Kapitalakkumulation.

Inflationsfreie Notenbankfinanzierung ist — in Abhängigkeit vom vorliegenden Stagnationstyp — dann möglich. Anleihen — und / oder steuerfinanzierte Ausgabensteigerungen wirken, sofern es sich um eine Reallokation disponiblen Kapitals handelt, ohnehin nicht in Richtung auf eine monetär bedingte Inflationierung. Falls disponibles Kapital aber knapp ist, kann der Notenbankkredit helfen, mittels öffentlicher Ausgaben unterausgelastete Ressourcen zu reaktivieren.[76]

(vgl. *Erbe*, René, Die nationalsozialistische Wirtschaftspolitik 1933 - 1939 im Lichte der modernen Theorie, Zürich 1959, insbes. S. 161 ff.). Bei Paul *Hövel* (Arbeitsbeschaffung und Wirtschaftsplanung im nationalsozialistischen Staat, Diss., Heidelberg 1935, S. 20 ff.) wird über die Ursprünge bei *Friedländer-Prechtl* nichts ausgesagt; die Bibliographie nimmt ihn auch nicht auf.

[70] *Friedländer-Prechtl*, Robert, Die Wirtschaftswende. Die Ursachen der Arbeitslosen-Krise und deren Bekämpfung, Leipzig 1931.

[71] *Kroll*, Von der Weltwirtschaftskrise, S. 435 ff.

[72] *Dräger*, Heinrich, Arbeitsbeschaffung durch produktive Geldschöpfung, (1932), 3. Aufl., München 1934. Vgl. auch *Grotkopp*, Wilhelm, Die große Krise, Düsseldorf 1954.

[73] *Steiger*, Dogmengeschichtliche Entwicklung, S. 48; *Kroll*, Neutrales Geld und Kapitalbildung, S. 89 f.; *Donner*, Otto, Die Grenzen der Staatsverschuldung, S. 193; *Beveridge*, Full-Employment in a Free Society, S. 271 f.; *Donner*, Otto, Geld und Konjunktur, Berlin 1934, S. 22.

[74] *Lautenbach*, Wilhelm, Über Kredit und Produktion, Frankfurt / M. 1937, S. 34 f.; ders., Zins, Kredit und Produktion, Tübingen 1952, S. 137 ff., 155 ff., 94 ff.

[75] Vgl. auch *Kroll*, Von der Weltwirtschaftskrise, S. 379 ff.

[76] Vgl. *Steiger*, Dogmengeschichtliche Entwicklung, S. 14.

Auch die skandinavische Theoriebildung — G. *Mydral*[77], B. *Ohlin*, E. *Lindahl*, J. *Pedersen* — darf als eigenständige Entwicklung der „neuen Lehre“ herausgehoben werden.[78] Durch Otto *Steigers* Studie verfügen wir über eine ausführliche und gründliche Darstellung der sog. „Stockholmer Schule“.[79]

In der „Stockholmer Schule“ ist insbesondere die Theorie von Knut *Wicksell*[80] zu einer wichtigen Quelle geworden.[81] Vor allem ist als dogmengeschichtliche Wurzel auch der schwedische Nationalökonom M. B. *Hamilton*[82] zu nennen, dessen Schriften zwischen 1900 und 1914 (!) erschienen sind, also lange vor *Keynes'* Arbeiten.

So wie hier die Wurzeln der „Skandinavischen Schule“ in ihrer Unabhängigkeit von *Keynes* deutlich werden, so ist dessen Theorie selbst — wie Otto *Steiger* zeigt — nicht wie Manna vom Himmel gefallen. Der *Keynes*schen Theorie — die selbst ebenfalls stark von *Wicksell* beeinflußt war[83] — ging der „Minority Report“ von 1909[84] (den wir ja schon oben behandelt haben) voraus.[85]

Als weitere Quelle der „Skandinavischen Schule“ ist der von *Hobson* stark geprägte George H. D. *Cole* zu nennen, der wichtige Vorschläge in der Zeit zwischen 1921 und 1925 machte.[86]

So kommt Otto *Steiger* zu dem Ergebnis, „daß im Lichte der Fabier Cole und S. & B. Webb die Geschichte über die Entwicklung der Neuen Wirtschaftslehre

---

[77] Vgl. *Mydral*, Gunnar, Fiscal Policy in the Business Cycle, in: American Economic Review, Bd. 29, H. 1, 1939, S. 183ff.; *Mydral* befürwortete den Budgetausgleich über den ganzen Zyklus hinweg.

[78] Vgl. *Lindahl*, Erik, Studies in the Theory of Money and Capital, New York 1939, S. 358ff. *Wiese* sieht in den Arbeiten der „Stockholmer Schule“ kein „theoretisches Fundament einer Antidepressionspolitik“ (*Wiese*, Hanns-Dieter, Die Krisenpolitik in Schweden. Eine Studie über die Ergebnisse der schwedischen Wirtschaftstheorie in den 30er Jahren, Diss., Tübingen 1964, S. 97). Eine Ausnahme bildet — so *Wiese* — das 1927 gegründete „Arbeitslosenkomitee“, das die Ergebnisse seiner „Theory of Unused Resources“ aber erst in den Jahren 1933 bis 1935 veröffentlichte (ebenda, S. 110f.) sowie die Beilage von *Mydral* zur Etatvorlage 1933 (ebenda, S. 113ff.). *Wiese* schlußfolgert: „Insgesamt können daher die schwedischen wirtschaftstheoretischen Untersuchungen nicht als theoretisches Konzept der Antidepressionspolitik der 30er Jahre angesehen werden.“ (Ebenda, S. 241).

[79] *Steiger*, Otto, Studien zur Entstehung der Neuen Lehre in Schweden, Berlin 1971.

[80] Vgl. auch *Hickel*, Rudolf, Konjunktur und Krise — neu betrachtet, Einleitung zu ders. (Hrsg.), *Diehl*, Karl/*Mombert*, Paul (Hrsg.), Wirtschaftskrisen, Neuauflage, Frankfurt/M.—Berlin—Wien 1979, S. Iff., hier S. XLIII-LV.

[81] *Steiger*, Studien, S. 155f.

[82] Ebenda, S. 74ff.

[83] Ebenda, S. 196.

[84] Ebenda, S. 87ff.

[85] Ebenda, S. 94; vgl. auch *Anderson*, The Compensatory Theory, S. 259f.

[86] *Steiger*, Otto, Studien, S. 97f.

in England neu geschrieben werden muß"[87]. In England wie in Schweden[88] liegen die Wurzeln der „Neuen Lehre" also schon in der Zeit vor dem 1. Weltkrieg.

In der schwedischen Politik diskutierte man schon 1909 eine antizyklische Ausgabenpolitik, die „beschäftigungsloses Kapital" in Anspruch nehmen soll[89], wobei unterkonsumtionstheoretische Begründungen angeführt wurden.[90] Dabei wurde die crowding-out-These für Zeiten der Depression verworfen. Diese „public works doctrine" ist also lange vor *Keynes* formuliert worden. Ein solcher Zusammenhang gilt demnach, wie wir oben ausgeführt haben, nicht nur für Deutschland[91], England und z.T. sogar für die USA, sondern auch für Schweden.

„Keynesianische" Positionen nahm auch der schwedische Sozialdemokrat Ernst *Wigforss*[92] vorweg.[93] Auch *Wigforss* geht von der Existenz von „brachliegendem Kapital" aus[94], das staatlich absorbiert werden soll. *Wigforss* konnte ebenso auf die Arbeitsbeschaffungsprogramme der Fabier von 1909 zurückgreifen.[95]

Otto *Steigers* Untersuchung „über die sozialdemokratischen Verstöße in den Jahren 1908 ... bis 1912" macht „deutlich, daß bereits damals die Grundlagen für die Neue Wirtschaftspolitik in Schweden gelegt wurden"[96]. Ein Höhepunkt wurde bereits 1912 erzielt.

Natürlich hatte auch *Keynes* auf die weitere Entwicklung der „Stockholmer Schule" *(Mydral, Ohlin, Lindahl)*[97] eingewirkt. Insbesondere *Ohlin* konnte jedoch — durch Veröffentlichungen in den Jahren 1929 und 1932 — eine ausgesprochene Unabhängigkeit gegenüber *Keynes* aufweisen.[98]

---

[87] *Steiger*, Otto, Studien, S. 98. *Grohmann* beschränkt ihre Darstellung der Entwicklung der neuen wirtschaftspolitischen Ideen in Schweden auf die Jahre seit 1930, wodurch die weit zurückgreifende Entwicklungslinie der „neuen Lehre" nicht deutlich wird (*Grohmann*, Jutta, Finanzpolitik und Konjunktur in Schweden seit 1933, Frankfurt/M. 1968, S. 7ff.).

[88] *Steiger*, Otto, S. 134.

[89] Ebenda, S. 102.

[90] Ebenda, S. 105.

[91] Vgl. auch *Czichon*, Eberhard, Wer verhalf Hitler zur Macht?, in: Blätter für deutsche und internationale Politik, 1966, S. 881ff.

[92] Vgl. *Steiger*, Otto, Studien, S. 142ff.

[93] Ebenda, S. 161. Vgl. auch den ‚späten' Aufsatz von Ernst *Wigforss:* The Financial Policy during Depression and Boom, in: Annals of the American Academy of Political and Social Science, Bd. 197, 1938, S. 25ff.

[94] *Steiger*, Otto, Studien, S. 149f.

[95] *Steiger*, Otto, Studien, S. 156f.

[96] Ebenda, S. 157.

[97] Ebenda, S. 172-194.

[98] Ebenda, S. 198.

Kapitel 13

Abba P. Lerner und Arthur Dahlberg

Lerner wird meist als Hauptbegründer der „functional finance“[1] angesehen. Begriffsgeschichtlich mag dies zutreffen; dogmengeschichtlich ist die Bedeutung *Lerners* aber, wie zu zeigen ist, zu relativieren.

Defizitwirtschaft wird bei *Lerner* immer dann vom Staat gefordert und als legitim begriffen, wenn dadurch notwendige nichtfiskalische Zwecke verwirklicht werden.

In seiner Schrift „The Economics of Employment“[2] favorisiert *Lerner* die Geldschöpfung zur Überwindung „deflatorischer Lücken“, also der Depression.[3] Staatsverschuldung, insbesondere aber auch die Besteuerung, hält er eher zur Inflationsbekämpfung für sinnvoll. Steuer- und Schuldenpolitik schöpfen, so *Lerner*, aus den „consumption fonds“ und bewirken so eher deflatorische Effekte.[4] Staatsverschuldung und Schuldentilgung dienen bei *Lerner*[5] als Mittel der Zinsregulierung, um so die erwünschte Investitionsrate zu induzieren. Damit dient Staatsverschuldung nicht der Absorption von idle money als vielmehr der Gegenregulierung zur inflationstreibenden Investitionstätigkeit.

Wichtige Kontexte werden dabei bei *Lerner* einfach in eine Fußnote verschoben: „If the government borrows from banks holding excess reserves, this effect (gemeint ist der crowding-out-Effekt — F. S.) will not come about.“ „The same is true if the government borrows from individuals who have an excess of cash which would otherwise have kept idle.“[6]

Allerdings kann Staatsverschuldung auch anti-deflatorische Effekte hervorbringen mittels des Staatsausgabenmultiplikators: „But the effect of borrowing,

---

[1] *Lerner*, Abba P., Funktionale Finanzpolitik und Staatsschuld (1943), in: *Nowotny*, Ewald (Hrsg.), Öffentliche Verschuldung, Stuttgart—New York 1979, S. 87ff.

[2] New York 1951.

[3] Ebenda, S. 132f.

[4] *Neumark*, Fritz, Grundsätze und Arten der Haushaltsführung, S. 648.

[5] *Nowotny*, Ewald, Funktionale Finanzpolitik und öffentliche Verschuldung, in: WSI-Mitteilungen, H. 1, 1981, S. 15ff., hier S. 16.

[6] *Lerner*, Abba P., An Integrated Full Employment Policy, in: ders., *Graham*, Frank D. (Hrsg.), Planning and Paying for Full Employment, Princeton 1946, S. 163ff., hier S. 166, Anm. 2.

taken as borrowing and not as borrowing and spending, is deflationary."[7] Damit entfernt sich *Lerner* stark von dem „evolutional approach." Er nähert sich der klassischen wie neoklassischen Theorie der Finanzwirtschaft, die unter Abstraktion der kreislauftheoretischen Zusammenhänge den öffentlichen Haushalt nur unter dem Aspekt der Kapitalabschöpfung (als Kapital„vernichtung") betrachtet.

An anderer Stelle[8] hat *Lerner* argumentiert, daß Staatsverschuldung sinnvoll sei, wenn

1. ein Mangel an effektiver Nachfrage besteht,
2. eine Finanzierung durch Geldschöpfung die gesamte Liquidität derart erhöhen muß, daß Überinvestitionen zu erwarten wären und
3. bestimmte (sozial erwünschte) Güter produziert werden sollen.

Damit stellt *Lerner* jedoch auf sehr restriktive Fallsituationen ab.

Lerner zieht die Geldschöpfung der Staatsverschuldung, bei der er die deflationären Effekte hervorhebt, also vor. Nichtdestoweniger scheint ihm die Aufnahme bzw. Tilgung von Staatsschuld notwendig, denn: „But the evils of national debt can be prevented only by having depressions."[9] Denn wenn das Kapital staatlich — über die Verschuldung — absorbiert würde, ist kein inflationärer Investitionsboom zu erwarten, der dann doch deflationär wirkende Besteuerung notwendig machen würde.

Staatliche Schuldenaufnahme könnte somit bei *Lerner* ein Stück kontrollierter Wachstums(verstetigungs-)politik sein, nicht aber eine Depressionsbekämpfungsstrategie, wohl aber eine Politik der Beschneidung von Inflationstendenzen.

Die Notwendigkeit staatlicher Verschuldung ist bei *Lerner* mithin völlig anders begründet als bei Alvin H. *Hansen*.

Schon 1944[10] hält *Lerner* Besteuerung nicht zur Bekämpfung deflationärer Lücken für richtig: „Taxation is important not as a means for raising money but as a means of cutting down private spending."[11] Über die Existenz von „idle money" während des Zyklus werden hierbei von *Lerner* keine Aussagen getroffen.

Ebenso wird die Staatsverschuldung in seiner Schrift „The Economics of Control" negativ eingeschätzt: „The primary effect of borrowing is to decrease the amount of money held by the public."[12] Staatsverschuldung ist damit eine

[7] *Lerner*, The Economics of Employment, S. 132.

[8] Ebenda, S. 271 f.

[9] *Lerner*, The Economics of Employment, S. 282.

[10] *Lerner*, Abba P., The Economics of Control, (1944), New York 1970.

[11] Ebenda, S. 308.

[12] Ebenda, S. 319.

Strategie zur Vermeidung inflationärer Lücken, indem sie Zinsen erhöht und somit die Investitionen gebremst werden.[13] *Lerner* sieht gegenüber diesen — eigentlich neoklassischen — Wirkungsmechanismen öffentliche Investitionsprogramme als wenig effizient zur Bekämpfung von Rezessionen an.[14] Damit hat *Lerner* doch weitgehend neoklassische Theorieelemente — insbesondere die crowding-out-These — übernommen.

Hatte *Lerner* in seiner Schrift „The Economics of Employment" mit dem Instrumentarium der einfachen *Keynes*schen Einkommenstheorie gearbeitet, so weist seine frühere Schrift „The Economics of Control" doch eine Menge neoklassischer Thesen im Rahmen einer wohlfahrtsökonomischen Analyse auf. *Lerner* ist deshalb für uns weniger durch seine Begründungsanalysen für die kompensatorische Finanzpolitik von Interesse als durch seine radikale Insistenz auf eine nicht-fiskalische Finanzpolitik[15] mittels des Notenbankkredits. Denn obwohl *Lerner* einige Bezüge zum Begriff der „mature economy" herstellt[16], fehlt ihm doch weitgehend die Vermittlung zur langfristigen Wachstumsentwicklung, wie sie bei *Hansen* noch typisch war.

Wenn auch die neuere Theorie des kompensatorischen Staatsbudgets an die Strategie der öffentlichen Ausgabensteigerung (z. B. im Rahmen eines Programms des „qualitativen Wachstums") geknüpft ist, so bleibt doch auch die — in diesem Punkte skeptische — Position von *Lerner* Teil der Dogmengeschichte der funktionalen Finanzwirtschaftslehre. Dasselbe gilt auch für A. *Dahlberg*[17], den *Böttger* u. a.[18] neuerdings in bezug auf die Problematik von Ergänzungsabgaben rezipieren.

Dahlberg diskutierte eine „hoarding tax" auf „bank deposits", wobei eine Art von 100%-Reserve „makes it impossible for people to avoid the hoarding tax by buying bank assets and liquidating deposits"[19]. Damit die Besteuerung von „bank deposits" nicht dadurch umgangen wird, daß vermehrt Geld gehalten wird, schlägt *Dahlberg* die Regelung eines ständigen Wertverlustes des Geldes vor (in Synchronisation zur „hoarding tax") durch Bildung von „calender money".[20] *Dahlberg* diskutiert die „hoarding tax" weniger im Rahmen einer auf Absorption von brachliegenden Kapitalien basierenden Reallokation durch

---

[13] *Lerner*, Abba P., The Economics of Control, S. 315. Vgl. auch *Harrod*, Roy, Towards a dynamic economics, London 1948, S. 122.

[14] *Lerner*, The Economics of Control, S. 315.

[15] *Lerner*, The Economics of Employment, S. 263f., 148f., 250.

[16] Vgl. auch *Steiger*, Gerhard, Dogmengeschichtliche Entwicklung, S. 82f., 84.

[17] *Dahlberg*, Arthur, When Capital goes on Strike. How to speed up Spending, New York—London 1938.

[18] *Böttger*, Geert u. a., Kompensatorische Finanzpolitik als Vollbeschäftigungsstrategie, S. 156, Anm. 29.

[19] *Dahlberg*, When Capital goes on Strike, S. 88, 200, 204.

[20] Ebenda, S. 73.

staatliche Ausgabenprogramme.[21] Vielmehr sollen private Ausgaben derart stimuliert werden, daß Geld weniger wünschenswert als Güter oder Dienste wird[22], womit Anknüpfungen an Silvio *Gesells* Schwundgeldtheorie[23] gegeben sind. Der Staat „could use another penalty in the form of a tax on hoarding when laggard spending refuse to spend freely enough"[24]. Die in der Tradition der kompensatorischen Finanzwirtschaftslehre üblichen Intentionen lehnt *Dahlberg* jedoch ab: „It is only fair to mention that there is one group of theorists who, in a sense, advocate some direct control on demand. The group advocates the initiation of government spending when personal spending is inadequate; they advocate public works, federal relief, national ‚dividends', ‚social credits', and direct ‚loans' to farmers and business men when personal spending slumps."[25]

Ähnlich wie die Position von *Lerner* sollte daher auch die von *Dahlberg* in ihrer Relevanz im Rahmen der Hauptströmungen der Dogmengeschichte funktionaler Finanzwirtschaftslehre nicht überschätzt werden; im Rahmen der Ideengeschichte der Reform der Geldverfassung mag die Bewertung von *Dahlbergs* Theorie anders ausfallen.[26]

---

[21] Ebenda, S. 60f., 193. Die Schrift „The Creation of Purchasing Power" (Cambridge/Mass., 1942) von S. *Gesell*, A. *Dahlberg* und D. *McCord Wright* (vgl. *Musgrave*, Richard A., Finanztheorie, Tübingen 1966, S. 293) war mir nicht zugänglich.

[22] *Dahlberg*, When Capital goes on Strike, S. 68.

[23] Vgl. auch *Keynes*, Allgemeine Theorie, S. 298ff.; zu *Gesell* vgl. auch *Kerschagl*, Richard, Die Lehre vom Gelde in der Wirtschaft, Wien 1921, S. 40ff.

[24] *Dahlberg*, When Capital goes on Strike, S. 91.

[25] *Dahlberg*, When Capital goes on Strike, S. 60f.

[26] Zu Silvio *Gesells* (1862-1930) Schwundgeldtheorie im Kontext seiner Kritik der Hortung zirkulierender Gelder (wie umgekehrt seiner Analyse des unkontrollierten Einbruchs nicht-umlaufender Kassenreserven in das Zirkulationssystem) sowie zum gesamten dogmengeschichtlichen Rahmen vgl. auch *Moldenhauer*, Kurt, Kreditpolitik und Gesellschaftsreform, Jena 1932, S. 113ff. Auch Ernst *Winkler* [John Maynard Keynes und Sivio Gesell. Ein Vortrag, (1951), 2. Aufl., Heidelberg 1952, S. 18] hält fest: „Nach Gesell ergibt sich ein sehr einfaches Rezept: Die Hortbarkeit des Geldes und damit seine Überlegenheit über die Ware muß beseitigt werden, damit seine eigentliche Funktion als Tauschmittel nicht mehr durch die zusätzliche Sparmittel-Funktion gestört wird." Lawrence R. *Klein* (The Keynesian Revolution, New York 1961, S. 149ff.) verweist vor allem auch auf *Gesell* als eine Wurzel der geldtheoretischen Ansichten von *Keynes*. *Klein* sieht auch bei Pierre Joseph *Proudhon* (1809-1865), wobei *Gesell* sozusagen das Verbindungsstück abgibt, Parallelen zu *Keynes*. *Kleins* Ausführungen (ebenda, S. 130) beziehen sich dabei auf die diesbezüglichen Studien von Dudley *Dillard* (Keynes and Proudhon, in: Journal of Economic History, Vol. 2, 1942, S. 63ff.); dieser hebt vor allem Ähnlichkeiten hinsichtlich der Idee der Liquiditätspräferenz hervor. Die Veränderung der Zinsrate erscheint beiden — *Keynes* wie *Proudhon* — notwendig, um „the preference for holding money" (*Dillard*, S. 69) zum brechen (ebenda, S. 69). Zugleich wird die Kapitalakkumulation und damit die Einkommensbildung, die — u. a. — nur bei niedrigen Zinsen zu erwarten ist, zum Problem (ebenda, S. 71). Trotz anderweitiger Unterschiede (*Proudhon* sieht — anders als *Keynes* — in der Reduktion der Geldlöhne durchaus ein

Mittel zur Beschäftigungsausdehnung) sehen beide — so auch *Klein* — in der Geldwirtschaft Instabilitäten angelegt, da durch die Vermögensfunktion des Geldes die Transformationsprozesse zwischen Sparen und Investieren (Beschäftigung) brüchig werden (können).

Kapitel 14

Alvin H. Hansen

Da Fritz Karl *Mann*[1] der Meinung ist, *Hansen* orientiere sich sehr an der kurzen Frist, stellt sich die Frage, ob *Hansen* eher der „pump-priming-policy" oder der Lehre vom kompensatorischen Budget zuzurechnen ist.

Die Idee der „pump-priming-policy" stellt eine Strategie der Initialzündung dar[2], die kompensatorische Finanzpolitik orientiert sich am längerfristigen Stagnationstrend. *Hansen* selbst schreibt: „This book deals not only with the problem of cyclical fluctuations but also with the larger problem of full employment of resources from a long-run point of view."[3]

Kurihara faßt den Problemzusammenhang der kompensatorischen Finanzpolitik wie folgt zusammen: „Thus ‚compensatory' public spending is based on the assumption that private capitalism, left to itself, is not longer capable of maintaining aggregate spending at a level compatible of full employment either in the short run or in the long run."[4] Gegenüber der Konzeption der Initialzündung stellt auch *Higgins* die Permanenz der Staatsausgaben heraus: „Nevertheless, the Keynesian analysis implies a continuity of public investment policy that was not implicit in earlier cycle theory."[5]

Hansen ist genau in diesem Rahmen zu orten, wie nachfolgende Ausführungen bestätigen sollen.

Ganz im Sinne des „evolutional approach" stellt *Hansen* bei der Bewertung öffentlicher Verschuldung und öffentlicher Ausgabenprogramme auf die ökonomischen Umstände ab: „The assumption that a large public debt is inherently and necessarily under all circumstances an evil is not warranted."[6] Zu diesen

---

[1] *Mann*, Fritz Karl, Geschichte der angelsächsischen Finanzwissenschaft, in: *Gerloff*, Wilhelm / *Neumark*, Fritz (Hrsg.), Handbuch der Finanzwissenschaft, Bd. 1, S. 486.

[2] Vgl. auch *Seidel*, Bruno, Finanzwirtschaft und Wirtschaftsordnung in der Finanzwirtschaftslehre und der staatswirtschaftlichen Praxis in den USA, in: *Voigt*, Fritz (Hrsg.), Beiträge zur Finanzwirtschaft und zur Geldtheorie, Festschrift für R. Stucken, Göttingen 1953, S. 206ff., hier S. 224f.

[3] *Hansen*, Alvin H., Full recovery or stagnation?, New York 1938, S. 7.

[4] *Kurihara*, Kenneth K., Monetary Theory and Public Policy, London 1951, S. 262.

[5] *Higgins*, Benjamin, Keynesian Economics and Public Investment, in: *Harris*, Seymour E. (Hrsg.), The New Economics, New York 1965, S. 468ff., hier S. 478.

[6] *Hansen*, Fiscal Policy and Business Cycle, S. 156.

Bedingungen gehört die Vermittlung von Trend und Zyklus. In seiner Schrift „Fiscal Policy and Business Cycle" diskutiert *Hansen* die Theorie der „langen Wellen" und kommt zu Konsequenzen, wie sie heute beispielsweise von *Mandel* (übrigens fast im gleichen Wortlaut) gezogen werden: Es gibt Trends steigender oder fallender Wachstumsraten, die, zyklusvermittelt, sich in der Tiefe und Dauer der konjunkturellen Abschwünge manifestieren. Insgesamt spielt der kurze (7 bis 9jährige) Konjunkturzyklus die Rolle einer Schalt- oder Durchsetzungsstelle für längerfristige Wachstumsverläufe.[7]

Simons[8] weist darauf hin, daß *Hansens* Theorie auf ein Amalgam von *Keynes, Schumpeter* und *Spiethoff* aufbaut; *Jones*[9] deutet die Unterkonsumtionstheorie von *Tugan-Baranowski* und die Theorie von *Wicksell* als Quellen der Theorie *Hansens* an.

Die Analyse *Hansens* zum zyklusvermittelten langfristigen Wachstumsverlauf ist für uns deshalb von besonderem Interesse, weil sich *Hansen* auch zur Existenz von „idle money" äußert.[10] Dabei verweist *Hansen* auf die Möglichkeit, daß „idle funds" durch Staatsverschuldung absorbiert werden könnten.[11] Dann definiert er die drei Formen des „deficit spending":

1. Anleihen bei der Notenbank,
2. Anleihen auf akkumulierte „funktionslose Überschüsse" und
3. Anleihen auf umlaufendes Einkommen der Individuen und Gesellschaften.[12]

Die erste Methode erhöht das Geldangebot, die zweite die Umlaufgeschwindigkeit des Geldes. „Whether new money is created or idle money is put to active use, in either case the income stream (MV) is increased."[13] Die Verschuldungspolitik (bei der Notenbank) würde zunächst solange keine Inflation zeitigen, wie unterbeschäftigte Ressourcen vorhanden sind. Ist die Vollauslastung der Ressourcen erreicht, sollte mit der Vergrößerung der Geldströme aufgehört werden. „What is true is that the deficit must no longer be financed by monetary expansion."[14] Hier kann nun die dritte der oben genannten Finanzmethoden greifen; sie muß sogar — unter langfristigen Stagnationsbedingungen — eingesetzt werden: „Continued government expenditures would be necessary to maintain full employment if, in the absence of such a programm, a part of the

[7] Ebenda, S. 27ff.; ders., Business Cycle and National Income, (1951), 2. Aufl., London 1964.

[8] *Simons*, Henry C., Hansen on Fiscal Policy, in: The Journal of Political Economy, Vol. 50, 2, 1942 S. 161ff., hier S. 162.

[9] *Jones*, M. V., Secular Trends and Idle Resources, S. 1, Anm. 1.

[10] *Hansen*, Fiscal Policy and Business Cycle, S. 79ff.

[11] Ebenda, S. 117.

[12] Ebenda, S. 171.

[13] Ebenda, S. 171.

[14] Ebenda, S. 171.

income stream would otherwise be diverted into idle balance."[15] Dann könnte unter den Bedingungen der staatlichen Anleihenfinanzierung Vollauslastung der Ressourcen gewährleistet werden, ohne daß sich Inflation einstellt.[16]

Zur Absorption von brachliegenden Kapitalien kann auch eine stärkere progressive Besteuerung dienen[17], vorausgesetzt, es werden diese „funds" der Privaten nicht bei Nicht-Besteuerung für Konsum und/oder Investitionen ausgegeben[18]; es muß also sichergestellt sein, daß es sich wirklich um „idle funds" handelt.[19] Insbesondere kommt für eine antistagnative Steuerpolitik die Einkommensteuer eher in Betracht als die Verbrauchssteuer.[20] Intendiert ist damit wohl eine Absenkung der Sparrate, die — da Investitionschancen fehlen — nicht durch die Investoren in Realkapitalbildung transformiert wird. Die Steigerung des Konsums, insbesondere des der unteren Sozial- und damit Einkommensschichten, soll durch diese redistributive Politik gewährleistet sein: „In a less dynamic, less rapidly expanding (mature) economy, investment booms are less rigorous. Such a society is, therefore, less likely to reach full employment. In such a situation it is important to stimulate consumption expenditure. When booms are weak and incomplete, consumption taxes should not be applied as a control measure to raise the propensity to consume and develop a high-consumption economy."[21] „...for a less rapidly expanding, mature economy a fixed but steeply progressive income tax structure is indicated."[22]

Hansen stellt einen Trend zunehmender Fähigkeit der Unternehmen fest, interne Finanzfonds zu bilden und somit unabhängiger von den Banken zu werden.[23] Damit ist das Problem einer steigenden Tendenz zur unternehmerischen Geldvermögensbildung — ein Portfolioverhalten, das beschäftigungs- und stabilitätspolitisch problematisch ist[24] — angesprochen. Wenn die Unternehmen unter den Bedingungen eines verlangsamten Wachstums Teile ihrer internen Finanzfonds nicht mehr der Realkapitalbildung zuführen, dann hält

---

[15] *Hansen*, Fiscal Policy and Business Cycle, S. 172.

[16] Ebenda, S. 172.

[17] Ebenda, S. 182; vgl. auch *Joelsohn*, Die Theorie, S. 42.

[18] *Hansen*, Fiscal Policy and Business Cycle, S. 183; vgl. auch *Neumark*, Grundsätze und Arten der Haushaltsführung, S. 627.

[19] *Hansen*, Fiscal Policy and Business Cycle, S. 300.

[20] Vgl. *Neumark*, Grundsätze gerechter und ökonomisch rationaler Steuerpolitik, S. 287; vgl. auch *Peacock*, Alan T. / *Williamson*, John, Consumption Taxes and Compensatory Finance, in: The Economic Journal, Vol. 77, 1967, S. 27ff.

[21] *Hansen*, Fiscal Policy and Business Cycle, S. 300.

[22] *Hansen*, Fiscal Policy and Business Cycle, S. 300; vgl. auch *Neumark*, Grundsätze gerechter und ökonomisch rationaler Steuerpolitik, S. 323.

[23] *Hansen*, Fiscal Policy and Business Cycle, S. 384f.

[24] Ebenda, S. 388; vgl. auch *Baran*, Paul A., Politische Ökonomie des wirtschaftlichen Wachstums, Neuwied—Berlin 1966, S. 217f.

Hansen sogar eine „undistributed-profit-tax" zur Reallokation von „idle funds" für sinnvoll.[25] „Reinvestment of corporate earnings is an important and desirable source of equity capital. Under conditions of less rapid growth, American corporations may, however, tend to retain too large a proportion of earnings." „In addition, it may also be necessary to prevent corporations from piling up undue idle balances in their exessive desire for corporative security by taxing those undistributed profits (after making reasonable allowances for liquidity) which are not invested in plant and equipment."[26]

Auf diesen Hinweis zur Möglichkeit der Gewinnbesteuerung (neben einer erhöhten Kapitalertragssteuer[27], die *Hansen* ebenfalls diskutiert[28]) geht *Haller*[29] in seiner Besprechung von *Hansens* Vorschlägen gar nicht ein. In der Tat hat *Hansen* an anderer Stelle[30] die Besteuerung von „idle money" stark problematisiert (z. B. mit dem Argument, daß die Reichen dann vermehrt Luxuskonsum betreiben würden, um der Besteuerung des Sparkapitals zu entgehen, womit dem Mangel an effektiver Nachfrage der unteren Einkommensschichten nicht abgeholfen sei.)[31]

An dieser Stelle wird deutlich, daß *Hansens* Vorschläge zur „undistributed-profit-tax" andere als die der Besteuerung unverteilter Gewinne im Rahmen der „New Deal"-Politik[32] waren. Dort ging es in erster Linie darum, die Ausschüttung der Gewinne zu erhöhen, um den Konsum der Dividendenempfänger zu erhöhen. *Hansen* sah aber eine Erhöhung des Konsums unterer Schichten vor. Ihm ging es daher vielmehr um eine Abschöpfung jener unverteilter Gewinne, die — da sie angesichts mangelnder Absatzchancen nicht beschäftigungssi-

---

[25] *Hansen,* Fiscal Policy and Business Cycle, S. 389.

[26] Ebenda, S. 389.

[27] Vgl. auch *Littmann,* Konrad, Finanzierung von öffentlichen Gütern, in: Aufgabe Zukunft: Qualität des Lebens, Bd. 7. Qualitatives Wachstum, Frankfurt/M. 1972, S. 11 ff., hier S. 30 f. *Littmann* stellt vor allem auf die Bodenspekulationsgewinne und auf Kursgewinne bei Wertpapiergeschäften (durch Vermögenszuwachssteuern) ab. Vgl. auch *Krätke,* Kritik der Staatsfinanzen, S. 231 ff.

[28] *Hansen,* Fiscal Policy and Business Cycle, S. 390 f.

[29] *Haller,* Heinz, Alvin Hansen und die Fiscal Policy, in: Finanzarchiv, N. F., Bd. 13, 1951/52, S. 422 ff.; ebenso *Joelsohn.*

[30] *Hansen,* Alvin H., Economic policy and full employment, New York 1947, S. 222 ff.

[31] Aus ähnlichen Gründen sah *Hansen* auch Grenzen der Anleihefinanzierung (vgl. auch *Joelsohn,* Die Theorie, S. 52, Anm. 44): Soll die Staatsverschuldung die Sparrate reduzieren, so wirkt eine Zinszahlung des Staates an Wohlhabende (als Obligationshaltende) kontraproduktiv. *Zweifel* (Förderung und Lenkung, S. 129) hält die steuerlichen Möglichkeiten, „‚inaktive' Vermögensteile" einer produktiven Verwendung zuzuführen, auch wenn dieser Strategie eine ökonomische (volkswirtschaftliche) Rationalität nicht abzusprechen ist, für „generell sehr begrenzt" (*Zweifel,* S. 320).

[32] *Schulze,* Othard, Der „New Deal" und seine Einwirkung auf die Finanz- und Steuerpolitik der Vereinigten Staaten von Amerika, Jena 1940, S. 98 ff.; vgl. auch *Neumark,* Theorie und Praxis der modernen Einkommensbesteuerung, S. 135, 371 ff.

chernd reinvestiert würden — dysfunktional sind. Demnach hält *Hansen* auch an dieser Stelle seiner Schrift „Economic policy and full employment" an der Möglichkeit der Besteuerung nichtreinvestierter Gewinne fest.[33] Allerdings weist er in diesem Zusammenhang auch darauf hin, daß gerade in der eigentlichen Depression die Gewinne rückläufig sind.

Hinsichtlich der Besteuerung gilt für *Hansen* das, was *Joelsohn*[34] für die Stagnationstheoretiker insgesamt für typisch hält: Steuerpolitisch sind sie sehr bedacht, die Investitionen nicht zu hemmen. *Hansen*, der die Verbrauchssteuer, die die Konsumtion der unteren Schichten (und damit den Massenkonsum) hemmt, ablehnt[35], wagt sich an die höheren Einkommensbezieher und an die Unternehmen nur bedächtig heran. Wie bei *Pedersen*[36] scheint die Staatsverschuldung ein effektiveres Instrument zur Abschöpfung brachliegenden Kapitals zu sein.

Zweifelsohne erweist sich jedenfalls *Hansen* als Vertreter des „evolutional approach": Unter den Bedingungen einer „mature economy" sind Umverteilungen zugunsten der Gewinne und Förderung des Sparkapitals — wie von *Fellner* gefordert[37] — dysfunktional.[38] Die Stagnationsthese — auch bei *Hansen* — sieht die Zusammenhänge anders als die Neoklassik: „Nicht der Mangel, sondern der relative Überschuß an Ersparnissen wirft mit dem Übergang vom Hoch- zum Spätkapitalismus ernste wirtschaftspolitische Probleme auf. Eine die Sparneigung stimulierende Fiskalpolitik verschärft in dieser Lage die wirtschaftlichen Störungen, statt sie zu mildern."[39]

---

[33] *Hansen*, Economic policy and full employment, S. 230.

[34] *Joelsohn*, Die Theorie, S. 94.

[35] *Hansen*, Fiscal Policy and Business Cycle, S. 398f.

[36] *Pedersen*, Einige Probleme der Finanzwirtschaft, S. 481.

[37] Vgl. *Fellner*, William J., Rapid Growth as an Objective of Economic Policy, in: American Economic Review, Vol. 50, 1960, Papers and proceedings, S. 93ff.

[38] *Neumark*, Grundsätze gerechter und ökonomisch rationaler Steuerpolitik, S. 332.

[39] *Joelsohn*, Die Theorie, S. 41.

Kapitel 15

Paul A. Baran, Paul M. Sweezy sowie Joseph M. Gillman

Wir sind der Meinung, daß die Arbeiten von Paul A. *Baran* und Paul M. *Sweezy* sowie, wie weiter unten noch auszuführen sein wird, von Joseph M. *Gillman*, völlig zu Unrecht als Quellen für die Theorie des kompensatorischen Budgets übersehen werden. Bei ihnen ist das Grundproblem unserer Fragestellung — Absorption und Reallokation von brachliegendem Kapital (als Teil des von ihnen thematisierten „Surplus") — voll erfaßt und wird auch hinsichtlich der Ausweitung von Staatsausgaben thematisiert.

In der Studie „Monopolkapital"[1] wird das Problem der zivilen Staatsausgaben in erster Linie eine Frage der gesellschaftlichen Machtverteilung.[2] So auch *Baran* in seiner Schrift „Politische Ökonomie des wirtschaftlichen Wachstums"[3]: „Art und Umfang der Staatsausgaben sind durch die soziale Basis und die Funktion des Staates in einer kapitalistischen Gesellschaft ebenso streng festgelegt." Dies ist eine finanzsoziologische Fragestellung[4], die wir hier nicht weiter verfolgen wollen. Ökonomisch[5] formulieren *Baran* und *Sweezy* jedoch einen Versuch der Begründung der Notwendigkeit kompensatorischer

---

[1] *Baran*, Paul A./*Sweezy*, Paul M., Monopolkapital, (1966), Frankfurt/M. 1973, S. 130.

[2] Vgl. auch *Strachey*, John, Kapitalismus — heute und morgen (1956), Düsseldorf 1957, S. 235; *Mandel*, Ernest,Marxistische Wirtschaftstheorie, Bd. 2, Frankfurt/M. 1972, S. 675. *Mandel* sieht Machtwiderstände der „herrschenden Klasse" gegen staatliche Reallokation zugunsten von Sozialinvestitionen wirken (vgl. auch *Colm*, Gerhard, The Ideal Tax System, in: Social Research, I, 1934, S. 317ff., hier S. 324; *Altmann*, S. P., Das Problem der Gerechtigkeit in der Besteuerung, in: Archiv für Sozialwissenschaft und Sozialpolitik, Bd. 33, 1911, S. 77ff.; *Sultan*, Herbert, Über das Verhältnis von Steuerstaat und Unternehmerstaat, in: Festgabe für Georg von Schanz, Tübingen 1928, Bd. 1, S. 407ff., hier S. 431; *Ritschl*, Hans, Zur Theorie der staatswirtschaftlichen Entwicklungsstufen, in: Festgabe für Georg von Schanz, Bd. 1, S. 367ff., hier S. 403ff.).

[3] *Baran*, Paul A., Politische Ökonomie des wirtschaftlichen Wachstums, Neuwied—Berlin 1966, S. 65.

[4] Vgl. *Jecht*, Horst, Formen der Finanzsoziologie, in: Zeitschrift für die gesamte Staatswissenschaft, Bd. 115, 1959, S. 403ff.; *Mann*, Fritz Karl, Art. Finanzsoziologie, in: Handwörterbuch der Sozialwissenschaften, hrsg. von Erwin von *Beckerath* u.a., Bd. 3, Stuttgart—Tübingen—Göttingen 1961, S. 642ff.

[5] Vgl. auch *Sweezy*, Paul M., Theorie der kapitalistischen Entwicklung, 6. Aufl., Frankfurt/M. 1981, S. 254ff. Vgl. auch *Baran*, Paul A., Reflexionen über Unterkonsumtion, in: ders., Zur politischen Ökonomie der geplanten Wirtschaft, Frankfurt/M. 1968, S. 7ff.; ders., Politische Ökonomie des wirtschaftlichen Wachstums, S. 82f.

Finanzpolitik. Es wird ein Zusammenhang von Surplusproduktion, Investitionsstagnation und kompensatorischen Staatsausgaben (neben anderen „unproduktiven“ Wegen der Surplusabsorption wie Werbung) behauptet.

Das Problem des „idle capital“ ansprechend, ist es der Begriff des Surplus bei *Baran* und *Sweezy*, der für unsere Fragestellung von besonderem Interesse ist. Um die empirische Bestimmung des „Surplus“ drehte sich auch die Kontroverse über *Barans* und *Sweezys* „Monopolkapital“[6], eine Kontroverse, an der sich u.a. auch *Mandel* und Paul *Mattick*[7] beteiligt haben.

In Anlehnung an *Mandels* Beitrag zu dieser Debatte haben wir an anderer Stelle[8] bereits herausgestellt, daß der (tatsächliche) Surplus bei *Baran* und *Sweezy* „Surplusprodukt“ (überschüssige Waren, unterausgelastete Kapazitäten, Lageraufbau) sowie „Surpluskapital“ (mit hohem Liquiditätsgrad: Reinvestitionskapital) umfaßt. Abgesehen von der Kategorie des „potentiellen“ Surplus, der, gemäß der Definition, Surplus sei „der Unterschied zwischen dem, was eine Gesellschaft produziert, und den Produktionskosten“[9], unproduktive Werbe- und Repräsentationsausgaben nicht als Kosten ab-, sondern als Teilmenge des Überschusses zuzurechnen sind, stellen die Profite nur einen Teil des Surplus dar.[10] In einem Anstieg der Profitquote kann die These vom überschüssigen Surplus mithin nicht hinreichend konkretisiert werden: *Baran* nahm durchaus eine konstante Lohnquote an.[11]

Die Stagnationstheorie von *Baran* und *Sweezy* könnte nun so ausgelegt werden, daß unternehmerische Finanzfonds zur Verfügung stehen, die nicht der beschäftigungssichernden Realkapitalbildung zugeführt werden; die Ausführungen von *Baran*[12] geben dieser Interpretation eine gewisse Plausibilität.

Baran knüpfte diese Entkoppelung von Finanzfonds und Absatzchancen aber an Bedingungen des Monopolkapitalismus, wobei die Stagnationstheorie von *Steindl*[13] deutlich durchschlägt: *Baran*[14] betont die Umverteilung der Profite zugunsten der Oligopole. Unterkonsumtion kann die Folge sein, wenn die unverteilten Gewinne zunehmen[15] und — bei Ausschüttung der Gewinne — die

---

[6] *Monopolkapital*. Thesen zu dem Buch von P. A. Baran und P. M. Sweezy, 2. Aufl., Frankfurt/M. 1973.

[7] Vgl. *Mattick*, Paul, Kritik der Neomarxisten, Frankfurt/M. 1974, S. 106ff.; ders., Krisen und Krisentheorien, in: Arbeiterbewegung. Theorie und Geschichte: Krisen und Krisentheorien, Frankfurt/M. 1974, S. 129.

[8] *Schulz*, Frank, Finanzierungspotentiale, S. 116f.

[9] *Baran/Sweezy*, Monopolkapital, S. 19.

[10] *Baran*, Paul A., Comments on the Political Economy of Growth, in: ders., The longer view, New York—London 1969, S. 316ff., hier S. 326.

[11] *Baran*, Politische Ökonomie des wirtschaftlichen Wachstums, S. 126.

[12] Ebenda, S. 217f.

[13] *Steindl*, Josef, Maturity and Stagnation in American Capitalism.

[14] *Baran*, Politische Ökonomie des wirtschaftlichen Wachstums, S. 127, 130.

Ersparnisse der höheren Einkommensklassen steigen, so daß sich das Problem der Absorption dieser (Re-)Investitionsfonds ergibt, falls mangelnde Investitionschancen[16], die durch eben diese Einkommensverteilung mitbedingt sind, gegeben sind. Die Absatzchancen sind also — bei deutlichem konzeptionellem Rückgriff auf *Steindls* Theorie, von der *Sweezy* schrieb, sie sei „one of the most important and most neglected works of political economy of the last half century“[17] — durch die konzentrationsbedingte Profitratendifferenzierung determiniert.[18] In Abhängigkeit von der Nachfrageelastizität ist das Investitionsverhalten der Oligopole[19] determiniert von der Grenzprofitrate, wobei *Baran* Mengen- und Preisfestsetzung flexibel kombiniert (die Einführung technologischer Neuerungen ist dabei einmal abhängig von der erwarteten Auftragsentwicklung und zum anderen von der Abnutzung älterer Anlagen[20]).

Im Rahmen dieses Ansatzes braucht die Profitquote gesamtwirtschaftlich gar nicht steigen; bei Konstanz derselben kann die Masse jener Profite und Ersparnisse zunehmen, die nicht mehr hinreichend der beschäftigungssichernden Realkapitalbildung zugeführt werden. Eine Teilmenge des „Surplus“ ist demnach „idle capital“ mit hohem Liquiditätsgrad[21]. „Idle Capital“ ist also Teil „dieser Differenz zwischen Produktion und Produktionskosten“[22]. Eine ausgesprochene Affinität zu *Hansens* Theorie ist — trotz aller Kritik von *Baran* an dessen Position[23] — durchaus gegeben[24]. „Idle capital“ stellt jenen Teil des Surplus dar, der nicht hinreichend durch Nettoinvestitionen absorbiert wird.[25]

Auch noch in neueren Arbeiten hat sich *Sweezy* (in Zusammenarbeit mit *Magdoff*)[26] der Idee der „reifen“ Ökonomien angenähert. Die Skepsis gegenüber einem behaupteten engen Zusammenhang zwischen günstiger Finanzfondsentwicklung und Investitionstätigkeit der Unternehmen — wie er ja auch bei *Hansen* zum Problem wurde — teilte *Sweezy*, auch in dogmengeschichtlicher Auseinandersetzung mit *Hansen*, auch jüngst noch.[27]

---

[15] Ebenda, S. 131.

[16] Ebenda, S. 132ff.

[17] *Sweezy*, Paul M., On the Theory of Monopoly Capitalism, in: ders., Modern Capitalism and other Essays, New York—London 1972, S. 25ff., hier S. 41.

[18] *Baran*, Politische Ökonomie des wirtschaftlichen Wachstums, S. 150ff.

[19] Ebenda, S. 152ff.

[20] Ebenda, S. 162f.

[21] *Haynes*, Spending, Saving and Employment, S. 21ff.

[22] *Baran/Sweezy*, Monopolkapital, S. 32.

[23] *Baran*, Politische Ökonomie des wirtschaftlichen Wachstums, S. 135ff.

[24] *Baran*, Economic Progress and Economic Surplus, in: ders., The longer view, S. 286.

[25] *Baran*, Economic Progress, S. 283, 287f.

[26] *Magdoff*, Harry/*Sweezy*, Paul M., Herhören, Keynesianer!, in: Das Argument, H. 145, 1984, S. 382ff.

[27] *Sweezy*, Paul M., Why Stagnation?, in: Monthly Review, Vol. 34, No. 2, June, 1982, S. 1ff.

Der Problemstellung bei *Baran* und *Sweezy* nicht unähnlich, sind auch die Arbeiten von Joseph M. *Gillman* für die Dogmengeschichte der kompensatorischen Finanzpolitik von Interesse.[28]

Gillman behauptet einen langfristigen Trend steigenden Surplus seit etwa 1900 bzw. seit dem Ende des Ersten Weltkrieges.[29] *Gillman* bezweifelt damit die Tendenz zur Steigerung der organischen Kapitalzusammensetzung und damit *Marx*ens Gesetz von der fallenden Profitrate.[30] *Gillman* verweist dabei auf arbeits- und kapitalsparende Technologien.[31] Die Folge sei eine Disproportionalität zwischen Ersparnis- und Investitionspotential[32] — oder: die Gefahr von Überkapazitäten, wenn bei entsprechender (hoher und / oder steigender) Kapitalproduktivität die Finanzfonds voll reinvestiert würden.[33]

Unter diesen Bedingungen konstatiert *Gillman* eine Stagnation infolge mangelnder Investitionschancen für anlagesuchendes Surplus. Insofern relativ weniger Investitionskapital (d. h.: eine wachsende Schwäche in der Nachfrage nach Kapitalgütern) und wachsende Arbeitsproduktivität den Stagnationstyp bestimmen[34], ist dieser ein anderer als der, der im klassischen Sinne durch den (angebotsseitig bedingten) Fall der Profitrate determiniert ist. In einer solchen stagnierenden Wirtschaft neigt sich der Anteil des Surplus, der im Kontext arbeits- und kapitalsparender Technologien (fallender Kapitalkoeffizient) gewinnbringend investiert werden kann.[35] Andererseits — so *Gillman*[36] — wird der Surplus weiterhin gesteigert, so daß das Sparkapital das reale Investitionskapital ständig übersteigt.

Die Kapitalkonzentration ist bei *Gillman* für diese Steigerung des Surplus eine Voraussetzung.[37] Es sind dann hier interne Fonds (auf die *Gillman* mit Bezug auf Abschreibungsreserven und unverteilte Gewinne hinweist[38]) vorhanden, die, werden sie nicht reinvestiert, stagnationsfördernd wirken.[39]

---

[28] *Vgl. zu Gillmans* Arbeiten die Beiträge in „Rolshausen, Claus (Hrsg.), Kapitalismus und Krise. Eine Kontroverse um das Gesetz des tendenziellen Falls der Profitrate, Frankfurt / M.—Köln 1970.

[29] *Gillman,* Joseph, M., Prosperität in der Krise, (1965), Frankfurt / M. 1968, S. 277.

[30] *Gillman,* Joseph M., Das Gesetz vom tendenziellen Fall der Profitrate, (1957), Frankfurt / M.—Wien 1969, S. 70ff.

[31] *Gillman,* Prosperität, S. 11, 183.

[32] Ebenda, S. 277.

[33] *Gillman,* Prosperität, S. 181 f.

[34] *Priewe,* Jan,Konkurrierende Arbeitsmarkttheorien und Typologien von Arbeitslosigkeit, in: Wirtschaftsdienst, H. 7, 1984, S. 353 ff.

[35] *Gillman,* Das Gesetz, S. 91 ff.

[36] *Gillman,* Prosperität, S. 276.

[37] Ebenda, S. 280.

[38] *Gillman,* Das Gesetz, S. 85 f.

[39] Ebenda, S. 70.

Ähnlich wie *Baran* und *Sweezy* zeigt nun auch *Gillman*, wie der Überschuß an investitionsfähigem, aber nicht investierbarem Kapital in „unproduktive" Bereiche wie Rüstung, Freizeit- und Reklameindustrien eingeht. Die Staatsausgaben als stagnationsüberwindende Strategie sind damit unmittelbar angesprochen.

Das Problem der kompensatorischen Finanzpolitik beginnt dann an Relevanz zu gewinnen, wenn Werbe- und Rüstungsausgaben ersetzt werden sollen durch zivile Sozialinvestitionsprogramme.[40] Es geht hierbei darum, „die Mittel zu beschreiben, die in einer fortschreitenden kapitalistischen Wirtschaft für die Absorption der nicht investierbaren Mittel oder des sozialen Surplus, den sie schaffen kann, zur Verfügung stehen"[41]. Der Auf- und Ausbau des „Wohlfahrtsstaates" wird als ein solches Mittel angesehen.[42] Neben Sozialinvestitionen und Ausdehnung des produktiven sozialen Konsums[43] fordert *Gillman* Arbeitszeitverkürzung, steigende Reallöhne und eine Verschiebung der Besteuerung von Konsum zu den Ersparnissen.[44]

---

[40] *Gilman,* Prosperität, S. 7. Vgl. dazu auch *Gillman,* Joseph M., Disposition of Excess Savings, in: Committee for Economic Development (Hrsg.), Problems of United States Economic Development, Bd. 2, New York 1958, S. 51 ff.

[41] *Gillman,* Prosperität, S. 276.

[42] Ebenda, S. 278. In seinem Aufsatz „Wohlfahrtsstaat und Kapitalismus" (in: Periodikum für wissenschaftlichen Sozialismus, Heft 12, 1959, S. 17 ff., hier S. 18) schreibt *Gillman:* „Die Antwort, die sich anbietet, lautet: Erhöhung des staatlichen Anteils am sozialen Mehrprodukt zur Verwendung für soziale Einrichtungen, für Schulbau, für Gesundheitspflege, Erholung, kulturelle und andere gesellschaftliche Einrichtungen, für die Schaffung eines sozialen Sicherheitssystems — Aufbau eines Wohlfahrtsstaates, wie die Anhänger von Keynes sagen würden." Weiter heißt es allerdings: „Der Wohlfahrtsstaat aber kann in der kapitalistischen Gesellschaft, so wünschenswert er vom Standpunkt der Humanität auch ist, nicht als ein Mittel zur dauernden Vollbeschäftigung eingesetzt werden, denn er steht im Widerspruch zu den Lebensinteressen der wirtschaftlich herrschenden Klasse." Ebenda, S. 18) Obwohl *Gillman* — ähnlich wie *Baran* und *Sweezy* — also einen ökonomischen Begründungsrahmen für eine kompensatorische Budgetpolitik entwickelt, verwirft er diesen Entwicklungspfad aus soziologischen Überlegungen heraus. Dennoch liegt hier eine „versteckte" Begründungslogik für die Lehre vom kompensatorischen Staatsbudget vor, auch wenn *Gilman* im weiteren Verlauf seiner Argumentation eher eine — die „fiscal policy" negierende — Anlehnung an *Goldscheids* Position vornimmt, wenn er schreibt: „Es muß ein für allemal erklärt werden, daß man nicht den Verbrauch sozialisieren kann, ohne gleichzeitig die Produktion zu sozialisieren. Um einen echten Wohlfahrtsstaat aufzubauen, muß die Einkommensquelle des Staates außerhalb der privaten Produktionssphäre liegen, außerhalb der Steuern. Das heißt, daß die Regierung ihr Einkommen produzieren muß. Und das bedeutet, daß sie die Produktionsmittel besitzen muß." (Ebenda, S. 25) Diese „versteckte" Begründungslogik einer kompensatorischen Budgetlehre findet sich auch in *Gillmans* Problemdarlegung in: Welfare Capitalism in the Capitalist Crisis, in: Science and Society, Nr. 2, 1958, S. 97 ff. Gegenüber seiner Schrift „Prosperität in der Krise" hat *Gillman* in diesem Aufsatz aber nichts neues zugefügt.

[43] *Gillman,* Prosperität, S. 279.

[44] Vgl. auch *Menard,* Die Lehren, S. 67 ff.

Kapitel 16

Finanzierungsstrategien kompensatorischer Finanzpolitik

Die Funktionslogik der „functional finance“ und ihrer radikalen Form, der Lehre vom kompensatorischen Budget, basiert auf ökonomischen Instabilitätsannahmen. Die Ergebnisse der neoklassischen Theorien der Staatsschuld und Besteuerung fußen dagegen a priori auf Annahmen über Vollauslastung der Ressourcen und dadurch bedingten Kapitalknappheiten — Annahmen, die die wirtschaftspolitischen Stellungnahmen neoklassischer Modellbildung prägen. Gerade deshalb ist die Gültigkeit des neoklassischen Anti-Etatismus stark randbedingungsabhängig. Wir können hier auf die eingangs gemachten Hinweise zum „evolutional approach“ zurückgreifen. Gerhard *Kroll* schrieb: „ In der Tat, wenn es gelingt, ein wirkliches Nachfragedefizit im Verlauf der konjunkturellen Entwicklung nachzuweisen, dann ist die gesamte klassische wie neoklassische Nationalökonomie in Frage gestellt, dann ändert sich auch ... grundsätzlich das Verhältnis von Staat und Wirtschaft, das bisher im liberalen Nachtwächterstaat einerseits und in der völligen Autonomie der Wirtschaft andererseits bestand.“[1] Bevor wir die verschiedenen Strategien der Finanzierung kompensatorischer Finanzpolitik skizzieren, wollen wir diese Problematik der Randbedingungsabhängigkeit am Beispiel der Besteuerung darstellen.[2]

Musgrave[3] hat hervorgehoben, daß die gegenwärtige Theorie der Besteuerung eher in der Steuererleichterung (für hohe Einkommen und für Investoren[4]) eine konjunkturbelebende Wirkung verbürgt sieht.[5] Dabei ist gerade hier der

---

[1] *Kroll,* Gerhard, Von der Weltwirtschaftskrise zur Staatskonjunktur, S. 195; vgl. auch *Klein,* Lawrence R., Theories of Effective Demand and Employment, in: The Journal of Political Economy, Bd.55, April, 1947, S. 108ff.

[2] *Neumark,* Fritz, Grundsätze gerechter und ökonomisch rationaler Steuerpolitik, S. 314ff; *Sommer,* Louise, Besteuerung, Kapitalbildung, Staatszweck und Steuerverwendung.

[3] *Musgrave,* Richard A., Der gegenwärtige Stand der Theorie der Besteuerung, in: Finanzarchiv, N.F., Bd. 39, H. 1, 1981, S. 29ff., hier S. 37f.; vgl. auch *Hall,* Robert E. / *Jorgenson,* Dale W., Tax Policy and Investment Behaviour, in: American Economic Review, Bd. 57, June, 1967, S. 391ff.

[4] Anders *Hickel,* Rudolf, Grundsätze der Besteuerung — Eine politisch-ökonomische Neubetrachtung, in: *Diehl,* Karl / *Mombert,* Paul (Hrsg.), Grundsätze der Besteuerung, Neuauflage, Berlin—Frankfurt / M.—Wien 1982, S. Iff., hier S. XXIIf.; vgl. auch *Schäfer,* Claus, Wiedergewinnung der Vollbeschäftigung durch qualitatives Wachstum, in: *Welsch,* Johann / *Rahmann,* Bernd (Hrsg.), Wohlfahrtsstaat im Defizit, Köln 1982, S. 133ff., hier S. 143f.

Ausgangspunkt der Analyse[6] — die Grundannahme — für die Ergebnisse dieser Analyse mitentscheidend.[7] In Umkehrung dieser Argumentationsweise müssen wir zu den „Erfolgsbedingungen“[8] der (beschäftigungsorientierten) nichtfiskalischen Finanzpolitik das Vorliegen eines adäquaten Stagnationstyps[9] rechnen.

Wie *Neumark* selbst herausstellt[10], können in einer „affluent society“ (im Sinne einer „mature economy“) steigende öffentliche Investitionen und Erhöhung einzelner Steuersätze (und damit des Gesamtniveaus) geradezu eine Bedingung für ein höheres Wachstumsniveau werden.[11]

Gemäß dem „evolutional approach“ ist je nach Situation — mangelnde Kapitalbildung[12] oder unzureichender Massen- (und Staats-)verbrauch[13] — Steuersenkung zur Förderung der Kapitalbildung oder Senkung der Belastung des Massenverbrauchs und Umlenkung der Ressourcen zugunsten der Staatsausgaben notwendig.

Die neoklassische Basisannahme des Kapitalmangels[14] ist aber höchst problematisch[15] (geworden). Selbst *Musgrave*[16] weist darauf hin, daß Unterbeschäftigung bei Kapitalmangel eher für „Entwicklungsländer“ zutrifft, während

---

5 Ebenso *Haller*, Heinz, Die Steuern, Tübingen 1964, S. 270f.; ders., Finanzpolitik, 4. Aufl. Tübingen—Zürich 1968, S. 135ff., 128f., 241ff.; ders., Besteuerung und Wirtschaftswachstum, Tübingen 1970.

6 Vgl. *Massar*, Karl, Lohnpolitik und Wirtschaftstheorie, Tübingen 1932, S. 8, 15.

7 *Zinn*, Karl Georg, Konjunkturlehre für Praktiker, S. 93ff.

8 Vgl. *Neumark*, Fritz, Fiskalpolitik und Wachstumsschwankungen, Wiesbaden 1968, S. 68ff.

9 Ebenda, S. 75.

10 Ebenda, S. 97.

11 Allerdings sehen wir die Lücke zwischen potentiellem und eigentlichem Sozialprodukt infolge eines verlangsamten Wachstums bei gleichzeitig brachliegenden Kapitalien und hoher Sockelarbeitslosigkeit (auch im konjunkturellen Aufschwung) nicht — wie *Neumark* (Fiskalpolitik und Wachstumsschwankungen, S. 76) — in einer überhöhten Besteuerung begründet. Die Staatsquotenentwicklung, mithin auch die der Steuerquote, kann nur mit geringer empirischer Evidenz für wachstumsstagnative Entwicklungen verantwortlich gemacht werden (vgl. *Schmidt*, Manfred M., Wohlfahrtsstaatliche Politik unter bürgerlichen und sozialdemokratischen Regierungen, S. 141; 150ff., Anm. 40 und 41, S. 238; vgl. auch *Miller*, Riel/*Bakker*, Isabella, Wachsende Staatstätigkeit und ökonomische Krise, in: WSI-Mitteilungen, H. 7, 1984, S. 423ff.).

12 Vgl. *Colm*, Gerhard/*Neisser*, Hans (Hrsg.), Kapitalbildung und Steuersystem, 2 Teile, Berlin 1930.

13 Vgl. *Lampe*, Adolf, Reine Theorie der Finanzreform, in: Finanzarchiv, N. F., Bd. 2, 1934, S. 218ff.; *Harrod*, Roy, The Trade Cycle, Oxford 1932, S. 204f., *Colm*, Gerhard, The Ideal Tax System, in: Social Research, I, 1934, S. 335ff., hier S. 339f. *Wagemann*, Ernst, Wirtschaftspolitische Strategie, Hamburg 1937, S. 339f., 350 ff.

14 Vgl. *Kroll*, Von der Weltwirtschaftskrise, S. 153f.

15 Vgl. *Meissner*, Werner/*Zinn*, Karl Georg, Der neue Wohlstand, S. 192f.

16 *Musgrave*, Richard A., Finanztheorie, Tübingen 1966, S. 460.

dies für „entwickelte Wirtschaften“ kaum von Bedeutung sein dürfte.[17] Mit dieser Wendung in der Problemsicht fragen wir, den Titel einer Arbeit von *Neumark* aufnehmend[18], nach der „Steuerpolitik in der Überflußgesellschaft“.

Mit der Abhängigkeit von den genannten Basisannahmen sind die (viel zitierten) „Grenzen der Besteuerung“ strittig geworden.[19] Dies gilt nicht nur für die Einkommensteuer, sondern auch für die Gewinnbesteuerung.[20] Die „herrschende Lehre“[21] — „die Zahl dieser Autoren ist Legende“ — geht jedenfalls von negativen Wirkungen höherer Besteuerung (bei Körperschaften und höheren Einkommen) auf Investitionen und Wachstum aus: „Taxes can affect investment in a number of ways. They reduce the disponible income of some income recipients, decrease their consumption expenditures, and, may reduce the level of investment. Also, they may directly reduce investment expenditures through their effect on the profitability of investment or on the funds available for investment.“[22]

In der Dogmengeschichte wurde — wie wir oben vor allem bei *Hansen* zeigen konnten — die Besteuerung durch Anknüpfungen an die Lehre von der „mature economy“ (und damit durch Rückbindungen zur Analyse von vorliegendem „idle money“) auch alternativ eingeschätzt.

---

[17] *Baran,* Paul A., Über die politische Ökonomie unterentwickelter Länder, in: ders., Unterdrückung und Fortschritt. Essays, 4. Aufl., Frankfurt/M. 1972, S. 99ff.; vgl. auch *Malinvaud,* Edmond, The Theory of Unemployment Reconsidered, Oxford 1977, S. 29ff., insbes. S. 32; *Malinvaud* bezeichnet diesen Typ der Arbeitslosigkeit als „klassisch“ (aufgrund von Kapitalmangel bewirkte Arbeitslosigkeit).

[18] *Neumark,* Fritz, Steuerpolitik in der Überflußgesellschaft, Berlin 1961.

[19] *Neumark,* Theorie und Praxis der modernen Einkommensbesteuerung, Bern 1947, S. 139f.; ders., Grundsätzliche Betrachtungen über die Grenzen der Besteuerung, in: ifo-Schnelldienst, H. 16/17, 1981, S. 8ff.; ders., Einkommenssteuer, in: Handwörterbuch der Sozialwissenschaften, Bd. 3, hrsg. von Erwin von *Beckerath* u. a., Göttingen u. a., 1961, S. 67ff., hier S. 77; ders., Grundsätze gerechter und ökonomisch rationaler Steuerpolitik, S. 203ff., 213; *Krätke,* Kritik der Staatsfinanzen, S. 162ff.; *Zweifel,* Förderung und Lenkung, S. 312. *Zweifel* hält in Anlehnung an Marrimer S. *Eccles* (Possibilities of Postwar Inflation and Suggested Tax Action, in: Federal Reserve Bulletin, Jg. 1944, S. 222ff., hier S. 226) fest, daß die Absatzmärkte für Investitionsentscheidungen am wichtigsten sind, wichtiger jedenfalls als steuerliche Belastungen.

[20] *Littmann,* Konrad, Zunehmende Staatstätigkeit und wirtschaftliche Entwicklung, Köln—Opladen 1957, S. 73ff., 79, 85.

[21] Vgl. z. B. *Fellner,* William J., Trends and Cycles in Economic Activity, New York 1956, S. 212ff., 357ff.; *Musgrave,* Richard A., Finanztheorie, Tübingen 1966, S. 460f.

[22] *Brown,* E. Cary, Business-Income Taxation and Investment Incentives, in: Income, Employment and Public Policy. Essays in Honor of Alvin H. Hansen, New York 1948, S. 300ff., hier S. 300. Die (vermeintliche) Antinomie „Soziale Gestaltung der Besteuerung oder volkswirtschaftliche Steuerpolitik?“ — so die Schrift von Johannes *Koulis* (Tübingen 1948) — erweist sich dann als geschichtlich gebunden und randbedingungsabhängig, sollte also empirisch-kasuistisch aufgelöst und nicht aprioristisch (im Rahmen modell„theoretischer“ Deduktionen) verfestigt werden.

Spätestens seit den 1920er Jahren zeichneten sich derartige „Häresien" ab: Gerhard *Colm*[23] und Fritz *Lehmann* schlagen als Ergänzung zur Staatsverschuldung im Geschäftsbankensektor eine Besteuerung brachliegender Kapitalien vor[24], wenn die „pump-priming-policy" einen anhaltenden Aufschwung nicht zu induzieren vermag und permanente staatliche Ausgaben notwendig werden. Damit könnte die Belastung der Verschuldungsaufnahme gemildert werden.

Autoren wie M. *Kalecki*[25] oder E. F. *Schumacher*[26] haben in einer redistributiven Besteuerung, bei der die Sparrate reduziert würde, einen Teil einer aktiven Vollbeschäftigungsstrategie gesehen. Auch *Beveridge*[27] verknüpft Verschuldungs- und Besteuerungspolitik.

Bei *Hansen* findet sich — neben der Idee der „undistributed-profit-tax", die wir oben ja schon diskutiert haben — in der Lehre von der „compensatory tax policy" die Idee der stärkeren Besteuerung im Boom (Steuererleichterungen in der Depression) durch Variation der Sätze bei der Einkommensteuer.[28] In diesem Punkt scheint die Haltung von *Hansen* allerdings nicht ganz eindeutig zu sein.[29] Hatte *Hansen* früher eine konjunkturorientierte Veränderung von Lohn- und Umsatzsteuern (statt progressiver Einkommen- und Körperschaftssteuer)

---

[23] *Colm*, Gerhard / *Lehmann*, Fritz, Public Spending and Recovery, in: Social Research, Bd. 3, 1936, S. 129ff.

[24] *Colm*, Gerhard, Full Employment through Tax Policy, in: Social Research,Bd. 7, 1940, S. 447ff.

[25] *Kalecki*, Michal, Drei Wege zur Vollbeschäftigung, in: Statistisches Institut der Universität Oxford (Hrsg.), Vollbeschäftigung, Bern 1946, S. 77ff. hier S. 97f. *Kühne* hat in seiner Einleitung zur deutschsprachigen Werkauswahl von *Kalecki* (1899-1961) (*Kühne*, Karl, Das Werk Kaleckis, in: *Kalecki*, Michael, Werkauswahl. Rezession und Prosperität im Kapitalismus, eingeleitet von Karl Kühne, Neuwied 1976, S. 7ff., hier S. 7) die „Vorwegnahme Keynes'" durch *Kalecki* herausgestellt. In polnischsprachigen Arbeiten in den Jahren 1933, 1934 und 1935 nahm *Kalecki* die „Allgemeine Theorie" von *Keynes* vorweg, so daß *Feiwell* folgert: „Michal Kalecki earned an important place in the history of economic analysis and political economy by anticipating the Keynesian Revolution" (*Feiwell*, George R., The Intellectual Capital of Michal Kalecki. A Study in Economic Theory and Policy, (1975), Knoxville 1977, S. 27. Dogmengeschichtlich interessant ist es, daß *Kalecki* vor allem auch auf Rosa *Luxemburg* und Michael *Tugan-Baranowsky* zurückgriff (beide haben auch Einfluß auf Paul M. *Sweezy* gehabt, der wiederum auf *Kalecki* Bezug nahm).

[26] *Schumacher*, E. F., Staatsfinanzen — ihr Verhältnis zur Vollbeschäftigung, in: Statistisches Institut (Hrsg.), Vollbeschäftigung, S. 145ff., hier S. 154f.

[27] *Beveridge*, Lord William Henry, Vollbeschäftigung in einer freien Gesellschaft. Eine Zusammenfassung, Hamburg 1946, S. 32f., 60f.

[28] *Haller*, Heinz, Alvin Hansen und die Fiscal Policy, S. 433; zu ähnlichen Ideen vgl. auch *Neumark*, Fritz, Wirtschafts- und Finanzprobleme, S. 233f.; vgl. auch *Schmölders*, Günter, Zur Problematik der finanzpolitischen Konjunkturtherapie, in: Beiträge zur Geld- und Finanztheorie. Wilhelm Gerloff zum 70. Geburtstag, hrsg. von Fritz *Neumark*, Tübingen 1951, S. 107ff., hier S. 111.

[29] *Neumark*, Fritz, Theorie und Praxis der modernen Einkommensbesteuerung, Bern 1947, S. 141f.

in nicht-„reifen" Ökonomien und in „mature economies" ein stabiles, aber stark progressives Gesamtsteuersystem gefordert, so hält er später variable Einkommensteuersätze für zweckmäßig.[30] Im Gegensatz zu dieser Argumentationstradition geht *Littmann* in der langfristigen Betrachtung an der uns interessierenden Fragestellung vorbei[31], da er eine die Investitionschancen begrenzende langfristige Konstanz der Sparquote annimmt. Staatliche Tätigkeitszunahme verteilt dann nur die Investitionsrate zwischen privatem und öffentlichem Sektor um. Damit kann es — in Abhängigkeit vom Ausgabeverhalten des Staates — zu einer Wachstumsverlangsamung kommen. Ob eine „Kapitallücke", die bei staatlichen Absorptionsprozessen zur Absenkung des volkswirtschaftlichen Wachstumspfades führt, besteht, ist aber mehr als zweifelhaft.[32]

Keynes dagegen[33] weist — ähnlich wie Ad. *Wagner*[34] — darauf hin, daß bei Unterbeschäftigung eine stärkere Besteuerung und eine dadurch ermöglichte Ausdehnung der (staatlichen) Ausgaben eher wachstumsfördernd als -hemmend seien: „Unsere Beweisführung führt uns somit zu der Folgerung, daß in den gegenwärtigen Zuständen das Wachstum von Reichtum, weit davon entfernt, von der Enthaltsamkeit der Reichen abhängig zu sein, wie gemeinhin angenommen wird, wahrscheinlich von ihr aufgehalten wird. Eine der hauptsächlichen gesellschaftlichen Rechtfertigungen größerer Ungleichheit des Reichtums ist daher beseitigt."[35]

Ähnlich argumentiert auch — in Bezugnahme auf Sven *Helander* und Paul *Mombert*[36] — Fridolin Th. *Zweifel*[37], der staatliche Sozialreformen (verteilungspolitischer Art) durchaus als mögliche Voraussetzung besser funktionierender Volkswirtschaften betrachtet.[38]

Kommen wir nun zur differenzierteren Darlegung der verschiedenen Finanzierungsstrategien.

---

[30] *Hansen*, Alvin H., Fiscal Policy and Business Cycle, S. 292ff., 298-300; ders., Stability and Expansion, in: *Homan*, Paul T. (Hrsg.), Financing American Prosperity, New York 1945, S. 199ff., hier S. 208, 214.

[31] *Littmann*, Zunehmende Staatstätigkeit, S. 79ff.

[32] Vgl. auch *Duwendag*, Dieter, Staatsverschuldung — Notwendigkeit und Gefahren, Baden-Baden 1983, S. 31.

[33] *Keynes*, Allgemeine Theorie, S. 314.

[34] *Wagner*, Adolph, Grundlegung der politischen Ökonomie, 2. Halbband, S. 728, 732, 750.

[35] *Keynes*, Allgemeine Theorie, S. 315.

[36] *Mombert*, Paul, Besteuerung und Volkswirtschaft, Karlsruhe 1922, S. 11.

[37] *Zweifel*, Förderung und Lenkung, S. 29.

[38] *Zweifel*, Förderung und Lenkung, S. 97f.; allerdings handelt es sich hierbei um einen Zusammenhang, der sogar für sich entwickelnde Volkswirtschaften gültig ist (vgl. *Senghaas*, Dieter, Von Europa lernen, Frankfurt/M. 1982).

Es können[39] Staatsverschuldung im Geschäftsbankensektor, Besteuerung und der Notenbankkredit unterschieden werden. Sofern „disponibles" „idle capital" vorliegt, kommt die Kreditierung im Geschäftsbankensektor sowie die Besteuerung durchaus in Betracht zur Absorption von brachliegenden Kapitalien. Der Notenbankkredit wirkt dagegen nicht unmittelbar als Reallokation von „idle capital". Sofern aber die „produktive Kreditschöpfung" Produktion und Beschäftigung via stärkerer Kapazitätsauslastung in Gang bringt, wird im weiteren Verlauf auch Surpluskapital der produktiven Verwendung zugeführt.

1. Der Notenbankkredit[40]

Der Kredit der öffentlichen Hände bei der Notenbank spielt gerade in der Theorie von *Lerner,* wie wir oben zeigen konnten, eine tragende Rolle. Wie aus der Debatte der Arbeitsbeschaffung im Theorierahmen der „deutschen Keynesianer" zu entnehmen ist, so wurden inflationsfreie Geldschöpfungsprozesse für möglich gehalten, sofern unterausgelastete (menschliche und sachliche) Kapazitäten, Lagerbestände und Rohstoffe gegeben sind.

Ohne daß die Geldpolitik an stabilitätspolitischer Effizienz verloren hätte[41], wären hinsichtlich der anhaltenden Kapazitätsauslastungen der letzten Jahre in der BRD[42] eine maßvolle zusätzliche — und nicht nur potentialorientierte[43] — Kreditschöpfung im Verbund mit öffentlichen Investitionsprogrammen sinnvoll gewesen.

Eine Erhöhung der Kassenkredite des Bundes bei der Notenbank wäre als kurzfristiges Strategieelement zur Deckung von vorübergehenden Liquiditätsengpässen eine (ergänzende) Alternative.[44] Vorteile gegenüber dem Kreditmarkt werden hier hervorgehoben.[45] Die sich hier stellende Frage ist aber die, ob und inwieweit eine langfristigere kompensatorische Finanzpolitik durch Notenbankkredite finanzierbar ist.

---

[39] Vgl. auch *Schulz,* Frank, Finanzierungspotentiale, S. 144ff.

[40] Vgl. *Ernst-Pörksen,* Staatsschuldtheorie, S. 225ff.; *Kroll,* Von der Weltwirtschaftskrise, S. 355ff.; *Ziffzer,* Stefan, Ökonomische Grenzen der Staatsverschuldung, Berlin 1980, S. 61ff.

[41] *Filc,* Wolfgang, Zins- und tilgungsfreier Notenbankkredit zu Lasten geldpolitischer Effizienz?, in: WSI-Mitteilungen, H. 10, 1982, S. 606ff.

[42] *Schulz,* Frank, Finanzierungspotentiale, S. 126.

[43] Ebenda, S. 144f.

[44] *Dickertmann,* Dietrich/*Diller,* Klaus Dieter, Mißbräuchliche Finanzierung von Bundesausgaben durch Notenbankkredite?, in: Wirtschaftsdienst, H. 4, 1983, S. 191ff.

[45] Vgl. auch *Dickertmann,* Dietrich, Die Finanzierung von Eventualhaushalten durch Notenbankkredit, Berlin 1972, S. 156ff.; vgl. auch *Borchert,* Manfred/*Schulz,* Heino, Zur Finanzierung staatlicher Defizite, in: Wirtschaftsdienst, H. 12, 1975, S. 615ff.

So schlägt *Filc*[46] vor, die jährliche, potentialorientierte Vergrößerung der Zentralbankgeldmenge über den Staat(shaushalt) laufen zu lassen, also über Staatskredite in den Umlauf zu bringen. „Geändert hätte sich allein der Weg, auf dem Zentralbankgeld in Umlauf gesetzt wird.“[47] Allerdings sollten auch die „institutionellen Probleme“[48] einer solchen Strategie nicht unterschätzt werden.

Die Inanspruchnahme von Krediten bei der Notenbank sollte — in Abgrenzung zu den Kassenkrediten — stärker auf konjunkturbedingte Defizite abgestellt werden. Während *Dickertmann* und *Diller* dies 1983[49] weniger betonen, hat *Dickertmann* 1972[50] mehr Wert auf diesen Punkt gelegt. Es „sollte geprüft werden, ob nicht in der Rezession die direkte Verschuldung des Bundes bei der Notenbank zweckmäßiger wäre ...“[51]. *Dickertmann* fordert dementsprechend die Einführung eines „Stabilitätskonto(s)“[52] bei der Notenbank (ähnlich argumentiert neuerdings auch Claus *Schäfer*[53]). *Pedersen*[54] sprach 1937 von einem „Konjunkturausgleichsfonds“. Ähnlich der Auflösung einer Konjunkturausgleichsrücklage wird dem Wirtschaftskreislauf zusätzliche Liquidität zugeführt; es handelt sich einwandfrei um Geldschöpfung. Die Umwegfinanzierung der Staatsdefizite über den privaten Kreditmarkt entfällt — und damit eine Fülle an debt-management-Problemen.[55]

Nun wird der Notenbankkredit meist mit inflationstheoretischen Argumenten abgelehnt.[56] Jedoch hat die Skizzierung der dogmengeschichtlichen Auseinandersetzungen gezeigt, daß volkswirtschaftliche Ungleichgewichte, insbesondere die Existenz von volkswirtschaftlichen Kaufkraftfonds, in Rechnung zu stellen sind. „Solange (aus konjunkturellen oder strukturellen Gründen) weiterhin freie Kapazitäten vorhanden sind“, ist es sogar erforderlich, wegen der Zurückhaltung der privaten Nachfrager „keine weitere Drosselung der öffentlichen Ausgaben für Konsum und Investitionen“ vorzunehmen.[57] Hier „muß (bei

[46] *Filc*, Zins- und tilgungsfreier Notenbankkredit, S. 610.

[47] Ebenda, S. 611.

[48] Vgl. auch *Köllner*, Lutz, Notenbanken im Dienste staatlicher Beschäftigungsfinanzierung, in: Zeitschrift für die gesamte Staatswissenschaft, Bd. 121, 1955, S. 473ff.

[49] *Dickertmann/Diller*, Mißbräuchliche Finanzierung.

[50] *Dickertmann*, Die Finanzierung von Eventualhaushalten.

[51] Ebenda, S. 156.

[52] Ebenda, S. 160.

[53] *Schäfer*, Claus, Wiedergewinnung der Vollbeschäftigung, S. 143.

[54] *Pedersen*, Jörgen, Einige Probleme der Finanzwirtschaft, S. 487.

[55] *Dickertmann*, Die Finanzierung, S. 172.

[56] *Ziffzer*, Ökonomische Grenzen, S. 58.

[57] *Thoss*, Rainer, Planung unter veränderten Verhältnissen — ökonomische Aspekte, in: Veröffentlichungen der Akademie für Raumforschung und Landesplanung, Forschungs- und Sitzungsberichte, Bd. 108, 14. Wiss. Plenarsitzung: Planung unter veränderten Verhältnissen, Hannover 1976, S. 15ff., hier S. 21.

der Novellierung des Bundesbankgesetzes) dem Bund zur Finanzierung des Infrastrukturbedarfs in Rezessionsphasen der direkte Zugang zur Notenbank ermöglicht werden“[58]. Weiter heißt es bei *Thoss:* „Es führt keineswegs zu einer Inflation, wenn die öffentliche Hand sich in Rezessionszeiten bei der Notenbank verschuldet, um ihre Nachfrage auszudehnen. Entscheidend für die Preisentwicklung in den verschiedenen Sektoren ist nämlich nicht — wie fälschlicherweise oft in unzulänglicher Vereinfachung behauptet wird — das vorhandene Geldvolumen, sondern vielmehr die Relation zwischen Angebot und Nachfrage und die Kostensituation in der betreffenden Branche.“[59]

Damit hängt die wissenschaftliche Akzeptanz zusätzlicher Geldschöpfung von der Adäquanz der Ungleichgewichtssituation (und deren Analyse) ab.[60]

Kath weist zwar auf die Rationalität hin, die mit der Geldmengenerweiterung über den Staatsbedarf verbunden ist, will jedoch die potentialorientierte Geldmengenerweiterung nicht durch Berücksichtigung der Finanzierungserfordernisse bei konjunkturellen Abschwüngen ergänzen.[61]

Anders die Argumentation der Memorandum-Gruppe „Alternative Wirtschaftspolitik“: Sie will nicht nur den potentialorientierten Trendbedarf über die Staatstätigkeit realisiert wissen, sondern auch zusätzliche notenbankfinanzierte Staatsausgaben in der Depression ermöglicht sehen. „Der Teil der Notenbankverschuldung, der die Geldmenge lediglich im Ausmaß des langfristigen, trendmäßig notwendigen Wachstums ansteigen läßt, ist sowieso unproblematisch“; ihn gilt es, „unabhängig von der Konjunkturlage zu nutzen“. „Die darüber hinausgehende Geldmengenerhöhung ... bedeutet aber gerade in der Rezession nicht zwangsläufig eine zunehmende Inflationsrate.“[62] Die interne Bereitstellung des Trendbedarfs an Zentralbankgeld durch Monetarisierung öffentlicher Titel scheint demnach eine geeignete Strategie darzustellen — zumal aus quantitativen Gründen.[63] Der Einsatz von Staatsschuldtiteln im Rahmen der Offenmarkt-[64] und Lombardpolitik scheint quantitativ eben nicht so bedeutsam zu sein.

---

[58] Ebenda, S. 22; vgl. auch *Oberhauser,* Alois, Die Zentralbank als Geschäftsbank des Staates, in: Finanzarchiv, N. F., Bd. 28, 1969, S. 377ff., S. 392.

[59] *Thoss,* Planung, S. 23.

[60] Vgl. auch *Kath,* Dietmar, Der zinslose Notenbankkredit als Finanzierungsinstrument des Staates?, in: Wirtschaftsdienst, H. 7, 1983, S. 357ff.

[61] *Kath,* Der zinslose Notenbankkredit, S. 363f.

[62] *Memorandum'80.* Gegen konservative Formierung — Alternativen der Wirtschaftspolitik, Köln 1980, S. 212f.

[63] Vgl. auch *Teusch,* Friedhelm, Staatsverschuldung und Geldpolitik, in: *Simmert,* Diethard B./*Wagner,* Kurt-Dieter (Hrsg.), Staatsverschuldung kontrovers, Köln 1981, S. 358ff.

[64] Vgl. auch *Ketterer,* Karl-Heinz, Staatsverschuldung und Geldpolitik, in *Simmert/Wagner* (Hrsg.), Staatsverschuldung kontrovers, S. 328ff.

Auch der schon von *Tobin*[65] gemachte Vorschlag einer Sekundärreservepflicht würde die aufnahmefähigen Märkte für Staatsschuldtitel erweitern; die Zinsen auf kurzfristige Schuldtitel des Staates würden sinken, da die Kreditinstitute zur Erfüllung der Sekundärreserve mehr Titel nachfragen würden als bisher.[66]

Während aber *Köhler*[67] mehr die Effizienz der monetären Steuerung in den Vordergrund der Begründung der Höhe der Reservehaltung stellt, betont *Tobin* die Funktion der Sekundärreserve im Rahmen des debt-managements.

2. Staatsverschuldung im Geschäftsbankensektor

Angesichts der steigenden (auch unternehmerischen) Geldvermögensbildung und der mangelnden Absorption des Sparens durch die Investitionen[68] in den letzten Jahren in der BRD kann von der Gefahr eines „crowding-out" privater Investitionen durch staatliche Kreditaufnahme mit empirischer Evidenz nicht gesprochen werden.[69] Im Gegenteil: Angesichts anhaltender Disproportionalitäten zwischen monetärer und realer Kapitalbildung hätte sich der Staat durchaus stärker verschulden müssen.

Die Zinsbildung mag hier — nicht zuletzt auch wegen der wahrscheinlichen sozialpolitischen (verteilungspolitischen) Negativeffekte — eine der Grenzen sein, die jedoch auch nicht dramatisiert werden dürfen. Die Belastungsberechnungen, die auf E. D. *Domars* Analyse[70] aufbauen, sind schließlich Modellberechnungen, deren Variablen — so z. B. die Wachstumsrate des BSP selbst — gestaltbar sind.[71]

---

[65] *Tobin,* James, Grundsätze der Geld- und Staatsschuldenpolitik, Baden-Baden 1978, S. 76ff.

[66] *Ketterer,* Staatsverschuldung und Geldpolitik, S. 343.

[67] *Köhler,* Claus, Geldwirtschaft, 1. Bd.: Geldversorgung und Kreditpolitik, 2. Aufl., Berlin 1977, S. 110ff.

[68] Vgl. auch *Glastetter,* Werner u. a., Die wirtschaftliche Entwicklung in der Bundesrepublik Deutschland 1950-1980, Frankfurt/M.—New York 1983, S. 449.

[69] *Lang,* Eva/*Koch,* Walter A. S., Crowding-out und staatliches debt-management, in: WSI-Mitteilungen, H. 1, 1981, S. 50ff.; *Zwiener,* Rudolf, „Crowding-out" und öffentliche Investitionen, in: Konjunkturpolitik, H. 3, 1983, S. 121 ff.; *Böttger,* Geert, Grundlagen des Crowding-out-Effektes, Frankfurt/M.—Nancy—New York 1984; *Zipfel,* O., Vorwort, zu: *Böhler,* Eugen, Die Finanzierung der Arbeitsbeschaffung, Zürich 1944, S. 6.

[70] *Domar,* Evsey D., The „Burden of the Debt" and the National Income, in: The American Economic Review, Vol. 34, 1944, S. 798ff.

[71] Vgl. beispielsweise die Kontroverse zwischen *Hickel* und *Müller* (*Hickel,* Rudolf, Anmerkungen „Zur Diskussion um die Staatsverschuldung", im WSI-Konjunkturbericht 1980, in: WSI-Mitteilungen, H. 1, S. 57ff.; *Müller,* Gernot, „Zur Diskussion um die Staatsverschuldung" — Eine Antwort auf die Anmerkungen von R. Hickel, in: WSI-Mitteilungen, H. 3, 1981, S. 187ff. Vgl. auch *Blaas,* Wolfgang/*Matzner,* Egon, Nachlassendes wirtschaftliches Wachstum und Staatsverschuldung, in: *Simmert*/*Wagner* (Hrsg.),

Dennoch wirft die Zinsbelastung die Frage der Reformen staatlicher Verschuldungsmodi auf.[72] So steht die Verpflichtung der Geschäftsbanken, in bestimmten Proportionen zu ihren Einlagen niedrig verzinsbare Staatspapiere zu halten[73], zur Debatte. Dies entspräche dem Wesen der Mindestreserve.[74] Allerdings ginge es hier — wie oben schon angedeutet — weniger um die Effizienzsteigerung der Geldmengensteuerung durch beweglichere Liquiditätssätze (bis hin zur 100%-Reserve[75] als „Verstaatlichung der Giralgeldschöpfung"[76]), die bisher dogmengeschichtlich zweifelsohne im Vordergrund der Betrachtung stand, sondern um die Reallokation von Kapital (hier als Einlagen im Geschäftsbankensektor), also um gezielte Absorption. „Eine solche Verpflichtung würde letzten Endes nichts weiter als eine direkte Art der Erhöhung der Mindestreserve-Verpflichtung sein, wobei auf die Reservedepositen Zins gezahlt würde."[77]

„Unseriös" scheint dies kaum zu sein. Auch M. *Friedman* hat ja ursprünglich — zur Verstetigung der Geldmengensteuerung — sogar eine 100%-Reserve eingefordert.[78] *Dahlberg* hatte, wie oben skizziert, zur Absicherung seiner Strategie der Besteuerung von Geldhortungen auf eine derartige 100%-Reserve zurückgreifen wollen, um so Anlageformen brachliegender Kapitalien im Bankensektor zuvorzukommen. Das *Memorandum* berücksichtigt auch eine kreislauftheoretische Begründung: „Das enorme Ansteigen des Sparens der privaten Haushalte und in den letzten Jahren insbesondere auch der privaten Unternehmen in Form von Spar- und Termineinlagen sowie die starke Zunahme von nicht genutzter Liquidität in Form von Sichteinlagen stellt so lange einen gesamtwirtschaftlichen Nachfrageausfall dar, wie diese Bildung von Finanzvermögen nicht durch die (private) Kreditnachfrage absorbiert wird."[79]

3. Die Besteuerung

Auch die Besteuerung wird in der Dogmengeschichte der „functional finance", wie wir zu Beginn dieses Kapitels exemplarisch aufzuzeigen versuchten, als wichtiges Instrument thematisiert. Im Verbund mit der Lehre von der

---

Staatsverschuldung kontrovers, S. 118ff., hier S. 131; *Ernst-Pörksen*, Staatsschuldtheorien, S. 234.

[72] Vgl. *Memorandum'80*, S. 206ff.

[73] Ebenda, S. 208.

[74] *Tobin*, Grundsätze, S. 76ff.

[75] Vgl. auch *Fisher*, Irving, 100% Money, London 1935.

[76] *Wagemann*, Ernst, Wirtschaftspolitische Strategie, S. 347.

[77] *Musgrave*, Richard, Theorie der öffentlichen Schuld, in: *Gerloff/Neumark* (Hrsg.), Handbuch der Finanzwissenschaft, 2. Aufl., 3. Bd., Tübingen 1955, S. 68ff., hier S. 136.

[78] Vgl. auch *Robert*, Dieter, Makroökonomische Konzeption im Meinungsstreit, Baden-Baden 1978, S. 91f.

[79] *Memorandum'80*, S. 209.

„mature economy“ wurde — bei *Hansen, Kalecki* und E. F. *Schumacher* — die Senkung der Sparrate (wie heute auch wieder vom *Memorandum*, wahrscheinlich unter maßgeblichem Einfluß von Karl Georg *Zinn*, gefordert[80]) beabsichtigt.

Neuere Diskussionen greifen das Problem einer Ergänzungsabgabe auf Körperschaftssteuer und hohe Einkommen auf.[81]

Während *Lampe* 1934[82] schon bei implizitem Rekurs auf Knappheitsannahmen (hinsichtlich der Sparkapitalbildung) eine stärkere progressive Einkommensbesteuerung als wachstumsschädlich ansah und „kostenbelastende Steuern“[83] gesenkt haben wollte, wobei er diese Steuersenkung fiskalisch ermöglichen wollte durch die Inanspruchnahme von Notenbankkrediten[84] (ähnlich forderte Frank D. *Graham*[85] den Notenbankkredit als Ersatz für die Besteuerung „brachliegender Kapitalien“), so könnte in Anschluß an *Gross*[86], der Hinweise auf die Möglichkeit mangelnder investiver Geldkapitalabsorption gibt, eine Ergänzungsabgabe auf hohe Einkommen und auf die Körperschaftssteuer hergeleitet werden.

Gerade hier schlägt die Notwendigkeit, kontextuell zu denken, also dem „evolutional approach“ zu folgen, voll durch: So ist *Timms* Auffassung[87], in der Depression die Körperschaftssteuer zu senken und die Progression des Einkommensteuertarifs zu mildern, stark vom vorliegenden Krisentyp abhängig. In einer „reifen Wirtschaft“ sind Strategien zum Entsparen hoher Einkommensklassen[88] bzw. zur Verstetigung des Massenkonsums[89] durchaus funktional. Insbesondere „in der Depression“ gilt, daß „einer verstärkten Besteuerung der Ersparnisse und einer staatlichen Entlastung des für den Konsum verwandten Einkommens nicht die ökonomische Rationalität abgesprochen werden kann“[90].

---

[80] Ebenda, S. 209.

[81] Vgl. *Hickel*, Rudolf, Es gibt eine Alternative, Plädoyer für eine andere Wirtschaftspolitik, in: Blätter für deutsche und internationale Politik, H. 4, 1983, S. 527ff. hier S. 540.

[82] *Lampe*, Adolf, Reine Theorie der Finanzreform, in: Finanzarchiv, N. F., Bd. 2, 1934, S. 218ff., hier S. 226ff.

[83] Ebenda, S. 277.

[84] Ebenda, S. 279.

[85] *Graham*, Frank D., Employment without Public Debt, without Taxation, without Public Works, and without Inflation, in: ders./*Lerner*, Abba P. (Hrsg.), Planning and Paying for Full Employment, S. 44ff.

[86] *Gross*, Herbert, Der Sinnwandel des Defizits, in: Wirtschaftsdienst, H. 7, 1933, S. 218ff., hier S. 220ff.

[87] *Timm*, Herbert, Möglichkeiten und Probleme konjunkturorientierter Steuerpolitik, Rostock 1936, S. 221ff.

[88] Vgl. *Bellerby*, J. M., Economic Reconstruction, Vol. I. National, Industrial and Regional Planning, London 1943, S. 83f., 73f. 123.

[89] Vgl. auch *Beckerath*, Herbert von, Der moderne Industrialismus, Jena 1930, S. 371.

Hier müssen Anknüpfungen an relevante Zyklustheorien — wie die von *Kroll, Lederer* und neuerdings Herbert *Schui* — aus Raumgründen unterbleiben, obwohl sie theoretisch von Bedeutung sind, „denn es bleiben die durch erhöhte Investitionen ermöglichten Unternehmungsexpansionen so lange problematisch, als die durch sie bewirkte Steigerung der Produktionskapazität nicht durch erhöhte Absatzchancen ausgenutzt werden kann"[91]. Konsumtion wird damit zur „reproduktiven Basis" (entwickelter) wachsender Wirtschaften[92], da die Kapitalbildung letztendlich auf den Konsum abgestimmt sein muß.[93]

Die funktionale Akzeptanz steuerlicher Begünstigungen der Investitionen — insbesondere die Begünstigung der Selbstfinanzierung der Unternehmen — ist ebenso randbedingungsabhängig. Die dabei erwarteten Investitionen müssen „durch die Nachfrage nach den mit der erhöhten Produktionsmittelausrüstung herzustellenden Produkten gerechtfertigt erscheinen"[94]. Würden die Investitionen, trotz mangelnder Absatzperspektiven, dennoch realisiert, besteht die Gefahr der Überinvestitionen[95] und damit die Möglichkeit eines frühzeitigen Konjunkturabbruchs mit anschließender wellblechförmiger Stagnation; dieser Fall lag in den letzten Jahren in der bundesdeutschen Wirtschaft vor.

Diese verschiedenen Finanzierungsstrategien können als (finanzpolitischer) Teil staatlicher Investitionslenkung verstanden werden.[96] Sie unterliegen nicht der in den letzten Jahren — zu Recht — aufgeworfenen Kritik der globalen Nachfragesteuerung; Staatsausgaben können vielmehr auch im Rahmen sektoraler und regionaler Strukturpolitik getätigt werden.[97] Die Trennung von Prozeß- und Ordnungspolitik — Reflexe ordoliberaler Kategorienbildung — wird hier kaum mehr möglich sein.

---

90 *Zweifel,* Förderung und Lenkung, S. 98.

91 Ebenda, S. 98.

92 Vgl. *Wunderlich,* Frieda, Produktivität, Jena 1926, S. 257.

93 Vgl. *Harms,* in: *Colm/Neisser* (Hrsg.), Kapitalbildung und Steuersystem, Teil 2, S. 162.

94 *Zweifel,* Förderung und Lenkung, S. 117.

95 *Zweifel* (Förderung und Lenkung, S. 121 f.) mit Bezugnahme auf *Petersen* (*Petersen,* Hans H. Bern., Die Besteuerung des technischen Fortschritts als Mittel der Konjunkturpolitik, Leipzig 1938, S. 95 f.) und Manuel *Saitzew* (Eine lange Welle der Arbeitslosigkeit, in: Schriften des Vereins für Socialpolitik, Bd. 185, 1. Teil, München—Leipzig 1932, S. 1 ff.; ders., Konjunkturpolitik, in: Zeitschrift für Schweizerische Statistik und Volkswirtschaft, Jg. 64, 1928, S. 170 ff.

96 *Zweifel* (Förderung und Lenkung, S. 101 ff.) unter Bezugnahme auf Sven *Helander* und Herbert von *Beckerath* (Der moderne Industrialismus, S. 371, 439).

97 Vgl. *Thoss,* Rainer, Zur Weiterentwicklung der Globalsteuerung: Integration von Konjunktur- und Strukturpolitik, in: *Fleischle,* Gerhard/*Krüper,* Manfred (Hrsg.), Investitionslenkung. Überwindung oder Ergänzung der Marktwirtschaft?, Frankfurt/M.—Köln 1975, S. 31 ff.; *Meissner,* Werner, Investitionslenkung, Frankfurt/M. 1973, S. 32 ff., 46 ff.

Kapitel 17

Zusammenfassung

Die Hauptlinien der von mir skizzierten Entwicklung der Theorie der „functional finance" sollen nun nochmals zusammenfassend nachgezeichnet werden.

Wir begannen unsere dogmengeschichtliche Darstellung mit dem Kameralismus. Allein dieser hätte Gegenstand einer umfangreicheren Darstellung sein können. Wir konnten auf die Ergebnisse der bereits durchgeführten Forschung verweisen und die Relevanz der Lehrgebäude der kameralistischen Staatswirtschaftslehre herausstellen. Tatsächlich sind nicht nur Ausstrahlungseffekte des Kameralismus auf die deutsche Finanzwissenschaft des 19. Jahrhunderts festzustellen; Elemente ihres Lehrgebäudes wirken bis ins 20. Jahrhundert fort.

Im Prinzip dürfte eine ähnliche Wirkungskontinuität auch dem englischen Merkantilismus — trotz seines anders gelagerten Schwerpunktes — zukommen. Nicht nur die *Keynes*sche Lehre, auch *Beveridges* Nachfrage- und Geldauffassung legen davon Zeugnis ab.

In Deutschland konnten wir den (systematischen) Beginn der funktionalen Finanzwirtschaftslehre mit der Epoche der „deutschen Finanzklassik" ansetzen. Daß diese Phase „neomerkantilistische" Züge annahm, verwundert angesichts der genannten Bedeutung des Kameralismus in der deutschen Wissenschaftsgeschichte nicht.

Wichtig scheint es festzuhalten, daß die Funktionalisierung der öffentlichen Finanzwirtschaft zu außer-fiskalischen Zwecken zunächst dominant sozialpolitischer Art war. Wirtschaftspolitische Zwecksetzungen waren vorhanden, aber zugleich stark unterrepräsentiert. Aber es gab sie. Der Stand der Konjunktur- und Krisentheorie machte eine derartige Entwicklung wissenschaftsgeschichtlich auch durchaus möglich.

Nachdem die Idee der „öffentlichen Arbeiten" — ursprünglich eine zentrale Idee des Merkantilismus — vereinzelt das ganze 19. Jahrhundert begleitete, verdichtete sich die diesbezügliche Debatte in den 1880er und 1890er Jahren zunehmend. Damit nimmt eine der u. E. wichtigsten Strömungen der Dogmengeschichte der „functional finance" Gestalt an: die Idee der „Public Works" als Vorläuferfigur der funktionalen Finanzwirtschaftslehre im Zeitraum der Jahre 1900 bis 1930.

Zugleich ermöglichte die Analyse dieser Vorläuferfigur, wichtige Kontinuitätszusammenhänge herauszustellen und einige Konsequenzen für die finanzwirtschaftliche Historiographie zu ziehen.

Erstens war die Idee der „Public Works" eine international synchronisierte Themenstellung; wir fanden sie in den USA ebenso wie in England, Deutschland oder Schweden. Als zentrale Quelle (mit internationaler Ausstrahlungskraft) können, um dies hier nochmals herauszuheben, die Arbeiten der *Webbs* gelten (die zugleich enge Wechselwirkungen mit der deutschen historischen Richtung aufwiesen).

Zweitens können wir in diesem Zusammenhang festhalten, daß schon zu Beginn des 20. Jahrhunderts einige recht elaborierte Fassungen funktionaler (z. T. explizit antizyklischer) Finanzwirtschaftslehre nachweisbar sind. Damit dürfte die These relativiert werden, der Beginn der „New Economics" sei im Kontext der Weltwirtschaftskrise der Jahre 1929ff. anzusetzen.

Doch eine These zu relativieren heißt nicht, ihr jegliche Gültigkeit abzusprechen. Ein ausgesprochenes Reifestadium in der Entwicklung der „neuen Wirtschaftslehre" wurde erst mit den frühen 1930er Jahren erreicht; die Arbeiten von *Lerner* und *Hansen* fallen sogar in die 40er und 50er hinein.

Die vorgenommene Auswahl dieser Entwicklungsstadien der Dogmengeschichte funktionaler Orientierungen in der Finanzwirtschaft der öffentlichen Hände ist zugleich verbunden gewesen mit dem Anspruch, die sogar noch von neueren dogmengeschichtlichen Darstellungen nicht gefüllten Lücken der Historiographie (skizzenhaft) zu schließen. So wird der Merkantilismus oftmals nur recht oberflächlich gestreift, die Debatten zwischen 1900 und 1930 bleiben weitgehend „verschüttet". Die Diskussionszusammenhänge der „deutschen Keynesianer" werden zwar zunehmend rezipiert, stellen jedoch eine — auch chronologisch — bereits fortgeschrittene Entwicklungsetappe der „neuen Lehre" dar.

Mit den Ausführungen zu *Baran*, *Sweezy* und *Gillman* haben wir im Rahmen unserer Darstellung Anschluß finden können zur neueren Zeit oder gar zu aktuellen Debatten. Insbesondere im Kapitel 16 zogen wir einige Linien zu derzeitigen Kontroversen um die Möglichkeiten einer „beschäftigungssichernden Finanzpolitik". Wir konnten festhalten, daß die Konturen dieser Debatte, ja ganze Argumentationsmuster, dogmengeschichtlich weit zurückzuverfolgen sind.

Dem Leser mag das Bemühen, eine frühe Vorgeschichte der „neuen Wirtschaftslehre" auszugraben, zu weit gehen. Insbesondere die Hinweise auf die staatsphilosophischen Diskussionszusammenhänge mögen sich zu weit von der finanzwissenschaftlichen Problemstellung entfernt haben. Dies ist jedoch nicht unsere Einschätzung. Wir wollen dies an der Entwicklung der funktionalen Finanzwirtschaftslehre in den USA nochmals erläutern.

Die Funktionalisierung der Besteuerung zur Erzielung sozialer Gerechtigkeit und zum Abbau sozialer Ungleichheit (wie beispielsweise schon in der Debatte um die progressive Einkommensteuer im 19. Jahrhundert) setzt in den USA schon im vergangenen Jahrhundert an.[1] Die von der historisch-ethischen Richtung der Nationalökonomie stark beeinflußte Reformbewegung in den USA — wie bei *Ely*[2] — muß als „forerunner" des „welfare state"(-capitalism) verstanden werden. Sicherlich ist sie nicht selten eine — finanzwirtschaftlich nicht hinreichend konkretisierte — Vorstellung von der Notwendigkeit staatlichen Eingreifens[3] (wie bei Lester *Ward* oder Walter *Lippmann*). Dennoch ist die umfassende Angleichung der Einkommen durch Besteuerung und die dadurch bewirkte Angleichung der Kaufkraft[4] integrierter Bestandteil dieser „neuen Staatswissenschaft"[5]. Die hier angesprochene Bedeutung der sozialreformerischen Strömung in den USA für die Entwicklung der „neuen Wirtschaftslehre", wie sie in der „New Deal"-Ära zum Tragen kam, findet im deutschen Sprachraum ihre Entsprechung in der Wirkung der „deutschen Finanzklassik", speziell der kathedersozialistischen Richtung derselben, auf die weitere Entwicklung im 20. Jahrhundert: in der revisionistischen Sozialdemokratie oder in verschiedenen Vorschlägen kreditfinanzierter Arbeitsbeschaffungsprogramme. Gegenüber den dominant-sozialpolitischen Zwecksetzungen der kathedersozialistischen Fiskalpolitik haben die sozialreformerischen Strömungen in den USA sogar den tendenziellen Vorzug, stärker im Schnittpunkt sozial- und wirtschaftspolitischer Zielsetzungen angesiedelt zu sein.

Auch *Curti* hebt die Bedeutung *Pattens* für die „New-Deal"-Bewegung der 1930er Jahre hervor: „Durch Zusammenarbeit und bewußte Planung müsse und könne die Kaufkraft und der Lebensstandard des einfachen Volkes gesteigert werden, und damit könne auch ein Maß wirtschaftlicher Gleichheit erreicht werden, viel wirksamer, als dies durch eine sozialistische Neuverteilung des Eigentums geschehen könnte. Dies ist der wesentliche Inhalt der Gedanken, die (Patten formuliert hat)".[6] Gerade *Pattens* Lehre stellte eine Position dar, in der sich Staatsphilosophie (als metaökonomische Theoriedimension) und finanzpolitische Konkretisierung derart verquicken, daß sich die von uns gewählte Ebene (und chronologische Tiefe) der dogmengeschichtlichen Darstellung rechtfertigt. Das wird nicht zuletzt nochmals an John R. *Commons* deutlich, der *Pattens* Arbeiten kannte und der von *Keynes* rezipiert wurde. *Keynes*' Vorstellung vom Kapitalreichtum reifer Gesellschaften und der sich daraus ableitbaren Besteuerungs- und Anleiheprinzipien des Interventionsstaates in einer „mature eco-

---

[1] Vgl. *Curti*, Merle, Das amerikanische Geistesleben. Von den Anfängen bis zur Gegenwart, Stuttgart 1947, S. 814.

[2] Ebenda, S. 865.

[3] Vgl. *Commager*, Henry Steele, Der Geist Amerikas. Eine Deutung amerikanischen Denkens und Wesens von 1800 bis zur Gegenwart, Zürich—Wien—Konstanz 1952, S. 304f., 413, 432.

[4] Ebenda, S. 291.

[5] Ebenda, S. 397ff.

[6] *Curti*, Das amerikanische Geistesleben, S. 866.

nomy" mögen hier — ebenso wie bei *Malthus* und *Lauderdale* — ihre Quellen haben.

Commons galt als einer der Hauptvertreter des „Übergangs von der privaten zur staatlich kontrollierten Wirtschaft".[7]

Auf derartige frühe Wurzeln muß die Dogmengeschichtsschreibung also zurückgreifen, will sie nicht der fragwürdigen historiographischen Konsequenz zuneigen, wonach die „neue Wirtschaftslehre" wie das „Manna" vom Himmel gefallen sei.

In diesem Sinne sollte die vorliegende Arbeit der Behauptung von *Steiger* folgen, die „neue Wirtschaftslehre" hätte ihre Wurzeln in Diskussionszusammenhängen um die Jahrhundertwende.[8] Wir konnten diese These, zu deren Belegung *Steiger* ja selbst schon einiges beitragen konnte, nur bestätigen. Dabei sind wir — wie eben nochmals in Erinnerung gerufen — sogar weit ins 19. Jahrhundert abgestiegen.

Es ist erstaunlich zu sehen, wie die „Wissenschaftsgemeinde" hinter bereits erreichte Erkenntnisstadien zurückfallen kann und es demnach der Dogmengeschichtsschreibung zukommt, diese Stadien der Erkenntnis retrospektiv (erneut) einzuholen.[9]

---

[7] Vgl. *Commager*, Der Geist Amerikas, S. 315.

[8] Vgl. *Steiger*, Otto, Studien zur Entstehung der Neuen Wirtschaftslehre in Schweden, S. 98.

[9] Zum „Sinn der Dogmengeschichtsschreibung" — die Dogmengeschichte hält *Jöhr* noch für eine „in der Nationalökonomie geübte Tradition" (*Jöhr*, Adolf Walter, Vom Sinn der Dogmengeschichte, in: Weltwirtschaftliches Archiv, Bd. 56, 1942, S. 115ff., hier S. 115) — gehört sicherlich auch eine derartige Rekonstruktion bereits erreichter, aber dann wieder „verschütteter" Erkenntnisstadien der Wissenschaft. Damit kann man unfruchtbaren Debatten gleichsam vorbeugend aus dem Weg gehen. Dennoch muß man — lassen wir auch die These, die „Gedanken der herrschenden Klasse sind in jeder Epoche die herrschenden Gedanken" (*Marx*, Karl / *Engels*, Friedrich, Die deutsche Ideologie, MEW Bd. 2, Berlin, DDR 1978, S. 46) dahingestellt — „mit einiger Verwunderung feststellen, daß bestimmte sozialwissenschaftliche Theorien, deren Unhaltbarkeit von erkenntnistheoretisch geschulten Ökonomen nicht mehr bestritten wird — sei es, weil sie pseudoempirische Leerformeln enthalten oder aber durch Konfrontation mit der Praxis als gescheitert angesehen werden können — als herrschende Lehrmeinung sich behaupten und teilweise von Lehrbuch zu Lehrbuch tradiert werden." (*Thiemeyer*, Theo, Die soziale Relevanz „unhaltbarer" ökonomischer Theorien, in: *Flohr*, Heiner u. a. (Hrsg.), Freiheitlicher Sozialismus. Gerhard Weisser zum 75. Geburtstag, Bonn—Bad Godesberg 1973, S. 79ff., hier S. 79). Die — für unsere Problemstellung zentrale — Renaissance (neo-) quantitätstheoretischen Denkens macht diese Funktion der Dogmengeschichtsschreibung erneut relevant: Wiederum steht eine alte Theorie — in engster Verknüpfung mit dem Ordnungs(politik)rahmen des „Laissez-faire" (vgl. auch *Ketterer*, Karl-Heinz / *Simmert*, Diethard B., Moderne Quantitätstheorie und Laissez-faire-Liberalismus, in: WSI-Mitteilungen, H. 11, 1972, S. 377ff.) — zur theoretischen Diskussion und politischen Umsetzung an. Angesichts der neuerlichen Renaissance marktliberaler Allokationstheorien (vgl. auch *Drupp*, Michael / *Hoppe*, Ulrich / *Schulz*, Frank, „Ohne Hast, aber

Bis auf Lorenz von *Stein* geht das Bemühen der finanzgeschichtlichen Forschung zurück, Stilepochen der Finanzwissenschaft und -wirtschaft nachzuzeichnen. Darunter versteht noch neuerdings *Scheer*[10] — unter Anlehnung an *Bechtel*[11] und *Brinkmann*[12] — den Versuch, Entwicklungstendenzen, Epochen und Perioden herauszuarbeiten.

Wesensbestimmend für den modernen „welfare state" bzw. Sozialstaat ist die „soziale Komponente" der Finanzwissenschaft und -politik, zumal dem Budget eine zentrale Rolle im Gesamtzusammenhang der staatlichen Politik zukommt[13]: Die Gestaltung des Budgets determiniert zum großen Teil die gesamte Staatspolitik.

Eine Kernaussage einer zusammenfassenden Sicht unserer Darstellung muß daher sicherlich die sein, daß die Dogmengeschichte der Finanzwirtschaftslehre eine tendenzielle säkulare Hinwendung zu der Epoche des Sozialstaates aufweist.

Probleme einer generalisierenden Trendbehauptung[14] sind uns hierbei durchaus bewußt. Dennoch ist der herausgestellte Trend nicht ohne sozial- und wirtschaftsgeschichtliche Plausibilität: Er ist angebunden oder gar eingebunden an den feststellbaren Aufstieg des modernen Interventionsstaates in allen westlichen Industriestaaten; ein Aufstieg, der sich wohl insbesondere im 20. Jahrhundert intensivierte.

Der Verfasser hofft, mit der Nachzeichnung der genannten „roten Fäden" in der entsprechenden Dogmengeschichte nicht an der geschichtlichen Wirklichkeit vorbeikonstruiert zu haben. Die Debatte um die Einschätzung der wohlfahrtsstaatlichen Komponente des Merkantilismus hat derartige Probleme aufgewiesen; ebenso die Debatte um die Einschätzung der Elisabethanischen Armengesetzgebung von 1601 hinsichtlich der Frage nach dem Charakter der

---

beharrlich!" Zum Stand der Entstaatlichungspolitik im Bereich der öffentlichen Wirtschaft und des Wohnungswesens, in: WSI-Mitteilungen, H. 5, 1985, S. 293ff.) muß Dogmengeschichte wieder betrieben werden als Geschichte von Irrtümern und ihrer Überwindung (vgl. auch *Jöhr*, Vom Sinn, S. 121).

[10] *Scheer*, Sozialstaat und öffentliche Finanzen, S. 3.

[11] *Bechtel*, Heinrich, Stile und Epochen der Finanzwirtschaft, in: Schmollers Jahrbuch, Bd. 56, II, 1932, S. 975ff.

[12] *Brinkmann*, Carl, Zukunftsprobleme der Finanzgeschichte, in: Finanzarchiv, N. F., Bd. 1, 1932/33, S. 46ff., hier S. 46.

[13] Vgl. *Friauf*, Karl Heinrich, Der Staatshaushalt im Spannungsfeld zwischen Parlament und Regierung, Bd. 1: Verfassungsrechtliche Untersuchungen über den Haushaltsplan im deutschen Frühkonstitutionalismus mit einer kritischen Übersicht über die Entwicklung der budgetrechtlichen Dogmatik in Deutschland, Bad Homburg v.d.H. — Berlin—Zürich 1968, S. 216ff.

[14] Vgl. *Briggs*, Asa, The History of Changing Approaches to Social Welfare, in: Martin, E. W. (Hrsg.), Comparative Development in Social Welfare, London 1972, S. 9ff., hier S. 9, 19f.

staatlichen Arbeitsbeschaffung.[15] So war für *Mehring*[16] das „soziale Königtum" eine „Unwahrheit", *Mottek* betrachtete den Absolutismus hauptsächlich als autoritäre Politik des „Untertanengeistes".[17] Doch unsere Darstellung der kameralistischen (und z. T. englisch-merkantilistischen) Staatswirtschaftslehre hat wohl zeigen können, daß es — zumindest in den (wenn auch nicht hinreichend realisierten) Ideen — erstaunliche Ähnlichkeiten zur „Allgemeinen Theorie" gab.[18] Nochmals möchten wir an die Vorstellung erinnern, die Besteuerung soll aus den „idle funds" der Reichen erfolgen.[19] Die Parallele zu *Hansens* Theorie ist unabweisbar.

Die Dogmengeschichte der funktionalen Finanzwirtschaftslehre läßt sich demnach durchaus als Geschichte eines Fortschreitens — als Transformation traditionaler sozialpolitischer Interventionsformen in zunehmend volkswirtschaftspolitisch begriffene und eingebettete Eingriffsformen des Staates — verstehen. Ein „neuer Gesichtspunkt"[20] — als „Weiterbildung der Armenpflege"[21] zur Wirtschafts- und Krisenpolitik (als „Beschaffung von Arbeit, die den Charakter der Hilfe verändert"[22]) — schien sich mit der Wende des 19. zum 20. Jahrhundert abzuzeichnen. Hier liegen die tieferen Wurzeln einer begründbaren Neu- oder Umorientierung der Historiographie der Entwicklung der „neuen Wirtschaftslehre" und der an diese geknüpfte Geld-, Kredit- und Finanzlehre. Wir sind demnach nicht der Auffassung, die Suche nach sehr frühen Wurzeln des „Keynesianismus" sei „totally misleading".[23] Richtig bleibt allerdings die Feststellung einer dialektischen Bewegung der finanzwissenschaftlichen Dogmengeschichte, die die Bewegung des strukturellen Verhältnisses von Staat und Gesellschaft widerspiegelt: Kannte die Staatswirtschaftslehre des Merkantilismus noch nicht die Trennung von Staat und Gesellschaft, so ist die Geschichte der funktionalen Finanzwirtschaftslehre eine Geschichte der Durchstaatlichung von Gesellschaft und Wirtschaft in postmerkantilistischer Zeit.

---

[15] Vgl. *Conrad*, Johannes, Leitfaden zum Studium der Volkswirtschaftspolitik, 4. Aufl., Jena 1911, S. 118; *Malachowski*, Recht auf Arbeit und Arbeitspflicht, S. 14, 27.

[16] *Mehring*, Franz, Die Lessing-Legende, in: ders., Gesammelte Schriften, Bd. 9, Berlin (DDR) 1963, S. 139.

[17] *Mottek*, Hans, Wirtschaftsgeschichte Deutschlands, Bd. 1, 5. Aufl., Berlin (DDR), 1968, S. 256.

[18] *Sen*, Samar Ranjan, Sir James Steuart's General Theory of Employment, Interest and Money, in: Economica, Vol. 14, 1947, S. 19ff.

[19] Vgl. auch *Dorn*, Die Theorie der Staatswirtschaft, S. 28, 31.

[20] *Malachowski*, Recht auf Arbeit und Arbeitspflicht, S. 84.

[21] Ebenda, S. 93.

[22] Ebenda, S. 93.

[23] *Corry*, Bernhard Alexander, Money, Saving and Investment in English Economics 1800-1850, London 1962, S. 3.

Literaturverzeichnis

Dieses Literaturverzeichnis nimmt ausschließlich die im Text genannten Schriften und Quellen auf.

Abel, Hans, Kommunaler Finanzplan und Ausgleichsfonds, München 1912.

Abelshauser, Werner, Wirtschaftsgeschichte der Bundesrepublik Deutschland 1945-1980, Frankfurt/M. 1983.

Adams, Henry Carter, Public Debts (1887), New York 1893.

— The Science of Finance, New York 1898.

— Relations of the State to Industrial Action and Economics and Jurisprudence (1886/87), ed. by Joseph Dorfmann, New York 1954.

Adams, Willi Paul u.a., Die Vereinigten Staaten von Amerika (Fischer-Weltgeschichte, Bd. 30), Frankfurt/M. 1977.

Adden, Robert, The Economic Effects of Governmental Fiscal Policy as viewed by certain English Classical Economists, Diss., University of North Carolina 1959.

Adler, Georg/*Mayer,* Gustav, Art. Recht auf Arbeit, in: Handwörterbuch der Staatswissenschaften, hrsg. von Ludwig Elster u.a., Bd. 7, Jena 1893, S. 46ff.

— Über die Aufgaben des Staates angesichts der Arbeitslosigkeit, Tübingen 1894.

— Art. Arbeitslosigkeit und Arbeitslosenversicherung, in: Handwörterbuch der Staatswissenschaften, hrsg. von Ludwig Elster u.a., Bd. 1, 3. Aufl., Jena 1909, S. 1101ff.

Alber, Jens, Vom Armenhaus zum Wohlfahrtsstaat, Frankfurt/M.—New York 1982.

Albrecht, F./*Wilhelmi,* K., Die produktive Erwerbslosenfürsorge, Berlin 1926.

Albrecht, Gerhard, Das Problem der öffentlichen Ausgaben in der älteren Finanzwissenschaft, in: Jahrbücher für Nationalökonomie und Statistik, Bd. 148, 1938, S. 171ff.

Albrecht, Heinrich, Handbuch der sozialen Wohlfahrtspflege in Deutschland, Berlin 1902.

Albrecht, Jürgen, Friedrich Lists Lehre von den produktiven Kräften und die heutige Diskussion um die Entwicklungspolitik, Diss., Mainz 1971.

Albrecht, Paul, Die volkswirtschaftlichen und sozialen Fragen in der Frankfurter National-Versammlung, Diss., Halle—Wittenberg 1914.

Alterthum, Paul, Das Problem der Arbeitslosigkeit und die kapitalistische Wirtschaftsentwicklung, Berlin 1911.

Altmann, S. P., Das Problem der Gerechtigkeit in der Besteuerung, in: Archiv für Sozialwissenschaft und Sozialpolitik, Bd. 33, 1911, S. 77ff.

Altvater, Elmar, Der Kapitalismus in der Formkrise, in: Aktualisierung Marx', Berlin 1983, S. 80ff.

— Der Kapitalismus vor einem Aufschwung? Über Theorien der „langen Wellen“ und der „Stadien“, in: Wirtschaft und Gesellschaft, H. 2, 1982 (Festschrift für T. Prager und P. Rieger), S. 195ff.

Amberg, Hans-Ulrich, Grundsätze sozialistischer Finanzpolitik, Winterthur 1953.

Ambrosius, Gerold, Ansätze einer gemeinwirtschaftlichen Theorie öffentlicher Unternehmen in der Weimarer Republik, in: Zeitschrift für öffentliche und gemeinwirtschaftliche Unternehmen, H. 3, 1980, S. 141ff.

— Der Staat als Unternehmer, Göttingen 1984.

— Die öffentliche Wirtschaft in der Weimarer Republik, Baden-Baden 1984.

Ammon, Alfred, Die Hauptprobleme der Sozialisierung, Leipzig 1920.

— Sismonde de Sismondi als Nationalökonom, 2 Bde., Bern 1945, 1949.

Anderson, Clay J., The Development of the Pump-Priming-Theory, in: Journal of Political Economy, Vol. 52, 1944, S. 144ff.

— The Compensatory Theory of Public Works Expenditures, in: Journal of Political Economy, Vol. 53, 1945, S. 258ff.

Andreae, Wilhelm, Grundlegung einer neuen Staatswirtschaftslehre, Jena 1930.

— Der staatswissenschaftliche Ideenkreis, in: Archiv für Rechts- und Wirtschaftsphilosophie, Bd. 24, 1930/31, S. 169ff.

Andrews, John B., Public Works as an Agency of Control, in: Edie, Lionel D. (Hrsg.), The Stabilization of Business, New York 1923, S. 324ff.

Angelopoulos, Angelos, Wohlfahrtsstaat und Finanzpolitik, in: Finanzarchiv, N. F., Bd. 12, 1950/51, S. 208ff.

Armstrong, Philip/*Glyn*, Andrew/*Harrison*, John, Capitalism since World War II. The making and breakup of the great boom, London 1984.

Baab, August, Zur Frage der Arbeitslosenversicherung, der Arbeitsvermittlung und der Arbeitsbeschaffung, Leipzig 1911.

Baade, Fritz, Der Einfluß der Wirtschaftsforschung auf die Wirtschaftspolitik in Deutschland in den letzten 53 Jahren, in: Böhret, Carl/Grosser, Dieter (Hrsg.), Interdependenzen von Politik und Wirtschaft. Beiträge zur politischen Wirtschaftslehre, Festgabe für Gert von Eynern, Berlin 1967, S. 317ff.

Baensch, Heinzjoachim, Die Arbeitslosigkeit in der Konjunktur und ihre Verhütung durch sozialpolitische Maßnahmen, besonders im Hinblick auf einige in den Vereinigten Staaten angestellte Versuche, Diss., Freiburg i. Br., Berlin 1929.

Bäumer, Gertrud, Die soziale Frage in den Weltanschauungen des 19. Jahrhunderts., Heilbronn 1910.

Ballod, Carl, Der Bankrott der freien Wirtschaft und die notwendigen Finanz- und Wirtschaftsreformen, Jena 1923.

Baran, Paul M., Reflexionen über Unterkonsumtion, in: ders., Zur politischen Ökonomie der geplanten Wirtschaft, Frankfurt/M. 1968, S. 7ff.

— Politische Ökonomie des wirtschaftlichen Wachstums, Neuwied—Berlin 1966 sowie 1972.

— Comments on the Political Economy of Growth, in: ders., The longer view, New York—London 1969, S. 316ff.

— Economic Progress and Economic Surplus, in. ders., The longer view, New York—London 1969, S. 271ff.

— Über die politische Ökonomie unentwickelter Länder, in: ders., Unterdrückung und Fortschritt. Essays, 4. Aufl., Frankfurt/M. 1972, S. 99ff.

— / *Sweezy*, Paul A., Monopolkapital. Ein Essay über die amerikanische Wirtschafts- und Gesellschaftsordnung (1966), Frankfurt/M. 1973.

Barich, Werner, Lujo Brentano als Sozialpolitiker, Diss., Frankfurt, Berlin 1936.

Barker, Ernest, The Development of Public Services in Western Europe 1660-1930, Hamden/Conn. 1966.

Baron, Rüdiger (Hrsg.), Sozialarbeit und Soziale Reform, Weinheim 1983.

— Die Entwicklung der Armenpflege in Deutschland vom Beginn des 19. Jahrhunderts bis zum ersten Weltkrieg, in: ders./Landwehr, Rolf (Hrsg.), Geschichte der Sozialarbeit. Hauptlinien ihrer Entwicklung im 19. und 20. Jahrhundert, Weinheim—Basel 1983, S. 11ff.

— / *Landwehr*, Rolf (Hrsg.), Geschichte der Sozialarbeit. Hauptlinien ihrer Entwicklung im 19. und 20. Jahrhundert, Weinheim—Basel 1983.

Barr, Kenneth, Long Waves: A selective annotated bibliography, in: Review, Vol. 2, No. 4, Spring 1979, S. 675ff.

Bartsch, Volker, Liberalismus und arbeitende Klassen. Zur Gesellschaftstheorie von John Stuart Mill, Opladen 1982.

Bauer, Helene, Rudolf Goldscheids „Naturalabgabe“, in: Der Kampf, 12. Jg., 1919, S. 270ff.

Bauer, Otto, Kapitalismus und Sozialismus nach dem Weltkrieg, 1. Bd.: Rationalisierung — Fehlrationalisierung, Wien 1932.

Baumann, Egbart, Arbeitsnachweis und Erwerbslosenfürsorge, in: Mitzlaff, Paul/Stein, Erwin u. a. (Hrsg.), Die Zukunftsaufgaben der Städte, Berlin 1925, S. 618ff.

Baxa, Jakob, Geschichte der Produktivitätstheorie, Jena 1926.

— Einführung in die romantische Staatswissenschaft, 2., erw. Aufl., Jena 1931.

Becher, Johann Joachim, Politischer Diskurs von den eigentlichen Ursachen des Auf- und Abnehmens der Städte, Länder und Republiken, in specie, wie ein Land volkreich und nahhaft zu machen, und in eine rechte societatem cicilem zu bringen, (1668), 3. Aufl., Frankfurt 1688.

Becher, Paul, Vergleich und Kritik der sozialpolitischen Auffassungen bei Lujo Brentano, Adolph Wagner, Georg von Hertling und Franz Hitze, Diss., München 1959, München 1965.

Bechtel, Heinrich, Stile und Epochen in der Finanzwirtschaft, in: Schmollers Jahrbuch, Bd. 56, 2, 1932, S. 975ff.

Becker, Helmut, Die soziale Reform im Neoliberalismus. Analyse und Kritik, Heidelberg—Löwen 1965.

Becker, Julius, Das Deutsche Manchestertum. Eine Studie zur Geschichte des wirtschaftspolitischen Individualismus, Karlsruhe 1907.

Beckerath, Erwin von, Gustav von Schmollers finanzgeschichtliche Studien und seine finanztheoretische Bedeutung, in: Spiethoff, Arthur (Hrsg.), Gustav Schmoller und die Deutsche Geschichtliche Volkswirtschaftslehre. Festgabe zur 100. Wiederkehr seines Geburtstages, Berlin 1938, S. 212ff. (= Schmollers Jahrbuch, 62. Jg., Hb. 2).

— Adolf Lampe, in: Zeitschrift für die gesamte Staatswissenschaft, Bd. 105, 1949, S. 602ff.

— Die neuere Geschichte der deutschen Finanzwissenschaft (seit 1800), in: Gerloff, Wilhelm / Neumark, Fritz (Hrsg.), Handbuch der Finanzwissenschaft, 2. Aufl., Bd. 1, Tübingen 1952, S. 416ff.

Beckerath, Herbert von, Der moderne Industrialismus, Jena 1930.

Beer, Max, Allgemeine Geschichte des Sozialismus und der sozialen Kämpfe, 7. Aufl., mit Ergänzungen von H. Duncker, zuerst erschienen 1919-23, Berlin 1931, Reprint, Erlangen 1971.

Beiträge zur Arbeiterstatistik, Nr. 6. Die Regelung des Arbeitsverhältnisses bei Vergebung öffentlicher Arbeiten, Berlin 1907.

Bellerby, J. R., Economic Reconstruction, Vol. I. National, Industrial and Regional Planning, London 1943.

Bellstedt, Christoph, Die Steuer als Instrument der Politik, Berlin 1966.

Below, Georg von, Die Entstehung der Soziologie, Jena 1928.

Bentele, Max, Das Recht auf Arbeit in rechtsdogmatischer und ideengeschichtlicher Betrachtung, Diss., Zürich 1949.

Berckenhagen, Friedrich, Die Lehre Ad. Wagners vom sozialpolitischen Zweck der Steuer und die Reichsfinanzreform von 1919/20, Diss. (maschinenschriftlich), Königsberg 1923.

Berckum, Johann Joseph, Das Staatsschuldenproblem im Lichte der klassischen Nationalökonomie, Leipzig 1911.

Berger, Ernst, Das Vordringen des produktiven Gedankens in der Erwerbslosenfürsorge des Auslandes, in: Reichsarbeitsblatt, 1922, S. 729ff.

— Arbeitsmarktpolitik, Berlin—Leipzig 1926.

Berger-Thimme, Dorothea, Wohnungsfrage und Sozialstaat. Untersuchungen zu den Anfängen staatlicher Wohnungspolitik in Deutschland (1873-1918), Frankfurt / M.—Bern 1976.

Bergmann, Eugen von, Geschichte der Nationalökonomischen Krisentheorien (1895), Neudruck, Glashütten / Ts.—Tokyo / Japan 1970.

Behrens, Walter G., Das Geldschöpfungsproblem, Jena 1928.

Berndt, Paul, Die Arbeitslosigkeit, ihre Bekämpfung und Statistik, Halle a. S. 1899.

Bernhard, Ernst, Die Vergebung der öffentlichen Arbeiten in Deutschland im Kampf gegen die Arbeitslosigkeit, Berlin 1913 (= Schriften der Deutschen Gesellschaft zur Bekämpfung der Arbeitslosigkeit, H. 1).

Bernoulli, Christoph, Was ist von Staatsschulden zu halten? Oder Betrachtung über das Schuldenmachen (= wesen) der heutigen Staaten, Basel 1832.

— Beiträge zur richtigen Würdigung der Staats-Anleihen überhaupt und der verschiedenen Anleihensformen, Karlsruhe 1832 (z.T. abgedruckt in: Diehl, Karl/Mombert, Paul (Hrsg.), Das Staatsschuldenproblem, Neuauflage, hrsg. und eingeleitet von Rudolf Hickel, Frankfurt/M.—Berlin—Wien 1980, S. 144ff.

Bernstein, Eduard, Stehendes Heer und Ueberproduktion, in: Die Neue Zeit, 17. Jg., 2. Bd., 1899, S. 50ff.

— Die Voraussetzungen des Sozialismus und die Aufgaben der Sozialdemokratie, Stuttgart 1899, 2. Aufl., 1921, Neudruck, Hannover 1964.

— Die Steuerpolitik der Sozialdemokratie, Berlin 1914.

Beveridge, William Henry, Unemployment. A Problem of Industry, (1909), 2. Aufl., London—New York—Berkeley—Calcutta 1910.

— Full Employment in a Free Society, London 1944.

— Vollbeschäftigung in einer freien Gesellschaft. Eine Zusammenfassung, Hamburg 1946.

— Soziale Sicherheit und Vollbeschäftigung, Hamburg 1946.

Bez, Eleonore, Ist Arbeitslosigkeit unvermeidbar? Überlegungen zum Problem der Vollbeschäftigung in alten und neuen Theorien, Stuttgart—Köln 1949.

Bickel, Wilhelm, Die Steuer als Instrument des Einkommens- und Vermögensausgleichs. Eine dogmenhistorische Betrachtung, in: Festgabe für Eugen Grossmann, Zürich 1949, S. 16ff.

Bicker, Friedrich, Das Staatsschuldenproblem in der Lehre der Cameralistik, Diss., Gießen 1928.

Biechele, Eckhard, Der Kampf um die Gemeinwirtschaftskonzeption des Reichswirtschaftsministeriums im Jahre 1919, Diss., Berlin 1972.

Biedermann, Karl, Vorlesungen über Sozialismus und soziale Fragen, Leipzig 1847.

Biensfeldt, Johannes, Johann Georg Büsch. Ein Beitrag zur Geschichte der Nationalökonomie, Diss.,Erlangen 1909, Erlangen 1910.

Bieri, Stephan, Zur Stellung der frühen deutschen Finanzwissenschaft unter besonderer Berücksichtigung von Jakob, Soden, Lotz und Malchus, Diss., Zürich 1968.

Biermann, W. Ed., Staat und Wirtschaft, Bd. 1: Die Anschauungen des „ökonomischen Individualismus“, Berlin 1905.

Bieshaar, Hans/*Kleinknecht*, Alfred, Kondratieff Long Waves in Aggregate Output?, in: Konjunkturpolitik, 30. Jg., Nr. 5, October 1984, S. 279ff.

Blaas, Wolfgang/*Matzner*, Egon, Nachlassendes Wachstum und Staatsverschuldung, in: Simmert, Diethard B./Wagner, Kurt-D. (Hrsg.), Staatsverschuldung — kontrovers, Köln 1981, S. 118ff.

Blaich, Fritz, Die Wirtschaftskrise 1925/26 und die Reichsregierung. Von der Erwerbslosenfürsorge zur Konjunkturpolitik, Kallmünz 1977.

Blasius, Dirk, Lorenz von Stein. Grundlagen und Struktur seiner politischen Ideenwelt, Diss., Köln 1970.

Blank, Hans-Joachim, Verwaltung und Verwaltungswissenschaft, in: Kress, Gisela/Senghaas, Dieter (Hrsg.), Politikwissenschaft, Frankfurt/M. 1969, S. 368ff.

Blattner, Niklaus, Technischer Fortschritt und Beschäftigung, in: Wirtschaftsdienst, H. 12, 1982, S. 601ff.

Bleaney, Michael, Underconsumption Theory, London 1976.

Bleicher, Heinrich, Kommunale Finanzwirtschaftslehre, in: Handbuch der Finanzwissenschaft, hrsg. von Gerloff, Wilhelm/Meisel, Franz, Bd. 2, Tübingen 1927, S. 376ff.

Bloch, Herbert, Die Marxsche Geldtheorie, Jena 1926.

Böhler, Eugen, Die Finanzierung der Arbeitsbeschaffung, mit einem Vorwort von O. Zipfel, Zürich 1944.

— David Laurie. Ein verschollener Klassiker der Vollbeschäftigungstheorie, in: Schweizerische Zeitschrift für Volkswirtschaft und Statistik, 81. Jg., 1945, S. 607ff.

Boelcke, Willi Alfred, Art. Liberalismus, in: Handwörterbuch der Wirtschaftswissenschaften, hrsg. von Albers, Willi u. a., Bd. 5, Stuttgart/New York—Tübingen—Zürich 1980, S. 32ff.

Böhm, G., Art. Arbeitslosenfürsorge, wertschaffende, in: Dünner, Julia (Hrsg.), Handwörterbuch der Wohlfahrtspflege, Berlin 1929, S. 64ff.

Böttger, Geert u. a., Kompensatorische Finanzpolitik als Vollbeschäftigungsstrategie, in: Wirtschaftsdienst, H. 3, 1981, S. 151ff.

— u. a., Finanzierungspotentiale kompensatorischer Staatsbudgets, in: Konjunkturpolitik, H. 4, 1981, S. 207ff.

— /*Gretschmann*, Klaus, Ökonomische und politische Aspekte einer mittelfristigen Erhöhung der Staatsquote, in: WSI-Mitteilungen, H. 4, 1980, S. 216ff.

— Grundlagen des crowding-out-Effektes, Frankfurt/M.—Bern—Nancy—New York 1984.

Bollert, Gert, Arbeitsbeschaffung durch Erwerbslosenbeschäftigung. Zwei hilfswirtschaftliche Vorschläge der Professoren Graham und Lederer in ihrer allgemeinen Bedeutung, Diss., Berlin, Bottrop i. W. 1934.

Borchardt, Knut, Trend, Zyklus, Strukturbrüche, Zufälle: Was bestimmt die deutsche Wirtschaftsgeschichte des 20. Jahrhunderts, in: ders., Wachstum, Krise, Handlungsspielräume der Wirtschaftspolitik, Göttingen 1982, S. 100ff.

— Die Bundesrepublik Deutschland in den säkularen Trends der wirtschaftlichen Entwicklung, in: ders., Wachstum, Krisen, Handlungsspielräume der Wirtschaftspolitik, Göttingen 1982, S. 125ff.

— Zur Aufarbeitung der Vor- und Frühgeschichte des Keynesianismus in Deutschland. Zugleich ein Beitrag zur Position von W. Lautenbach, in: Jahrbücher für Nationalökonomie und Statistik, Bd. 197, 1982, S. 364ff.

— Wege aus der Arbeitslosigkeit: Die Diskussion in Deutschland in den frühen dreißiger Jahren, in: DIW (Hrsg.), Vierteljahreshefte zur Wirtschaftsforschung, H. 1, 1984, S. 6ff.

Borchert, Manfred / *Schulz*, Heiner, Zur Finanzierung staatlicher Defizite, in: Wirtschaftsdient, H. 12, 1975, S. 615ff.

Bortkiewicz, Ladislaus von, Der Begriff „Sozialpolitik", in: (Conrads) Jahrbücher für Nationalökonomie, Bd. 72, III. Folge, Bd. 17, 1899, S. 332ff.

Boswell, James L., The Economics of Simon Nelson Patten, Philadelphia 1933.

Boulding, Kenneth E., Der Institutionalismus in neuerer Sicht, in: Montaner, Antonio (Hrsg.), Geschichte der Volkswirtschaftslehre, Köln 1967, S. 62ff.

Bowen, Ralph, German Theories of the Corporative State, New York 1947.

Bowley, Arthur L. / *Stuart*, F. D., Regularization of the Demand for Labour by Advancement or Retardation of the Public Works, in: Is Unemployment Inevitable?, London 1924, Nachdruck von 1925, S. 366ff.

Bramstedt, Paul, Das Problem der Beschaffung von Arbeit durch Staat und Gemeinden, Diss., Kiel 1909.

Brander, Sylvia, Wohnungspolitik als Sozialpolitik. Theoretische Konzepte und praktische Ansätze in Deutschland bis zum ersten Weltkrieg, Berlin 1984.

Brandt, Karl, Struktur der Wirtschaftsdynamik, Frankfurt / M. 1952.

— Die Problematik der Stagnation im wirtschaftlichen Wachstumsprozeß, in: Jahrbücher für Nationalökonomie und Statistik, Bd. 165, 1953, S. 361ff.

Brauer, Theodor, Das Recht auf Arbeit, Jena 1919.

Breuer, Stefan, Sozialgeschichte des Naturrechts, Opladen 1983.

Briggs, Asa, The Welfare State in Historical Perspective, in: Archives Européennes de Sociologie, Vol. 2, 1961, S. 221ff.

— The History of Changing Approaches to Social Welfare, in: Martin, E. W. (Hrsg.), Comparative Development in Social Welfare, London 1972, S. 9ff.

Brinke, Martha, Die Krisentheorien der deutschen Sozialdemokratie seit dem Erfurter Programm, Diss., Bonn 1925.

Brinkmann, Carl, Die Entstehung der Staatswirtschaftslehre, in: Jahrbücher für Nationalökonomie und Statistik, 3. Folge, Bd. 50, 1915, S. 25ff.

— Versuch einer Gesellschaftswissenschaft, München—Leipzig 1919.

— Soziologie und Staatswissenschaft, in: Polyi, Melchior (Hrsg.), Hauptprobleme der Soziologie. Erinnerungsgabe für Max Weber, Bd. 2, München—Leipzig 1923, S. 65ff.

— Zukunftsprobleme der Finanzgeschichte, in: Finanzarchiv, N. F., Bd. 1, 1932/33, S. 46ff.

— Gustav Schmoller und die Volkswirtschaftslehre, Stuttgart 1937.

— William Godwin — Robert Malthus, Stuttgart 1948.

— Nationalökonomie als Sozialwissenschaft, Tübingen 1948.

— Staatsfinanzierung, in: Finanzarchiv, N. F., Bd. 11, 1949, S. 1ff.

— Wirtschaftsformen und Lebensformen, 2. Aufl., Tübingen 1950.

— Art. Historische Schule, in: Beckerath, Erwin von u.a. (Hrsg.), Handwörterbuch der Sozialwissenschaften, Bd. 5, Stuttgart—Tübingen—Göttingen 1956, S. 121 ff.

Bronfenbrenner, Martin, Macroeconomic Alternatives, Arlington Heights/Ill. 1979.

Brown, E. Cary, Business-Income Taxation and Investment Incentives, in: Income, Employment, and Public Policy. Essays in Honor of Alvin H. Hansen, New York 1948, S. 300ff.

Bruce, Maurice, The Coming of the Welfare State, (1961), 2. Aufl., London 1965.

Brückner, Jutta, Staatswissenschaften, Kameralismus und Naturrecht, München 1977.

Brunner, Paul, Die Grundlinien des sozialdemokratischen Steuerprogramms. Unter besonderer Berücksichtigung der sozialdemokratischen Steuerpraxis während der Reichsfinanzreform 1919/20, Diss., Köln 1921.

Bucerius°° (Bürgermeister, Dr.), Neue Ziele der städtischen Finanzwirtschaft, in: Mitzlaff, Paul/Stein, Erwin u.a. (Hrsg.), Die Zukunftsaufgaben der Städte, Berlin 1925, S. 167ff.

Bürgin, Alfred, Art. Merkantilismus, in: Beckerath, Erwin von u.a. (Hrsg.), Handwörterbuch der Sozialwissenschaften, Bd. 7, Stuttgart—Tübingen—Göttingen 1961, S. 308ff.

Büsch, Johann Georg, Über die Handlung (1784), Hamburg 1827.

— Abhandlung von dem Geldumlauf in anhaltender Rücksicht auf die Staatswirtschaft und Handlung, (1780), 2. Aufl., Hamburg—Kiel 1800.

Bullock, Alan/*Shock*, Maurice (Hrsg.), The Liberal Tradition: From Fox to Keynes, London 1956.

Burchardt, Fritz, Entwicklungsgeschichte der monetären Konjunkturtheorie, in: Weltwirtschaftliches Archiv, Bd. 28, H. 1, 1928, S. 81ff.

Burkheiser, Karl, Grenzen des Staatskredits, Berlin 1937.

Burns, John, The Unemployed, Fabian Tracts, Nr. 47, London 1893.

Buschmann, Claus, Der Kampf um Arbeit, Stuttgart 1901.

Butler, H. B., Probleme der Arbeitslosigkeit in den Vereinigten Staaten, Internationales Arbeitsamt. Studien und Berichte, Reihe C. Arbeitslosigkeit, Nr. 17, Genf 1931.

Calmann, Hans Maximilian, Die Finanzpolitik der deutschen Sozialdemokratie 1867-1914, München 1922.

Castel, Robert, Der „Krieg gegen die Armut" in den Vereinigten Staaten: Der Status des Elends in einer Überflußgesellschaft, in: Wambach, Manfred M. (Hrsg.), Die Museen des Wahnsinns und die Zukunft der Psychiatrie, Frankfurt/M. 1980, S. 97ff.

Clark, John Maurice, Cumulative Effects of Changes in Aggregate Spending as illustrated by Public Works, in: American Economic Review, Bd. 25, 1935, S. 14ff.

Clemence, Richard von/*Doody*, Francis S., The Schumpeterian System, (1950), 2. Aufl., New York 1966.

Cohnen, Peter, Untersuchungen zu Adolph Wagners „Gesetz des wachsenden Staatsbedarfs“, Diss. (maschinenschriftlich), Tübingen 1954.

Cole, A. V., Lord Lauderdale and his „Inquiry“, in: The Scottish Journal of Political Economy, Vol. 3, 1956, S. 115ff.

Colm, Gerhard, Volkswirtschaftliche Theorie der Staatsausgaben, Tübingen 1927.

— / *Neisser*, Hans (Hrsg.), Kapitalbildung und Steuersystem, 2 Bde., Berlin 1930.

— / *Lehmann*, Fritz, Public Spending and Recovery, in: Social Research, Vol. 3, March 1936, S. 130ff.

— Full Employment through Tax Policy, in: Social Research, Bd. 7, 1940, S. 447.

— Die Krisensituation in der kapitalistischen Wirtschaft, in: Archiv für Sozialwissenschaft und Sozialpolitik, Bd. 69, July 1933, S. 385ff.

— The Ideal Tax System, in: Social Research, Bd. 1, 1934, S. 317ff.

— „Comments“ on W. J. King's „Are we suffering from Economic Maturity?“, in: Journal of Political Economy, Bd. 40, February 1940, S. 114ff.

— Why Public Finance?, in: ders., Essays in Public Finance and Fiscal Policy, New York 1955, S. 3ff.

— Fiscal Policy, in: Harris, Seymour E. (Hrsg.), The New Economics, New York 1965, S. 450ff.

Comstock, Alzada, Art. Public Expenditures, in: Seligman, Edwin R. A. (Hrsg.), Encyclopaedia of the Social Sciences, Vol. 6, 14. Aufl., New York 1962, S. 5ff.

Commager, Henry Steeler, Der Geist Amerikas. Eine Deutung amerikanischen Denkens und Wesens seit 1880 bis zur Gegenwart, Zürich—Wien—Konstanz 1952.

Commons, John R., Unemployment — Prevention and Insurance, in: Edie, Lionel D. (Hrsg.), The Stabilization of Business, New York 1923, S. 164ff.

Conkin, Paul K., The New Deal, New York 1967.

Conrad, Hermann, Die geistigen Grundlagen des Allgemeinen Landrechts für die preußischen Staaten von 1794, Köln—Opladen 1958.

Conrad, Johannes, Leitfaden zum Studium der Volkswirtschaftspolitik, 4., ergänzte Aufl., Jena 1911.

Corry, Bernhard Alexander, The Theory of Economic Effects of Government Expenditures in English Classical Political Economy, in: Economica, New. Ser., Vol. 25, 1958, S. 34ff.

— Malthus and Keynes. A Reconsideration, in: Economic Journal, Vol. 69, 1959, S. 717ff.

— Money, Saving and Investment in English Economy 1800-1850, London 1962.

Corsten, Hermann, Das Einsteuerproblem in der deutschen Finanzwissenschaft vom Ausgang des 19. Jahrhunderts bis zur Jetztzeit, Diss., Köln 1929.

Crosser, Paul K., State Capitalism in the Economy of the United States, New York 1960.

Cunow, Heinrich, Praktische Steuerpolitik oder Steuerdogmatik?, Berlin 1916.

Custi, Merle, Das amerikanische Geistesleben von den Anfängen bis zur Gegenwart, Stuttgart 1947.

Czichon, Eberhard, Wer verhalf Hitler zur Macht?, in: Blätter für deutsche und internationale Politik, 1966, S. 881 ff.

Dahlberg, Arthur, When Capital goes on Strike — How to speed up Spending, New York—London 1938.

Dalton, Hugh, Einführung in die Finanzwissenschaft, dt. Übersetzung, Berlin 1926.

Damianoff, Michael, Die volkswirtschaftlichen Anschauungen Johannes Friedrich von Pfeiffers, Diss., Erlangen 1908.

Davidson, Paul, Why Money Matters — lessons from a halfcentury of monetary theory, in: Journal of Post-Keynesian Economics, 1978, S. 46ff.

— Money and the Real World, London and Basingstoke 1978.

— Die Postkeynesianische Wirtschaftswissenschaft: Die Lösung der Krise in der Wirtschaftstheorie, in: Bell, Daniel / Kristol, Irving (Hrsg.), Die Krise in der Wirtschaftstheorie, (1981), Berlin—Heidelberg—New York—Tokyo 1981, S. 190ff.

Davison, Ronald C., The Unemployed, Old Policies and New, London 1929.

Deanne, Phyllis, Die Rolle des Staates, in: Braun, Rudolf u.a. (Hrsg.), Industrielle Revolution. Wirtschaftliche Aspekte, Köln—Berlin 1972, S. 272ff.

Delbeke, Jos, Recent long-wave theories: a critical survey, in: Futures, Bd. 13, H. 4, 1981, S. 246ff.

Delbrück, Hans, Die Arbeitslosigkeit und das Recht auf Arbeit, in: Preussische Jahrbücher, Bd. 85, H. 1, 1896, S. 80ff.

Delius, Klaus, Der Institutionalismus als Richtung der amerikanischen Nationalökonomie, Diss., Köln 1957.

Dettweiler, Eberhard, Beiträge der deutschen Finanzwissenschaft zur Verschuldungstheorie im 19. Jahrhundert, Tübingen 1969.

Deutsch, Julius, Von der Kriegssteuer zum Finanzsozialismus, in: Der Kampf. Sozialdemokratische Monatsschrift, Bd. 10, 1917, S. 146ff.

Dickertmann, Dietrich, Die Finanzierung von Eventualhaushalten durch Notenbankkredit, Berlin 1972.

— / *Diller*, Klaus Dieter, Mißbräuchliche Finanzierung von Bundesausgaben durch Notenbankkredite?, in: Wirtschaftsdienst, H. 4, 1983, S. 191 ff.

Dickinson, F. G., Public Expenditures and Cyclical Unemployment, in: Annals of the American Academy of Political and Social Science, Sept. 1928, No. 228, Supplement, S. 175ff.

Diehl, Karl, Der Einzelne und die Gemeinschaft. Überblick über die wichtigsten Gesellschaftssysteme vom Altertum bis zur Gegenwart: Individualismus, Kollektivismus, Universalismus, Jena 1940.

Dietzel, Carl, Das System der Staatsanleihen im Zusammenhang der Volkswirtschaft betrachtet, Heidelberg 1855.

— Die Volkswirtschaft und ihr Verhältnis zu Gesellschaft und Staat, Frankfurt / M. 1864.

Dietzel, Heinrich, Theoretische Sozialökonomik, Leipzig 1895.

— Art. Individualismus, in: Handwörterbuch der Staatswissenschaften, hrsg. von Ludwig Elster u. a., Bd. 5, 3. Aufl., Jena 1910, S. 590 ff.

— Kriegssteuer oder Kriegsanleihe? Tübingen 1912.

Dillard, Dudly, Keynes and Proudhon, in: Journal of Economic History, Vol. 2, 1942, S. 63 ff.

— The Pragmatic Basis of Keynes' Political Economy, in: Journal of Economic History, Bd. 6, No. 2, 1946, S. 115 ff.

— The Economics of John Maynard Keynes, 3. Aufl., New York 1949.

Ditgen, Alfred, Konjunktur und Eisenbahnen, (Diss.), in: Archiv für Eisenbahnwesen, 51. Jg., 1928, S. 403 ff., 687 ff., 923 ff.

Dittmer, Emil, Die Sozialisierungsbestrebungen in Staat und Gemeinden, Berlin 1919.

Dittrich, Erhard, Die Deutschen und Österreichischen Kameralisten, Darmstadt 1974.

Dobretsberger, Josef, Freie oder gebundene Wirtschaft?, München—Leipzig 1932.

Doering, Valentin, Die Ansichten deutscher Kameralisten des 18. Jahrhunderts über das Kredit- und Bankwesen, Diss., Erlangen 1913.

Domar, Evsey D., The „Burden of the Debt" and the National Income, in: American Economic Review, Bd. 34, 1944, S. 798 ff.

Donner, Otto, Geld und Konjunktur, Berlin 1934.

— Die Grenzen der Staatsverschuldung, in: Weltwirtschaftliches Archiv, Bd. 56, 2, 1942, S. 183 ff.

Dorfmann, Joseph, The Economic Mind in American Civilization 1606-1865, 2 Bde., Reprint der Ausgabe von 1946, New York 1966.

— The Economic Mind in American Civilization, 1606-1865, 2 Bde., Ann Arbor 1956; 3. Bd. 1815-1918, (1949), Ann Arbor 1969; 4. und 5. Bd. 1918-1933, (1959), Ann Arbor 1969.

— The Role of the German Historical School in American Economic Thought, in: American Economic Review, Vol. 45, 1955, S. 17 ff.

Dorn, Dietmar, Die Theorie der Staatswirtschaft in der englischen Klassik. Versuch einer neuen Würdigung, Diss., Erlangen—Nürnberg 1967.

Dorsey, Emmett E., The Evolution of the Concept of the Welfare State in the United States since 1890, Ph. D. thesis, American University 1953.

Douffet, Herbert, Die Stellung der deutschen Finanzwissenschaft zu den grundsätzlichen Problemen der Heeresausgaben, Diss., Leipzig 1930.

Douglas, Paul H., Controlling Depressions, London 1935.

— Purchasing Power of the Masses and Business Depressions, in: Economic in Honor of Wesley Clair Mitchell, New York 1935, S. 105 ff.

Dräger, Heinrich, Arbeitsbeschaffung durch produktive Kreditschöpfung, (1932), 3. Aufl., München 1934.

Dreissig, Wilhelmine, Die Geld- und Kreditlehre des deutschen Merkantilismus, Diss., Berlin 1939.

Drupp, Michael / *Hoppe*, Ulrich / *Schulz*, Frank, „Ohne Hast, aber beharrlich!“ Zum Stand der Entstaatlichungspolitik im Bereich der öffentlichen Wirtschaft und des Wohnungswesens, in: WSI-Mitteilungen, H. 5, 1985, S. 283ff.

Dückert, Thea, Arbeitsbeschaffungsmaßnahmen — ein beschäftigungspolitisches Instrument?, (Diss. 1982), Frankfurt / M. — New York 1984.

Dünner, Julia, Art. Wohlfahrtspflege, in: dies. (Hrsg.), Handwörterbuch der Wohlfahrtspflege, Berlin 1929, S. 774ff.

Duijn, Jacob J. van, The Long Waves in Economic Life, London 1983.

Dumler, Georg, Rentabilität und Ertragslage in der Krise, in: Memo-Forum, Zirkular der ‚Arbeitsgruppe Alternative Wirtschaftspolitik‘, Nr. 3, Bremen, Juni 1984, S. 33ff.

Dunne, J. P. / *Smith*, Ron P., The economic consequences of reduced UK military expenditures, in: Cambridge Journal of Economics, No. 3, Sept. 1984, S. 287ff.

Dupriez, Leon J., Konjunkturphilosophie, Berlin 1963.

Durkheim, Emile, Über die Teilung der sozialen Arbeit, Frankfurt / M. 1977

Duwendag, Dieter, Staatsverschuldung — Notwendigkeit und Gefahren, Baden-Baden 1983.

Eccles, Marrimer S., Possibilities of Postwar Inflation and Suggested Tax Action, in: Federal Reserve Bulletin, Jg. 1944, S. 222ff.

Eckstein, Günter, Adam Smiths Finanzwissenschaft, Diss., Erlangen—Nürnberg 1967.

Eheberg, Karl Theodor, Finanzwissenschaft, 15. Aufl., Leipzig 1920.

Ehling, Manfred, Theoretische Ansätze in der Sozialpolitik. Untersuchung zum geschichtlichen Einfluß der Soziologie auf die Sozialpolitik, Frankfurt / M. 1982.

Ehmer, Johanna, Das Problem der Arbeitslosigkeit in England nach 1920, Berlin 1926.

Ehrlicher, Werner, Grenzen der öffentlichen Verschuldung, in: Wirtschaftsdienst, H. 8, 1979, S. 393ff.

Eisenhardt, Hugo, Geschichte der Nationalökonomie, (1881), 2., erw. Aufl., Jena 1901.

Eisenhart Rothe, Wilfried von, Die volkswirtschaftlichen Anschauungen Gustav von Mevissens. Entwickelt aus seiner Welt- und Staatsauffassung, Diss., Gießen 1930.

Eisenstein, Louis, The Ideologies of Taxation, New York 1961.

Ekirch, Arthur A., The Decline of American Liberalism, (1955), 5. Aufl., New York 1976.

— Ideologies and Utopia. The Impact of New Deal on American Thought, (1969), 2. Aufl., Chicago 1971.

— Progressivism in America. A Study of the Era from Theodor Roosevelt to Woodrow Wilson, New York 1974.

Eklund, Klas, Long Waves in the development of capitalism?, in: Kyklos, Bd. 33, 1980, S. 383ff.

Elsässer, Markus, Soziale Intentionen und Reformen des Robert Owen in der Frühzeit der Industrialisierung, Berlin 1984.

Elsner, Wolfram, Zur Diskussion „Neuer Lebensstil — Neue Ökonomie", in: Katterle, Siegfried / Rich, Arthur (Hrsg.), Religiöser Sozialismus und Wirtschaftsordnung, Gütersloh 1980, S. 91 ff.

Emmerich, Wolfgang, Einleitung zu: Biedermann, Karl, Deutschland im 18. Jahrhundert, herausgegeben und eingeleitet von Wolfgang Emmerich, Frankfurt / M.—Berlin—Wien 1980.

Enfantin, Barthelemy-Prosper, Die Nationalökonomie des Saint-Simonismus, Leipzig 1905.

Erbe, René, Die nationalsozialistische Wirtschaftspolitik 1933 - 1939 im Licht der modernen Theorie, Zürich 1959.

Erdberg, Robert von, Die Wohlfahrtspflege, Jena 1903.

Ernst-Pörksen, Michael, Staatsschuldentheorien — Vom Merkantilismus bis zur gegenwärtigen Kontroverse um die Staatsverschuldung, (Diss.), Berlin 1983.

Erzberger, Matthias, Reden zur Neuordnung des deutschen Finanzwesens, Berlin 1919.

Esslen, Joseph, Konjunktur und Geldmarkt, Stuttgart—Berlin 1909.

Ettinger, Markus, Die Vermögensabgabe und Konjunkturgewinnsteuer im sozialen Zukunftsstaate, Wien 1918.

Euchner, Walter, Demokratietheoretische Aspekte der politischen Ideengeschichte, in: ders., Egoismus und Gemeinwohl, Frankfurt / M. 1973, S. 9 ff.

Fassing, Werner, Investitionsverhalten in der Stagnation: Finanzierungsbedingungen und Portfolioverhalten, in: Hödl, Erich / Schiller, Günter (Hrsg.), Stagnation und Beschäftigung, Frankfurt / M. 1983, S. 57 ff.

Faust, Anselm, Konjunktur, Arbeitsmarktstruktur und sozialpolitische Reaktionen: Arbeitsnachweis, Arbeitsbeschaffung und Arbeitslosenversicherung im Deutschen Kaiserreich, in: Kellenbenz, Hermann (Hrsg.), Wachstumsschwankungen. Wirtschaftliche und soziale Auswirkungen, Stuttgart 1981, S. 145 ff.

— Der Staat und die Arbeitslosigkeit in Deutschland 1890 - 1918. Arbeitsvermittlung, Arbeitsbeschaffung und Arbeitslosenversicherung, in: Mommsen, Wolfgang J. (Hrsg.), Die Entstehung des Wohlfahrtsstaates in Großbritannien und Deutschland 1850 - 1950, Stuttgart 1982, S. 159 ff.

Feder, Leah Hannah, Unemployment Relief in Periods of Depression: A Study of Measures Adapted in Certain American Cities, 1857 through 1922, New York 1936.

Fehlbaum, Rolf Peter, Saint-Simon und die Saint-Simonisten. Vom Laissez-faire zur Wirtschaftsplanung, Basel—Tübingen 1970.

Feiwell, George R., The Intellectual Capital of Michal Kalecki, (1975), Knoxville 1977.

Felderer, Bernd, Inflation, Wagnersches Gesetz und Stagnation, in: Finanzarchiv, N. F., Bd. 37, H. 2, 1979, S. 223 ff.

Fellmeth, Rainer, Staatsaufgaben im Spiegel politischer Ökonomie. Zum Verhältnis von Wirtschaft und Staatstätigkeiten in Werken von Adam Smith und Adolph Wagner, (Diss.), München 1981.

Fellner, William J., The technological argument of the stagnation thesis, in: Quarterly Journal of Economics, Bd. 55, 1941, S. 650ff.

— Trends and Cycles in Economic Activity. An Introduction to Problems of Economic Growth, London 1956.

— Rapid Growth as an Objective of Economic Policy, in: American Economic Review, Bd. 50, 1960, Papers and Proceedings, S. 93ff.

Fetter, Frank Albert, Lauderdale's Oversaving Theory, in: American Economic Review, Bd. 35, 1945, S. 263ff.

Fick, Harald, Finanzwirtschaft und Konjunktur, Jena 1932.

Filc, Wolfgang, Zins- und tilgungsfreier Notenbankkredit an den Bundeshaushalt zu Lasten geldpolitischer Effizienz?, in: WSI-Mitteilungen, H. 10, 1982, S. 606ff.

Finck von Finckenstein, Hans Wolfram, Das Problem des Trends. Kurze, mittlere und lange Wellen des wirtschaftlichen Ablaufs, Bern 1946.

Fine, Sidney, Laissez Faire and the General-Welfare-State. A Study of Conflict in American Thought 1865-1901, (1956), 5. Aufl., Ann Arbor 1976.

Fischer, Carl August, Zur Lehre vom Staatsbankrott, Karlsruhe 1921.

Fischer, Friedrich Christoph Jonathan, Geschichte des deutschen Handels, 4 Teile, Hannover 1785-1792.

Fisher, Irving, 100 % Money, London 1935.

Flamant, Maurice/*Singer-Kérel*, Jeanne, Modern Economic Crisis and Depressions, (1968), London 1970.

Flora, Peter u.a., Zur Entwicklung der europäischen Wohlfahrtsstaaten, in: Politische Vierteljahresschrift, Bd. 18, 1977, S. 707ff.

Föhl, Carl, Geldschöpfung und Wirtschaftskreislauf, abgeschlossen 1935, (1937), 2. Aufl., Berlin 1955.

Földes, Béla, Finanzwissenschaft, 2. Aufl., Jena 1927.

Foster, William T./*Catchings*, Waddill, Money, Boston—New York 1923.

— /*Catchings*, Waddill, Profits, Boston—New York 1925.

— /*Catchings*, Waddill, Business without a Buyer, Boston—New York 1927.

— /*Catchings*, Waddill, The Road to Plenty, Boston—New York 1928.

— /*Catchings*, Waddill, Better Jobs and More of them, in: Century, Bd. 118, July 1929, S. 277ff.

Fox, Daniel M., The Discovery of Abundance. Simon N. Patten and the Transformation of Social Thought, Ithaca 1967.

Frantz, Constantin, Die sociale Steuerreform als die Conditio sine qua non, wenn der socialen Revolution vorgebeugt werden soll, Mainz 1881, Neudruck, Aalen 1972.

Freyer, Hans, Die Bewertung der Wirtschaft im philosophischen Denken des 19. Jahrhunderts, Nachdruck der Ausgabe von 1921, Hildesheim 1966.

Friauf, Karl Heinrich, Der Staatshaushalt im Spannungsfeld zwischen Parlament und Regierung, Bd. 1: Verfassungsrechtliche Untersuchungen über den Haushaltsplan im deutschen Frühkonstitutionalismus mit einer kritischen Übersicht über die Entwicklung der budgetrechtlichen Dogmatik in Deutschland, Bad Homburg v.d.H.—Berlin—Zürich 1968.

Friedländer, Robert, Chronische Arbeitskrise, ihre Ursache, ihre Bekämpfung, Berlin 1926.

Friedländer-Prechtl, Robert, Die Wirtschaftswende. Die Ursachen der Arbeitslosen-Krise und deren Bekämpfung, Leipzig 1931.

Friedrichs, Arno, Klassische Philosophie und Wirtschaftswissenschaft, Gotha 1913.

Fritsch, Bruno, Die Geld- und Kredittheorie von Karl Marx. Eine Darstellung und kritische Würdigung, Zürich 1954.

— Geschichte und Theorie der amerikanischen Stabilisierungspolitik, Zürich 1959.

Fusfeld, Daniel R., The Economic Thougt of Franklin D. Roosevelt and the Origins of the New Deal, (1956), 2. Aufl., New York 1957.

Gabriel, Ralph Henry, Die Entwicklung des demokratischen Gedankens in den Vereinigten Staaten von Amerika. Eine geistesgeschichtliche Betrachtung seit 1815, Berlin 1951.

Galbraith, John Kenneth, Gesellschaft im Überfluß, (1958), München—Zürich 1963.

— Die moderne Industriegesellschaft, (1967), München—Zürich 1968.

Gall, Lothar, Zu Ausbildung und Charakter des Interventionsstaats, in: Pöls, Werner (Hrsg.), Staat und Wirtschaft im politischen Wandel, Stuttgart 1979, S. 1ff.

Gall, Ludwig, Was könnte helfen?, Trier 1825 (auszugsweise abgedruckt in: Schraepler, E., Quellen zur Geschichte der sozialen Frage in Deutschland, Bd. I: 1800-1870, Göttingen—Berlin—Frankfurt/M. 1955, S. 29-32).

Gamp°°, Die wirtschaftlich-sozialen Aufgaben unserer Zeit auf industriellen und landwirtschaftlichen Gebieten, Berlin 1880.

Garvy, George, Keynesianer vor Keynes, in: Bombach, Gottfried u.a. (Hrsg.), Der Keynesianismus, II. Die beschäftigungspolitische Diskussion vor Keynes in Deutschland, Berlin—Heidelberg—New York 1976, S. 21ff.

Gates, Robert A., Von der Sozialpolitik zur Wirtschaftspolitik? Das Dilemma der deutschen Sozialdemokratie in der Krise 1929-1933, in: Mommsen, Hans u.a. (Hrsg.), Industrielles System und politische Entwicklung in der Weimarer Republik, Bd. 2, Düsseldorf 1977, S. 206ff.

Gayer, Arthur David, Public Works in Prosperity and Depressions, New York 1935.

— Public Works, in: Seligman, Edwin R. A. u.a. (Hrsg.), Encyclopaedia of the Social Sciences, 12. Bd., 14. Aufl., New York 1962, S. 690ff.

Geck, L. H. Adolph, Über das Eindringen des Wortes „sozial" in die deutsche Sprache, Göttingen 1963.

Gegner, Fritz, Die Kaufkraftschöpfung der Banken in dogmengeschichtlicher Darstellung, Diss., Erlangen, Kulmbach 1932.

Gehrig, Hans, John Stuart Mill als Sozialpolitiker, in: Jahrbücher für Nationalökonomie und Statistik, Bd. 102, 1914, S. 176ff.

— Die Begründung des Prinzips der Sozialreform. Eine literaturhistorische Untersuchung über Manchestertum und Kathedersozialismus, Jena 1914.

Geiger, Rudolf, Die Entwicklungstendenzen des Kapitalismus bei Keynes, Schumpeter und Burnham, Diss., Basel, Winterthur 1959.

Gerlach, Otto, Geschichte der Finanzwissenschaft unter besonderer Berücksichtigung der Lehre vom Verhältnis zwischen Volkswirtschaft, Staat und Finanzen, in: Altmann, S. P. (Hrsg.), Die Entwicklung der deutschen Volkswirtschaftslehre im neunzehnten Jahrhundert. Gustav Schmoller zur siebzigsten Wiederkehr seines Geburtstages, 2. Teil, Leipzig 1908, XXXVIII, S. 1ff.

Gerloff, Wilhelm, Steuerwirtschaft und Sozialismus, in: Grünbergs Archiv für die Geschichte des Sozialismus und der Arbeiterbewegung, Bd. 10, Leipzig 1922, S. 271ff.

— Die öffentliche Finanzwirtschaft, 2 Bde., 2. Aufl., Frankfurt/M. 1948.

— Wesen und Aufgabe der Finanzwissenschaft, ihre Stellung und Beziehungen zu anderen Wissenschaften, in: ders./Neumark, Fritz (Hrsg.), Handbuch der Finanzwissenschaft, Bd. 1, 2. Aufl., Tübingen 1952, S. 1ff.

George, Henry, Fortschritt und Armuth. Eine Untersuchung über die Ursache der industriellen Krisen und der Zunahme der Armuth bei zunehmendem Reichthum, 2. Aufl., Berlin 1884.

Giblin, Lyndhurst Falkiner, Australia 1930, Melbourne 1930.

Giddens, Anthony, Durkheims Political Sociology, in: Sociological Review, Vol. 19, 1972, S. 477ff.

Gides, Charles/*Rist*, Charles, Geschichte der volkswirtschaftlichen Lehrmeinungen, 2. Aufl., Jena 1921.

Gideon, Berti, Das Verhältnis von Wirtschaft und Staat in den volkswirtschaftlichen Lehrmeinungen des 19. Jahrhunderts, Diss., Frankfurt/M., Ludwigshafen 1937.

Gieseke, Paul, Die Rechtsverhältnisse der gemeinwirtschaftlichen Organisation, Jena 1922.

Gill, Corrington, The Effectiveness of Public Works in Stabilization the Contruction Industry, in: Journal of the American Statistical Association, Vol. 28, Supplement, March 1933, S. 196ff.

Gillman, Joseph M., Welfare Capitalism in the Capitalist Crisis, in: Science and Society, Jg. 22, Nr. 2, 1958, S. 97ff.

— Disposition of Excess Savings, in: Committee for Economic Development (Hrsg.), Problems of United States Economic Development, Bd. 2, New York 1958, S. 51ff.

— Wohlfahrtsstaat und Kapitalismus, in: Periodikum für wissenschaftlichen Sozialismus, H. 12, 1959, S. 17ff.

— Prosperität in der Krise, (1965), Frankfurt/M. 1968.

— Das Gesetz vom tendenziellen Fall der Profitrate, (1957), Frankfurt/M.—Wien 1969.

Gläser, Martin/*Wille*, Eberhard, Staatsaufgaben bei Adam Smith — eine Würdigung unter Allokationsgesichtspunkten, in: Ordo, Bd. 28, Stuttgart—New York 1977, S. 34ff.

Glastetter, Werner u. a., Die wirtschaftliche Entwicklung in der Bundesrepublik Deutschland, 1950-1980, Frankfurt/M.—New York 1983.

Goldscheid, Rudolf, Staatssozialismus oder Staatskapitalismus. Ein finanzsoziologischer Beitrag zur Lösung des Staatsschuldenproblems, (1917), in: Hickel, Rudolf (Hrsg.), Rudolf Goldscheid/Joseph Schumpeter. Die Finanzkrise des Steuerstaates. Beiträge zur politischen Ökonomie der Staatsfinanzen, Frankfurt/M. 1976, S. 40ff.

— Goldscheids Naturalabgabe, in: Der Kampf, 12. Jg., 1919, S. 336ff.

— Sozialistische Finanzpolitik, in: Der Sozialist, Jg. 6, 1920, S. 849ff.

Gottschalch, Winfried u. a., Geschichte der sozialen Ideen in Deutschland, München—Wien 1969.

Gourvitch, Alexander, Survey of Economic Theory on Technological Change and Employment, Philadelphia 1940.

Gräfe, Heinrich-Karl, Zur Problematik des außerordentlichen Budgets, Diss., Jena, Bottrop 1933.

Graham, Frank D., Full employment without Public Debt, without Taxation, without Public Works, and without Inflation, in: Lerner, Abba P./Graham, Frank D. (Hrsg.), Planning and Paying for Full Employment, Princeton 1946, S. 44ff.

Graham, Otis L. jr., An Encore for Reform. The Old Progressives and the New Deal, Oxford University Press 1967.

Grampp, Wilhelm D., The Manchester School of Economics, London 1960.

Graul, Hugo, Das Eindringen der Smithianischen Nationalökonomie in Deutschland und ihre Weiterbildung bis zu Hermann, Diss., Halle 1928.

Gregg, Pauline, The Welfare State, London—Toronto—Wellington—Sydney 1967.

Gretschmann, Klaus, Schumpeter und Keynes: Wege aus der Wirtschaftskrise?, in: Zinn, Karl Georg (Hrsg.), Beiträge zu Schumpeters Theorie der Dynamischen Wirtschaft. Kolloquium am 28. 10. 1983, Aachen, S. 55ff.

Greven, Jakobus, Die dynamische Geld- und Kreditlehre des Merkantilismus. Eine Studie zu John Law, Diss., Köln, Berlin 1936.

Grieshaber, Werner G., Fiscal Policy in kreislauftheoretischer Sicht, Diss., Freiburg (Schweiz) 1962.

Grimm, Dieter, Die sozialgeschichtliche und verfassungsrechtliche Entwicklung zum Sozialstaat, in: Koslowski, Peter u. a. (Hrsg.), Chancen und Grenzen des Sozialstaates, Tübingen 1983, S. 41ff.

Grohmann, Jutta, Finanzpolitik und Konjunktur in Schweden seit 1933, Frankfurt/M. 1968.

Gross, Herbert, Der Sinnwandel des Defizits, in: Wirtschaftsdienst, H. 7, 1933, S. 218ff.

— Finanzpolitische Lehren der deutschen Krise, in: Finanzarchiv, N. F., Bd. 2, 1934, S. 90ff.

Grosse, Friedrich der, Der Antimachiavell, Jena 1912 (aus dem Franz. von Friedrich von Oppeln-Bronikowski).

Grossmann, Henryk, The evolutionist revolt against classical economics, in: Journal of Political Economics, Vol. 51, No. 5, October 1943, S. 381 ff., Vol. 51, No. 6, December 1943, S. 506ff.

Groth, Klaus-Martin, Die Krise der Staatsfinanzen. Systematische Überlegungen zur Krise des Steuerstaates, Frankfurt/M. 1978.

Grotkopp, Wilhelm, Die große Krise, Düsseldorf 1953.

Grove, Jack William, Government and Industry in Britain, London 1962.

Groves, Harold M., Tax Philosophers, London 1974.

Grude-Oettli, Natalie, John Stuart Mill zwischen Liberalismus und Sozialismus, Diss., Bleicherode am Harz 1936.

Grünfeld, Judith, Die leitenden sozial- und wirtschaftspolitischen Ideen in der deutschen Nationalökonomie und die Überwindung des Smithianismus bis auf Mohl und Hermann, Diss., Tübingen, Wien 1913.

Guggenbühl, Emil, Die Ausgaben des Kantons Zürich zur Bekämpfung der Arbeitslosigkeit und ihrer Folgen, Diss., Zürich, Affoltern am Albis 1952.

Gumbel, Konrad, Sismonde de Sismondi als Wirtschaftskritiker, Theoretiker und Sozialpolitiker, Diss., Gießen 1928.

Haas, Marianne, Die merkantilistische Wirtschaftslehre und J. M. Keynes' Vollbeschäftigungstheorie. Ein Vergleich, Diss., Freiburg i. Br. 1950.

Häring, Dieter, Zur Geschichte und Wirkung staatlicher Interventionen im Wohnungssektor, Hamburg 1974.

Hahn, Albert L., Merkantilismus und Keynesianismus, in: Beckerath, Erwin von u.a. (Hrsg.), Wirtschaftsfragen der freien Welt. Festschrift für Ludwig Erhardt, Frankfurt/M. 1957, S. 104ff.

Hall, Robert E./*Jorgenson,* Dale W., Tax Policy and Investment Behaviour, in: American Economic Review, Bd. 57, June 1967, S. 391 ff.

Haller, Heinz, Alvin Hansen und die Fiscal Policy, in: Finanzarchiv, N. F., Bd. 13, 1951/52, S. 422ff.

— Art. Finanzpolitik, in: Beckerath, Erwin von u.a. (Hrsg.), Handwörterbuch der Sozialwissenschaften, Bd. 3, Stuttgart—Tübingen—Göttingen 1961, S. 624ff.

— Die Steuern, Tübingen 1964.

— Finanzpolitik, 4. Aufl., Tübingen—Zürich 1968.

— Besteuerung und Wirtschaftswachstum, Tübingen 1970.

Hansemann, David, Die Eisenbahnen und deren Aktionäre in ihrem Verhältnis zum Staat, Leipzig 1837.

Hansen, Alvin H., Business-Cycle Theory. Its Development and present Status, Boston 1927.

— Full recovery or stagnation?, New York 1938.

— Economic Progress and Declining Population Growth, in: American Economic Review, Vol. 29, 1939, S. 1ff.

— Fiscal Policy and Business Cycle, (1941), Westport/Connecticut 1977.

— Stability and Expansion, in: Homan, Paul T. (Hrsg.), Financing American Prosperity, New York 1945, S. 199ff.

— Some Notes on Terborgh's ‚The Bogey of Economic Maturity', in: Review of Economic Statistics, Vol. 28, February 1946, S. 13ff.

— Monetary Theory and Fiscal Policy, New York u.a. 1949.

— Business Cycle and National Income, New York 1951 sowie 2. Aufl., London 1964.

— Economic policy and full employment, New York 1947.

— The Stagnation Thesis, in: Readings in Fiscal Policy, London 1955, S. 540ff.

— Economic stabilization in an unbalanced world, (1932), New York 1971.

Hansen, Joseph, Gustav von Mevissen. Ein rheinisches Lebensbild, Bd. 2: Abhandlungen, Denkschriften, Reden und Briefe, Berlin 1906.

Hansmeyer, Karl-Heinrich, Der Weg zum Wohlfahrtsstaat, Frankfurt/M. 1957.

— (Hrsg.), Kommunale Finanzpolitik in der Weimarer Republik, Stuttgart 1973.

Harkort, Friedrich, Bemerkungen über die Hindernisse der Civilisation und Emancipation der untern Klassen, Elberfeld 1844.

Harris, José, Unemployment and Politics. A Study in English Social Policy 1886-1914, Oxford 1972.

Harrod, Roy, The Trade Cycle, Oxford 1932.

— Towards a dynamic economics, London 1948.

— The Life of John Maynard Keynes, (1951), New York 1969.

Hartmann, Max Rudolf, Sismondi und Dupont-White als Begründer des sozialen Interventionismus in Frankreich, Diss., Zürich, Uster 1943.

Hartmann, Paul/*Schwander,* Rudolf, Die Einrichtung von Notstandsarbeiten und ihre Erfolge. Gutachten der Beigeordneten Dr. Paul Hartmann und Dr. Rudolf Schwander, Leipzig 1902 (= Schriften des Deutschen Vereins für Armenpflege und Wohltätigkeit, H. 58).

Hasbach, Wilhelm, Die allgemeinen philosophischen Grundlagen der von Francois Quesney und Adam Smith begründeten politischen Ökonomie, Leipzig 1890.

Haun, Friedrich Johannes, Das Recht auf Arbeit. Ein Beitrag zur Geschichte, Theorie und praktischen Lösung, Berlin 1889.

Hawtrey, Ralph George, What is Finance, in: Trade and Credit, London 1928.

Hayes, Harry Gordon, Spending, Saving and Unemployment, New York 1945.

Heckel, Max von, Die Steuern, in: Altmann, S. P. u.a. (Hrsg.), Die Entwicklung der deutschen Volkswirtschaftslehre im 19. Jahrhundert. Gustav Schmoller zur siebzigsten Wiederkehr seines Geburtstages, Leipzig 1908, Bd. 2, XXXIX, S. 1ff.

— Die finanzwissenschaftlichen Schriften Adolph Wagners, in: Jahrbücher für Nationalökonomie und Statistik, 3. Folge, Bd. 19, 1900, S. 862ff.

— Lehrbuch der Finanzwissenschaft, Bd. 1, Leipzig 1907.

Heckscher, Eli Filip, Der Merkantilismus, 2 Bde., Jena 1932.

Heertje, Arnold, Economics and Technical Change, London 1977.

Hegel, Georg Wilhelm Friedrich, Grundlinien der Philosophie des Rechts, (1821), Frankfurt/M. 1976.

Hegeland, Hugo, The Multiplier Theory, Lund 1954.

— On the Genesis of the Multiplier Theory, in: ders. (Hrsg.), Money, Growth, and Methodology. Essays in Honor of J. Aokermann, Lund 1961, S. 211ff.

Heidrich, Paul, Die Lehre von den obersten Steuerprinzipien, Jena 1929.

Heilmann, Martin, Adolph Wagner — ein deutscher Nationalökonom im Urteil der Zeit, Frankfurt/M.—New York 1980.

Heimann, Eduard, Art. Rathenau, in: Handwörterbuch der Staatswissenschaften, hrsg. von Ludwig Elster u.a., Ergänzungsband, 4. Aufl., Jena 1929, S. 699ff.

— Geschichte der volkswirtschaftlichen Lehrmeinungen, Frankfurt/M. 1949.

Held, Adolf, Carrys Socialwissenschaft und das Merkantilsystem, Würzburg 1866.

— Die Einkommensteuer, Bonn 1872.

Held, Michael, Sozialdemokratie und Keynesianismus, Frankfurt/M.—New York 1982.

Helmstädter, Ernst, Der Kapitalkoeffizient. Eine kapitaltheoretische Untersuchung, Stuttgart 1969.

Herkner, Heinrich, Studien zur Fortbildung der Arbeitsverhältnisse, in: Archiv für soziale Gesetzgebung und Statistik, Bd. 4, H. 4, 1891, S. 563ff.

— Arbeitslosigkeit, in: Sozialpolitisches Zentralblatt, Bd. 1, 1892, S. 127ff.

— Art. Krisen, in: Handwörterbuch der Staatswissenschaften, hrsg. von Ludwig Elster u.a., Bd. 6, 3. Aufl., Jena 1910, S. 253ff.

— Die Arbeiterfrage, 1. Bd., 6. Aufl., Berlin 1916, 2. Bd., 8. Aufl., Berlin—Leipzig 1922.

— Gustav Schmoller als Soziologe, in: Jahrbücher für Nationalökonomie und Statistik, Bd. 118, 1922, S. 1ff.

Hermann, Friedrich B. W. von, Staatswirthschaftliche Untersuchungen, (1832), 3. Aufl., Leipzig 1924.

Herr, Hildegard, Das Arbeitsbeschaffungsprogramm Lord George Bentincks 1847, Diss., Basel, Lörrach 1958.

Herrenschwand, Johannes Friedrich von, Über die Mittel, den öffentlichen Kredit in einem Staate wieder herzustellen, dessen politische Ökonomie zerstört ist, hrsg. von Waffenbach, Amsterdam 1810.

Hertz-Eichenrode, Dieter, Wirtschaftskrise und Arbeitsbeschaffung, Konjunkturpolitik 1925/26 und die Grundlagen der Krisenpolitik Brünings, Frankfurt/M.—New York 1982.

Hesse, Günter, Staatsaufgaben. Zur Theorie der Legitimation und Identifikation staatlicher Aufgaben, Baden-Baden 1979.

Hickel, Rudolf, Konjunktur und Krise — neu betrachtet. Einleitung zu: Diehl, Karl/Mombert, Paul (Hrsg.), Wirtschaftskrisen, Neuauflage, herausgegeben und eingeleitet von Rudolf Hickel, Frankfurt/M.—Berlin—Wien 1979, S.Iff.

— Anmerkungen „Zur Diskussion um die Staatsverschuldung" im WSI-Konjunkturbericht 1980, in: WSI-Mitteilungen, H. 1, 1981, S. 57ff.

— Notwendigkeit und Grenzen der Staatsverschuldung. Einleitung zu: Diehl, Karl/Mombert, Paul (Hrsg.), Das Staatsschuldenproblem, Neuauflage, herausgegeben und eingeleitet von Rudolf Nickel, Frankfurt/M.—Berlin—Wien 1980, S. Iff.

— Zum Ideologiegehalt der Staatsverschuldungsdebatte. Ein theoriegeschichtlicher Abriß, in: Simmert, Diethard/Wagner, Kurt-Dieter (Hrsg.), Staatsverschuldung kontrovers, Köln 1981, S. 137ff.

— Grundsätze der Besteuerung — Eine politisch-ökonomische Neubetrachtung. Einleitung zu: Diehl, Karl/Mombert, Paul (Hrsg.), Grundsätze der Besteuerung, Neuauflage, herausgegeben und eingeleitet von Rudolf Hickel, Frankfurt/M.—Berlin—Wien 1982, S. Iff.

— Krise des Steuerstaates. Schumpeters Beitrag zur politischen Ökonomie der Staatsfinanzen. Ein Nachtrag zum hundertsten Geburtstag von J. A. Schumpeter 1983, in: Wirtschaft und Gesellschaft, H. 3, 1984, S. 401ff.

— Es gibt eine Alternative. Plädoyer für eine andere Wirtschaftspolitik, in: Blätter für deutsche und internationale Politik, H. 4, 1983, S. 527ff.

Higgins, Benjamin, Public Investment and Full Employment, Montreal 1946.

— The Doctrine of Economic Maturity, in: American Economic Review, Vol. 36, March 1946, S. 133ff.

— Concepts and criteria of secular stagnation, in: Income, employment and public policy. Essays in honor of Alvin H. Hansen, New York 1948, S. 82ff.

— To Save or Not to Save? in: Canadian Journal of Economics and Political Sciences, February 1948, S. 98ff.

— The Theory of Increasing Under-Employment, in: Economic Journal, Vol. 60, 1950, S. 255ff.

— Economic Development, New York 1956.

— Keynesian Economics and Public Investment, in: Harris, Seymour E. (Hrsg.), The New Economics, New York 1965, S. 468ff.

Hirschberg, Ernst, Die Maßnahmen gegenüber der Arbeitslosigkeit, Berlin 1894.

Hirschmann, Albert O., Leidenschaften und Interessen. Politische Begründungen des Kapitalismus vor seinem Sieg, Frankfurt/M. 1980.

Hitze, Franz, Die soziale Frage und die Bestrebungen zu ihrer Lösung, Paderborn 1877 sowie 4. Aufl. (verbessert und ergänzt), M. Gladbach 1904.

Hobson, John A. (in Zusammenarbeit mit A. F. *Mummery)*, The Physiology of Industry, (1889), New York 1956.

— Taxation in the New State, New York 1919.

— The Economics of Unemployment, (1922), 2. Aufl., London 1924.

Hövel, Paul, Arbeitsbeschaffung und Wirtschaftsplanung im nationalsozialistischen Staat, Diss., Heidelberg 1935.

Hoffmann, Johann Gottfried, Die Lehre von den Steuern, Berlin 1840.

Hoffmann, Werner, Die säkulare Inflation, Berlin 1962.

Hohn, Horst-Walter, John Maynard Keynes und Carl Föhl. Eine vergleichende Darstellung ihres Beitrages zur Entwicklung der modernen Beschäftigungstheorie, Diss., München 1970.

Hopkins, Charles Howard, The Rise of the Social Gospels in American Protestantism, 1865-1915, New Haven—London—Oxford 1940.

Hoppe, Ulrich, Sozialpolitische Konzeptionen der deutschen und österreichischen Kameralisten, in: Der Kompaß. Zeitschrift für Sozialversicherung im Bergbau, 94. Jg., H. 2, 1984, S. 98ff.

Howenstein, E. Jay jr., Public Works Program after World War I, in: Journal of Political Economy, Vol. 51, December 1943, No. 6, S. 523ff.

Huber, Ernst Rudolf, Deutsche Verfassungsgeschichte seit 1789, Bd. IV, Stuttgart u.a. 1969.

Huber, F. C., Art. Submissionswesen, in: Handwörterbuch der Staatswissenschaften, hrsg. von Ludwig Elster u.a., Bd. 7, 3. Aufl., Jena 1911, S. 1032ff.

Humboldt, Wilhelm von, Ideen zu einem Versuch, die Grenzen der Wirksamkeit des Staates zu bestimmen, (1792), in: ders., Gesammelte Schriften, hrsg. von der Königlich-Preussischen Akademie der Wissenschaften, Bd. 1, 1. Abteilung, Werke I, Berlin 1903, S. 97ff.

Hume, David, Nationalökonomische Abhandlungen, dt. von H. Niedermüller, Leipzig 1877 (z.T. abgedruckt in: Diehl, Karl / Mombert, Paul (Hrsg.), Das Staatsschuldenproblem, Neuauflage, herausgegeben und eingeleitet von Rudolf Hickel, Frankfurt / M.—Berlin—Wien 1980, S. 30ff.).

Humphrey, Herbert H., The Political Philosophy of the New Deal, Louisiana State University Press 1970.

Hutchison, Terence W., Keynes und die Geschichte der klassischen Nationalökonomie, in: Zeitschrift für Nationalökonomie, Bd. 17, H. 4, 1957, S. 393ff.

Institut „Finanzen und Steuern", Der Fiskus als Sozialpolitiker, H. 77, Bonn 1965.

Jacomet, Robert, The Adaptation of Public Finance to the Economic Function of the State, in: Public Finance, Nr. 3, 1, 1948, S. 50ff.

Jaffé, Chaim, Roscher, Hildebrand und Knies als Begründer der älteren historischen Schule deutscher Volkswirte, Diss., Bern, Wetzekon 1916.

Jahn, Georg, Die Historische Schule der Nationalökonomie und ihr Ausklang — von der Wirtschaftsgeschichte zur geschichtlichen Theorie, in: Montaner, Antonio (Hrsg.), Geschichte der Volkswirtschaftslehre, Köln 1967, S. 41ff.

Janssen, Jürgen, Struktur der Ersparnisbildung im privatwirtschaftlichen Sektor der Bundesrepublik 1962-1980, in: Konjunkturpolitik, H. 5, 1984, S. 304ff.

Jastrow, J.(gnaz), Sozialpolitik und Verwaltungswissenschaft, Bd. 1, Berlin 1902.

Jecht, Horst, Formen der Finanzsoziologie, in: Zeitschrift für die gesamte Staatswissenschaft, 115. Bd., 1959, S. 403ff.

— Art. Finanzwissenschaft, Öffentliche (I). Allgemeines, in: Beckerath, Erwin von u.a. (Hrsg.), Handwörterbuch der Sozialwissenschaften, Bd. 3, Stuttgart—Tübingen—Göttingen 1961, S. 674ff.

— Zur Historiographie der Finanzwissenschaft, insbesondere zu Erwin von Beckeraths „Geschichte der deutschen Finanzwissenschaft", in: Kloten, Norbert u.a. (Hrsg.), Systeme und Methoden der Wirtschafts- und Sozialwissenschaften. Erwin von Beckerath zum 75. Geburtstag, Tübingen 1964, S. 61ff.

— Art. Finanzwissenschaft, in: Beckerath, Erwin von u.a., (Hrsg.), Handwörterbuch der Sozialwissenschaften, Bd. 3, Stuttgart—Tübingen—Göttingen 1961, S. 707ff.

Jeffreys-Jones, Rhodrie, Soziale Folgen der Industrialisierung, Imperialismus und der erste Weltkrieg, 1890-1920, in: Adams, Willi Paul (Hrsg.), Die Vereinigten Staaten von Amerika, (1977), Frankfurt/M. 1983, S. 235ff.

Jenkin, Thomas P., The American Fabian Movement, in: Western Political Quarterly, Bd. I, June 1948, S. 113ff.

Jöhr, Walter Adolf, Vom Sinn der Dogmengeschichte, in: Weltwirtschaftliches Archiv, Bd. 56, 1942, S. 115ff.

— Konjunktur (II). Politik, in: Beckerath, Erwin von u.a. (Hrsg.), Handwörterbuch der Sozialwissenschaften, Bd. 6, Stuttgart—Tübingen—Göttingen 1959, S. 114ff.

Joelsohn, Walter, Die Theorie der säkularen Stagnation, Wien 1952.

Johannsen, Nicholas A. L. J., Depressionsperioden und ihre einheitliche Ursache, New York 1903.

— Der Kreislauf des Geldes und der Mechanismus des Soziallebens, Berlin 1903.

— Die Steuer der Zukunft, Berlin 1913.

Johnson, E. A. D., Unemployment and Consumption. The Mercantilist View, in: Quarterly Journal of Economics, Bd. 46, 1932, S. 698ff.

Jonas, Friedrich, Das allgemeine Stabilitätspostulat in der nationalökonomischen Klassik, insbesondere bei Ricardo, in: Schmollers Jahrbuch, Bd. 74, 1954, S. 527ff.

— Das Selbstverständnis der ökonomischen Theorie, Berlin 1964.

— Geschichte der Soziologie, 2 Bde., Reinbek bei Hamburg 1976.

Jones, M. V., Secular Trends and Idle Ressources, in: The Journal of Business of the University of Chicago, 1944, Part 2.

Jores, Hans, Die bedeutsamsten Versuche zur Lösung des Problems der Arbeitslosigkeit in Deutschland in der Vorkriegs-, Kriegs- und Nachkriegszeit, Diss., Würzburg, Krefeld 1927.

Joseph, Ernst, Die Lehre vom Kredit in ihrer dogmengeschichtlichen Entwicklung, Diss., Halle 1933.

Jostock, Paul, Der Ausgang des Kapitalismus. Ideengeschichte seiner Überwindung, München—Leipzig 1928.

Justi, Johann Heinrich Gottlob von, Auf was Art die Regierung den Zusammenhang und das Aufnehmen des Nahrungsstandes durch die Abgaben leiten kann, in: ders., Gesammelte Politische und Finanz-Schriften, Reprint der Ausgabe Kopenhagen—Leipzig 1761-64, Aalen 1970, Bd. 1, S. 614ff.

— Betrachtung über die vermeinte Glückseligkeit der Unterthanen, wenn sie sehr wenig Steuern und Abgaben zu entrichten haben, in: ders., Gesammelte Politische und Finanz-Schriften, Reprint der Ausgabe Kopenhagen—Leipzig 1761-64, Aalen 1970, Bd. 1, S. 748ff.

— Grundsätze der Polizeywissenschaft, (1756), 3. Aufl., Göttingen 1782, Neudruck, Frankfurt/M. 1969.

— Die Grundfeste zur Macht und Glückseligkeit der Staaten; oder ausführliche Vorstellung der gesamten Policey-Wissenschaft, Königsberg—Leipzig 1760/61, Neudruck, 2 Bde., Aalen 1965.

— Staatswirtschaft oder systematische Abhandlung aller ökonomischen und Kameralwissenschaften, die zur Regierung eines Landes erfordert werden, (1755), 2 Teile, 2. Aufl., Leipzig 1758, Neudruck, Aalen 1963.

Kaehler, Siegfried A., Wilhelm von Humboldt und der Staat, 2. Aufl., Göttingen 1963.

Kämpfer, Johannes, Kriegssozialismus in Theorie und Praxis, München 1919.

Kahn, R. F., The Relation of House Investment to Unemployment, in: Economic Journal, Juni 1931, S. 173ff.

Kaldor, Nicholas, Gemeinsamkeiten und Unterschiede in der Theorie von Keynes, Kalecki und Rüstow, in: ifo-Studien, H. 1, 1983, S. 1ff.

Kalecki, Michal, Drei Wege zur Vollbeschäftigung, in: Statistisches Institut der Universität Oxford (Hrsg.), Vollbeschäftigung, Bern 1946, S. 97ff.

— Werkauswahl. Rezession und Prosperität im Kapitalismus, eingeleitet von Karl Kühne (Das Werk Kaleckis, S. 7ff.), Neuwied 1976.

Kals, Hans, Die soziale Frage in der Romantik, Köln—Bonn 1974.

Kamp, Matthias Ernst, Die Staatswirtschaftslehre Jean Bodins, Bonn 1949.

— Die Theorie der Epochen der öffentlichen Wirtschaft bei Lorenz von Stein, Bonn 1950.

— Erfahrungen mit der Fiscal Policy, Bonn 1969.

Kamrath, Friedrich, Die produktive Erwerbslosenfürsorge durch Förderung arbeitsbeschaffender Maßnahmen aus öffentlichen Mitteln, Diss. (maschinenschriftlich), Berlin 1924.

Kant, Immanuel, Metaphysik der Sitten (ca. 1797), hrsg. von Karl Vorländer, Hamburg 1959.

Kath, Dietmar, Der zinslose Notenbankkredit als Finanzierungsinstrument des Staates?, in: Wirtschaftsdienst, H. 7, 1983, S. 357ff.

Kaufmann, Franz-Xaver, Sicherheit als soziologisches und sozialpolitisches Problem, 2. Aufl., Stuttgart 1973.

— / *Krüsselberg*, Hans-Günter (Hrsg.), Markt, Staat und Solidarität bei Adam Smith, Frankfurt / M.—New York 1984.

Kautsky, Karl, Schippel und der Militarismus, in: Die Neue Zeit, 17. Jg., 1. Bd., 1899, S. 618ff., 644ff., 686ff.

Keilpflug, Erich, Der Ausgleichsfonds der preußischen Staatsbahnen. Seine Entstehung und seine Entwicklung, in: Archiv für Eisenbahnwesen, Jg. 1916, S. 841ff., 1103ff.

Keller, Paul, Dogmengeschichte des wohlstandspolitischen Interventionismus, Diss., Zürich, Winterthur 1955.

Kelsen, Hans, Marx und Lasalle. Wandlungen in der politischen Theorie des Marxismus, in: Grünbergs Archiv für die Geschichte des Sozialismus und der Arbeiterbewegung, Bd. 11, Leipzig 1925, S. 261ff.

Kempel, Franz, Die zweckmäßigere Form der Arbeitslosenversicherung, in: Zeitschrift für die gesamte Staatswissenschaft, 56. Jg., 1900, S. 385ff.

Kempski, Jürgen von, Stein, Schmoller, Weber und die Einheit der Sozialwissenschaft, in: Kloten, Norbert u.a. (Hrsg.), Systeme und Methoden in den Wirtschafts- und Sozialwissenschaften. Erwin von Beckerath zum 75. Geburtstag, Tübingen 1964, S. 191ff.

Kern, Romain, Die Lehre von der wirtschaftlichen Stagnation, Diss., Freiburg, Schwarzenbach (St. Gallen) 1952.

Kerschagl, Richard, Die Lehre vom Gelde in der Wirtschaft, Wien 1921.

Ketterer, Karl-Heinz / *Simmert*, Diethard B., Moderne Quantitätstheorie und Laissez-faire-Liberalismus, in: WSI-Mitteilungen, H. 11, 1972, S. 377ff.

— Staatsverschuldung und Geldpolitik, in: Simmert, Diethard B. / Wagner, Kurt-Dieter (Hrsg.), Staatsverschuldung kontrovers, Köln 1981, S. 328ff.

Keynes, John Maynard, A Tract on Monetary Reform, London 1923, (dt.: Ein Traktat über Währungsreform, München—Leipzig 1924).

— Can Lloyd George Do it?, (1929), in: ders., The Collected Writings of J. M. Keynes, Bd. 9, Cambridge 1972, S. 86ff.

— Die große Krise des Jahres 1930, in: Wirtschaftsdienst, 15. Jg., 2. Halbband, Nr. 51, 1930, S. 2165ff.

— Wirtschaftliche Zukunftsversprechen, in: Europäische Revue, Jg. 6, 2. Halbband, 1930, S. 735ff.

— Die Weltwirtschaftskonferenz 1933, in: Wirtschaftsdienst, 17. Jg., 2. Halbband Nr. 51, 1932, S. 1707ff.

— A Monetary Theory of Production, in: Der Stand um die nächste Zukunft der Konjunkturforschung. Festschrift für Arthur Spiethoff, München 1933, S. 123ff.

— Am I a liberal, (1925), in: ders., Essays in Persuasion, 2. Aufl., London 1933, S. 323ff.

— The End of the Laissez-Faire, (1926), in: ders., Essays in Persuasion, 2. Aufl., London 1933, S. 312ff.

— The Means of Prosperity, London 1933.

— Essays in Biography, London 1933.

— Vom Gelde, (1930), Berlin 1955.

— The Commemoration of T. R. Malthus, in: Economic Journal, 1935, S. 230ff.

— Allgemeine Theorie der Beschäftigung, des Zinses und des Geldes, (1936), Berlin 1955.

Kidron, Michael, Rüstung und wirtschaftliches Wachstum. Ein Essay über den westlichen Kapitalismus nach 1945, (1968), Frankfurt/M. 1971.

Kimmel, Lewis H., Federal Budget and Fiscal Policy, 1789-1958, Washington D. C. 1959.

Kirchhoff, Hermann, Zur Neuordnung der preussischen Eisenbahn- und Staatsfinanzen, Münster i. W. 1909.

— Die Reichsbahn. Ein offenes Wort über die Eisenbahn-, Staats- und Reichsfinanzen, Stuttgart 1917.

Kisker, Klaus, Die Erbschaftssteuer als Mittel der Vermögensredistribution, Berlin 1964.

Klein, Ernst, Geschichte der öffentlichen Finanzen in Deutschland, 1500-1870, Wiesbaden 1974.

Klein, Lawrence R., Theories of Effective Demand and Employment, in: Journal of Political Economy, Bd. 55, April 1947, S. 108ff.

— The Keynesian Revolution, New York 1961.

Kleinhenz, Gerhard, Probleme wissenschaftlicher Beschäftigung mit der Sozialpolitik. Dogmengeschichtlicher Überblick und Entwurf eines Wissenschaftsprogramms für die Theorie der Sozialpolitik, Berlin 1970.

Kleinknecht, Alfred, Innovation, Akkumulation und Krise, in: Prokla, H. 35, 1979, S. 85ff.

— Überlegungen zur Renaissance der „langen Wellen" der Konjunktur („Kondratieff-Zyklen"), IIMV, Disc. pap., Berlin 1979.

— Lange Wellen oder Wechsellagen?, in: Petzina, Dietmar/Van Roon, Geer (Hrsg.), Konjunktur, Krise, Gesellschaft, Stuttgart 1981, S. 107ff.

— Innovationsschübe und Lange Wellen: Was bringen ‚neo-schumpeterische' Kriseninterpretationen?, in: Prokla, H. 57, 1984, S. 55ff.

Koch, Lotte, Wandlungen der Wohlfahrtspflege im Zeitalter der Aufklärung, Erlangen 1933.

Koch, Rainer, „Industriesystem" oder „bürgerliche Gesellschaft". Der frühe deutsche Liberalismus und das Laissez-faire-Prinzip, in: Geschichte in Wissenschaft und Unterricht, 29. Jg., H. 10, 1978, S. 605ff.

Koch, Waldemar, Das Verhältnis zwischen gesellschaftlicher und steuerlicher Gerechtigkeit bei Adolph Wagner, in: Finanzarchiv, N. F., Bd. 23, 1963, S. 36ff.

Köhler, Claus, Geldwirtschaft, 1. Bd.: Geldversorgung und Kreditpolitik, 2. Aufl., Berlin 1977.

Körner, Alfred, Art. Wertschaffende (produktive) Arbeitslosenfürsorge, in: Albrecht, Gerhard u.a. (Hrsg.), Handwörterbuch des Wohnungswesens, Jena 1930, S. 758ff.

Köster, Johanna, Der rheinische Frühliberalismus und die soziale Frage, hrsg. von P. Fuchs (= Historische Studien, H. 342), Berlin 1938.

Kohn, Gustav, Municipal Socialism, in: Economic Journal, Bd. 20, 1910, S. 561ff.

Köllner, Lutz, Notenbanken im Dienste staatlicher Beschäftigungsfinanzierung, in: Zeitschrift für die gesamte Staatswissenschaft, Bd. 121, 1955, S. 473ff.

Kondratieff, Nikolai D., Die langen Wellen der Konjunktur, in: Archiv für Sozialwissenschaft und Sozialpolitik, Bd. 56, 1926, S. 573ff.

— Die Preisdynamik der industriellen und landwirtschaftlichen Waren, in: Archiv für Sozialwissenschaft und Sozialpolitik, Bd. 60, 1928, S. 1ff.

O. V., Kondratieff's long economic cycles, in: International Currency Review, Bd. 14, Nr. 5, 1982, S. 26ff.

Koulis, Johannes, Soziale Gestaltung der Besteuerung oder volkswirtschaftliche Steuerpolitik?, Tübingen 1948.

Krabbe, Wolfgang R., Munizipalsozialismus und Interventionsstaat, in: Geschichte in Wissenschaft und Unterricht, Jg. 30, 1979, S. 265ff.

Krätke, Michael, Kritik der Staatsfinanzen. Politische Ökonomie des Steuerstaates, Hamburg 1984.

Kramm, Lothar, Die politische Wissenschaft der bürgerlichen Gesellschaft. Eine Studie zur Anthropologie und politischen Theorie der Nationalökonomie, Berlin 1975.

Krantz, Hubert W., Die sozial- und gesellschaftspolitischen Vorstellungen Walther Rathenaus, Diss., Bochum 1975.

Krause, Werner, Wirtschaftstheorie unter dem Hakenkreuz, Berlin 1969.

Kreimer, Joachim, Vollbeschäftigung durch Mitbestimmung? Chronische Investitionsschwäche erfordert gesamtwirtschaftliche Therapie, in: Die Mitbestimmung, 28. Jg., H. 3, 1982, S. 93ff.

Kretschmar, Hans, Die Einheit der Volkswirtschaft in den älteren deutschen Wirtschaftslehren, Jena 1930.

Krieger, Leonard, The Idea of the Welfare State in Europe and the United States, in: Journal of the History of Ideas, Bd. 24, 1963, S. 553ff.

Krohn, Claus-Dieter, Wirtschaftstheorien als politische Interessen. Die akademische Nationalökonomie in Deutschland 1918-1933, Frankfurt/M.—New York 1981.

Kroll, Gerhard, Neutrales Geld und Kapitalbildung, Diss., Berlin 1935.

— Eine Utopie und Wirklichkeit, in: Neues Abendland, N. F., 12. Jg., H. 1, 1957, S. 21ff.

— Von der Weltwirtschaftskrise zur Staatskonjunktur, Berlin 1958.

Kromphardt, Jürgen, Konzeptionen und Analysen des Kapitalismus — von seiner Entstehung bis zur Gegenwart, Göttingen 1980.

— John Stuart Mill und die liberale Wirtschaftspolitik heute, in: Wirtschaftsdienst, H. 8, 1984, S. 407ff.

— Investitionen und Erwartungen, in: Helmstädter, Ernst (Hrsg.), Die Bedingungen des Wirtschaftswachstums in Vergangenheit und Zukunft. Gedenkschrift für Walther G. Hoffmann, Tübingen 1984, S. 251ff.

Krüger, Detlef, Technischer Wandel im Arbeitsprozeß. Theoretische Überlegungen und empirische Analysen der Beschäftigungsfolgen technischer Veränderungen, Frankfurt/M.—Bern—New York 1983.

Krüger, Dieter, Nationalökonomen im wilhelminischen Deutschland, Göttingen 1983.

Krüger, Michael, Aspekte einer Theorie zyklischer Kapitalakkumulation. Eine theoretische Analyse, Frankfurt/M. 1982.

Krüger, Stephan, Disproportion zwischen Realkapital und Geldkapitalakkumulation — Bedingungen einer alternativen Geld- und Währungspolitik, in: Alternative Wirtschaftspolitik, 4, Berlin 1982, S. 54ff.

— u.a., Keynes contra Marx, Hamburg 1984.

Krupp, Hans-Jürgen, Möglichkeiten und Grenzen der Staatstätigkeit, in: Bombach, Gottfried (Hrsg.), Möglichkeiten und Grenzen der Staatstätigkeit, Tübingen 1982, S. 1ff.

Kuczynski, Jürgen, Der Staatshaushalt. Ein Beitrag zur Erkenntnis der Struktur des kapitalistischen und kommunistischen Staates, Berlin 1927.

Küchle, Hartmut, Warum Lohn- und Sozialabbau? Zur theoretischen Erkärung der gegenwärtigen Politik des Kapitals im Memorandum '84, in: WSI-Mitteilungen, H. 2, 1985, S. 102ff.

Kühne, Karl, Der öffentliche Sektor in säkularer Sicht, in: Die öffentliche Wirtschaft, 20. Jg., H. 4, 1971, S. 141ff.

— Ökonomie und Marxismus, 2 Bde., Neuwied—Berlin 1972.

— Das vierfache Begräbnis des John Maynard Keynes, in: Zinn, Karl Georg (Hrsg.), Strategien gegen die Arbeitslosigkeit, Frankfurt/M.—Köln 1977, S. 63ff.

Kumpmann, Karl, Die neuere Entwicklung der sozialen Frage, Tübingen 1919.

— Die Arbeitslosigkeit und ihre Bekämpfung, Tübingen 1920.

Kurihara, Kenneth K., Monetary Theory and Public Policy, London 1951.

Lambert, Paul, Lauderdale, Malthus and Keynes, in: Annals of public and cooperative Economy, Bd. 37, 1966, S. 3ff.

— Keynes und Malthus, in: Weltwirtschaftliches Archiv, Bd. 75, 1955, 2, S. 231ff.

Lampe, Adolf, Notstandsarbeiten oder Lohnabbau?, Jena 1927.

— Reine Theorie der Finanzreform, in: Finanzarchiv, N. F., Bd. 2, 1934, S. 218ff.

Landau, Johann, Die Arbeiterfrage in Deutschland im 17. und 18. Jahrhundert und ihre Behandlung in der Deutschen Kameralwissenschaft, Diss., Zürich 1915.

Landauer, Carl, Die Theorien der Merkantilisten und Physiokraten über die ökonomische Begründung des Luxus, Diss., Heidelberg 1915.

Lang, Eva / *Koch*, Walter A. S., Staatsverschuldung — Staatsbankrott?, Würzburg—Wien 1980.

— / *Koch*, Walter A. S., Crowding-out und staatliches debt management, in: WSI-Mitteilungen, H. 1, 1981, S. 50ff.

Lange, Dietrich, Zur sozialphilosophischen Gestalt der Marktwirtschaftstheorie bei Adam Smith, München 1983.

Lange, Ernst, Die positive Weiterentwicklung der deutschen Arbeitsversicherungsgesetzgebung, in: Archiv für soziale Gesetzgebung und Statistik, Bd. 5, 1892, S. 393ff.

Langer, Kurt, Sozialdemokratische Wirtschaftstheorien der Nachkriegszeit, Basel 1927.

Lasalle, Ferdinand, Die indirekte Steuer und die Lage der arbeitenden Klassen, Berlin 1863.

Laskune, Eduard, Die ökonomischen Theorien des französischen Sozialismus der Gegenwart, in: Mayer, Hans (Hrsg.), Die Wirtschaftstheorie der Gegenwart, Bd. 4, Wien 1928, S. 323ff.

Lauderdale, Earl of, An Inquiry into the Nature and Origin of Public Wealth, Edingburgh 1804.

Launen, B., Geschichte der öffentlichen Armenpflege, in: Handwörterbuch der Staatswissenschaften, hrsg. von Ludwig Elster u.a., Bd. 1, 4. Aufl., Jena 1923, S. 938ff.

Lautenbach, Wilhelm, Über Kredit und Produktion, Frankfurt/M. 1937.

— Zins, Kredit und Produktion, Tübingen 1952.

Lavergne (-Peguilhen), Moritz von, Grundzüge der Gesellschaftswissenschaft, 1. Teil, Königsberg 1838, 2. Teil, Königsberg 1841.

Lederer, Emil, Technischer Fortschritt und Arbeitslosigkeit. Eine Untersuchung der Hindernisse des ökonomischen Wachstums, (1931), Neuauflage, mit einem Nachwort von R. A. Dickler, Frankfurt/M. 1981.

Lehmann, Willi, Die volkswirtschaftlichen Aufgaben der deutschen Großstadtverwaltungen, Diss., Leipzig, Grimma i. Sa. 1929.

Lehner, Bruno, Die Lehre Adolph Wagners von den obersten Grundsätzen der Besteuerung, Diss. (maschinenschriftlich), Erlangen 1950.

Lehr, Julius, Kritische Betrachtungen zu den wichtigeren für und wider den progressiven Steuerfuß vorgebrachten Gründen, in: Jahrbücher für Nationalökonomie und Statistik, Bd. 29, 1877, S. 1ff., 193ff.

Leihener, Walter, Finanzwirtschaftliche Deckungsgrundsätze, Diss., Köln 1934.

Leijonhufvud, Axel, Über Keynes und den Keynesianismus, Köln 1973.

Lenz, Friedrich, Friedrich Lists Staats- und Gesellschaftstheorie, Neuwied—Berlin 1967.

Leontieff, Wassily W., Die Folgen für Arbeitsplätze und Einkommensverteilung, in: Spektrum der Wissenschaft, H. 11 (November), 1982, S. 146ff.

Lerner, Abba P., Funktionale Finanzpolitik und Staatsschuld (1943), in: Nowotny, Ewald (Hrsg.), Öffentliche Verschuldung, Stuttgart—New York 1979, S. 87ff.

— The Economics of Control, (1944), Neuauflage, New York 1970.

— An Integrated Full Employment Policy, in: ders. / *Graham*, Frank D. (Hrsg.), Planning and Paying for Full Employment, Princeton 1946, S. 163ff.

— Economics of Employment, New York—Toronto—London 1951.

Levy, Hermann, Der Wirtschaftsliberalismus in England, 2., erw. Aufl., Jena 1928.

Lindahl, Erik, Studies in the Theory of Money and Capital, New York 1939.

Lindemann, Hugo, Arbeiterpolitik und Wirtschaftspflege, 2 Bde., Stuttgart 1904.

Linden, Walter, Eisenbahnen und Konjunktur, Diss., Freiburg i. Br., Karlsruhe 1926.

Lindenlaub, Dieter, Richtungskämpfe im Verein für Socialpolitik, 2 Bde., Wiesbaden 1967.

Link, H., Art. Arbeitsfürsorge, in: Dünner, Julia (Hrsg.), Handwörterbuch der Wohlfahrtspflege, Berlin 1929, S. 52ff.

Lins, W., Staat und Arbeit, Jena 1920.

Lipowski, J., Die Frage der Arbeitslosigkeit in der klassischen Nationalökonomie, in: Zeitschrift für die gesamte Staatswissenschaft, 68. Jg., 1912, S. 583ff.

List, Friedrich, Schriften zum Verkehrswesen, in: ders., Werke Bd. III, Teil 1, hrsg. von der Friedrich-List-Gesellschaft, Berlin 1929, S. 39ff.

— Das nationale System der politischen Ökonomie, in: ders., Werke, Bd. VI, hrsg. von der Friedrich-List-Gesellschaft, Berlin 1930.

Littmann, Konrad, Zunehmende Staatstätigkeit und wirtschaftliche Entwicklung, Köln-Opladen 1957.

— Finanzierung von kollektiven Gütern, in: Aufgabe Zukunft: Qualität des Lebens, Bd. 7. Qualitatives Wachstum, Frankfurt/M. 1972, S. 11ff.

— Art. Ausgaben, öffentliche (II): Die ‚Gesetze' ihrer langfristigen Entwicklung, in: Albers, Willi u. a. (Hrsg.), Handwörterbuch der Wirtschaftswissenschaften, Bd. 1, Stuttgart/New York—Tübingen—Göttingen/Zürich 1977, S. 439ff.

Löffler-Lohmar, Cornelia, Stabilisierung der gesellschaftlichen Entwicklung durch eine an human-ökologische Werte angepaßte Technologie?, Diss., Frankfurt/M. 1983.

Lotz, Walther, Der Fiskus als Wohltäter, Berlin 1906.

— Finanzwissenschaft, (1917), 12. Aufl., Tübingen 1931.

Lowe, Adolph, Politische Ökonomik, Frankfurt/M. 1965.

Ludwig, Franz, Kommunalpolitik und Sozialdemokratie, Berlin 1910.

Lütge, Friedrich, Der Begriff der Sozialpolitik, in: Jahrbücher für Nationalökonomie und Statistik, Bd. 137, 1932, S. 481ff.

Lukas, Eduard, Das wahre Wesen und die wahren Aufgaben der Arbeitslosenversicherung und der produktiven Arbeitslosenfürsorge, Graz 1926.

Luppe, Hermann, Die soziale Fürsorge, Wohlfahrtspflege, in: Mitzlaff, Paul / Stein, Erwin (Hrsg.), Die Zukunftsaufgaben der deutschen Städte, Berlin 1925, S. 576ff.

Lutz, Friedrich, Das Konjunkturproblem in der Nationalökonomie, Jena 1932.

McBriar, A. M., Fabian Socialism and English Politics 1884-1918, Cambridge 1962.

MacMillian Report, Committee on Finance and Industry, MacMillian Report, London 1931.

McWright, David, The prospects for capitalism, in: Survey of contemporary economics, 10. Aufl., Homewood 1964, S. 449ff.

Maddison, Angus, Phases of Capitalist Development, Oxford 1982.

März, Eduard, Zur Genesis der Schumpeterschen Theorie der wirtschaftlichen Entwicklung, in: ders., Joseph Alois Schumpeter — Forscher, Lehrer und Politiker, Wien 1983, S. 67ff.

Magdoff, Harry / *Sweezy*, Paul M., The Deepening Crisis of the U.S. Capitalism, New York 1981.

— / *Sweezy*, Paul M., Herhören, Keynesianer!, in: Das Argument, H. 145, 1984, S. 328ff.

Maier, Charles S., Recasting Bourgeois Europe, Princeton 1975.

Maier, Hans, Ältere deutsche Staatslehre und westliche politische Tradition, Tübingen 1966.

— Die ältere deutsche Staats- und Verwaltungslehre, 2., neubearbeitete und ergänzte Aufl., München 1980.

— Art. Staatswissenschaften, in: Kunst, Hermann / Grundmann, Siegfried (Hrsg.), Evangelisches Staatslexikon, 2. Aufl., Berlin 1975, S. 2534ff.

Mainz, Karl, Konjunkturausgleich und öffentlicher Haushalt, in: Vierteljahresschrift für Steuer- und Finanzrecht, Jg. 5, 1931, S. 529ff.

Malachowski, Walther A., Recht auf Arbeit und Arbeitspflicht, Jena 1922.

Malchus, Eva von, Das Vordringen des sozialen Gesichtspunktes in Deutschland, in: Ordo, Bd. 17, Düsseldorf—München 1966, S. 321ff.

Malinvaud, Edmond, The Theory of Unemployment Reconsidered, Oxford 1977.

Mallery, Otto T., The Long-Range-Planning of Public Works, in: Business Cycles and Unemployment. Report and Recommendations of a Committee of the President's Conference on Unemployment, with a Foreword by Herbert Hoover, New York 1923, S. 231ff.

Malthus, Thomas Robert, Principles of Political Economy, (1820), 2. Aufl. (hrsg. von Bischoff Otter), London 1836.

Mandel, Ernest, Die Wirtschaftstheorie des Neokapitalismus, (1964), in: Die langen Wellen der Konjunktur. Beiträge zur Marxistischen Konjunktur- und Krisentheorie von Parvus, Karl Kautsky u.a., Berlin 1972, S. 257ff.

— Marxistische Wirtschaftstheorie, 2 Bde., Frankfurt / M. 1972.

— Der Spätkapitalismus, 3. Aufl., Frankfurt / M. 1974.

— Krise und Aufschwung der kapitalistischen Weltwirtschaft 1974 - 1977, in: ders. / Wolf, Winfried, Ende der Krise oder Krise ohne Ende?, Berlin 1977, S. 11 ff. .

— Long Waves of Capitalist Development. The Marxist Interpretation, Cambridge University Press 1980 (dt.: Die langen Wellen im Kapitalismus, Frankfurt / M. 1983).

Manes, Julius, Der Kampf gegen die Arbeitslosigkeit durch Stabilisierung der Wirtschaft, Diss., Giessen 1925.

Mann, Fritz Karl, Der Marshall Vauban und die Volkswirtschaftslehre des Absolutismus. Eine Kritik des Merkantilsystems, München—Leipzig 1914.

— Vom Wesen der Finanzwirtschaft, in: Jahrbücher für Nationalökonomie und Statistik, Bd. 131, 1929, S. 33 ff.

— Die Staatswirtschaft unserer Zeit, Jena 1930.

— A. Schäffle als Wirtschafts- und Finanzsoziologe, in: ders. (Hrsg.), Gründer der Soziologie, Jena 1932, S. 11 ff.

— Konjunkturausgleich durch die öffentliche Hand?, in: Festschrift für A. Spiethoff. Der Stand und die nächste Zukunft der Konjunkturforschung, mit einem Vorwort von J. Schumpeter, München 1933, S. 166 ff.

— Steuerpolitische Ideale. Vergleichende Studien zur Geschichte der ökonomischen und politischen Ideen und ihres Wirkens in der öffentlichen Meinung 1600 - 1935, Jena 1935.

— Geschichte der angelsächsischen Finanzwissenschaft, in: Gerloff, Wilhelm / Neumark, Fritz (Hrsg.), Handbuch der Finanzwissenschaft, Bd. 1, 2. Aufl., Tübingen 1952, S. 469 ff.

— Die Staatswirtschaftslehre unserer Zeit, in: Finanzarchiv, N. F., Bd. 15, 1954 / 55, S. 212 ff.

— Wirtschaftstheorie und Institutionalismus in den USA, in: Bernsdorf, Wilhelm / Eisermann, Gottfried (Hrsg.), Die Einheit der Sozialwissenschaften. Franz Eulenburg zum Gedächtnis, Stuttgart 1955, S. 201 ff.

— Art. Ideengeschichte der Besteuerung, in: Beckerath, Erwin von u. a. (Hrsg.), Handwörterbuch der Sozialwissenschaften, Bd. 10, Stuttgart—Tübingen—Göttingen 1959, S. 107 ff.

— Finanztheorie und Finanzsoziologie, Göttingen 1959.

— Von den Wandlungen und Widersprüchen der Steuerideologien, in: Greiß, Franz / Meyer, Fritz W. (Hrsg.), Wirtschaft, Gesellschaft und Kultur, Festschrift für Alfred Müller-Armack, Berlin 1961, S. 121 ff.

— Ideologie und Theorie des Haushaltsgleichgewichts, in: Finanzarchiv, N. F., Bd. 21, 1961, S. 1 ff.

— Art. Finanzsoziologie, in: Beckerath, Erwin von u. a. (Hrsg.), Handwörterbuch der Sozialwissenschaften, Bd. 3, Stuttgart—Tübingen—Göttingen 1961, S. 642 ff.

— Die Finanzwirtschaft als Privatwirtschaft. Historische Glossen, in: Haller, Heinz / Recktenwald, Horst Claus (Hrsg.), Finanz- und Geldpolitik im Umbruch, Mainz 1969, S. 113 ff.

— Abriß der Geschichte der Finanzwissenschaft, in: Neumark, Fritz (Hrsg.), Handbuch der Finanzwissenschaft, Bd. 1, 3. Aufl., Tübingen 1975, S. 77ff.

— Der Sinn der Finanzwirtschaft, Tübingen 1978.

Marchal, Jean, The State and the Budget. From the budget of patrimonial state to the budget of the faustian state, in: Public Finance, Nr. 3, 1, 1948, S. 23ff.

Marchet, Gustav, Studien über die Entwicklung der Verwaltungslehre in Deutschland, München 1885.

Margolis, Julius, Public Works and Economic Stability, in: Journal of Political Economy, Vol. 57, 1949, S. 293ff.

Marlo, Karl (= *Windelblech*, Karl Georg), Untersuchungen über die Organisation der Arbeit, 3 Bde., Kassel 1850-57.

Marx, Karl, Das Kapital, Bd. 1, MEW Bd. 23, Berlin (DDR), 1962, Bd. 2, MEW Bd. 24, Berlin (DDR) 1967 sowie 1973, Bd. 3, MEW Bd. 25, Berlin (DDR) 1964 sowie 1973.

— Theorien über den Mehrwert, MEW Bd. 26.2, Berlin (DDR) 1968, Theorien über den Mehrwert, MEW Bd. 26.3, Berlin (DDR) 1968.

— / *Engels*, Friedrich, Die deutsche Ideologie, MEW Bd. 3, Berlin (DDR) 1978.

— / *Engels*, Friedrich, Manifest der kommunistischen Partei (1848), Berlin (DDR) 1975.

Massar, Karl, Die volkswirtschaftliche Funktion hoher Löhne, Berlin 1927.

— Lohnpolitik und Wirtschaftstheorie, Tübingen 1932.

Massow, von (Geh. Regierungsrat), Die sozialen Aufgaben des Staates als Arbeitgeber, in: Bericht über die Verhandlungen auf dem sechsten evangelisch-sozialen Kongreß in Erfurt am 5./6. Juni 1895, Berlin, S. 45ff.

Mattick, Paul, Marx und Keynes, Frankfurt/M.—Wien 1969.

— Kritik der Neomarxisten, Frankfurt/M. 1974.

— Krisen und Krisentheorien, in: Arbeiterbewegung. Theorie und Geschichte: Krisen und Krisentheorien, Frankfurt/M. 1974.

Matthiesen, Johannes Christian, T. R. Malthus' Hauptlehren der politischen Ökonomie, Diss. Kiel, Plön 1908.

Matzner, Egon, Vollbeschäftigung bei langsamem Wachstum, in: Markmann, Heinz/Simmert, Diethard B. (Hrsg.), Krise der Wirtschaftspolitik, Köln 1978, S. 293ff.

— u.a., Die Entwicklung des Staatsanteils — eine funktionsanalytische Betrachtung, in: Weizsäcker, Carl Friedrich (Hrsg.), Staat und Wirtschaft. Schriften des Vereins für Socialpolitik, N.F., Bd. 102, Berlin 1979, S. 505ff.

Mayer, Georg, Die Freihandelsschule in Deutschland. Ein Beitrag zur Gesellschaftslehre des wirtschaftlichen Liberalismus, Jena 1927.

Mayer, Gustav, Finanzwissenschaft, Stuttgart 1889.

Mazur, Israel Szyja, Das Problem des Interventionismus im System des ökonomischen Individualismus (mit einem Rückblick auf die Vorgeschichte des Problems), Diss., Zürich 1925.

Meek, Ronald L., Ökonomie und Ideologie, (1967), Frankfurt/M. 1973.

Mehring, Franz, Die Lessing-Legende, in: ders., Gesammelte Schriften, Bd. 9, Berlin 1963.

Meierhans, Paul, Zur Steuerpolitik der schweizerischen Sozialdemokratie, Diss. Zürich, Wiesbaden 1922.

Meisel, Franz, Geschichte der deutschen Finanzwissenschaft im 19. Jahrhundert bis zur Gegenwart, in: Gerloff, Wilhelm/Meisel, Franz (Hrsg.), Handbuch der Finanzwissenschaft Bd. 1, Berlin 1926, S. 245ff.

Meissner, Werner, Investitionslenkung, Frankfurt/M. 1974.

— /*Zinn,* Karl Georg, Der neue Wohlstand. Qualitatives Wachstum und Vollbeschäftigung, München 1984.

Memorandum 1980, Gegen konservative Formierung. Alternativen der Wirtschaftspolitik, Köln 1980.

Menard, Sigmar, Die Lehren von der richtigen Verwendung des Staatskredits. Eine dogmengeschichtliche Untersuchung, Jena 1939.

Mengelberg, Käte, Die Finanzpolitik der sozialdemokratischen Partei in ihren Zusammenhängen mit dem sozialistischen Staatsgedanken, Mannheim—Berlin—Leipzig 1919.

Menger, Anton, Das Recht auf den vollen Arbeitsertrag in geschichtlicher Darstellung, 4. Aufl., Stuttgart 1910.

Metzger, Wilhelm, Gesellschaft, Recht und Staat in der Ethik des deutschen Idealismus, Heidelberg 1917.

Meyer, Paul, Die Notstandsarbeiten und ihre Probleme. Ein Beitrag zur Bekämpfung der Arbeitslosigkeit, Jena 1914.

— Die öffentlichen Ausgaben und ihre volkswirtschaftlichen Wirkungen, Zürich 1954.

Meyer, Thomas, Bernsteins konstruktiver Sozialismus, Bonn—Bad Godesberg 1977.

Michaelis, Alfred, Die Quantitätstheorie als Grundlage der Konjunkturforschung, Jena 1929.

Michels, Robert, Über einige Leitsätze zu einer Geschichte der nationalökonomischen Lehrmeinungen, in: Schmollers Jahrbuch, 55. Jg., 1. Halbband, 1931, S. 385ff.

Miliband, Ralph, Der Staat in der kapitalistischen Gesellschaft, (1969), Frankfurt/M. 1975.

Mill, John Stuart, Grundsätze der politischen Ökonomie mit einigen ihrer Anwendungen auf die Sozialphilosophie, Bd. 1, 2. Aufl., Jena 1924, Bd. 2, Jena 1921 (= 7. Aufl. der Principles of Political Economy).

— Über die Freiheit, Stuttgart 1974 (Übersetzung der 3. Aufl. von „On Liberty" aus dem Jahre 1859, London 1869).

Miller, Riel/*Bakker,* Isabella, Wachsende Staatstätigkeit und ökonomische Krise, in: WSI-Mitteilungen, H. 7, 1984, S. 423ff.

Minsky, Hyman P., An Exposition of a Keynesian Theory of Investment, in: Szegö, Giorgio P./Shell, K. (Hrsg.), Mathematical Methods of Investment and Finance, Amsterdam—London—New York 1972, S. 207ff.

— John Maynard Keynes, London—Basingstoke 1975.

Mitchell, Wesley C., The Problem of Controlling Business Cycles, in: Edie, Lionel D. (Hrsg.), The Stabilization of Business, New York 1923, S. 1ff.

Mitnitzky, M., The Effects of a Public Works Policy on Business Activity and Employment, in: International Labour Review, Bd. 30, Okt. 1934, S. 435ff.

Moellendorf, Wichard von, Konservativer Sozialismus, Hamburg 1932.

Mohl, Robert, Die Geschichte und Literatur der Staatswissenschaften, 3 Bde., Erlangen 1855, 56, 58, Neudruck, Graz 1960.

Moldenhauer, Kurt, Kreditpolitik und Gesellschaftsreform. Eine international-vergleichende Untersuchung zur Problemgeschichte des Sozialismus, Jena 1932.

Moll, Bruno, Lehrbuch der Finanzwissenschaft, Berlin 1930.

Mombert, Paul, Die sozialpolitische Bedeutung der Gemeindeunternehmungen, in: Schriften des Vereins für Socialpolitik. Verhandlungen in Wien 1909, Teil II: Die wirtschaftlichen Unternehmungen der Gemeinden, Leipzig 1910, S. 159ff.

— Besteuerung und Volkswirtschaft, Karlsruhe i. Br. 1922.

— Geschichte der Nationalökonomie, Jena 1927.

— Soziale und wirtschaftspolitische Anschauungen in Deutschland, 2. Aufl., Leipzig 1928.

Monat, Anneliese, Sozialdemokratie und Wohlfahrtspflege. Ein Beitrag zur Entstehungsgeschichte der Arbeiterwohlfahrt, Stuttgart 1961.

O. Hrsg., Monopolkapital. Thesen zu dem Buch von P.A. Baran und P.M. Sweezy, 2. Aufl., Frankfurt/M. 1973.

Montaner, Antonio, Art. Institutionalismus, in: Beckerath, Erwin von u.a. (Hrsg.), Handwörterbuch der Sozialwissenschaften, Bd. 5, Stuttgart—Tübingen—Göttingen 1956, S. 294ff.

Mooslechner, Peter/*Nowotny*, Ewald, Gesamtwirtschaftliche Finanzierung und öffentliche Verschuldung, Wien 1981.

Mottek, Hans, Wirtschaftsgeschichte Deutschlands, Bd. 1, 5. Aufl., Berlin (DDR) 1968.

Müllensiefen, Karl Peter, Die deutsche Finanzwissenschaft von 1760-1830. Eine Untersuchung über die Begrifflichkeit von Justi bis Rau, Berlin 1928.

Müller, Christian, Entstehung und Entwicklung der „Neuen Wirtschaftslehre" in Deutschland, in: Bombach, Gottfried u.a. (Hrsg.), Der Keynesianismus, III. Die geld- und beschäftigungstheoretische Diskussion in Deutschland zur Zeit von Keynes, Berlin—Heidelberg—New York 1981, S. 3ff.

Müller, Gernot, „Zur Diskussion um die Staatsverschuldung" — Eine Antwort auf die Anmerkungen von R. Hickel, in: WSI-Mitteilungen, H. 3, 1981, S. 187ff.

Müller, Joachim, Friedrich Karl Biedermann, in: Männer der Revolution, hrsg. vom Arbeitskreis Vorgeschichte und Geschichte der Revolution von 1848/49, Berlin (DDR) 1970, S. 441 ff.

Müller-Heine, Karin, Zur Definition der Sozialpolitik, in: Sozialer Fortschritt, 26. Jg., 1977, S. 171 ff.

Müssiggang, Albert, Die soziale Frage in der historischen Schule der deutschen Nationalökonomie, Tübingen 1968.

Muhs, Karl, Quantitäts- oder Einkommenstheorie des Geldes?, in: ders. (Hrsg.), Festgabe für Georg Jahn, Berlin 1955, S. 441 ff.

Mun, Thomas, Englands Schatz durch den Außenhandel, (1664), Neudruck, übersetzt von R. Blach, Leipzig 1911.

Mund, Vernon A., Prosperity Reserves of Public Works, in: Annals of the American Academy of Political and Social Science, Vol. 149, May 1930, Part II, S. 1 ff.

Murhard, Karl, Theorie und Politik der Besteuerung, Göttingen 1834.

Musgrave, Richard, Theorie der öffentlichen Schuld, in: Gerloff, Wilhelm/Neumark, Fritz (Hrsg.), Handbuch der Finanzwissenschaft, 2. Aufl., Bd. 3, Tübingen 1955, S. 68 ff.

— Finanztheorie, Tübingen 1966.

— Der gegenwärtige Stand der Theorie der Besteuerung, in: Finanzarchiv, N. F., Bd. 39, 1981, S. 29 ff.

Mutafoff, Christa, Zur Geschichte des Rechts auf Arbeit mit besonderer Rücksicht auf Charles Fourier, Bern 1897.

Myrdal, Gunnar, Fiscal Policy in the Business Cycle, in: American Economic Review, Bd. 29, 1939, S. 183 ff.

Nagel, Paul G., Öffentliche Sachausgaben und Steuern im Dienste der Konjunkturpolitik, Diss. Köln, Würzburg 1934.

Nahrgang, Alfred, Die Aufnahme der wirtschaftspolitischen Ideen von Adam Smith in Deutschland zu Beginn des 19. Jahrhunderts, Diss. Frankfurt/M., Gelnhausen 1933/34.

Nasse, Erwin, Steuern und Staatsanleihen. Eine Revision der neuern Untersuchungen über die Verschiedenheit ihrer volkswirtschaftlichen Wirkungen, in: Zeitschrift für die gesamte Staatswissenschaft., Bd. 24, 1868, S. 1 ff.

— Über die Verhütung der Produktionskrisen durch staatliche Fürsorge, in: Schmollers Jahrbuch, 3. Jg., 1879, S. 145 ff.

Nathan, Otto, Grundsätzliches über die Zusammenhänge zwischen Volkswirtschaft und Besteuerung, in: Jahrbücher für Nationalökonomie und Statistik, Bd. 117, 1921, S. 97 ff.

Napoleoni, Claudio, Grundzüge der modernen ökonomischen Theorie, 4. Aufl., Frankfurt/M. 1972.

Naschold, Frider, Sozialstaat und Politische Formationen bei ökonomischer Stagnation, in: Matthes, Joachim (Hrsg.), Krise der Arbeitsgesellschaft, Frankfurt/M.—New York 1983, S. 491 ff.

Nawroth, Egon Edgar, Die Sozial- und Wirtschaftsphilosophie des Neoliberalismus, Heidelberg—Löwen 1961.

Nebenius, Friedrich, Der öffentliche Kredit, 2. Aufl. 1829, Neudruck, Aalen 1967.

Neisser, Hans P., „Permanent" Technological Unemployment, in: American Economic Review, Vol. 32, 1942, S. 50ff.

Nemmers, Erwin Esser, Hobson and Underconsumption, Amsterdam—New York 1956.

Neumann, Friedrich Julius von, Die progressive Einkommensteuer im Staats- und Gemeindehaushalt, Leipzig 1874.

Neumann, Karl, Die Lehre K. H. Rau's. Ein Beitrag zur Geschichte der Volkswirtschaftslehre im 19. Jahrhundert, Diss., Gießen 1927.

Neumann, Walter, Die formale Struktur des Staatssozialismus bei Rodbertus und Wagner und das Problem der Gemeinwirtschaft, Diss. (maschinenschriftlich), Freiburg 1929.

Neumark, Fritz, Konjunktur und Steuern, Bern 1930.

— Neue Ideologien der Wirtschaftspolitik, Wien—Leipzig 1936.

— Ausgleichsprobleme der öffentlichen Finanzwirtschaft, in: Zeitschrift für schweizerische Statistik und Volkswirtschaft, 73. Jg., 1937, S. 582ff.

— Theorie und Praxis der modernen Einkommensbesteuerung, Bern 1947.

— Wilhelm Gerloff und die Entwicklung der deutschen Finanzwissenschaft, in: ders. (Hrsg.), Beiträge zur Geld- und Finanztheorie. Wilhelm Gerloff zum 70. Geburtstag, Tübingen 1951, S. XIIff.

— Grundsätze und Arten der Haushaltsführung und Finanzdeckung, in: ders./Gerloff, Wilhelm (Hrsg.), Handbuch der Finanzwissenschaft, Bd. 1, 2. Aufl., Tübingen 1952, S. 606ff.

— Alte und neue Probleme der Finanzwissenschaft, in: Finanzarchiv, N.F., Bd. 16, 1955/56, S. 1ff.

— Interventionistische und dirigistische Steuerpolitik, in: Beckerath, Erwin von u.a. (Hrsg.), Wirtschaftsfragen der freien Welt. Festgabe für Ludwig Erhardt, Frankfurt/M. 1957, S. 450ff.

— Steuerpolitik in der Überflußgesellschaft, Berlin 1961.

— Art. Einkommensteuer, in: Beckerrath, Erwin von u.a. (Hrsg.), Handwörterbuch der Sozialwissenschaften, Bd. 3, Stuttgart—Tübingen—Göttingen 1961, S. 67ff.

— Wo steht die „Fiscal Policy" heute?, in: ders., Wirtschafts- und Finanzprobleme des Interventionsstaates, Tübingen 1961, S. 216ff.

— Wirtschafts- und Finanzprobleme des Interventionsstaates, Tübingen 1961.

— Nationale Typen der Finanzwissenschaft, in: ders., Wirtschafts- und Finanzprobleme des Interventionsstaates, Tübingen 1961, S. 81ff.

— Lasalles Steuer-Streitschrift, in: Finanzarchiv, N.F., Bd. 23, 1962, S. 66ff.

— Wandlungen in den Auffassungen vom Volkswohlstand, Frankfurt/M. 1964.

— Fiskalpolitik und Wachstumsschwankungen, Wiesbaden 1968.

— Grundsätze gerechter und ökonomisch rationaler Steuerpolitik, Tübingen 1970.

— Die Finanzpolitik in der Zeit vor dem ersten Weltkrieg, in: Deutsche Bundesbank (Hrsg.), Währung und Wirtschaft in Deutschland 1876-1975, Frankfurt/M. 1976, S. 57ff.

— Grundsätzliche Betrachtungen über die Grenzen der Besteuerung, in: ifo-Schnelldienst, H. 16/17, 1981, S. 8ff.

Neurath, Wilhelm, Adam Smith im Lichte der heutigen Staats- und Sozialauffassung, Wien 1884.

Niegisch, Helene, Die Auffassung der frühliberalen deutschen Nationalökonomen von der Armenfrage, Berlin 1934.

Niess, Frank, Geschichte der Arbeitslosigkeit, Köln 1979.

Nipperdey, Thomas, Deutsche Geschichte 1800-1866. Bürgerwelt und starker Staat, München 1983.

Nöll von der Nahmer, Robert, Die Deckung des öffentlichen Bedarfs durch nichtinflationäre Papiergeldausgabe, in: Finanzarchiv, N.F., Bd. 2, 1934, S. 549ff.

— Zur Lehre der Deckung des öffentlichen Bedarfs durch nichtinflationäre Papiergeldausgabe, in: Finanzarchiv, N.F., Bd. 4, 1937, S. 116ff.

— Weltwirtschaft und Weltwirtschaftskrise, in: Mann, Golo (Hrsg.), Propyläen-Weltgeschichte, Bd. 9, Berlin—Frankfurt/M.—Wien 1960, S. 351ff.

— Lehrbuch der Finanzwissenschaft, 2 Bde., Köln—Opladen 1964.

Nostitz, Hans von, Die Arbeitslosenfrage im Lichte der englischen Erfahrungen, in: Schmollers Jahrbuch, 20. Jg., 1896, S. 1279ff.

Novy, Klaus, Strategien der Sozialisierung, Frankfurt/M.—New York 1978.

— Weltwirtschaftskrise, Krisenpolitik und Lehren, die man nicht zog, in: Zinn, Karl Georg (Hrsg.), Strategien gegen die Arbeitslosigkeit, Köln—Frankfurt/M. 1977, S. 47ff.

— /*Nöll von der Nahmer,* Robert, Arbeitsbeschaffung im Bausektor. Warum nicht produktive Kreditschöpfung?, in: Arch plus, H. 61, 1982, S. 43ff.

Nowotny, Ewald, Zur politischen Ökonomie der öffentlichen Verschuldung, in: ders. (Hrsg.), Öffentliche Verschuldung, Stuttgart—New York 1979, S. 1ff.

— Funktionale Finanzpolitik und öffentliche Verschuldung, in: WSI-Mitteilungen, H. 1, 1981, S. 15ff.

Nullau, Bruno, Die Kondratieff-Wellen. Ein Slutzky-Effekt? in: Wirtschaftsdienst, H. 4, 1976, S. 177ff.

Oberhauser, Alois, Die Zentralbank als Geschäftsbank des Staates, in: Finanzarchiv, N.F., Bd. 28, 1969, S. 377ff.

— Gewinnorientierte Einkommenspolitik und Staatsverschuldung, in: Haller, Heinz (Hrsg.), Theorie und Praxis des finanzpolitischen Interventionismus. Fritz Neumark zum 70. Geburtstag, Tübingen 1970, S. 529ff.

O'Connor, James, Die Finanzkrise des Staates, (1973), Frankfurt/M. 1974.

Oeltze von Lobenthal, Günter, Nationalsozialistischer Wirtschaftsaufbau durch Arbeitsbeschaffung. Eine Darstellung der Auswirkung und Finanzierung der Arbeitsbeschaffungsmaßnahmen 1934/35, Diss., Breslau 1934.

Oestreich, Gerhard, Strukturprobleme des europäischen Absolutismus, in: Vierteljahresschrift für Sozial- und Wirtschaftsgeschichte, Bd. 55, 1968, S. 329ff.

Offenberg, Geh. Oberregierungsrat, Der wirtschaftliche Charakter des Extraordinariums der Preußischen Staats-Eisenbahnverwaltung, in: Archiv für Eisenbahnwesen, Jg. 1903, S. 487ff.

— Konjunktur und Eisenbahnen, Stuttgart 1914.

Ohl, Jörg, Keynesianismus ohne Keynes, Diss. (maschinenschriftlich), Tübingen 1952.

O'Leary, James, Malthus and Keynes, in: Journal of Political Economy, Bd. 50, 1942, S. 901ff.

Oncken, August, Adam Smith und Immanuel Kant. Der Einklang und das Wechselverhältnis ihrer Lehren über Sitte, Staat und Wirtschaft, Leipzig 1877.

— Die Maxime Laissez-faire et laissez passer, ihr Ursprung, ihr Werden, (1886), Glashütten/Ts. 1974.

Oppenheimer, Franz, Weltwirtschaft und Nationalwirtschaft, Berlin 1915.

— System der Soziologie, 3. Bd.: Theorie der reinen und politischen Ökonomie, 1. Halbband, Grundlegung, 5. Aufl., Jena 1923.

— Adolph Wagner, in: ders., Soziologische Streifzüge. Gesammelte Reden und Aufsätze, Bd. 2, Jena 1927.

Paglin, Morton, Fetter on Lauderdale, in: American Economic Review, Vol. 36, 1946, S. 391ff.

— Malthus and Lauderdale. The Anti-Ricardian Tradition, New York 1961.

Pankert, Rüdiger, Wachstumsimpulse durch den privaten Verbrauch?, in: WSI-Mitteilungen, H. 11, 1984, S. 656ff.

Pankoke, Eckart, Sozialer Fortschritt und soziale Verwaltung. Planungstheoretische Ansätze in der deutschen Staats- und Gesellschaftswissenschaft des 19. Jahrhunderts, in: Die Verwaltung, Bd. 2, 1969, S. 425ff.

— Sociale Bewegung — sociale Frage — sociale Politik. Grundfragen der deutschen Socialwissenschaft im 19. Jahrhundert, Stuttgart 1970.

— Art. Soziologie, Gesellschaftswissenschaften, in: Brunner, Otto u.a. (Hrsg.), Geschichtliche Grundbegriffe, Bd. 2, Stuttgart 1975, S. 997ff.

Pasinetti, Luigi L., Structural Change and Economic Growth, Cambridge 1981.

Patten, Simon N., Malthus and Ricardo, in: Publications of the American Economic Association, Vol. 4, Baltimore 1889.

— The Stability of Prices, Publications of the American Economic Association, Vol. 3, No. 6, Baltimore 1889.

— The Theory of Prosperity, New York—London 1902.

— Liquidation Taxes, in: Annals of the American Academy of Political and Social Science, Vol. 75, Jan. 1918, S. 165ff.

— The Tomorrow of Finance, in: Annals of the American Academy of Political and Social Science, Vol. 76, March 1918, S. 257ff.

— Making National Debts National Blessings, in: Annals of the American Academy of Political and Social Science, Vol. 82, March 1919, S. 39ff.

Peacock, Alan T. / *Williamson,* John, Consumption Taxes and Compensatory Finance, in: Economic Journal, Vol. 77, 1967, S. 27ff.

Pedersen, Jörgen, Einige Probleme der Finanzwirtschaft, in: Weltwirtschaftliches Archiv. Bd. 45, 1, 1937, S. 467ff.

Penrose, Edith, Art. Stagnation, in: Sills, David L. (Hrsg.), International Encyclopaedia of the Social Science, Vol. 15, o.O., 1968, S. 137ff.

Perlo, Victor, The unstable economy. Booms and recessions in the United States since 1945, London 1973.

Perroux, Francois, Das Streben nach Stabilität: Die realen Faktoren, in: Zeitschrift für Nationalökonomie, Bd. 18, 1958, S. 102ff.

Peters, Ingrid, Die Beiträge A. Wagners zur theoretischen Volkswirtschaftslehre, Diss. (maschinenschriftlich), Hamburg 1950.

Petersen, Hans H. Bern., Die Besteuerung des technischen Fortschritts als Mittel der Konjunkturpolitik, Leipzig 1938.

Petrenz, Otto, Die Arbeitslosigkeit, ihre statistische Erfassung und ihre Bekämpfung, Leipzig—Nürnberg 1911 (= Mitteilungen des Statistischen Amtes der Stadt Nürnberg, H. 1).

Pfau, Elsa F., Industriepolitische Gesichtspunkte in der Besteuerung, Stuttgart 1921.

Pfeiffer, Johann Friedrich von, Allgemeine Polizeiwissenschaft, 2 Bde., Frankfurt/M. 1779/80.

Pfister, Bernhard, Sozialpolitik als Krisenpolitik, Stuttgart 1936.

Pfleiderer, Otto, Die Staatswirtschaft und das Sozialprodukt, Jena 1930.

Philippovich, Eugen von, Das Eindringen der sozialpolitischen Ideen in die Literatur, in: Altmann, S. P. (Hrsg.), Die Entwicklung der deutschen Volkswirtschaftslehre im 19. Jahrhundert. Gustav Schmoller zur 70. Wiederkehr seines Geburtstages, Teil 2, Leipzig 1908, XXXI, S. 1ff.

— Die Entwicklung der wirtschaftspolitischen Ideen im 19. Jahrhundert, Tübingen 1910.

— Grundriß der politischen Ökonomie, II, 14., unveränderte Auflage (nach der 8. Aufl.), Tübingen 1922.

Pigou, Arthur C., Unemployment, London 1913.

— A Study in Public Finance, 3. Aufl., London 1949.

Pinker, Robert, The Idea of Welfare, London 1979.

Piven, Frances F. / *Cloward,* Richard A., Regulierung der Armut. Die Politik der öffentlichen Wohlfahrt, (1971), Frankfurt/M. 1977.

Plenge, Johann, Die Finanzen der Großmächte, in: Zeitschrift für die gesamte Staatswissenschaft, Jg. 64, 1908, S. 713ff.

Pöschl, Arnold, Produktive Kreditschöpfung, Berlin 1938.

Poggi, G.(ianfranco), The Development of the modern State, A sociological introduction, Stanford 1978.

Polanyi, Karl, The Great Transformation, (1944), Frankfurt/M. 1978.

Polanz-Dudzus, Elisabeth, Adolph Wagners Theorie der Deckung des Staatsbedarfs (dargestellt im Rahmen der älteren und zeitgenössischen Finanzliteratur), Diss. Berlin, Coburg 1935.

Pollard, Sidney, Keynesianismus und Wirtschaftspolitik seit der Großen Depression, in: Geschichte und Gesellschaft, H. 2, 1984, S. 185ff.

Pollock, Friedrich, Zur Marxschen Geldtheorie, in: Grünbergs Archiv für die Geschichte des Sozialismus und der Arbeiterbewegung, Jg. 13, Leipzig 1928, S. 193ff.

Pomian, Krzystof, The Secular Evolution of the Concept of Cycles, in: Review, II, 4, Spring 1979, S. 563ff.

Pommernelle, Lothar, Die Notstandsarbeiten der produktiven Erwerbslosenfürsorge, Jena 1929.

Predöhl, Andreas, Die Epochenbedeutung der Weltwirtschaftskrise von 1929 bis 1931, in: Vierteljahreshefte für Zeitgeschichte, Bd. 1, 1953, S. 105ff.

Preiser, Erich, Sparen und Investieren, in: ders., Bildung und Verteilung des Volkseinkommens, 3. Aufl., Göttingen 1963, S. 9ff.

— Das Wesen der Marxschen Krisentheorie, in: ders., Politische Ökonomie im 20. Jahrhundert — Probleme und Gestalten, München 1970, S. 47ff.

Preiswerk, Susanne, Geschichtlicher Überblick über die Theorien der Staatsverschuldung. Mit besonderer Berücksichtigung der volkswirtschaftlichen Zusammenhänge, Diss., Basel 1942.

Preller, Ludwig, Sozialpolitik in der Weimarer Republik, Düsseldorf 1970.

Pribram, Karl, Die Entstehung der individualistischen Sozialphilosophie, Leipzig 1912.

— Die Wandlungen des Begriffs der Sozialpolitik, in: Festgabe für Lujo Brentano zum 80. Geburtstag. Die Wirtschaftswissenschaft nach dem Kriege, Bd. 2, München—Leipzig 1925, S. 223ff.

Priddat, Birger / *Scherf*, Harald, Ethik bei Locke und Keynes, in: Gijsel, P. de u. a. (Hrsg.), Ökonomie und Gesellschaft. Jahrbuch 2. Wohlfahrt und Gerechtigkeit, Frankfurt/M.—New York 1984, S. 106ff.

Priewe, Jan, Neoklassische und keynesianische Theorien der Beschäftigung, in: Markmann, Heinz/Simmert, Diethard B. (Hrsg.), Krise der Wirtschaftspolitik, Köln 1978, S. 455ff.

— Konkurrierende Arbeitsmarkttheorien und Typologien von Arbeitslosigkeit, in: Wirtschaftsdienst, H. 7, 1984, S. 353ff.

— Zur Kritik konkurrierender Arbeitsmarkt- und Beschäftigungstheorien und ihrer politischen Implikationen, Frankfurt/M.—Bern—Nancy—New York 1984.

— Technologischer Fortschritt als Wachstumsbremse?, in: Memo-Forum. Zirkular der ‚Arbeitsgruppe Alternative Wirtschaftspolitik‘, Nr. 5, Bremen, Februar 1985, S. 58 ff.

Prochownik, Berthold, Das angebliche Recht auf Arbeit, Berlin 1891.

Pross, Helge, Bürgerlich-konservative Kritik an der kapitalistischen Gesellschaft, in: Kölner Zeitschrift für Soziologie und Sozialpsychologie, Bd. 18, 1966, S. 131 ff.

Pruden, Henry O., The Kondratieff Wave. Has the United States Economy entered a long-term down trend?, in: Journal of Marketing, April 1978, S. 63 ff.

Pütz, Theodor, Wirtschaftliche Entwicklung und zunehmende Staatstätigkeit, in: Zeitschrift für Nationalökonomie, Bd. 20, 1960, S. 47 ff.

— Geschichtliche Wandlungen der Konjunkturschwankungen und Konjunkturpolitik, in: Greiß, Franz u. a. (Hrsg.), Wirtschaft, Gesellschaft und Konjunktur. Festgabe für Alfred Müller-Armack, Berlin 1961, S. 167 ff.

Puhle, Hans-Jürgen, Vom Wohlfahrtsausschuß zum Wohlfahrtsstaat. Entwicklungstendenzen staatlicher Aufgabenstellung und Verwaltungsprobleme im Zeichen von Industrialisierung und Demokratisierung, in: Ritter, Gerhard A. (Hrsg.), Vom Wohlfahrtsausschuß zum Wohlfahrtsstaat, Köln 1973, S. 29 ff.

Pumpiansky, L., Das Problem der Arbeitslosigkeit in England, in: Archiv für Sozialwissenschaft und Sozialpolitik, Bd. 33, 1911, S. 126 ff.

Quarck, Max, Die erste deutsche Arbeiterbewegung 1848/49, (1924), Glashütten/Ts. 1970.

Rahmeyer, Fritz, Ökonomische und politische Hemmnisse einer Erhöhung der Staatsquote, Köln 1975.

Rassem, Mohamed, Bemerkungen zur ‚Sozialdisziplinierung‘ im frühmodernen Staat, in: Zeitschrift für Politik, N. F., H. 3, 1983, S. 217 ff.

Ratner, Sidney, American Taxation: Its History as a Social Force in Democracy, New York 1942.

Rauch, Basil, The History of the New Deal 1933-1938, New York 1944.

Raupp, Otto, Staatswirtschaftliche Konjunkturpolitik, Diss., Heidelberg 1935.

Recktenwald, Horst Claus, Umfang und Struktur der öffentlichen Ausgaben in säkularer Entwicklung, in: Neumark, Fritz (Hrsg.), Handbuch der Finanzwissenschaft, Bd. 1, 3. Aufl. Tübingen 1976, S. 713 ff.

— Staatswirtschaft in säkularer Entwicklung. Versuch einer Beschreibung, in: Haller, Heinz u. a. (Hrsg.), Theorie und Praxis des finanzpolitischen Interventionsstaates. Fritz Neumark zum 70. Geburtstag, Tübingen 1970, S. 407 ff.

— Art. Finanzwirtschaft, öffentliche (I). Allgemeines, in: Albers, Willi u. a. (Hrsg.), Handwörterbuch der Wirtschaftswissenschaften, Bd. 3, Stuttgart/New York—Tübingen—Göttingen/Zürich 1981, S. 144 ff.

Reichel, Edgar, Der Sozialismus der Fabier, Heidelberg 1947.

Reichenau, Charlotte von, Die Kapitalfunktion des Kredits, Jena 1932.

Reichesberg, Naum, Der Kampf gegen die Arbeitslosigkeit in der Schweiz, in: Schweizerische Blätter für Wirtschafts- und Sozialpolitik, 7. Jg., H. 3, 1894, S. 77 ff.

Reitzenstein, Friedrich Freiherr von, Ueber Beschäftigung arbeitsloser Armer und Arbeitsnachweis als Mittel vorbeugender Armenpflege, in: Schriften des Deutschen Vereins für Armenpflege und Wohltätigkeit, H. 4, Leipzig 1887, S. 1 ff.

Renner, Karl, Das arbeitende Volk und die Steuern, 2 Teile, Wien 1909.

— Marxismus, Krieg und Internationale, Stuttgart 1917.

Royal Commission of the Poor Law, Report of the Poor Law Commission, London 1909.

Ricardo, David, Grundsätze der Volkswirtschaft und der Besteuerung, übersetzt von E. Baumstark, Leipzig 1877 sowie die Ausgabe Waentig, Jena 1824.

— Essay on the Founding System (dt.: Untersuchung über das Anleihewesen), in: Mc Culloch, J. R. (Hrsg.), The Works of David Ricardo, London 1846. Deutsch abgedruckt in: Diehl, Karl / Mombert, Paul (Hrsg.), Das Staatsschuldenproblem, Neuauflage, herausgegeben und eingeleitet von Rudolf Hickel, Frankfurt / M.—Berlin—Wien 1980, S. 94 ff.

— The Works of David Ricardo, hrsg. von Piero Sraffa, Bd. 2, Cambridge 1951 / 52.

Richter-Altschäffer, Hans, Volkswirtschaftliche Theorie der öffentlichen Investitionen. Eine Untersuchung über die theoretische Stellung der öffentlichen Investitionen in der Dynamik der modernen Verkehrswirtschaft, München—Leipzig 1936.

Riedel, Manfred, Die Rezeption der Nationalökonomie, in: ders., Studien zur Hegelschen Rechtsphilosophie, Frankfurt / M. 1969, S. 75 ff.

— Art. Gesellschaft, bürgerliche, in: Ritter, Joachim (Hrsg.), Historisches Wörterbuch der Philosophie, Bd. 3, Basel—Stuttgart 1974, S. 466 ff.

Riese, Hajo, Wohlfahrt und Wirtschaftspolitik, Reinbek bei Hamburg 1976.

Riess, Alfons, Kommunale Wirtschaftspflege, Berlin—Leipzig 1924.

Rist, Charles, Geschichte der Geld- und Kredittheorie. Von John Law bis heute, (1938), Bern 1947.

Ritschl, Hans, Theorie der Staatswirtschaft und Besteuerung, Bonn—Leipzig 1925.

— Zur Theorie der staatswirtschaftlichen Entwicklungsstufen, in: Festgabe für Georg von Schanz. Beiträge zur Finanzwissenschaft, Bd. 1, Tübingen 1928, S. 367 ff.

— Der Staatshaushalt in der Depression, in: Archiv für Sozialwissenschaften und Sozialpolitik, Bd. 69, 1933, S. 293 ff.

Robert, Dieter, Makroökonomische Konzeptionen im Meinungsstreit. Zur Auseinandersetzung zwischen Monetaristen und Fiskalisten, Baden-Baden 1978.

Robertson, John M., The Fallacy of Saving, London 1892.

Rodbertus (-Jagetzow), Carl, Die Preussische Geldkrisis, (Anclam-Swinemunde 1845), in: ders., Gesammelte Werke und Briefe, Abt. 2, Bd. 1, Osnabrück 1972, S. 3 ff.

Röder, David August, Grundzüge des Naturrechts oder der Rechtsphilosophie, 2. Aufl., Heidelberg 1860-63.

Röpke, Hans-Joachim, Die Wachstumstheorie der deutschen Merkantilisten, Diss., Marburg 1971.

Röpke, Wilhelm, Jenseits von Angebot und Nachfrage, Erlenbach—Zürich 1958.

Roesler, Konrad, Die Finanzpolitik des Deutschen Reiches im ersten Weltkrieg, Berlin 1967.

Rohde, Klaus Erich, Gleichgewicht und Konjunkturtheorie, Stuttgart 1957.

Rohr, Donald G., The Origins of Social Liberalism in Germany, Chicago—London 1963.

Rohrbach, Reinhard, Die geld- und kredittheoretischen Anschauungen John Laws, Berlin 1927.

Rolshausen, Claus (Hrsg.), Kapitalismus und Krise. Eine Kontroverse um das Gesetz des tendenziellen Falls der Profitrate, Frankfurt/M.—Wien 1970.

Rompe, Franz, Die ideengeschichtliche Entwicklung des Einkommenssteuerproblems im Frankreich der Vorkriegszeit, Leipzig 1930.

Roon, Geer van, Historians and Long Waves, in: Futures, Vol. 13, No. 4, 1981, S. 383ff.

Roschall, Fritz, Wirtschaftspolitische Aufgaben der Finanzwirtschaft, in: Ständisches Leben, Bd. 6, H. 1, 1936, S. 1ff.

Roscher, Wilhelm, Die volkswirtschaftlichen Ansichten Friedrich des Großen, in: Berichte über die Verhandlungen der Königlich-Sächsischen Gesellschaft der Wissenschaften zu Leipzig, Sitzung am 4. April 1866, 18. Bd., Leipzig 1866, S. 1ff.

— System der Volkswirtschaft, (1854), 9. Aufl., Bd. 1, Stuttgart 1871.

— Geschichte der Nationalökonomik in Deutschland, München 1874.

Rosenkränzer, Dieter, Fiscal Policy. Darstellung und Problematik, Bonn 1954.

Rothschild, Kurt D., Vollbeschäftigung — eine Ausnahmesituation, in: Aus Politik und Zeitgeschichte, B 31, 1983, S. 25ff.

Rürup, Bernd, Soziale Dienste. Notwendiger Ausbau der Sozialpolitik und beschäftigungspolitische Chancen, in: Simmert, Diethard B. (Hrsg.), Wirtschaftspolitik — kontrovers, Köln 1979, S. 259ff.

Rüstow, Hanns-Joachim, Akkumulation und Krise — ein Beitrag zur Konjunkturtheorie, Diss., Berlin 1932.

— Neue Wege der Vollbeschäftigung. Das Versagen der ökonomischen Theorie, Berlin 1984.

Rybinski, Helga, Der Grundsatz des Haushaltsgleichgewichts in historischer und dogmengeschichtlicher Sicht, Diss., Berlin 1964.

Ryder, Judith/*Silver*, Harold, Modern English Society, 2. Aufl., London 1977.

Saage, Richard, Eigentum, Staat und Gesellschaft bei Immanuel Kant, Stuttgart—Berlin—Köln—Mainz 1973.

Sachsse, Christoph/*Tennstedt*, Florian, Geschichte der Armenfürsorge in Deutschland, Stuttgart 1980.

— /*Tennstedt*, Florian, Zur Einführung: Von der Armenpolitik zur fachlichen Sozialarbeit, in: dies. (Hrsg.), Jahrbuch der Sozialarbeit, 4, Reinbek bei Hamburg 1981, S. 11ff.

— Zur Entstehung sozialer Arbeit in Deutschland — Aspekte einer Berufsgeschichte, in: Zeitschrift für Sozialreform, H. 5, 1982, 267ff.

— / *Tennstedt,* Florian (Hrsg.), Bettler, Gauner und Proleten. Armut und Armenfürsorge in der deutschen Geschichte, Reinbek bei Hamburg 1983.

Saitzew, Manuel, Konjunkturpolitik, in: Zeitschrift für Schweizerische Statistik und Volkswirtschaft, Jg. 64, 1928, S. 170ff.

— Eine lange Welle der Arbeitslosigkeit, in: Schriften des Vereins für Socialpolitik, Bd. 185, Teil 1, München—Leipzig 1932, S. 1ff.

— Der Interventionismus, in: Festgabe für Fritz Fleiner zum 70. Geburtstag, Zürich 1937, S. 321ff.

Salin, Edgar, Geschichte der Volkswirtschaftslehre, Berlin 1923 sowie Politische Ökonomie. Geschichte der wirtschaftspolitischen Ideen von Platon bis zur Gegenwart, 5., erweiterte Aufl., Tübingen 1967.

Sax, Emil, Grundlegung der theoretischen Staatswirtschaft, Wien 1887.

Seckendorff, Veit Ludwig, Deutscher Fürstenstaat, (1656), Reprint der Ausgabe von Jena 1737, Aalen 1972.

Seel, Barbara, Finanzwissenschaft als Geisteswissenschaft. Eine Auseinandersetzung mit der Finanztheorie Horst Jechts, Meisenheim/Glan 1972.

Seidel, Bruno, Finanzwirtschaft und Wirtschaftsordnung in der Finanzwirtschaftslehre und der staatswirtschaftlichen Praxis in den USA, in: Voigt, Fritz (Hrsg.), Beiträge zur Finanzwirtschaft und zur Geldtheorie. Festschrift für Rudolf Stucken, Göttingen 1953, S. 206ff.

Seligman, Edwin R. A., Die Sozialökonomie in den Vereinigten Staaten, in: Festgabe für Lujo Brentano zum 80. Geburtstag. Die Wissenschaft nach dem Kriege, 2. Bd., München—Leipzig 1925, S. 59ff.

Sen, Samar Ranjan, The Economics of Sir James Steuart, London 1967.

— Sir James Steuart's General Theory of Employment, Interest and Money, in: Economica, Vol. 14, 1947, S. 19ff.

Senghaas, Dieter, Von Europa lernen. Entwicklungsgeschichtliche Betrachtungen, Frankfurt/M. 1982.

Shonfield, Andrew, Geplanter Kapitalismus. Wirtschaftspolitik in Westeuropa und USA, (1965), Köln—Berlin 1968.

Shuman, James B./*Rosenau,* David, The Kondratieff Wave, New York 1972.

Sies, Walter, Finanzpolitische Deckungsgrundsätze und konjunkturpolitische Postulate, Diss., Erlangen 1950.

Simon, Helene, Robert Owen. Sein Leben und seine Bedeutung für die Gegenwart, Jena 1905.

Simons, Henry C., Hansen on fiscal policy, in: Journal of Political Economy, Bd. 50, 1942, S. 161ff.

Singer, Rudolf, Das Recht auf Arbeit in geschichtlicher Darstellung, Jena 1895.

Skidelsky, Robert, Politicians and the Slumps. The Labour Government of 1929-1931, London—Melbourne—Toronto 1967.

— Keynes und die Treasury: Argumente für und wider eine aktive Arbeitslosenpolitik 1920-1939, in: Mommsen, Wolfgang J. (Hrsg.), Die Entstehung des Wohlfahrtsstaates in Großbritannien und Deutschland 1850-1950, Stuttgart 1982, S. 175ff.

Sleeman, J. F., The Welfare State, London 1973.

Small, Albion W., The Origins of Sociology, New York 1967 (1924).

— The Cameralists. The Pioneers of German Social Policy, (1909), Neuauflage, New York 1962.

Smith, Adam, Der Wohlstand der Nationen. Eine Untersuchung seiner Natur und seiner Ursachen, aus dem Englischen übertragen und mit einer Würdigung von Horst Claus Recktenwald, München 1974.

Smith, Ron, Military Expenditures and Capitalism, in: Cambridge Journal of Economics, H. 1, 1977, S. 61ff.

Smithies, Arthur, Federal Budgeting and Fiscal Policy, in: Ellis, Howard S. (Hrsg.), A Survey of Contemporary Economics, Homewood/Ill. 1948, S. 174ff.

Soden, Julius von, Die Nazional-Oekonomie, mehrere Bde., Leipzig 1808ff.

Somary, Felix, Krisenwende, Berlin 1932.

Sombart, Werner u.a. (Hrsg.), Die Störungen im deutschen Wirtschaftsleben der Jahre 1900ff. Schriften des Vereins für Sozialpolitik, Bd. 113, Leipzig 1904.

— Der moderne Kapitalismus, 3 Bde., Berlin 1955 sowie die 6. Aufl., München—Leipzig 1928.

Sommer, Artur, Friedrich Lists System der politischen Ökonomie, Jena 1927.

Sommer, Louise, Die österreichischen Kameralisten in dogmengeschichtlicher Darstellung, 2 Teile in einem Band, (1920-25), Neudruck, Aalen 1967.

— Besteuerung, Kapitalbildung, Staatszweck und Steuerverwendung in der Theoriengeschichte, in: Lotz, Walther (Hrsg.), Kapitalbildung und Besteuerung, Berlin—Leipzig 1929, S. 299ff.

Sonnenfels, Joseph von, Abhandlung von der Teuerung in Hauptstädten und der Mittel derselben abzuhelfen, Leipzig 1769.

— Grundsätze der Polizey-, Handels- und Finanzwissenschaft, (1771), Reprint der 8. Aufl., Wien 1819-22, Rom 1970.

Sost (Sozialistische Studiengruppen), Stagnation und Krise. Langfristige Tendenzen der kapitalistischen Ökonomie, Hamburg 1982.

Soule, George, A Planned Society, New York 1932.

Spiethoff, Arthur, Die wirtschaftlichen Wechsellagen. Aufschwung, Krise, Stockung, Tübingen—Zürich 1955.

Spitler, Ludwig Timotheus, Vorlesungen über Politik, gehalten 1796, hrsg. von Karl Wächter, Stuttgart—Tübingen 1826.

Spree, Reinhard, Was kommt nach den „langen Wellen" der Konjunktur?, in: Schröder, Wilhelm/Spree, Reinhard (Hrsg.), Historische Konjunkturforschung, Stuttgart 1980, S. 304ff.

Sprung, Johann, Der deutsche Liberalismus und die soziale Frage bis 1848, Diss., Leipzig 1925.

Sraffa, Piero, Malthus on Public Works, in: Economic Journal, Vol. 65, 1955, S. 543f.

Sultan, Herbert, Über das Verhältnis von Steuerstaat und Unternehmerstaat, in: Festgabe für Georg von Schanz. Beiträge zur Finanzwissenschaft, Bd. 1, Tübingen 1928, S. 407ff.

— Staatswirtschaft und Konjunktur, in: Zeitschrift für Schweizerische Statistik und Volkswirtschaft, Jg. 1936, S. 573ff.

— Functional Finance und Finanzsoziologie, in: Jahrbücher für Nationalökonomie und Statistik, Bd. 164, 1952, S. 321ff.

— Finanzwissenschaft und Soziologie, in: Gerloff, Wilhelm/Neumark, Fritz (Hrsg.), Handbuch der Finanzwissenschaft, Bd. 1, 2. Aufl., Tübingen 1952, S. 66ff.

Surányi-Unger, Theo, Philosophie in der Volkswirtschaftslehre, Bd. 1, Jena 1923, Bd. 2, Jena 1926.

— Wirtschaftsphilosophie im 20. Jahrhundert, Stuttgart 1967.

Sweezy, Alan, Declining Investment Opportunity, in: Harris, Seymour E. (Hrsg.), The New Economics, New York—London 1947, S. 425ff.

— Die Zukunft des Kapitalismus und andere Aufsätze zur Politischen Ökonomie, Frankfurt/M. 1970.

— John Maynard Keynes, in: ders., Die Zukunft des Kapitalismus und andere Aufsätze zur politischen Ökonomie, Frankfurt/M. 1970, S. 93ff.

— On the Theory of Monopoly Capitalism, in: ders., Modern Capitalism and other Essays, New York—London 1972, S. 25ff.

— Theorie der kapitalistischen Entwicklung, 6. Aufl., Frankfurt/M. 1981.

— Why Stagnation?, in: Monthly Review, Vol. 34, No. 2, June 1982, S. 1ff.

Syrup, Friedrich, Die Aufbringung der Mittel für die Erwerbslosenfürsorge, Berlin 1926.

Schacht, Hjalmar, Der theoretische Gehalt des englischen Merkantilismus, Diss., Kiel, Berlin 1900.

Schäfer, Claus/*Tofaute*, Hartmut (Hrsg.), Beschäftigungssichernde Finanzpolitik, Frankfurt/M.—New York 1980.

— Wiedergewinnung der Vollbeschäftigung durch qualitatives Wachstum, in: Rahmann, Bernd/Welsch, Johann (Hrsg.), Wohlfahrtsstaat im Defizit, Köln 1982, S. 133ff.

Schäffle, Albert, Bourgeois- und Arbeiter-Nationalökonomie, in: Deutsche Vierteljahrs-Schrift, H. 106, 1864, S. 245ff.

— Zur Theorie der Deckung des Staatsbedarfs, in: Zeitschrift für die gesamte Staatswissenschaft, Bd. 39, 1883, S. 273ff., S. 633ff., Bd. 40, 1884, S. 107ff.

— Die Steuern, Allgemeiner Teil, Leipzig 1895, Besonderer Teil, Leipzig 1897.

Schanz, Georg von, Die Arbeitslosenversicherung und die Deutsche Volkspartei, in: Preußische Jahrbücher, Bd. 91, 1898, S. 500ff.

— Dritter Beitrag zur Frage der Arbeitslosen-Versicherung und der Bekämpfung der Arbeitslosigkeit, Berlin 1901.

— Die Bekämpfung der Arbeitslosigkeit, in: Archiv für Soziale Gesetzgebung und Statistik, Bd. 16, 1901, S. 549ff.

— Die Frage der Arbeitslosigkeit und die öffentliche Haushaltsführung, in: Zeitschrift für Socialwissenschaft, Jg. 5, 1902, S. 47ff.

— Öffentliches Schuldenwesen, in: Altmann, S. P. (Hrsg.), Die Entwicklung der deutschen Volkswirtschaftslehre im neunzehnten Jahrhundert. Gustav Schmoller zur siebzigsten Wiederkehr seines Geburtstages, Teil 2, Leipzig 1908, XXXX, S. 1ff.

— Art. Budget, in: Handwörterbuch der Staatswissenschaften, hrsg. von Ludwig Elster u.a., Bd. 3, 4. Aufl., Jena 1926, S. 84ff.

— Art. Kredit, in: Elster, Ludwig (Hrsg.), Wörterbuch der Volkswirtschaft, Bd. 2, 3. Aufl., Jena 1911, S. 190ff.

Scheel, Hans von, Die progressive Besteuerung, in: Zeitschrift für die gesamte Staatswissenschaft, Bd. 31, 1875, S. 273ff.

Scheer, Christian, Sozialstaat und öffentliche Finanzen. Theorie und Praxis der sozialen Komponente der öffentlichen Finanzen im Wandel vom liberalen Rechtsstaat zum Sozialstaat, (Diss.), Köln 1975.

Schieck, Hans, Der Kampf um die Wirtschaftspolitik nach dem Novemberumsturz 1918, Diss., Heidelberg 1958.

Schikowski, John, Über Arbeitslosigkeit und Arbeitslosenstatistik, Leipzig 1894.

Schilcher, Rudolf, Das Konzept der Dauerarbeitslosigkeit in der neuen Wirtschaftstheorie, insbesondere bei Alvin H. Hansen und J. M. Keynes, Diss., Berlin 1952.

Schiller, Karl, Arbeitsbeschaffung und Finanzordnung in Deutschland, Berlin 1936.

Schippel, Max, Friedrich Engels und das Milizsystem, in: Die Neue Zeit, 17. Jg., Bd. 1, 1899, S. 580ff., 613ff.

Schlesinger, Arthur M. jr., The Crisis of the Old Order 1919-1933, Cambridge/Mass. 1956.

— The Coming of the New Deal, Boston 1959.

Schmidberger, Wolf-Dieter, Ursachen der Investitionsschwäche, in: Wirtschaftsdienst, H. 12, 1984, S. 593ff.

Schmidt, Dora, Nicht-fiskalische Zwecke der Besteuerung. Ein Beitrag zur Steuertheorie und Steuerpolitik, Tübingen 1926.

Schmidt, Fritz, Die sozialpolitischen Anschauungen des rheinischen Frühliberalismus, Diss., Köln 1927.

Schmidt, Hans, Staatssozialistische Bestrebungen im Verein für Socialpolitik, Diss., Köln 1940, Köln 1941.

Schmidt, Kurt, Zu einigen Theorien über die relative Ausdehnung der öffentlichen Ausgaben, in: Finanzarchiv, N. F., Bd. 24, 1965, S. 193ff.

Schmidt, Manfred G., Staatsapparat und Rüstungspolitik in der Bundesrepublik Deutschland (1966-1973), Frankfurt/M. 1975.

— Wohlfahrtsstaatliche Politik unter bürgerlichen und sozialdemokratischen Regierungen. Ein internationaler Vergleich, Frankfurt/M.—New York 1982.

— Arbeitslosigkeit und Vollbeschäftigungspolitik. Ein internationaler Vergleich, in: Leviathan, H. 4, 1983, S. 452ff.

Schminck-Gustavus, Christoph U., Recht auf Arbeit — Zur Geschichte einer konkreten Utopie, in: Achten, Udo u.a., Recht auf Arbeit — eine politische Herausforderung, Neuwied—Darmstadt 1978, S. 15ff.

Schmölders, Günter, Zur Problematik der finanzpolitischen Konjunkturtherapie, in: Neumark, Fritz (Hrsg.), Beiträge zur Geld- und Finanztheorie. Wilhelm Gerloff zum 70. Geburtstag, Tübingen 1951, S. 107ff.

— Allgemeine Steuerlehre, Wien—Stuttgart 1959.

— Geschichte der Volkswirtschaftslehre, Wiesbaden 1961.

— Art. Finanzwirtschaft, öffentliche Finanzwirtschaft, in: Kernig, C. D. (Hrsg.), Sowjetsystem und Demokratische Gesellschaft, Bd. 2, Freiburg—Basel—Wien 1968, S. 518ff.

— Wandlungen der Finanzwissenschaft. Von der „Staatswirtschaftslehre" zur wissenschaftlichen Finanzpolitik, in: Schwebler, Robert/Föhrenbach, Walter (Hrsg.), Jahre der Wende. Festgabe für Alex Möller zum 65. Geburtstag, Karlsruhe 1968, S. 96ff.

— Finanzpolitik, 3. Aufl., Berlin u.a., 1970.

Schmoller, Gustav, Das Merkantilsystem in seiner historischen Bedeutung, in: ders., Umrisse und Untersuchungen zur Verfassungs-, Verwaltungs- und Wirtschaftsgeschichte bes. des preussischen Staates im 17. und 18. Jahrhundert, Leipzig 1898.

— Grundriß der allgemeinen Volkswirtschaftslehre, Teil 1, Leipzig 1908.

— Historische Betrachtungen über Staatenbildung und Finanzentwicklung, in: Schmollers Jahrbuch, Bd. 33, 1909, S. 1ff.

Schnabel, Karl, Der außerordentliche Etat der öffentlichen Wirtschaft in deutscher Theorie und Praxis, Diss., (maschinenschriftlich), Würzburg 1924.

Schnack, Hans-W., Der Wirtschaftskreislauf bei N. A. L. J. Johannsen und J. M. Keynes, Diss., Kiel 1951.

— Die Depressionstheorie bei N. A. L. J. Johannsen und J. M. Keynes, in: Jahrbuch für Sozialwissenschaft, Bd. 2, 1951, S. 132ff.

Schneider, Michael, Arbeitsbeschaffung. Die Vorstellungen der freien Gewerkschaften und SPD zur Bekämpfung der Wirtschaftskrise, in: Luthardt, Wolfgang (Hrsg.), Sozialdemokratische Arbeiterbewegung und Weimarer Republik. Materialien zur gesellschaftlichen Entwicklung 1927-1933, 2 Bde., hier Bd. 1, Frankfurt/M. 1978, S. 220ff.

Schoeck, Helmut, Die Soziologie und die Gesellschaften, Freiburg—München 1964.

Scholtz, Werner / *Herrnstadt*, Ernst, Handbuch der wertschaffenden Arbeitslosenfürsorge, Berlin 1929.

Schorer, Hans, Lorenz von Steins Reproduktivitätsprinzip, in: Probleme der öffentlichen Finanzen und der Währung. Festgabe für Eugen Grossmann, Zürich 1949, S. 181ff.

Schottland, Charles J. (Hrsg.), The Welfare State. Selected Essays, New York—Evanston—London 1967.

Schreber, Daniel G., Zwo Schriften zur Geschichte und Notwendigkeit der Cameralwissenschaften, Leipzig 1764.

Schröder, Wilhelm Freiherr von, Fürstliche Schatz- und Rentkammer, (1686), 6. Aufl., Leipzig 1721.

Schubert, Hans, Gustav Schmoller als Sozialpolitiker, Diss., Frankfurt/M., Würzburg 1937.

Schück, Guido, Die Problematik des Deficit Spending, Diss., Zürich 1955.

Schüller, Richard, Die Wirtschaftspolitik der historischen Schule, Berlin 1899.

Schultz, Bruno, Die volkswirtschaftliche Bedeutung der Eisenbahnen, Jena 1922.

— Die Lehre von der Verkehrspolitik als Disziplin der Volkswirtschaftslehre in Deutschland, in: Muhs, Karl (Hrsg.), Festgabe für Georg von Jahn, Berlin 1955, S. 535ff.

Schulz, Frank, Zum historisch-ökonomischen Kontext, zur Krisentheorie und zu den wirtschaftspolitischen Strategien der „Memorandum-Gruppe ‚Alternative Wirtschaftspolitik'", unveröffentlichte Diplom-Arbeit, Bochum 1982.

— „Neokonservatismus" in den USA — ein manchesterliberaler Angriff auf den Interventionsstaat, in: Gewerkschaftliche Monatshefte, H. 8, 1984, S. 485ff.

— „Neokonservatismus" — begriffliche und dogmengeschichtliche Anmerkungen zum gegenwärtigen Kampf um die Staatsauffassung, in: Prokla, H. 56, 1984, S. 127ff.

— Finanzierungspotentiale öffentlicher Wohnungspolitik im Kontext ökonomischer Stagnation — Kompensatorische Finanzpolitik: Ihre Notwendigkeit und ihre Möglichkeiten, in: Novy, Klaus (Hrsg.), Wohnungswirtschaft jenseits reiner ökonomischer Theorie, Bochum 1985, S. 97ff.

— Die Vorschläge von Georg von Schanz zur antizyklischen Finanzpolitik in der Tradition der öffentlichen Arbeitsbeschaffung. Ein Beitrag zur Dogmengeschichte der „functional finance", in: Finanzarchiv, N. F., Bd. 42, H. 3, 1984, S. 542ff.

— Besprechung zu: Kaufmann, Franz-Xaver/Krüsselberg, Hans-Günter (Hrsg.), Markt, Staat und Solidarität bei Adam Smith, Frankfurt/M.—New York 1984, in: Das Argument, H. 154, 1985, S. 935ff.

— Eisenbahnen und Konjunktur. Eine dogmengeschichtliche Literaturuntersuchung zur konjunkturpolitischen Instrumentalfunktion, in: Zeitschrift für öffentliche und gemeinwirtschaftliche Unternehmen, Heft 4, 1985, S. 423ff.

— „Neokonservative Pädagogik". Eine Analyse ihrer ordnungspolitischen Implikationen, in: Neue Praxis, H. 5, 1985, S. 435ff.

— Besprechung zu: Fend, Helmut, Die Pädagogik des Neokonservatismus, Frankfurt/M. 1984; Wanner, Kurt: Pädagogischer Konservatismus, Köln 1984, in: Das Argument, H. 152, 1985, S. 615ff.

— Zur ordnungspolitischen Charakterisierung aktueller Selbsthilfekonzeptionen. Ein finanzsoziologischer Beitrag zum aktuellen Verhältnis zwischen Staat und freigemeinwirtschaftlichem Sektor, in: Zeitschrift für Sozialreform, H. 11, 1985, S. 656ff.

— Rüstungsausgaben und wirtschaftliche Stagnation — Anmerkungen zur Position der Memoranden, in: Memo-Forum. Zirkular der „Arbeitsgruppe ‚Alternative Wirtschaftspolitik'", Nr. 7, November 1985, S. 103ff.

— Die Idee der „öffentlichen Arbeiten" im historischen Strukturwandel der Armenfürsorge zur sozialen Wohlfahrtspflege. Ein dogmen- und begriffsgeschichtlicher Beitrag zur Entstehung einer aktiven Arbeitsmarktpolitik in Deutschland, in: Zeitschrift für Sozialreform, H. 2, 1986, S. 104ff.

— La Politique Financière Et Sociale De L'Actuel Gouvernement (bilan des années 1983 à 1985), in: Allemagnes d'aujourd'hui, No. 94-95, Oct. 1985 — Mars 1986, S. 101ff.

— Heinrich Herkners Beitrag zur beschäftigungspolitischen Instrumentalfunktion — eine dogmengeschichtliche Ergänzung, erscheint in: Zeitschrift für öffentliche und gemeinwirtschaftliche Unternehmen, 1986.

— Besprechung zu: Heckmann, Friedrich / Kröll, Friedhelm: Einführung in die Geschichte der Soziologie, Stuttgart 1984, in: Das Argument, H. 156, 1986, S. 279f.

— Die Arbeiten von Franz Stöpel zur Beschäftigungspolitik durch produktive Geldschöpfung. Ein dogmengeschichtlicher Beitrag zur „functional finance", erscheint 1986 in der Zeitschrift ‚Jahrbücher für Nationalökonomie und Statistik'.

Schulz, Gerhard Heinrich, Die Idee der produktiven Erwerbslosenfürsorge in Theorie, Praxis und Politik, Diss., Hamburg 1930.

Schulze, Othard, Der New Deal und seine Einwirkung auf die Finanz- und Steuerpolitik der Vereinigten Staaten von Amerika, Jena 1940.

Schulze, Wilfried, Die Idee des zyklischen Budgets als Grundlage der schwedischen Haushaltspolitik von 1930 bis zum Ende des zweiten Weltkrieges, (Diss. Frankfurt/M.), Enger/Westf. 1953.

Schulze, Winfried, Sozialistische Bestrebungen in Deutschland. Bemerkungen zu einer Aufsatzfolge Karl Biedermanns (1846), in: Vierteljahreshefte für Sozial- und Wirtschaftsgeschichte, Bd. 57, 1970, S. 93ff.

— Karl Friedrich Biedermann. Eine Studie zum Verhältnis von Wissenschaft, Publizistik und Politik im deutschen Vormärz, in: Kurze, Dietrich (Hrsg.), Aus Theorie und Praxis der Geschichtswissenschaft. Festschrift für Hans Herzfeld zum 80. Geburtstag, Berlin—New York 1972, S. 299ff.

Schulz-Bodmer, W(ilhelm), Art. Communismus, in: Staatslexikon, hrsg. von Carl von Rotteck/Carl Welcker, 3. Aufl., Altona 1859, S. 589ff.

Schulz-Kiesow, Paul, Die Finanzierung des Aufschwungs, Rostock 1933.

Schumacher, E. F., Staatsfinanzen — ihr Verhältnis zur Vollbeschäftigung, in: Statistisches Institut der Universität Oxford (Hrsg.), Vollbeschäftigung, Bern 1946, S. 145ff.

Schumpeter, Joseph A., Über das Wesen der Wirtschaftskrisen, in: Zeitschrift für Volkswirtschaft, Bd. 19, 1910, S. 271ff.

— Die Wellenbewegung des Wirtschaftslebens, in: Archiv für Sozialwissenschaft und Sozialpolitik, Bd. 39, 1914/15, S. 1ff.

— Gustav Schmoller und die Probleme von heute, in: Schmollers Jahrbuch, Bd. 50, 1926, S. 337ff.

— The Instability of Capitalism, in: Economic Journal, Bd. 38, 1928, S. 361 ff.

— Epochen der Dogmen- und Methodengeschichte, in: Grundriß der Sozialökonomik, 1. Abteilung, 1. Buch, Tübingen 1914, S. 19 ff.

— Konjunkturzyklen, 2 Bde., Göttingen 1961 (= Nachdruck des „Business Cycle" von 1939).

— Die Theorie der wirtschaftlichen Entwicklung, (1912), 6. Aufl., (Nachdruck der 4. Aufl. von 1939), Berlin 1964.

— Geschichte der ökonomischen Analyse, 2 Bde., Göttingen 1965.

— Kapitalismus, Sozialismus und Demokratie, (1942), 5. Aufl., München 1975.

Schwab, Josef, Eine Interpretation des Beitrages von J. M. Keynes zur Krisentheorie, in: Mehrwert, H. 14, Berlin 1978.

Stahlecker, Peter, Konzentration und gesamtwirtschaftliche Stabilität, Frankfurt/M.—Bern—Nancy—New York 1984.

Stark, Werner, Die Geschichte der Volkswirtschaftslehre in ihrer Beziehung zur sozialen Entwicklung, Dordrecht/Holland 1960.

Stavenhagen, Gerhard, Geschichte der Wirtschaftstheorie, 4. Aufl., Göttingen 1969.

Steiger, Gerhard, Dogmengeschichtliche Entwicklung der Lehre vom notwendigen Haushaltsdefizit, Diss., Mainz, Meisenheim/Glan 1957.

Steiger, Otto, Studien zur Entstehung der neuen Wirtschaftslehre in Schweden, Berlin 1971.

Stein, Herbert, The Fiscal Revolution in America, Chicago 1969.

Stein, Ludwig, Die sociale Frage im Lichte der Philosophie, Stuttgart 1897.

Stein, Lorenz von, System der Staatswissenschaft, (1856), 2. Bde., Neudruck, Osnabrück 1964.

— Lehrbuch der Finanzwissenschaft, 3. Aufl., Leipzig 1875 sowie Lehrbuch der Finanzwissenschaft, Bd. 1, 4. Aufl., Leipzig 1878, Bd. 2, 5. Aufl., Leipzig 1885.

— Die Volkswirtschaftslehre, Wien 1878.

Steinberg, Wilhelm, Der Einzelne und die Gemeinschaft, München—Basel 1951.

Steindl, Joseph, Maturity and Stagnation in American Capitalism, (1952), Oxford 1976.

Steinweg, Reiner (Hrsg.), Rüstung und soziale Sicherheit, Frankfurt/M. 1985.

Stephens, John D., The Transition from Capitalism to Socialism, London—Basingstoke 1979.

Stephinger, Ludwig, Die Geldlehre Adam Müllers, Stuttgart 1909.

Stern, Eugen, Die finanzwissenschaftlichen Anschauungen der Hauptvertreter der klassischen englischen Nationalökonomie (mit besonderer Berücksichtigung der Lehre von den öffentlichen Ausgaben), Diss., Frankfurt/M. 1927.

Stettner, Walter F., Sir James Steuart on the Public Debt, in: Quarterly Journal of Economics, Vol. 59, 1945, S. 451 ff.

— Carl Dietzel, Public Expenditures, and the Public Debt, in: Income, Employment, and Public Policy. Essays in Honor of Alvin Hansen, New York 1948, S. 276ff.

Steuart, James, Inquiry into the Principles of Political Economy, 2 Bde., London 1767.

Stier, Winfried, Die „langen Wellen" in der Konjunktur, in: Wirtschaftsdienst, H. 12, 1976, S. 637ff.

Stöpel, Franz, Die freie Gesellschaft. Versuch einer Schlichtung des Streites zwischen Individualismus und Sozialismus, Chemnitz 1881.

— Über einige neuere Theorien vom Geld, in: Jahrbücher für Nationalökonomie und Statistik, Bd. 13, 1869, S. 342ff.

— Soziale Reform, Leipzig 1884.

— Die soziale Frage. Neue Ideen zur Lösung derselben, Berlin 1888.

Stoneman, William E., A history of the economic analysis of the Great Depression in America, (Diss., 1969), New York 1979.

Strachey, John, Kapitalismus — heute und morgen, (1956), Düsseldorf 1957.

Ströbel, Heinrich, Was uns fehlt, in: Klassenkampf, 3. Jg., 1929, Nr. 22, S. 687ff., Nr. 23, S. 729ff., 4. Jg., 1929/30, Nr. 1, S. 22ff.

Strölin, Karl, Die Bekämpfung der Arbeitslosigkeit durch die Gemeinden, Generalbericht auf dem 6. Internationalen Gemeindekongreß, Berlin—München 1936.

Strösslin, Werner, Friedrich Lists Lehre von der wirtschaftlichen Entwicklung, Tübingen 1968.

Struensee, Karl August, Abhandlungen über wichtige Gegenstände der Staatswirtschaft, mehrere Bde., Berlin 1800.

Stucken, Rudolf, Theorie der Konjunkturschwankungen, Jena 1926.

— Grundsätze für die Anleihepolitik, in: Archiv für Sozialwissenschaft und Sozialpolitik, Bd. 57, 1927, S. 746ff.

— Die Konjunkturen im Wirtschaftsleben, Jena 1932.

— Keynes' Vorschläge zur Wirtschaftsbelebung, in: Zeitschrift für Nationalökonomie, Bd. 4, 1933, S. 645ff.

— / *Sies*, Walter, Finanzwirtschaftliche Deckungsgrundsätze und konjunkturpolitische Postulate, in: Finanzarchiv, N. F., Bd. 12, 1950, S. 616ff.

Sturm, Heinrich, Staatliche Maßnahmen zur Bekämpfung der Arbeitslosigkeit, Diss., Mannheim, Berlin 1936.

Taeuber, Walter, Art. Staatswissenschaft, in: Beckerath, Erwin von u.a. (Hrsg.), Handwörterbuch der Sozialwissenschaften, Bd. 9, Stuttgart—Tübingen—Göttingen 1956, S. 763ff.

Tapfer, Friederike, Der wirtschaftspolitische Beitrag der Klassik, Meisenheim/Glan 1956.

Tautscher, Anton, Die dynamische Kredittheorie der deutschen Merkantilisten, in: Weltwirtschaftliches Archiv, Bd. 56, 2, 1942, S. 143ff.

— Die Steuern als Gestaltungsmittel der Volkswirtschaft bei den deutschen Merkantilisten, in: Finanzarchiv, N. F., Bd. 9, 1943, S. 303ff.

— Staatswirtschaftslehre des Kameralismus, Bern 1947.

— Wesenswandlung der Staatswirtschaft, in: Zeitschrift für die gesamte Staatswissenschaft, Bd. 106, 1950, S. 1ff.

— Grundlegung einer integralen Finanzwissenschaft, in: Schmollers Jahrbuch, Jg. 71, 1951, S. 641ff.

— Alte und neue Finanzwissenschaft, in: Finanzarchiv, N. F., Bd. 13, 1951/52, S. 37ff.

— Vollbeschäftigung und öffentliche Finanzpolitik, in: Zeitschrift für die gesamte Staatswissenschaft, Bd. 108, 1952, S. 80ff.

— Geschichte der deutschen Finanzwissenschaft bis zum Ausgang des 18. Jahrhunderts, in: Gerloff, Wilhelm/Neumark, Fritz (Hrsg.), Handbuch der Finanzwissenschaft, Bd. 1, 2. Aufl., Tübingen 1952, S. 382ff.

— Die öffentliche Wirtschaft, Berlin 1953.

Tenius, Johannes, Die Eisenbahnen als Konjunkturfaktor, Diss., Münster 1921.

Tennstedt, Florian, Sozialgeschichte der Sozialpolitik in Deutschland, Göttingen 1981.

Terborgh, George, The bogey of economic maturity, Chicago 1945.

— Dr. Hansen on „The Bogey of Economic Maturity", in: Review of Economic Statistics, Bd. 28, 1946, S. 170ff.

Teschemacher, Hans, Die geistesgeschichtliche Linie in der Entwicklung des finanzwirtschaftlichen Denkens, Tübingen 1931.

Teusch, Friedhelm, Zinslose Staatsverschuldung?, in: Simmert, Diethard D./Wagner, Kurt-Dieter (Hrsg.), Staatsverschuldung kontrovers, Köln 1981, S. 358ff.

Thiemeyer, Theo, Gemeinwirtschaft als Ordnungsprinzip, Berlin 1970.

— Die soziale Relevanz „unhaltbarer" ökonomischer Theorien, in: Flohr, Heiner u.a. (Hrsg.), Freiheitlicher Sozialismus. Gerhard Weisser zum 75. Geburtstag, Bonn—Bad Godesberg 1973, S. 79ff.

— Theorie der öffentlichen Güter als ökonom(ist)ische Staatslehre, in: Oettle, Karl (Hrsg.), Öffentliche Güter und öffentliche Unternehmen, Baden-Baden 1984, S. 73ff.

Thier, Erich, Rodbertus, Lasalle, Adolph Wagner, Ein Beitrag zur Theorie und Geschichte des deutschen Staatssozialismus, Jena 1930.

Thoss, Rainer, Zur Weiterentwicklung der Gobalsteuerung: Integration von Konjunktur- und Strukturpolitik, in: Fleischle, Gerhard/Krüper, Manfred (Hrsg.), Investitionslenkung. Überwindung oder Ergänzung der Marktwirtschaft?, Frankfurt/M.—Köln 1975, S. 31ff.

— Planung unter veränderten Verhältnissen — ökonomische Aspekte, in: Forschungs- und Sitzungsberichte der Akademie für Raumforschung und Landesplanung, Bd. 108, 1976, S. 15ff.

— Notwendigkeit und Möglichkeit öffentlicher Investitionen, in: Krise der ökonomischen Theorie — Krise der Wirtschaftspolitik, WSI-Studie 38, Köln 1978, S. 224ff.

Timm, Herbert, Möglichkeiten und Probleme konjunkturorientierter Steuerpolitik, Rostock 1936.

— Das Gesetz der wachsenden Staatsausgaben, in: Finanzarchiv, N.F., Bd. 21, 1961, S. 201 ff.

Tobin, James, Grundsätze der Geld- und Staatsschuldenpolitik, Baden-Baden 1978.

Traber, Uwe, Monetäre und reproduktive Akkumulation — Anmerkungen zu Hyman P. Minsky, in: Prokla, H. 57, 1984, S. 99 ff.

Treue, Wilhelm, Wirtschaftsgeschichte der Neuzeit, 3., stark erw. Aufl., Bd. 1, Stuttgart 1973.

Troost, Axel, Staatsverschuldung und Kreditinstitute. Die öffentliche Kreditaufnahme im Rahmen des gesamten Kredit- und Dienstleistungsgeschäftes der Geschäftsbanken, Frankfurt/M.—Bern—New York 1984.

Trotzky, Leo, Die Kurve der kapitalistischen Entwicklung (1923), in: Die langen Wellen der Konjunktur. Beiträge zur Marxistischen Konjunktur- und Krisentheorie von Parvus, Karl Kautsky u.a., Berlin 1972, S. 123 ff.

Tschannen, Harry Arnim, Die neue deutsche Steuerpolitik als Faktor der staatlichen Konjunkturpolitik, Diss., Berlin 1937.

Tuchtfeldt, Egon, Über die Staatsfunktionen bei Adam Smith, in: Ordo, Bd. 27, Stuttgart—New York 1976, S. 29 ff.

Tugan-Baranowski, Michael, Studien zur Theorie und Geschichte der Handelskrisen in England, Jena 1901.

Tuggener, Heinrich, Social Work, Weinheim 1971.

Turban, Manfred, Marxsche Reproduktionsschemata und Wirtschaftstheorie, Berlin 1980.

Umpfenbach, Karl, Lehrbuch der Finanzwissenschaft, Teil 1, Erlangen 1859 sowie 2. Aufl., Stuttgart 1887.

Upmeier, Gisela, Kommunale Finanzpolitik als Instrument einer neuen Wirtschaftspolitik — Reichsfinanzminister Reinhold (1926-1927), in: Hansmeyer, Karl-Heinrich (Hrsg.), Kommunale Finanzpolitik in der Weimarer Republik, Stuttgart—Berlin—Köln—Mainz 1972, S. 220 ff.

Valjavec, Fritz, Die Entstehung der politischen Strömungen in Deutschland 1770-1815, München 1951.

Varga, Eugen, Die Entwicklung der Depression, in: ders., Die Krise des Kapitalismus und ihre politischen Folgen, (hrsg. und eingeleitet von Elmar Altvater), Frankfurt/M. 1969, S. 219 ff.

Vaughan, Roger J., Public Works as a Countercyclical Devise: A Review of the Issues, Rand Corporation, Santa Monica/Calif., R-1990-EDA, July 1976.

Verspohl, Erich, Der Stagnationsgedanke in der Nationalökonomie — eine dogmengeschichtliche und analytische Studie, Diss., Köln 1971.

Villard, Henry H., Deficit Spending and the National Income, New York 1941.

Vleugels, Wilhelm, Die Kritik am wirtschaftlichen Liberalismus in der Entwicklung der deutschen Volkswirtschaftslehre, in: Schmollers Jahrbuch, Jg. 59, 1935, S. 513ff.

Vocke, Wilhelm, Die Grundzüge der Finanzwissenschaft, Leipzig 1894.

Vogel, Emanuel H., Die finanzpolitischen Besteuerungsprinzipien in Literatur und Theorie, in: Zeitschrift für die gesamte Staatswissenschaft, Jg. 66, 1910, S. 296ff., S. 494ff.

— Grundsätzliches zur theoretischen Frage „nichtfiskalischer Zwecksetzung in der Besteuerung", in: Finanzarchiv, Jg. 46, 1929, S. 5ff.

Vogel, Paul, Hegels Gesellschaftsbegriff und seine Fortbildung durch Lorenz von Stein, Marx, Engels und Lasalle, Berlin 1925.

Wagemann, Ernst, Wirtschaftspolitische Strategie, Hamburg 1937.

Wagner, Adolph, Die Ordnung der Finanzwirtschaft und der öffentliche Kredit, in: Schönberg, Gustav (Hrsg.), Handbuch der politischen Ökonomie, Bd. 3, 1. Halbband: Finanzwissenschaft, 2. Aufl., Tübingen 1885, S. 447ff.

— Finanzwissenschaft und Staatssozialismus, in: Zeitschrift für die gesamte Staatswissenschaft, Bd. 43, 1887, S. 37ff, 675ff. (auch abgedruckt in: Sozialökonomische Texte, hrsg. von August Skalweit, Frankfurt/M. 1948).

— Finanzwissenschaft, Theil 1, 3. Aufl., Leipzig—Heidelberg 1883, Theil 2, 2. Aufl., Leipzig 1890 sowie 1. Aufl., Leipzig 1880, Theil 3, 2. Aufl. (in Zusammenarbeit mit Hermann Deite), Bd. 1, Leipzig 1910.

— Über soziale Finanz- und Steuerpolitik, in: Archiv für soziale Gesetzgebung und Statistik, Bd. 4, 1891, S. 1ff.

— Grundlegung der politischen Ökonomie, 3. Aufl., 1. Halbband, Leipzig 1892, 2. Halbband, Leipzig 1893.

— Theoretische Sozialökonomik oder Allgemeine und theoretische Volkswirtschaftslehre, (fast völlig neu bearbeitet und stark erw. Ausgabe der) 4. Aufl., Leipzig 1907.

— Art. Staat in nationalökonomischer Hinsicht, in: Handwörterbuch der Staatswissenschaften, hrsg. von Ludwig Elster u.a., Bd. 7, 3. Aufl., Jena 1911, S. 727 ff.

— / *Oppenheimer,* Franz, Art. Staat in nationalökonomischer Hinsicht, in: Handwörterbuch der Staatswissenschaften, hrsg. von Ludwig Elster u.a., Bd. 7, 4. Aufl., Jena 1926, S. 757ff.

Wagner, Valentin Fritz, Geschichte der Kredittheorien. Eine dogmengeschichtliche Darstellung, (1937), Neudruck, Aalen 1966.

Walker, E. Ronald, Public Works and Recovery, in: Economic Record, 1935, S. 187ff.

— Unemployment Policy with Special Reference to Australia, Sydney 1936.

Ward, Benjamin, Die Idealwelten der Ökonomen. Liberale, Radikale, Konservative, Frankfurt/M.—New York 1981.

Warnkönig, L. A., Die gegenwärtige Aufgabe der Rechtsphilosophie, in: Zeitschrift für die gesamte Staatswissenschaft, Jg. 1851, S. 219ff., 473ff., 622ff.

Webb, Beatrice / *Webb,* Sidney, Das Problem der Armut, Jena 1912.

Weddigen, Walter, Grundzüge der Sozialpolitik und Wohlfahrtspflege, Stuttgart 1957.

Weinacht, Paul-Ludwig, Staat. Studien zur Bedeutungsgeschichte des Wortes von den Anfängen bis ins 19. Jahrhundert, Berlin 1958.

Weippert, Georg, Zur Frage der Verknüpfung ökonomischer und sozialer Betrachtung, in: Montaner, Antonio (Hrsg.), Geschichte der Volkswirtschaftslehre, Köln 1967, S. 307ff.

Weindel, Rudolf, Die Steuer als Instrument der Konjunkturpolitik, Diss., München 1958.

Weinstein, James, The Corporative Ideal in the Liberal State, 1900-1918, Boston 1968.

Weinstock, Ulrich, Das Problem der Kondratieff-Wellen, Berlin—München 1964.

Weissel, Erwin, Die Ohnmacht des Sieges. Arbeiterschaft und Sozialisierung nach dem ersten Weltkrieg in Österreich, Wien 1976.

Weishaupt, Adam, Über die Staatsausgaben und Auflagen, ein philosophisch-statistischer Versuch, (1817), mit Gegenbemerkungen von Dr. Konr. Frohn, Nürnberg 1820.

Weller, Bernhard, Arbeitslosigkeit und Arbeitsrecht, Stuttgart 1969.

Welzmüller, Rudi, Ungleichheit der Einkommensverteilung gewachsen. Aktuelle Daten zur Verteilungsentwicklung, in: WSI-Mitteilungen, H. 6, 1985, S. 321ff.

Wertenson, Marie, Die Arbeitslosigkeit in England seit 1919 und ihre Bekämpfung, Jena 1928.

Wex, Else, Die Entwicklung der Sozialen Fürsorge in Deutschland, 1914-1927, Diss., Berlin 1929.

Wiehn, Erhard / *Mayer*, Karl Ulrich, Soziale Schichtung und Mobilität, München 1975.

Wiese, Hanns-Dieter, Die Krisenbekämpfung in Schweden. Eine Studie über die Ergebnisse der schwedischen Wirtschaftstheorie und Wirtschaftspolitik in den dreißiger Jahren, Diss., Tübingen 1963.

Wiese, Leopold von, Albert Schäffle als Soziologe, in: Mann, Fritz Karl (Hrsg.), Gründer der Soziologie, Jena 1932, S. 1ff.

Wieser, Friedrich Freiherr von, Theorie der gesellschaftlichen Wirtschaft, in: Grundriß der Sozialökonomik, 1. Abteilung, 1. Buch, Tübingen 1914, S. 125ff.

Wigforss, Ernst, The Financial Policy during Depression and Boom, in: Annals of the American Academy of Political and Social Science, Bd. 197, 1938, S. 25ff.

Wilensky, Harald L. / *Lebeaux*, Charles, Industrial Society and Social Welfare, (1958), New York 1965.

— The welfare state and equality. Structural and ideological roots of public expenditures, Berkeley—Los Angeles—London 1975.

Willms, Manfred, Volkswirtschaftliche Wirkungen einer zunehmenden Staatsverschuldung, in: Wirtschaftsdienst, H. 9, 1978, S. 439ff.

Wilson, John D., A Note on Marx and the Trade Cycle, in: Review of Economic Studies, 1937/38, S. 107ff.

Winkel, Harald, Die historische Entwicklung der Arbeitsbeschaffungsmaßnahmen, in: Hamburger Jahrbücher für Wirtschafts- und Gesellschaftspolitik, 21. Jg., 1976, S. 317ff.

— Die deutsche Nationalökonomie im 19. Jahrhundert, Darmstadt 1977.

Winkler, Ernst, John Maynard Keynes und Sivio Gesell. Ein Vortrag, (1951), Heidelberg, 2. Aufl., 1952.

Wirth, Max, Grundzüge der Nationalökonomie, 2. Bd. (1859), 3. Aufl., Köln 1869.

Wiseman, Michael, Public Employment as Fiscal Policy, in: Brookings Papers on Economic Activity, Bd. 7, H. 1, 1976, S. 67ff.

Witte, Emil, Das Recht auf Arbeit und seine Verwirklichung, Minden/Westf. 1885.

Wolak, Friedel, Möglichkeiten, Grenzen und Problematik einer dauerhaften Finanzierung von Staatsausgaben durch Geldschöpfung, Frankfurt/M. 1979.

Wolf, Julius, Die Fehler der Kathedersozialisten, in: Die Zukunft, Jg. 11, 1895, S. 21ff.

— Die Wohnungsfrage als Gegenstand der Socialpolitik, Jena 1896.

— Die Arbeitslosigkeit und ihre Bekämpfung, Dresden 1896.

— Der Kathedersozialismus und die sociale Frage, Berlin 1899.

— Das socialpolitische Vermächtnis Bismarcks, in: Zeitschrift für Socialwissenschaft, Jg. 2, 1899, S. 477ff.

— Die Volkswirtschaft der Gegenwart und Zukunft, Leipzig 1912.

— Konjunktur und Krise, Schriften des Vereins für Socialpolitik, Bd. 173, 2, München u.a. 1928.

Wolfram, Heinz, Vom Armenwesen zum heutigen Fürsorgewesen, Greifswald 1929.

Woytinsky, Wladimir, Internationale Hebung der Preise als Ausweg aus der Krise, Leipzig 1931.

Wrangel, Georg Baron, Das universalistische System von Othmar Spann, Jena 1929.

Wrede, Klaus M., Produktivität und Distribution im Lichte der gewerkschaftlichen Lehrmeinungen der Weimarer Epoche (1918-1933), Berlin 1955.

Wright, A. LL., The Genesis of the Multiplier Theory, in: Oxford Economic Papers, Vol. 8, No. 2, June 1956, S. 181ff.

Würgler, Hans, Malthus als Kritiker der Klassik, Diss. Zürich, Winterthur 1957.

Wunderlich, Frieda, Die Bekämpfung der Arbeitslosigkeit in Deutschland seit Beendigung des Krieges, Jena 1925.

— Produktivität, Jena 1926.

Wygodski, Salomon L., Der gegenwärtige Kapitalismus, (1969), Köln 1972.

Zachariae, Carl Salomon, Über das Schuldenwesen der Staaten des heutigen Europas, in: Jahrbuch für Geschichte und Politik 1830, S. 193ff., 289ff. (auch erschienen: Leipzig 1830).

Zahn, Friedrich, Bildung von Reservefonds in den Großstädten behufs Einschränkung der Schuldenaufnahmen, in: Finanzarchiv, Jg. 25, 1908, S. 259ff.

Zaleskij, Wladislaw F., Philosophie und politische Ökonomie bei den Merkantilisten des XVI.-XVIII. Jahrhunderts, in: Archiv für Rechts- und Wirtschaftsphilosophie, Bd. 5, 1911/12, S. 609ff, Bd. 6, 1912/13, S. 333ff., 666ff., Bd. 7, 1913/14, S. 110ff., 279ff., 439ff., 602ff., Bd. 8, 1914/15, S. 97ff.

Zeyss, Richard, Adam Smith und der Eigennutz, Tübingen 1889.

Zielenziger, Kurt, Die alten deutschen Kameralisten, (1914), Neudruck, Frankfurt/M. 1966.

Ziese, Elfriede, Das Beschäftigungsproblem in der ökonomischen Theorie von Say bis Keynes, Diss., Freiburg i. Br. 1962.

Ziffzer, Stefan, Ökonomische Grenzen der staatlichen Kreditaufnahme, Berlin 1980.

Zimmermann, Horst, Der letzte „klassische" Deckungsgrundsatz, in: Finanzarchiv, N. F., Bd. 24, 1965, S. 70ff.

Zimmermann, Waldemar, Soziale Kolonisation und Arbeitslosenfürsorge, in: Soziale Praxis, 19. Jg., 1909/10, Sp. 1201ff.

— Das „Soziale" im geschichtlichen Sinn- und Begriffswandel, in: Studien zur Soziologie. Festgabe für Leopold von Wiese zum 70. Geburtstag, hrsg. von Adolph Geck u. a., Bd. 1, Mainz 1948, S. 173ff.

Zinn, Karl Georg, Staatstätigkeit und Multiplikator in den Schriften Ludwigs Galls. Eine dogmengeschichtliche Ergänzung zur Beschäftigungstheorie, in: Kyklos, Bd. 22, 1969, S. 719ff.

— Konjunkturlehre für Praktiker, 3., erw. Aufl., Herne—Berlin 1973.

— Die pessimistischen Ökonomen. Lehrgeschichtliche Anmerkungen zum Problem von Vollbeschäftigung und Stagnation, in: ders./Winkel, Harald (Hrsg.), Probleme der wirtschaftspolitischen Praxis in historischer und theoretischer Sicht. Festschrift zum 60. Geburtstag von Antonio Montaner, Herne—Berlin 1979, S. 157ff.

— Die Kategorien „produktiv" und „unproduktiv" in der Ökonomie, in: Aus Politik und Zeitgeschichte, B17, 1980, S. 21ff.

— Die Selbstzerstörung der Wachstumsgesellschaft, Reinbek bei Hamburg 1980.

— Variationsmuster ökonomischer Krisen. Hypothetische Überlegungen zur Überlagerung von Wachstums- und Konjunkturbewegung, in: Leviathan, H. 2, 1983, S. 275ff.

— Krisen und Perspektiven des Interventionismus, in: Wirtschaft und Gesellschaft, H. 3, 1983, S. 325ff.

— Die Aktualität der Politischen Ökonomie Joseph A. Schumpeters, in: Wirtschaftsdienst, H. 5, 1983, S. 221ff.

— Zyklus, Stabilität und Geldneutralität, in: Konjunkturpolitik, H. 6, 1983, S. 329ff.

— Entkoppelung von Arbeit und Einkommen? Verteilungsrealität und Utopie: Vorlesung im Rahmen der 9. Ringvorlesung (WS 1984/85) der Ruhr-Universität Bochum „Arbeitsgesellschaft im Umbruch" (29. 11. 1984).

— Die Konsumentwicklung im Zusammenhang mit Wachstumskrise und Beschäftigungstendenzen. Theoretische Aspekte und empirische Fakten. Referat auf der

Tagung: Die gegenwärtige Wachstumskrise — Erklärungsansätze und Folgewirkungen, Evangelische Akademie Loccum, 2.-4. 11. 1984.

— Nachfragemangel und Inflation. Geld- und Sachvermögenswachstum in der Krise, in: Wirtschaftsdienst, H. 2, 1985, S. 99ff.

— Wachstum, Zeitallokation und die Grenzen der Geldvermögenspräferenz, in: Konjunkturpolitik, H. 1/2, 1985, S. 34ff.

Zorn, Wolfgang, Staatliche Wirtschafts- und Sozialpolitik und öffentliche Finanzen 1800-1870, in: Aubin, Hermann/Zorn, Wolfgang (Hrsg.), Handbuch der Deutschen Wirtschafts- und Sozialgeschichte, Bd. 2, Stuttgart 1976, S. 148ff.

Zunkel, Friedrich, Industrie und Staatssozialismus. Der Kampf um die Wirtschaftsordnung in Deutschland 1914-1918, Düsseldorf 1974.

Zweifel, Fridolin, Förderung und Lenkung industrieller Produktion durch steuerpolitische Maßnahmen, Bern 1948.

Zwiener, Rudolf, „Crowding-out" durch öffentliche Investitionen?, in: Konjunkturpolitik, H. 3, 1983, S. 121ff.